걱정 중독

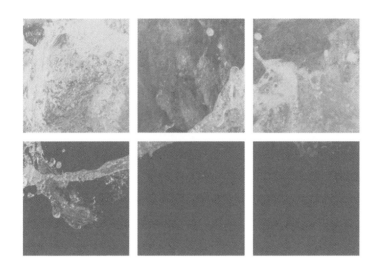

걱정 중독

실패 혐오 시대의 마음

롤란드 파울센 지음

배명자 옮김

복복서가

안나를 위하여

정신은 '탁월한 하인이면서 동시에 끔찍한 주인'이기도 하다는

오래된 진부한 표현을 떠올려보라.

언뜻 보면 그저 그런 또하나의 진부한 표현에 불과하지만,

다시 보면 여기에는 거대하고 끔찍한 진실이 담겨 있다.

총기로 자살한 사람 대부분이

머리에 총구를 겨눈 것은 결코 우연이 아니다.

—데이비드 포스터 월리스[1]

일러두기

*   이 책은 스웨덴 원서 『Tänk om』의 독일어 번역본 『Die Grosse Angst』를 번역 저본으로 삼았다.

**   각주는 옮긴이 주, 미주는 원주다.

*** 본문 중 고딕체는 원서에서 이탤릭체나 대문자로 강조한 부분이다.

차례

제3부 우리 시대의 대책: 우리는 무엇을 할 수 있는가

서문

만약에 …이면, 어떻게 될까? 이런 질문은 상상놀이다. 만약에 …이면, 어떨까? 하는 질문이 우리를 달에 보냈고, 우리에게 입자의 세계를 열어주었다. 그러나 대량학살과 경제적 재앙을 부른 것 역시 이런 질문이다.

내가 이 글을 쓰고 있는 지금도 이 같은 질문이 전 세계의 일상을 지배하고 있다. 코로나19 팬데믹 대응책이 너무 소극적이면, 어떻게 될까? 반대로 너무 과하면, 또 어떻게 될까? 대응책 때문에 경제위기가 닥치면? 그로 인한 실업과 빈곤 문제로 더 많은 사람이 죽는다면? 백신이 부족하면? 앞으로도 계속 주기적으로 코로나가 발발하리라 각오해야 한다면?

이런 질문들은 자연스럽게 제기되지만, 전 세계 최고 전문가들이 연구해도 그 답을 찾기란 매우 어렵다. 그렇다면 개인이 이런 질문에 직면하면 어떨까?

나는 우선 이 책에서 삶이 얼마나 복잡해졌는지를 살펴보려고 한다. 오랫동안 우울증이나 불안장애를 앓은 적이 없는 사람일지라도 찾아보면 가까운 친척 중에는 이를 겪은 사람이 틀림없이 있을 것이다. 많은 사람이 이 문제로 힘들어하고, 심지어 이런 감정이 일상이 될 정도로 심하다.

세계보건기구(WHO)는 이 문제를 오래전부터 경고해왔고, 2030년에 닥칠 거라 예상했던 사태가 2017년에 벌써 닥쳤다고 보고했다. 전 세계적으로 우울증이 신체 질병을 밀어내고 가장 많이 겪는 건강 문제 1위에 올랐다. 불과 10년 만에 우울증 환자가 거의 20퍼센트나 증가했다. 불안장애는 우울증보다 훨씬 더 흔해졌다.

물론, 살면서 누구나 우울한 기분을 느낄 수 있다. 하지만 그 빈도가 점점 잦아지는 것 같다. 이제는 사회학 가설에 불과하거나 우리의 안녕이나 행복을 이야기할 때 우울이 잠깐 언급되는 수준을 넘어섰다. 모든 통계가 같은 결론을 향한다. 우리는 그 어느 때보다 우울하다!

이 책의 목표는 걱정과 불안이 어떻게 우리 삶을 지배하게 되었는지 그 원인을 밝히는 것이다. 선사시대부터 현재에 이르기까지 인간이 어떻게 미래, 원인과 결과, 위험과 재앙, 자신의 생각과 감정에 사로잡히게 되었는지 그 과정을 좇는다. 이는 세상에 대한 환멸이 증가하는 과정이기도 하며, 정신 건강의 악화는 그에 따른 수많은 증상 중 하나에 불과하다.

지난 4년 동안 나는 통계에 파묻혀 사람들이 겪는 고통을 탐구했다. 그리고 수많은 사람을 만나 그들이 겪는 문제에 관해 이야기를 나누었다. 통계와 진단을 넘어 구체적 인물과 사례를 기록하고 싶었다. 자기 생각에 너무 깊이 빠져 아내와 자식을 인식할 수 없었던 파트릭, 이혼 후 거의 마흔 번이나 아야와스카* 환각 여행을 하며 신을 만난 사미라, 실제로 아무 질병이 없음에도 한 해에 암 검사를 네 가지나 한 헬레나, 오랫동안 자신이 소아성애자일 거라는 강박에 갇혀 산 다니엘 같은 실제 사례 말이다.

대부분 극단적 사례지만, 그보다 훨씬 '평범한' 일상적 문제를 안고 살아가는 우리와 크게 다르지 않다. 불안장애 환자는 재앙 시나리오에 집착한다. 강박장애 환자는 집착과 강박 사이를 오간다. 공황장애 환자는 공황발작의 두려움을 스스로 만들어낸다. 이는 불안의 패턴이 다양한 양상으로 나타나는 것일 뿐, 그 원인은 모두 같다. 이 모든 것은 현재 역사가 잘못된 방향으로 흐르고 있다는 징후다. 그러나 그 방향은 언제든지 바뀔 수 있다.

당신이 이 책을 즐거이 읽기를, 무엇보다 우리 모두 같은 고통을 안고 산다는 사실을 깨닫고 위로받기를 마음 깊이 소망한다.

롤란드 파울센

---

*   Ayahuasca, 환각 효과가 있는 열대식물.

마음이 보이는 창

이솝우화에서 그리스신화의 세 신이 실력을 겨룬다. 포세이돈은 황소를, 아테나는 집을, 제우스는 사람을 만들었다. 심판은 비판의 고수인 모모스가 맡았다. 모모스는 모든 작품에서 꼬투리를 잡았다. 황소는 눈의 위치를 지적했다. 어디를 들이받는지 볼 수 있으려면 눈이 뿔 바로 아래에 있어야 한다는 것이다. 집은 구조가 잘못되었는데, 바퀴가 달리지 않아 이사할 때 가져갈 수가 없기 때문이었다. 사람의 경우 자기 마음을 다른 사람에게 숨길 수 있는 것이 문제였다. 모모스는 사람의 가슴에 창을 내 모두가 속마음을 볼 수 있게 해야 한다고 주장했다. 제우스는 이런 지적들에 짜증이 나서 모모스를 올림포스산에서 내던졌다.

이 신화의 가장 오래된 출처인 이솝우화는 모모스가 왜 인간의 내면을 엿보고자 하는지 설명하지 않는다. 해석은 독자의 몫으로 남겨진다. 후기 버전에서는 모모스가 인간이 거짓말을 하는지 진실을 말하는지 쉽게 구별할 수 있기를 원한다. 이것이 바로 사람의 마음을 들여다보는 창이 필요한 좋은 이유일 수 있겠으나, 또

다른 이유도 상상해볼 수 있다. 무엇보다도 그런 창이 있으면 사람들은 덜 외로울 것이다.[1]

우리가 타인의 불행을 과소평가하는 것은 널리 입증된 현상이다. 실험 참여자들에게 먼저 자신이 겪는 문제를 설명하고 그다음 다른 사람의 문제를 평가하게 하면, 결과는 명확하다. 우리는 다른 사람의 문제가 우리 문제보다 더 가볍다고 여긴다. 이는 낯선 타인뿐 아니라 우리가 잘 아는 사람에게도 똑같이 적용된다. 타인의 불행을 가장 심하게 과소평가하는 사람이 가장 괴롭게 산다. 남들이 나보다 훨씬 더 행복하다는 생각만으로도 불안해지고 걱정이 생긴다. 시기심 때문이기도 하지만, 그보다는 오히려 다른 사람들도 힘들다는 걸 알 때 자신의 고통이 덜 괴롭게 느껴지는 것과 관련이 깊다.[2]

다른 사람들의 삶이 실제로 어떤지 안다면 우리의 불안은 과연 커질까, 작아질까?

생각에 갇히다

다니엘은 음악가다. 덥수룩한 갈색 머리의 청년. 첼로를 켜며 소나타의 음률에 맞춰 머리를 흔드는 모습을 쉽게 상상할 수 있다. 다니엘에게 문제가 있다는 걸 이미 알았음에도(그래서 우리가 만났으니까), 첫 만남에서 그는 행복해 보였다. 그의 첫인상은 내 어린 시절을 떠올리게 했다. 건강한 식습관, 이혼하지 않은 부모, 트레이닝 캠프, 여름 별장에서 보내는 긴 방학. 그는 어려서부터 첼로를 배웠고, 첼로를 사랑하며 성장했다. 학교에서 마음이 맞는 사람들과 음악을 연주하며, 나라를 떠나 파리와 스트라스부르 같은 곳에서 지냈다. 음악을 같이한 사람들 대다수가 실제로 다니엘의 삶에서 중요한 부분을 차지했다. 음악은 언제나 밝은 등대였고, 단조로운 반복연습도 그에게는 안식처였다. 지금 그는 음악에 더 많은 시간과 열정을 쏟지 않은 과거를 후회한다. 어쩌면 음악이 다른 모든 것으로부터, 특히 더 좋은 사람이 되려는 강박적 노력으로부터 그를 보호했을지 모른다고.

좋은 사람이 되고자 노력하는 것은 잘못이 아니다. 목표 자체는 아무 문제가 없다. 문제는 '좋은 사람'이 정확히 어떤 사람이냐는 것이다. 다니엘에게 좋은 사람이란 기본적으로 자신의 행동에 책임을 지는 사람이다. 그런데 그게 정확히 무슨 뜻일까?

다니엘의 고향에는 강이 하나 있었다. 아이들은 여름이면 강에서 헤엄을 쳤고, 겨울이면 스케이트를 탔다. 다니엘은 다리 난간에 기대어 강을 내려다보거나 던진 돌멩이가 검은 물속으로 빨려들어가는 모습을 지켜보는 걸 좋아했다. 어느 날 그는 하굣길에 길가에서 돌멩이 몇 개를 주워 강에 던졌다. 그러고는 집으로 갔다.

밤에 침대에 누워 잠을 청하는데, 아무래도 낮에 어리석은 행동을 한 것 같다는 생각이 문득 떠올랐다.

몇 년 전, 누군가 자전거를 강에 던졌다. 아무도 그것을 꺼내지 않아, 그후로 자전거는 계속 거기에 있었다. 그는 강바닥 모래에 반쯤 박혀 점점 녹슬어가는 자전거를 상상할 때마다 괴로웠다.

만약에 내가 던진 돌멩이가……?

그가 기억하기로, 처음에는 장난 삼아 이런 상상을 했다. 그의 상상은 비현실적이고 불가능했다. 물론 **완전히** 불가능한 건 아니었다. 당연히 가능성은 존재했다. 그러나 우스울 정도로 적었다. 비현실적이었다. 당연히 그가 던진 돌멩이 중 하나가 모래에 박힌 자전거를 맞힐 **수도** 있다. 그럴 리 없지만, 그럴 수도 있다. 돌멩이가 자전거의 녹슨 부위를 정확히 맞혀 녹이 떨어져나갈 확률 역시 매우 낮다.

아주 낮은 확률? 아무리 낮더라도 위험한 건 맞다. 비행기 추락 확률과 대략 비슷할 거라고, 그는 생각했다. 아니면 지구가 소행성과 충돌할 확률과 비슷할 것이다. 아주 낮지만 때로는 재앙을 불러올지도 모르는 위험한 가능성. 그리고 녹이 물에 용해되어 퍼질 수도 있다…… 아니, 그것은 극히 미미한 확률을 지닌, 거의 불가능한 일이었다.

그럼에도.

그 생각이 자꾸 났다.

그가 던진 돌멩이가 자전거의 녹을 떼어내 강물에 사는 물고기가 그 녹을 먹는다면, 어떻게 될까?

말도 안 되는 미친 생각이다. 그는 즉시 알아차렸다. 그럼에도 가능성은 존재했다. 그리고 만약에 그가 그런 재앙을 불러온 장본인이라면, 그 책임 역시 그가 져야만 할까?

다니엘은 잠을 이루지 못하고 뒤척였다. 사실 진지하게 여길 생각도 아니었다.

그럼에도 이런 생각이 그를 무겁게 짓누르며 괴롭혔다. 생각하면 할수록 괴로움은 점점 더 커졌다. 생각이 점점 부풀려졌다. 물 위에 떠 있는 죽은 물고기 사진이 지역신문에 실리는 상황이 벌써 눈에 선했다. 상상 속에서 경찰관이 나타나, 명확한 용의자는 없지만 한 사내아이가 다리에서 돌멩이를 던지는 걸 봤다는 목격자 증언이 있다고 말했다. 전문가가 나서서, 강바닥에 고철이 있는 걸 알았다면 강에 돌멩이를 던져선 안 된다고 설명하고, '서식지' '비오톱' '생태계'에 미칠 수 있는 영향을 모조리 나열했다.

다니엘은 최초의 생각을 다시 살폈다. 미쳤어! 그러나 미친 생각은 여전히 사라지지 않았다. 왜 강에 돌멩이를 한꺼번에 **몇** 개씩이나 던졌을까? 왜 그렇게 큰 걸 던졌을까?

생각이 꼬리를 물고 이어져 그는 잠을 이룰 수가 없었다. 뭔가 대책을 세워야 할까? 어른과 상의해볼까? 이런 생각을 하자 미칠 것 같는데, 이것이 얼마나 황당한 일인지 스스로도 잘 알았기 때문이다. 하지만 왜 이 생각에서 벗어나지 못할까? 그리고 만약 이 생각이 결코 황당한 게 아니라면, 어떻게 될까? 죽은 물고기들이 다시 눈앞에 아른거렸다. 식구들은 잠든 지 오래였고, 다니엘만 깨어 있었다. 밤늦도록. 다음날 아침에 눈을 떴을 때, 그는 머릿속을 신중하게 살폈다.

그 생각이 여전히 남아 있었을까?

그렇다. 아직 있었다. 그 생각은 며칠 동안 다니엘을 짓눌렀다.

그는 자기 자신과 토론했다. 자수해 모든 일을 자백하고 순리대로 풀리게 하는 게 좋을까? 하지만 경찰이 배를 잡고 웃을지 모른다! 그것은 가장 끔찍한 일이었다. 그가 저지른 행위가 그에게 불안감을 심어주었고, 그것이 다시 그의 불안을 키웠는데, 만약 그가 불안해한다면 그것은 그런 생각을 기본적으로 진지하게 여긴다는 뜻이기 때문이었다. 뭔가 잘못되었고, 그에게 무슨 일인가가 벌어졌다.

결국 그는 자신의 행위에 책임을 지기로 결심하고 그 일을 어머니께 털어놓았다. 그러나 그가 보기에 어머니는 뭐가 문제인지 완전히 이해하지 못한 것 같았고, 그는 자신이 무슨 일을 저질렀는지 명확히 알리기 위해 예상되는 위험들을 최대한 상세하게 설명해야 했다. 오늘날까지도 그는 어머니가 정말로 그 상황을 제대로 이해했는지 확신하지 못하지만, 아무튼 이 순간부터 둘 사이에는 긴 고백과 안심시키는 말이 이어졌다.

21

암에 걸릴지 모른다는 죽음에 대한 공포에서부터 베일에 가려진 임박한 재앙의 불확실성이 낳은 모호한 불안감에 이르기까지, 걱정거리는 무궁무진했다. 그는 종종 교과서를 집에 두고 등교할까봐 걱정했다. 또는 학교 사물함 열쇠를 잃어버릴까봐 걱정했다. 모두 잘 챙겼는지 다시 살피는 게 좋을까? 방금 가방을 확인했다고 어머니가 안심시켜주어도, 그는 등굣길에 여러 번 가방을 열어 모든 것이 제자리에 있는지 확인했다. 순전히 이론적으로는 그가 잘못 확인했을 가능성도 당연히 있다. 어떨 땐 사물함이 제대로 잠겼는지 확인하기 위해 이십 분 넘게 사물함 앞에 서 있기도 했다.

"그게 왜 그토록 중요했나요?" 내가 물었다.

"정확히 설명하기는 힘들어요. 그냥 학교에서 모범생이 되는 게 중요했어요. 시험 준비도 몇 주 전부터 했어요. 이유는 잘 몰라요. 아마 성격 탓이겠죠. 내가 바르게 행동하지 않으면 모든 게 망가질 거라 믿었던 것 같아요. '망가진다'는 게 무슨 뜻인지도 명확하지 않는데 말이죠."

계속 다른 걱정이 생겨났고, 한 가지 걱정이 또다른 걱정을 불러왔다. 무엇이 문제였을까? 어머니께 뭔가를 고백할 때마다 그는 어머니가 그를 안심시키기 위해 무슨 말을 할지도 이미 알았고 어머니의 말이 옳다는 것도 알았다. 그럼에도 의심은 머릿속에 들러붙어 계속 속삭였고, 운동을 하거나 음악에 깊이 몰두할 때만 겨우 생각을 멈출 수 있었다.

다니엘은 공학 대학으로 진학하며 부모님 집에서 나온 후에도 계속 어머니에게 전화를 걸었고, 어머니는 그때마다 아들을 안심시켰다. 대학 졸업논문을 제출한 직후에는 자신이 의도치 않게 표절하진 않았을까 깊은 걱정에 휩싸였다. 같은 과 친구가 제안한 몇 가지 이론을 논문에 사용했기 때문이다. 그것을 표절이라 할 수 없다는 걸 다니엘 자신도 잘 알았지만, 그럼에도 표절 기준을 검색해보았다. 무엇이 표절이고 무엇이 회색지대냐에 관한 토론이 넘쳐났지만, 다니엘의 사례에 적용할 만한 것은 없었다. 그렇더라도, 어쩌면, 역시, 아주 추상적인 수준에서 그럴 수도 있지 않을까?

그는 저작권법 규정을 잘못 해석한 건 아닐까 걱정했다. 그래서 선례를 찾아보고, 자신에게 불리하게 적용될 만한 주장 목록을 작성했다. 그리고 그 목록 옆에 변호인이 내놓을 수 있는 반론을 기록했다. 대학에서 퇴학을 당하고, 그 사건이 학생신문에 실리는 상황을 상상했다. 어머니는 최선을 다해 그를 안심시켰지만, 그의 머릿속에서는 몇 시간이고 재판이 계속 진행되었다. 그는 곧 재판에서 통용되는 고전적 진술 방법을 섭렵했고 저작권법의 전문가가 되었다.

그가 다른 고민거리에 빠져들었을 때에야 비로소 표절 걱정은 사라졌다. 그리고 새로운 고통에 비하면, 그가 이전에 한 고민은 마음치유를 위한 명상 수준이었다.

다니엘에게 포르노 사이트는 언제나 고민의 샘이었다. 어렸을 때부터 이미 그에 관한 생각의 회전목마를 멈출 수가 없었다. 예를 들면 이런 식이었다. 여자가 남자를 때리는 장면을 보면 왜 흥분될까? 나를 흥분시킨 것이 여자의 모습이 아니라 남자의 발기면 어떡하지? 내가 게이라는 뜻일까? 게이라고 한들 그 자체로는 전혀 문제가 되지 않는다. 다만 다니엘은 자신을 동성애자로 여기지 않았다. 그는 남자가 아니라 여자에게 끌렸다. 그가 자기 자신을 속였던 걸까? 만약 내면 깊은 곳에서는 남자에게 끌리는데 그 사실을 인식하지 못한 거라면 어떡하지? 그는 동성애를 사탄의 일로 단죄하는 성직자처럼 평범한 동성애 혐오자로 살다가 공중화장실에서 다른 남자와 함께 발각될지도 몰랐다.

이번에는 어머니도 아들의 걱정을 진지하게 받아들였다. 어머니는 아들 스스로 자신이 게이라는 사실을 부끄럽게 여기길 원치 않았고, 그래서 이 질문을 계속 열어두려 노력했다.

다니엘은 자신이 소아성애자일지 모른다는 의심이 들었을 때, 더는 어머니에게 도움을 청할 수 없었다. 당시 그는 교환학생으로 프랑스 스트라스부르대학에 있었다. 그곳의 앙상블에 연락을 취하려고 찾던 중 한 포르노 사이트를 클릭했고, 갑자기 수많은 팝업창이 열렸다. 팝업창을 닫던 중에 아동 음란물로 보이는 팝업창이 눈에 들어왔다. 귀가 빨개졌다. 다니엘은 당황해서 다급하게 컴퓨터를 껐다.

"나는 너무 겁이 나서 침대 밑에 숨었어요."

아동 포르노가 그냥 컴퓨터 화면에 뜰 수 있을까? '다크넷'에 접속한 적이 없어도 그런 일이 벌어질 수 있을까? 인터넷 바이러스에 감염된 걸까? 아니면, 그런 사이트의 확산을 구글이 적극적으로 막지 않아서일까?

그는 검색했다.

그가 불가능하다고 여겼던 생각들이 지휘봉을 쥐었다. 머릿속에서 그를 피고로 하는 재판이 다시 열렸다. 만약에 …이면, 어떡하지? 하는 질문들이 꼬리에 꼬리를 물었다. 생각하면 할수록, 이런 질문들은 타당성이 높아지는 동시에 신빙성이 없어 보였다.

질문 1: 만약 이것을 정말로 아동 음란물 소지로 본다면, 어떡하지? 그런 콘텐츠를 다운로드하는 것 자체가 범죄라는 글을 인터넷에서 읽은 적이 있어.

질문 2: 만약 경찰이 나를 의심하고 내 컴퓨터에서 흔적을 찾아내면, 어떻게 될까? 하지만 경찰이 왜 내 컴퓨터에 관심을 가지겠어?

질문 3: 검색할 때 컴퓨터가 사이버범죄수사대에 경보 신호를 보냈다면, 어떡하지? 큰일이네. '아동 포르노 찾는 법'이라는 검색어는 의심을 받을 수밖에 없어. 하지만 사이버범죄수사대에 경보 신호가 가지 않았다면, 비밀정보국은 말할 것도 없지.

질문 4: 만약 경찰이 나를 수사하고 인터넷 활동을 감시했다면,

어떻게 될까? 그럼 오히려 잘된 일 아닐까? 그랬다면 의심스러운 사이트를 연 적이 없다는 것을 확인했을 테니까. 그래, 바로 그거야. 그렇더라도…… 다시 질문 1로 이어진다.

질문 5: 만약 검찰이 조사를 시작하면, 어떻게 될까? 내 변명이 얼마나 공허하게 들릴까? 하지만 담당 검사가 이해해주지 않을까? 나는 아무것도 하지 않았고, 검찰은 분명 알고 있을 거야. 설령 조사하더라도, 검찰은 기소할 증거가 부족하다고 여길 거야. 다니엘은 이전부터 이 사실을 알고 있었다.

질문 6: 만약 재판이 열리고 변호인을 선임해야 한다면, 어떡하지? 과연 내가 재판에서 이길 수 있을까?

질문 7: 만약 무죄판결을 받으면, 어떻게 될까? 유죄판결보다는 낫겠지만, 용의자였다는 사실을 안고 살아갈 수 있을까? 아니 땐 굴뚝에 연기 나겠냐는 의심을 받지 않을까? 평생 나의 무고함을 해명하며 살아야 할까?

질문 8: 만약 유죄판결을 받으면, 어떻게 될까?

이런 만약에 …이면, 어떡하지? 하는 질문을 할 때마다 불안은 점점 더 커졌다.

"지금도 여전히 그래요. 유죄판결을 받을 확률이 극히 낮다 해도 안심이 안 돼요. 0.001퍼센트라 해도 위험할 수 있다는 가능성만으로 그 생각에 갇히게 돼요. 나는 유죄판결을 받아 친구들이 모두 내게 등을 돌리면 어떻게 할지 상상하는 지경에 이르렀어요."

"어떻게 할 것 같은데요?" 내가 물었다.

"아마 수도자가 되어 외롭게 살겠죠."

그는 이런 법적 고민과 더불어 자신의 성 정체성도 다시 의심했는데, 이번에는 견딜 수 없을 정도로 심했다. 그는 왜 그토록 이 문제에 신경을 썼을까? 단지 법적 결과를 두려워했던 걸까, 아니면 전혀 다른 뭔가가 감춰져 있었을까? 그는 아동 포르노를 찾는 방법에 대해 몇 주 동안 골몰했다. 이상하지 않은가? 분명 그는 자신이 범죄를 저지르지 않았음을 확인하고 싶었을 테다. 그러나 만약 다른 동기가 숨어 있었다면, 어떻게 될까? 만약에 그가 **무의식적** 소아성애자였다면, 어떻게 될까? 만약 **그것이** 그가 이전에 겪은 모든 문제의 원인이었다면?

그런 식으로 생각이 계속 이어졌다. 다니엘은 아동 포르노에서 아무런 흥분도 느끼지 않았지만, 소아성애자라는 죄책감과 수치심을 느꼈다. 동시에 그가 소아성애를 혐오한다는 생각이 그의 유일한 위안이었고, 이 모든 것이 황당한 상상에 불과하다고 말해주는 한 올 지푸라기였다. 그러나 만약 그 혐오감이 사실은 흥분이었다면, 어떻게 될까? 흥분하지 않았다고 정말로 확신할 수 있을까?

스트라스부르에서 교환학생으로 지내는 동안 그는 자신을 시험해보았다.

"아이들을 볼 때마다 나는 그들에게서 성적 매력을 느끼는지 의심하기에 이르렀어요. 그리고 그 자체가 벌써 의심스러웠죠. 끌리지 않는데 아이들을 쳐다볼 리가 없잖아요?"

다니엘은 자신이 소아성애자가 아니라는 사실을 더는 확신할 수 없었다. 머릿속 법정에서 그는 줄줄이 패소했다. 그는 이 모든 것을 그저 상상에 불과하다고 일축했고, 그다음엔 다시 진실을 억압했다고 자신을 비난했다. 성적 흥분의 징후를 탐색할 때는 마치 자신이 소아성애자인 것처럼 행동했다. 이런 생각을 더는 하지 않겠다고 결심해도 어쨌든 다시 생각할 수밖에 없었다. 소아성애 생각을 중단하지 못하는 것이 바로 소아성애자라는 충분한 증거였다. 그렇지 않은가?

시간이 지나도 나아지기는커녕 더 심해졌고, 생각 쳇바퀴에 오래 머물수록 불안감이 엄청나게 증폭되었기 때문에, 다니엘은 스트라스부르대학의 건강상담소를 찾아갔다. 그는 멈추지 않는 생각 회전목마에 대해 대략적으로 설명했지만, 자신의 모든 생각과 감정을 입 밖으로 꺼낼 자신이 없었다. 스웨덴으로 돌아온 뒤에야 비로소 그는 정신과 의사에게 전부 털어놓았다.

다니엘이 정신과 의사에게 모든 걸 털어놓았을 때, 의사의 한마디가 다니엘의 삶을 구했다. 의사는 이렇게 말했다. "다니엘 씨를 베이비시터로 고용하면, 아이들이 성폭행을 당하는 일 같은 건 결코 일어날 리 없겠네요." 다니엘은 소아성애자가 아니다. 그 반대다. 그가 소아성애를 혐오하지 않았더라면, 이 주제가 강박

적 사고로 발전하는 일도 없었을 테다.[3]

불확실한 삶

다니엘은 영어로 Obsessive Compulsive Disorder(OCD)라고 불리는 강박장애, 더 정확히 말해 망상에 사로잡혀 있었다. '만약에 내가 소아성애자라면, 어떡하지?' 같은 원치 않는 생각이 그를 압박하고 그의 생각을 지배했다. 누구나 그런 원치 않는 생각을 할 수 있다. 그런 생각을 수용하지 않고 '무효화'하려 할 때, 그러니까 비판하거나 반박하려 할 때 문제가 된다. 역설적이게도 그런 생각은 무효화하려 하면 오히려 의미를 갖고 점점 더 지배력을 강화한다.

이 장애가 어떻게 생기는지 명확히 밝혀지진 않았지만, 최근 몇 년 사이에 다양한 이론이 제기되었다. 그중에서도 다음 두 이론이 의학계에 큰 영향을 미쳤다.

1. 다니엘 문제의 근원은 뇌의 안와전두피질과 기저핵 그리고 시상 사이의 연결 장애다. 간단히 설명하자면, 안와전두피질은 감각 정보를 처리해 기저핵으로 신호를 보내고, 기저핵은 다시 시상으로 신호를 보낸다. 시상은 운동 제어를 담당하는데, 추측하기로 원치 않는 생각을 무효화해서 안와전두피질로 정보를 돌려보

낸다. 이 모든 과정이 계속 돌고 돈다. 시상이 잘못된 감각 정보를 받아 안와전두피질에 잘못된 경고 신호를 보내면 문제가 발생한다. 실제로 아무 위험이 없는데 잘못 경고한 거라면, 무효화하려는 생각의 예상 결과와 실제 결과가 일치하지 않는다. 다시 무효화할 필요가 있다. '시행착오'의 연속이다.[4]

2. 다니엘은 자신의 불편한 진실을 숨기고 보완하기 위해 과잉도덕성을 발달시켰다. 무엇보다 청소년기의 자위행위로 생긴 무의식적 죄책감과 관련이 있지만, 과잉 도덕성 때문에 의식에서 밀려났다가 강박적 사고로 되돌아오는 공격적 충동과도 관련이 있다. 지그문트 프로이트는 이 과정을 설명하며 이른바 '쥐 인간' 사례를 든다. 한 남자가 자신의 아버지와 미래의 아내가 굶주린 쥐에게 항문을 파먹히는 고문을 당할까 두려워했다. 이 생각은 그에게 고통과 혐오감을 불러일으켰고 강박적 사고로 굳어졌다. 프로이트는 이를 억제된 항문성애에서 기인하는 것으로 결론지었다. 남자는 아버지의 항문을 파먹는 쥐를 생각함으로써, 자신의 성욕과 직면하는 것을 피했다. 그러므로 아무리 끔찍해 보이더라도 다니엘의 강박적 사고는 그의 더 불편한 진실을 감추는 데 도움이 된다고 결론지을 수 있다.[5]

두 이론이 서로 대립하지 않으므로 두 이론 모두 맞을 수 있다. 그러나 두 이론 모두 결함이 있다. 이 두 이론은 다니엘의 문제가 어떻게 발생했는지를 해명하지 못한다. 강박적 사고의 원인이 뇌의 연결 장애라면, 그 연결 장애는 어떻게 생긴 걸까? 다니엘의 장애가 부끄러운 욕망을 억누르는 과잉 도덕성과 관련이 있다면, 이 과잉 도덕성은 어디에서 비롯했을까? 과잉 도덕성 이전에는 무엇이 있었을까?

이 책에서 세번째 이론을 제시하고자 한다. 나는 다니엘의 문제가 학습된 무능의 극단적 형태라고 본다. 대다수가 이런 학습된 무능에 어느 정도 고통받지만, 지난 200년 동안 그 정도가 급격히 심해졌다. 이런 무능은 개인의 행동뿐 아니라 사회, 정치, 입법, 기술, 노동 차원에서도 관찰된다. 그러므로 이것은 개별 증상이 아니라 질병이다. 일반적으로 현대인은 **불확실한 삶을 견딜 능력이 없다.**

인과관계(만약에 …이면, 어떻게 될까?)를 생각하는 것은 불확실성을 다루는 도구 가운데 하나다. 우리는 발생했거나 발생할 수 있는 일을 상상한다. 우리는 확률을 계산하고 위험을 가늠한다. 내가 이 문장을 쓰는 지금은 거의 대부분의 공개 토론에서 코로나19에 관한 다양한 만약에 …이면, 어떡하지? 시나리오를 독점적으로 다루고 있다.

다행스럽게도 이런 시나리오 대다수는 금세 해결될 수 있는 문제에 관한 것이다. 팬데믹이 시작된 이후 주요 뉴스 포털 방문자

수가 2배 증가했다. 이런 전염병 문제의 경우 우리는 각 분야에서 독점적으로 다뤄지는 통계, 과학 논문, 수많은 전문가를 통해 정보를 얻을 수 있다. 그럼에도 미래는 불확실해 보이고, 모든 결정에 논쟁의 여지가 있는 것 같다. 전문가들 사이에도 의견이 분분하다. 이런 의견 차이는 특히 전 세계 정부가 내놓은 다양한 대응책에서 드러난다. 입국 금지, 통금 시간, 학교 및 식당 폐쇄, 대규모 모임 금지 등이 그 예다. 대응책이 너무 소극적이거나 너무 과도하다는 열띤 토론이 곳곳에서 벌어진다.[6]

개인이 이런 인과관계 질문에 직면하면, 상황이 아주 복잡해질 수 있다.

만약에 …이면, 어떡하지? 끊임없이 이어지는 이런 질문은 지난 수십 년 동안 가파르게 증가했다. 1970년대까지만 해도 강박적 사고에 시달리는 미국인은 약 0.005~0.05퍼센트에 불과했다. 병원에서 진료하는 정신과 의사가 강박장애 환자를 한 번도 만나지 않을 수도 있었다. 1973년에 미국의 한 연구자는 강박장애를 "의심할 여지 없이 가장 특이한 형태의 정신장애"라고 썼다.[7]

오늘날 WHO는 강박적 사고를 가장 널리 퍼진 정신 건강 문제로 분류한다. 서양의 경우 약 2~3퍼센트가 이 진단을 받는다. 이때 강박은 특정 사고 패턴의 여러 징후 중 하나일 뿐이다. 만약에 …이면, 어떡하지? 하는 질문에서 시작해 미지의 사건에 대한 복잡한 위험 분석으로 이어지는 모든 걱정 역시 그런 징후 중 하나

다. 이런 질문 대다수는 시간이 지나며 다음과 같이 특정 질병으로 다시 분류되었다.[8]

- "두통이 뇌막염 때문에 생긴 거라면, 어떡하지?" - 건강염려증
- "다른 사람들이 침묵하는 이유가 나를 싫어해서라면, 어떡하지?" - 대인공포증
- "내가 지금 죽는다면, 어떡하지?" - 공황장애

수년에 걸쳐 질병의 종류는 점점 더 다양해졌지만, 사실은 같은 주제의 변형이다. 만약에 …이면, 어떡하지? 이런 질문의 기저에 깔린 소위 불안장애까지 합하면, 전체 유럽인의 약 3분의 1이 살면서 한 번은 이런 질병을 앓는다. 전 세계적으로 불안장애는 가장 흔한 정신질환이다.[9]

이때 '장애'라는 용어는 수정이 필요하다. 무엇보다 환자들이 만약에 …이면, 어떡하지? 하는 질문 때문에 고통스러울 경우에만 '장애'로 보기 때문이다. '좀비 때문에 종말이 온다면, 어떡하지?'라는 생각으로 정원에 벙커를 짓는 사람은 자신의 행동 때문에 괴로워하지 않는 한 '장애'로 진단받지 않는다. 오히려 이런 행동으로 사회적 인정을 얻고 그것을 토대로 하나의 정체성을 형성할 수도 있다.

실적, 고객, 판매를 관리하기 위한 모니터링 시스템을 구축하

는 개발자는 그저 자기 일을 할 뿐이다. 실적을 측정하고 이윤 극대화를 추구하는 일이라면 관리해야 할 위험은 결코 작지 않다. 정치에서는 범죄가 증가했든 아니든 범죄를 더 강력히 단속하겠다고 공약해 지지율을 올릴 수 있다. 정치는 이제 보호 기능을 수행한다. 정치는 경제위기, 실업률 증가, 국가 경쟁력 저하, 성장 감소, 건강 위험 같은 위협을 방지해야 한다. 오늘날에는 훨씬 더 급진적인 정책조차도 위험에 초점을 맞추는 특징을 보인다. 위험 분석을 기반으로, 모든 정책을 지구온난화 저지에 맞춘다. 이 목표는 아주 타당해 보이지만, 기본 원리는 같다.

그러나 늘 이랬던 건 아니다.

모든 불안은 그 자체로 설명이 된다. 일어날 법한 위험들은 환상이 아니라 불확실성에서 비롯한다. 내일 해가 뜨지 않을 확률과 비슷하지만, 다니엘이 강물에 던진 돌멩이가 불행한 나비효과로 인해 적어도 물고기 한 마리는 죽일 수 있다. 재앙은 언제든 닥칠 수 있다. 건강염려증 환자가 암이 의심되어 일흔다섯 번이나 헛되이 병원에 갔다고 해서, 일흔여섯번째 검사 때도 실제로 암이 발견되지 않을 거라는 보장은 없다. 일반적으로 사망, 질병, 사고를 당할 가능성을 계산해보면 살면서 적어도 한 번은 뭔가 끔찍한 일을 겪을 확률이 매우 높다. 그런 면에서 보면, 세상이 안전할 거라는 생각이 오히려 망상에 가깝다.

그러나 불안이 우리를 위협하는 무수한 위험을 부각하기만 하는 건 아니다. 불안은 우리의 행동 그리고 우리가 이 모든 위험을 처리하는 방식과 밀접하게 연결되어 있다. 우리의 행동과 위험 처리 방식에서 불안과 공포가 구분되기 때문이다.

덴마크 철학자 쇠렌 키르케고르는 절벽에서 드는 감정을 공포라고 정의했다. 위험이 명확하다. '아래로 추락하면 어떡하지?' 반면 불안은 절벽에 서서 아래를 내려다보고 계속 내려다볼 것인지 아니면 한 발짝 내디뎌 뛰어내릴 것인지가 자신에게 달렸다고 생각할 때 생긴다.

불안은 어떤 일이 일어날 위험을 부각할 뿐 아니라, 자기 성찰의 형식이기도 하다. '나는 무엇을 하게 될까?' '나는 왜 이런 생각에 골몰할까?' '내가 서서히 미쳐가는 걸까?' 키르케고르의 말을 빌리면, 이런 자기 참조적 질문이 '자유의 현기증'을 일으킨다.[10]

무상Anicca 앞에 우리가 무력함을 가르치는 불교 교리에서도 유사한 접근 방식을 볼 수 있다. 무상이란 세상의 모든 것이 영원하지 않고 결국에는 죽음이라는 형태의 재앙에 이르게 된다는 말이다. 불안에는 이런 덧없음의 수용이 없다. 우리는 위험을 인식하고, 자가발전식으로 흥분에 흥분을 더하는 동시에 위험을 없앨 방법을 모색한다. 그렇게 불안은 강박적 사고와 똑같이 망상(불쾌한 어떤 것에 대한 집착)과 강박(불쾌한 어떤 것을 무효화하려는 시도) 사이를 오간다.

불교의 영향을 받은 학자들은 이런 오락가락이 병리학 관점에서 비정상이 아니라고 오래전부터 지적해왔다. 오히려 그 반대라는 것이다. 공식적으로 '건강한' 사람들의 경우에도, 미래의 문제를 예상하고 해결하는 것과 관련된 생각에 대부분 몰두하고 있다. 우리는 이런 오락가락을 끊임없는 배경 소음으로 안고 산다. 때로는 배경 소음이 너무 커져서 다른 모든 것을 삼켜버릴 수도 있다. 푹신한 침대에 누워 숨소리에 집중하든 떠들썩한 사람들과 함께 앉아 있든 홀로 하늘의 오로라를 관찰하든 상관없다. 이런 배경 소음은 모든 것을 악몽으로 바꿀 수 있다.

그럼에도 생각은 멈추지 않는다. 어떤 생각을 수없이 되풀이한다고 해서, 더는 그 생각을 못하는 건 아니다. 마치 생각하지 않고 두는 것보다 계속 생각하는 쪽이 더 책임감 있는 행동처럼 보이기도 한다. 골몰은 우리의 자아에 녹아든다. 통제할 수 없는 과거와 현재에 좌우되어 제어하기도 어려운 생각의 흐름이 우리의 중심을 장악한다. 우리는 머릿속 목소리를 뇌 통제실의 명령인 양 자아와 동일시하고, 자신의 정체성을 설명하는 근거로 사용한다.

이 소음은 아주 오랫동안 인류를 사로잡았기에, 불교, 스토아 철학, 실존철학, 정신분석학, 행동주의 모두 이제는 이 소음을 실존적이라고 여긴다.

나는 그 가정을 반박하고 이런 소음, 즉 생각의 흐름이 실존적이지 않다고 주장하려 한다. 사람들은 자신이 '실제로' 누구이고 미래에 어떤 위협이 닥칠지 늘 골몰하진 않는다. 역사적 관점에서 보면, 내면의 비판자와 끝없는 자기 의심은 최근에 생긴 현상인 것 같다. 위협적 재앙이 임박했다고 믿는 집착도 마찬가지다.

인류는 약 20만 년 동안 유목민으로 살았다. 사는 데 필요한 몇 안 되는 것들을 매일 새롭게 마련해야 했다. 농사를 지을 땅이 없었으므로, 수확물 저장에 대해 신경쓸 필요가 없었다. 당시에는 며칠 이상 미리 계획하는 것이 어려웠을 뿐 아니라 완전히 무의미했다. 계속해서 새롭게 무리가 형성되므로 사회구조가 느슨했고, 모두가 평등하거나 계층 자체가 존재하지 않았으므로 자의식이 아무리 발달한 사람이라도 불평할 것이 거의 없었다. 20세기까지 이런 형태로 살았던 작은 무리는 명상 수련이나 몽환적 자아 초월이 딱히 필요하지 않았을 테다. 그들은 이미 현재를 살고 있었다.[11]

이 책은 현재의 사회적 기반이 어떻게 침식되었는지 보여줄 것이다. 미래 지평선은 상상할 수 없을 만큼 확장되었다. 우리는 수십만 년짜리 핵폐기물 저장 계획을 세우고, 아직 태어나지 않은 아이를 위해 계좌를 개설한다. 개인은 같은 성을 쓰는 가족의 일원이 되었다. 그리고 10년 또는 그보다 오래 교육 시스템을 거쳐 수많은 직업 기회를 얻고, 물질적 생활수준을 기준으로 삼는 계층구조에 진입하며, 결국 그에 따라 평가된다. 문화와 기술이 제공하는 막대한 선택 기회가 우리의 삶을 너무 심하게 바꿔놓는 바람에, 부자들은 무엇을 먹을지 고르는 데만 매일 200개가 넘는 결정을 내려야 한다. 모든 결정에는 합리적 근거가 있어야 한다. 심지어 선택권이 항상 있는 건 아닌 결정, 예를 들어 독신, 결혼, 일부다처, 핵가족, 다자녀 패치워크 가족 등 어떤 형태로 살고 싶은지 결정할 때도 합리적 근거가 있기를 바란다. 동시에 선택의 자유가 늘어나면서 잘못 결정하고, 실패하고, 나락에 떨어질 위험이 생겼고, 승자와 패자 사이의 격차도 점점 더 벌어졌다.[12]

이 책이 보여주는 그림은 몇몇 선이 다른 선들보다 더 진할 것이다. 그러나 근본적으로는 불안의 사회학을 그려내 보인다. 인터뷰에 응해 가장 암담한 걱정부터 부끄러운 강박적 사고에 이르기까지 폭넓은 스펙트럼의 이야기를 들려준 수많은 사람이 그림에 색을 더했다. 문학이 내건 위대한 약속대로 이 책이 창이 되어 모두가 가졌지만 가장 용감한 사람만이 얘기할 수 있는 생각을 보여준다면, 그것은 모두 그들의 공이다.

제1부

현대사회의
불안

우리는 어떻게 살고 있나

하지 말라고 말리는 신호를 갈구했다.

신호는 오지 않았다.[1]

자살은 사회학의 최초 주제였다. 그리고 한때 박사학위를 받았던 사회학으로 나를 다시 데려온 주제이기도 하다. 나는 극소수의 학자만이 읽을 것 같은 전형적으로 빽빽하게 기술된 학술 논문을 발견했는데, 거기에는 유서 수백 통이 수록되어 있었다. 논문을 읽으면서 나는 인간의 가슴에 있다는 악명 높은 창이 열리고 내가 그 안을 들여다보는 듯한 기분이 들었다.

자살학(자살과 자살 방지를 연구하는 학문)이 현재 뉴스에서 경제만큼이나 많이 다루어지는 것은 이상한 일이 아니다.

프랑스 사회학자 에밀 뒤르켐이 약 100여 년 전에 자살학을 개척했을 때, 그는 개인의 동기는 자살에 큰 역할을 하지 않는다고 주장했다. 이는 어떤 사람의 내면에서 일어나는 일을 그 당사자보다 학문이 더 잘 알고 있다는 말처럼 들린다. 19세기에 이런 가정은 매우 견고했다. 시간이 지나면서 심지어 의학까지 가세해 갈수록 굳건해졌다. 스스로 목숨을 끊은 사람들은 정신적으로 병든 사람이므로 자살 동기 같은 건 없다는 것이다.

이런 가정을 전제로 하는 연구에는 문제가 있다. 바로 사람의 내면을 들여다보는 창이 없다는 것이다. 스스로 삶을 끝낸 사람들은 무엇을 생각하고 무엇을 느꼈을까? 이 당연한 질문에 연구는 답하지 않는다.

"2007년 9월에 나는 더 살 가치가 없다는 결론에 도달했다. 나는 전 재산을 현금화하고, 돈이 다 떨어지면 삶을 끝내기로 했다. 그리고 이제 돈이 다 떨어졌다."[2]

자살 동기는 복잡하다. 모든 말에서 새로운 질문이 생겨난다. 위의 인용문을 보라. 세계에서 가장 부유한 나라에서 태어난 이 부유한 사람을 여기까지 몰아넣은 것은 무엇일까? 과연 합리적 근거가 있을까, 아니면 깊은 늪의 표면만 긁어낸 피상적 설명일 뿐일까?

우리는 자살을 그저 개인의 일탈이라고만 볼 수 없다는 사실을 안다. 러시아의 자살률이 수십 년째 카리브제도의 바베이도스보다 20~60배 더 높은 것은 우연이 아니다. 러시아에서 뭔가가 삶의 의지를 꺾고 있다. 그것이 무엇일까? 자살을 결정하게 하는 절망을 어떤 사회적 측면으로 설명할 수 있을까?[3]

어려운 질문이다. 오늘날만큼 살기 좋았던 때가 없었다고 기꺼이 인정하는 지금의 일반적 태도를 고려하면 특히 더 그렇다.

13세기의 보통 유럽인이 당시 만연한 열악한 생활조건과 씨름하며 살았다는 걸 우리는 안다. 페스트가 주민의 30~50퍼센트를 죽였다는 것도 안다. 흉작과 그로 인한 결핵, 천연두, 이질, 볼거리 같은 전염병과 싸워야 했던 과거를 생각하면 등골이 오싹하다. 부자든 가난한 사람이든 상관없이 어린아이의 20~30퍼센트가 태어난 지 몇 년 지나지 않아 죽을 수밖에 없는 삶이 어땠을지 지금의 우리는 상상하기조차 어렵다.[4]

오늘날 이런 종류의 고통이 훨씬 적다는 점을 고려하면, 불평거리가 있다는 것 자체가 이해하기 어려워 보인다. 유럽의 현재 살인율은 중세와 비교해 40배나 낮다. 불과 몇 세기 전만 해도 기근을 초래했을 기상조건도 이제는 식량 생산에 아무런 영향을 끼치지 않는다. 세계식량보고서를 보면, 전 세계적으로 굶주리는 사람보다 과체중인 사람이 더 많다. 수천 년 동안 인류를 괴롭혀온 천연두도 오늘날 전 세계적으로 근절되었다. 소아마비도 거의 사라졌다. 그리고 아동 사망률이 5배 낮아지면서, 자녀를 갖는 것도 옛날만큼 큰 걱정거리가 아니다.[5]

인류는 현재 전례없는 경제 및 기술 발전의 파도를 타고 있다. 이는 결코 반박할 수 없는 진실이다. 식생활, 기술 장비, 실내 온도, 건강관리 측면에서 보면, 저소득층조차도 기본적으로 중세의 왕보다 더 나은 삶을 산다. 우리가 늘 지니고 다니는 스마트폰은 아폴로 11호를 타고 달에 갔던 컴퓨터보다 족히 700만 배는 더

큰 메모리와 10만 배 더 좋은 성능을 갖춘 기적의 걸작이다.[6]

대체 우리가 잘 지내지 못할 이유가 뭐란 말인가?

행복한 삶, 의미 있는 삶

많은 사람이 행복한 삶 역시 영원한 진보의 원리를 따른다고 믿는다. 그들은 자신의 행복 또는 소위 삶의 만족을 경제성장과 연관시키는 경향이 있다. 모든 국가가 점점 더 많이 생산하고 소비하므로, 좋은 소식처럼 들린다. 행복이 경제성장과 연계되어 있다면 우리는 경제의 바퀴를 점점 더 빨리 돌리기만 하면 되고, 그러면 행복이 전체적으로 계속 증가할 것이기 때문이다. 안심되는 소식이다. 우리는 걱정할 필요가 없고, 걸어온 길을 계속 가기만 하면 된다.

행복 연구를 더 깊이 파고들면, 이런 세계관에 의문을 제기할 여러 근거를 발견하게 된다. (우리가 1950년대에 도달했던 수준과 흡사한) 특정 수준부터 한 국가의 경제성장과 삶의 만족도 사이의 연관성이 점점 약해진다. 어느 수준을 넘어서면 연관성이 거의 사라진다. 예를 들어 싱가포르처럼 아주 부유한 국가도 파나마처럼 가난한 국가보다 행복한 사람의 수가 더 많지 않다. 그리고 핀란드처럼 어느 정도 부유한 국가의 행복한 사람의 수가 룩셈부르

크와 쿠웨이트처럼 아주 부유한 국가를 쉽게 능가한다.[7]

역사적으로 보면, 이런 현상은 부유한 국가들에서 가장 명확히 드러난다. 일본, 미국, 영국에서는 관찰 기간 동안 경제성장을 2배나 이루었지만 행복 수준은 침체되는 현상을 보였다. 1970년대 초부터 현재까지를 조사한 미국의 설문조사 결과를 보면, 그 기간에 미국이 2배 더 부유해졌음에도 사람들은 전보다 자신의 삶에 덜 만족했다.[8]

달리 말해, 행복 측정은 다양한 해석의 여지를 남긴다. 행복을 측정하는 방식 역시 논란이 많다. 일반적으로 10단계 척도인 캔트릴 사다리*를 사용한다. 응답자는 0점인 '상상할 수 있는 최악의 삶'과 10점인 '상상할 수 있는 최고의 삶' 사이에서 선택해야 한다. 그러나 이 평가는 무엇을 의미할까? 예를 들어 상상 같은 용어를 어떻게 해석해야 할까?

이 부분에서 의견이 크게 갈린다. 여러 연구가 놀라운 결과를 발표했다. 대다수 국가에서 자녀가 있는 사람이 자녀가 없는 사람보다 자신의 행복을 더 낮게 평가했다! 자녀가 있는 사람은 특히 자녀를 돌보는 시기에 자신의 삶에 덜 만족하는 것 같다.[9]

그러나 조금 더 자세히 살펴보면, 부모의 다른 모습이 드러난다. 자신의 삶이 소중하다고 느끼는지, 그러니까 '의미가 있다'고

---

* 삶의 만족도나 행복 수준을 사다리에 비유해 1에서 10까지로 나누어 측정하는 척도로, 이를 처음 고안한 심리학자 해들리 캔트릴의 이름을 따 지어진 명칭이다.

느끼는지 물으면 자녀가 있는 사람이 자녀가 없는 사람보다 그렇다고 대답하는 경우가 훨씬 더 많았다.[10]

'행복'과 '의미'의 구별은 '잘 지낸다'는 것이 무엇을 뜻하는지 여러 측면에서 보여준다. 우리 중 일부는 만족하거나 불만족하고, 즐겁거나 슬프며, 행복하거나 불행하다. 그러나 우리 내면에는 삶이 의미가 있는지, 자신이 더 큰 관계망 안에 속하는지, 윤리적으로 살고 있는지, 세상을 더 나은 곳으로 만드는 데 도움이 되는지 같은 질문을 던지는 또다른 무언가가 존재한다.

이런 질문을 고려하면, 세상이 점점 더 좋아지고 있다고 믿기 어렵다.

비록 지난 200년 동안 경제와 사회가 전례없는 규모로 발전했더라도, 오늘날 젊은 세대는 지금이 전환점이라고 주장한다. 현재 아동기와 청소년기에 있는 사람은 앞으로 살기가 더 나빠질 것이다. 특히 물질적 풍요 측면에서 미래 전망이 암울하다. 고임금 및 저임금 국가에서 응답자 대다수는 아이들이 앞으로 부모 세대보다 재정적으로 더 힘들어질 것이라고 답했다. 프랑스와 일본 같은 몇몇 국가에서 아이들이 나중에 부모 세대보다 더 잘살 것이라고 응답한 사람은 15퍼센트에 불과했다. 더 젊은 사람(1982년 이후 출생자)에게 물어도, 대다수가 부모 세대보다 재정적으로 더 힘들어질 뿐 아니라 덜 행복할 것이라고 답했다.[11]

미래를 향한 자신감이 이처럼 떨어진 것은 무엇을 의미하는지, 아직은 예측할 수 없다. 한때는 이와 반대였다. 젊은 세대는 자신 있게 외쳤었다. 우리는 부모처럼 살지 않겠다! 부모와는 다른 새로운 길을 찾겠다!

1960년대 좌파 학생운동 물결이 서구세계를 휩쓸 때, 젊은 세대는 부모 세대가 남긴 사회구조의 반대편에 섰다. 파리의 주택 벽면에는 다음과 같은 글귀가 새겨졌다. "모든 모험을 폐기한 사회에 남아 있는 유일한 모험은 사회를 폐기하는 것이다." 젊은이들은 부모처럼 정해진 삶을 반복하고 일과 가정 사이에서 갈등하며 고군분투해야 하는 것에 분개했다.

오늘날은 그 반대다. (종종 이기적이고 자기애에 빠졌다고 욕먹는) 젊은 세대는 부모처럼 정해진 삶을 반복하기에 자신의 능력이 부족할지 모른다고 걱정한다.[12]

그리고 타이머가 달린 쳇바퀴에 올라타는 데 성공했다고 해서, 반드시 더 큰 관계망 안에 속한 기분을 느낀다는 뜻도 아니다. 자신의 직업이 세상에 긍정적 영향을 미치느냐는 질문에 응답자의 거의 절반이 그렇지 않다고 답했다. '다시는 일을 하지 않아도 될 만큼 돈이 아주 많이 생긴다면, 무엇을 하겠는가?' 1950년대 이후로 계속해서 설문에 등장하는 이 질문에는 약 3분의 2가 지금 직장에 사표를 내겠다고 응답했다.[13]

이 설문은 주로 유럽과 북미에서 진행되었지만, 이런 '의미 결핍' 현상은 전 세계적으로 관찰할 수 있다. 몇 년 전 여론조사기관 갤럽은 국제 연구를 진행해, 사람들에게 자신의 직업을 어떻게 생각하는지 물었다. 약 13퍼센트가 '의욕적으로' 일했다. 그러나 과반인 63퍼센트는 '의욕 없이' 일했다. 그들은 '마음을 접고' 그저 월급을 받기 위해 출근했다. 나머지 24퍼센트는 '적극적으로 일에서 벗어나려' 했다. 그들은 늘 불쾌했고 고용주에게 적대적이었다. 대다수가 그냥 견디며 계속 일을 했지만, 즐겁게 출근하는 사람보다 자기 일을 싫어하는 사람이 2배나 많았다.[14]

놀랍게도 삶의 의미를 느끼는 것은 행복과 반대되는 패턴을 따른다. 행복은 국가의 경제성장과 비례해 증가하지만, 삶의 의미를 느끼는 것은 반대로 감소한다.

132개국 갤럽 데이터를 종합하면, 이런 경향이 명확하게 두드러진다. 1인당 국민총소득이 높을수록, 자신의 삶에서 의미를 느끼는 사람은 적다. 그렇다고 높은 국민총소득이 삶을 무의미하게 만든다는 뜻은 아니다. 그러나 상품 및 서비스의 대량생산과 산업주의가 문제를 해결할 수 없다는 건 알 수 있다.[15]

경제성장은 또한 사람들이 스스로 삶을 끝내는 걸 막지 못한다. 여기에서도 비록 아주 두드러지진 않지만 반대 패턴을 볼 수 있다. 부유한 국가일수록 자살률이 높다.[16]

대중 현상이 된 불행

스웨덴의 한 기차역에서 지나가는 사람들을 관찰할 경우, 10명 중 대략 한 명이 항우울제를 복용한 적이 있거나 현재 복용하고 있다고 볼 수 있다. OECD 국가를 대상으로 한 분석에서 이 수치는 2001년 이후 2배 증가했다. 스웨덴 보건복지부 자료를 보면, 항불안제와 기타 향정신성 약물까지 고려할 경우, 심지어 6명 중 한 명이다. 약간의 차이가 있을 뿐 다른 서양 국가에서도 비슷한 수치를 보인다. 예를 들어 미국의 경우 중년 여성 4명 중 한 명이 항우울제를 복용한다.[17]

왜 이토록 많은 사람이 약 없이는 살 수 없다고 느끼는 걸까?

이런 질문으로 우리는 초점을 바꾼다. 얼마나 잘 지내는지가 아니라 얼마나 못 지내는지를 묻는다. 여기에는 여러 장점이 있다.

"행복한 가정은 모두 고만고만하지만, 불행한 가정은 저마다 나름나름으로 불행하다."[18] 레프 톨스토이는 소설『안나 카레니나』를 시작하며 이렇게 썼다. 이것은 일반적인 불행에도 똑같이 적용될 수 있다. 우리는 불행을 다양한 하위범주와 설문지 질문으로 분류하고 구체화할 수 있다. 전 세계 대다수 국가에서 **행복한 삶**과 **성공한 삶**이 동일시된다. 그러므로 못 지낸다고 느끼게 할 만한 모든 것을 설문지에 나열해 사회적 바람직성 편향*의 영향을 줄일 수 있다. 즉, 많은 사람이 좋은 삶이라고 믿는 것에 맞춰 응답

하지 않게 막을 수 있다.[19]

그러나 우리가 얼마나 못 지내는지 조사하는 데도 문제는 있다. 일반적으로 이런 연구들은 못 지낸다는 기분을 병적인 것으로 여기는 의학적 전제에 기반을 둔다. 이 문제는 걱정을 어디까지 의료화할 것이냐, 즉 치료의 대상으로 볼 것이냐 하는 오랜 논쟁과 연결된다.

예를 들어, 수줍음과 대인공포증 사이의 경계는 어디인가? 낙담과 우울증 사이의 경계는? 걱정과 불안장애 사이의 경계는?

예전에는 정상으로 여겨진 것 대부분이 지금은 질병으로 취급된다. 이는 질병과 진단 기준이 늘어난 데서 잘 드러난다. 예컨대 미국의 정신장애 진단 및 통계 편람(DSM) 최신판에서는 '슬픔 반응'이 예외 목록에서 삭제되었다. 그전까지는, 최근 두 달 안에 가까운 친척을 잃은 환자에게 우울증 진단을 내리는 것은 생각도 할 수 없는 일이었다. 이렇게 변경되고 나면, 그동안 슬픔으로 취급되던 것이 우울증으로 분류된다.[20]

이런 의료화 때문에, 정신과 치료를 받는 사람의 수만으로는 결론을 내리기가 어려워졌다.

의료화와 함께 과잉 약물 문제도 생겼다. 안타깝게도 의료화 비판이 우리가 실제로 어떻게 지내느냐는 질문을 가려버릴 수 있다.

---

*   자신의 행동이나 의견을 밝힐 때 사회적으로 바람직한 특성을 가진 것처럼 자신을 묘사하는 경향성.

오늘날 향정신성 약물을 처방받는 사람들 대다수는 분명 50년 전이라면 그런 약물을 처방받지 않았을 테다. 그렇다고 이런 약물의 소비 증가가 오로지 의료화 때문이라는 뜻은 아니다. 향정신성 약물을 복용하는 사람은 분명 잘 지내지 못한다. 그는 게으르거나 믿지 못할 사람이 아니라 그저 도움을 요청한 사람일 뿐이다. 향정신성 약물 사용 통계는 도움이 필요하다고 느끼는 사람이 얼마나 많은지를 보여주는 지표 중 하나다.

전 세계적으로 정신적 스트레스 연구에서 나온 진단 관련 실증 데이터가 아주 많다. 그러므로 의료화를 탓하며 실증적 증거를 소홀히 해선 안 된다. 나는 진단 뒤에 항상 질병이 있다고 여기진 않지만, 정신적 고통은 분명 있다고 본다. 모든 정신과 질병에서 '임상적으로 심각한 고통'이 진단 기준이라는 이유만 보더라도 그렇다.[21]

불확실한 근거에 기반해 진단할 때 문제가 발생한다.

1973년 『사이언스』에 발표된 고전적인 연구에서, 미국 심리학자 데이비드 로젠한은 '가짜 환자' 12명을 각각 정신과 응급실에 보냈다. 그들이 할일은 단 한 가지였다. 그들은 머릿속 목소리가 계속 특정 단어를 말하는 것처럼 연기해야 했다. 그 외에는 모두 정상적으로 행동했음에도 거의 모두 조현병 진단을 받고 입원하라는 지시가 내려졌다. 또다른 실험에서 로젠한은 3개월 동안 계속 가짜 환자들을 보내기로 정신병원 한 곳과 합의했다. 3개월간 병원은 총 193명을 진료했는데, 그들 중 41명은 연기가 의심되고, 23명은 연기일 확률이 매우 높다고 보고했다. 그러나 사실 로젠한이 그곳에 보낸 환자 중 가짜 환자는 단 한 명도 없었다.[22]

로젠한의 실험은 신랄한 비판을 받았지만 정신의학에 위기의식을 심어주었고, 그 결과 이후의 진단 가이드에서 진단 기준이 더 정확하게 조정되었다. 그러나 과하게 진단하거나 약하게 진단하는 문제는 여전히 남아 있다. 예를 들어, 네바다주에서는 어린이의 2퍼센트가 ADHD로 약물치료를 받는 반면 루이지애나주에서는 그 비율이 5배나 높은데, 의학적으로 명확한 해명은 없다. 어떤 지역 의사들은 다른 지역 의사들보다 성급하게 진단을 내리는 것 같다. 그러므로 정신병원의 환자 수 데이터는 특정 병증이 얼마나 넓게 확산했는지 가늠하는 데 적합하지 않다.[23]

WHO는 병증의 실제 증가율을 측정하기 위해 진단 양식을 개발하고 전 세계에 면접관을 파견해 표본으로 선별된 수십만 명을 조사했다. 이 진단 양식은 1970년대 이후로 꾸준히 거대한 질문 목록으로 발전하며 다듬어졌다. 한 사람을 면접하는 데 몇 시간이 걸릴 수도 있고, 심지어 한 사람을 여러 번 면접해야 할 때도 있다. 목표는 전 세계적으로 통일된 정신 건강 검사를 가능하게 하는 것이다. 이 진단 양식은 이제 WHO의 세계정신건강조사에서 필수로 자리잡았다. 그 결과는 놀랍다.[24]

1990년에 우울증은 호흡기 질환, 설사, 산전 합병증에 이어 전 세계에서 네번째로 흔한 질병이었다. 2000년에는 3위에 올랐고, 2010년에는 2위에 올라섰다. 2017년이 되자 WHO는 결국 오래전부터 경고해왔고 원래는 2030년에 발생하리라 예상했던 일이 벌써 벌어졌다고 보고했다. 전 세계적으로 가장 흔한 질병은 이제 신체질환이 아니라 우울증이다. 불과 10년 만에 우울증 환자 수가 전 세계적으로 약 20퍼센트 증가했다.[25]

그해 가장 흔한 정신질환들의 진단 기준을 충족하는 환자 수를 살펴보면, 세계에서 가장 부유한 국가들의 수치가 특히 두드러진다. 오늘날 미국인 4명 중 적어도 한 명은 가장 흔한 정신질환 진단을 받는다. 영국과 호주는 미국과 크게 다르지 않고, 프랑스와 캐나다는 5명 중 한 명이다.[26]

이런 수치를 기반으로, 나는 '정상'이 과연 무엇인지 새롭게 묻고 싶다. 인구의 4분의 1이 정신질환을 앓고 있다면, 건강하지 않은 것이 오히려 정상이라고 봐야 하지 않을까?

그리고 가장 흔한 질환인 우울증과 불안장애의 진단 기준을 한 번이라도 충족했던 사람이 얼마나 많은지까지 확인한다면, '무엇이 정상인가?'라는 질문이 더욱 시급해진다. 이 경우에도 결과는 국가마다 다르다. 나이지리아는 12퍼센트고, 미국은 2명 중 거의 한 명꼴인 47퍼센트다.[27]

설령 WHO가 특정 병증(특히 우울증과 불안장애)의 급격한 증가를 확인했더라도, 이것을 장기간에 걸친 전 세계적 변화로 설명하기에는 데이터가 불충분하다는 사실을 간과해서는 안 된다. 그러나 몇몇 국가에서, 특히 미국에서 그 역사적 추세를 확인할 수 있다. 1985년에 이미 두 가지 전염병 연구에서 미국인의 우울증 발병 가능성이 두 세대 동안 10배 증가했다는 사실이 밝혀졌다.[28]

수년에 걸쳐 진단 기준이 바뀌어왔기 때문에 역사적으로 비교하기란 쉽지 않다. 이 문제를 해결하기 위해 정신적 고통 대신 수면장애, 현기증, 호흡곤란, 집중력장애, 두통 같은 신체적 문제를 점검해볼 수 있다. 신체적 증상을 묘사하는 방식은 이 질환에 큰 영향을 미치지 않기 때문이다.

미국 심리학자 진 트웬지는 이 방법으로 큰 성공을 거두었다. 트웬지의 연구 결과는 오늘날 불안이 삶의 일반적 구성요소임을 보여준다. 1952년부터 1993년 사이에 수행된 연구 269건을 비교한 결과, 1990년대 초 북미의 평범한 아동이 1950년대 아동 정신과 환자보다 더 불안했다는 사실이 밝혀졌다.[29]

트웬지는 2010년대 젊은이들의 평안한 삶이 빠른 속도로 산산조각났다고 발표했다. 그러면서 이와 관련한 수많은 증거를 제시했다.

이를테면 청소년 사이에 나타나는 역사적으로 전례가 없는 조심성이 우울과 불안의 증가와 비례하는 것 같다. 오늘날 미국의 18세 청소년은 1970년대 중반과 비교하면 절반 정도만 술을 마신다. 자유분방한 성관계가 상당히 감소했고, 고등학생의 주먹싸움도 1991년 이후 절반으로 줄었다. 동시에 우울증은 2012년부터 2015년 사이에(불과 3년 만에) 젊은 남성의 경우 21퍼센트, 젊은 여성의 경우 50퍼센트 증가했다.[30]

이 수치는 전 세계적으로 주목을 받았고, 많은 사람이 이 수치를 근거로 현재 미국에 정신질환이 특히 만연해 있다는 결론을 내렸다. 이것은 '절망으로 인한 죽음(자살, 술, 약물 남용으로 인한 사망)'이 점점 증가하는 추세에도 반영되었고, 그 결과 평균 기대수명이 몇 년 연속 줄어들었다.[31]

아동의 정신 건강을 면밀하게 관찰하고, 오랜 기간 정신병 진단 그 이상의 데이터를 수집한 또다른 국가가 바로 스웨덴이다.

이곳에서도 상황이 결코 긍정적이지 않다. 스웨덴 아동권리보호단체(Bris)의 핫라인에 전화를 걸어 도움을 요청하는 아동이 가장 빈번하게 호소하는 것이 바로 정신적 스트레스다. 비교적 새로운 현상이지만, 1985년 이후 공중보건국이 수집한 데이터를 봐도 마찬가지다. 스웨덴에서는 데이터 수집이 시작된 이후로 11세 아동의 심신상관 질환 유병률이 극적으로 증가했다. 13세부터 15세 아동의 경우 유병률이 2배 증가했다. 15세 여자아이의 경우 10명 중 약 4명이 수면장애, 신경과민, 우울감 같은 심각한 문제를 겪는다.[32]

이런 변화는 일반적으로 고임금 국가에서 관찰할 수 있다. 스웨덴 중앙통계청의 연간 생활조건 조사에서도 불안, 걱정, 두려움 같은 심각한 증상을 보고한 젊은이의 비율이 지난 10년 동안 2배 증가했고, 그중 여성이 남성보다 2배 더 많다는 결과가 나타났다.[33]

이런 변화가 공개적으로 논의될 때면 거의 전적으로 정신과 치료 증가와 관련해서만 다뤄진다. 그러나 고려해야 할 다른 측면도 있다. 예를 들어, 그렇게 많은 사람이 어떻게 그렇게 짧은 시간에 훨씬 더 힘들어졌을까?

뇌의 화학적 불균형으로 이것을 설명하는 것은 적절하지 않은데, 고통받는 사람이 그렇게 많다는 점을 고려할 때 이런 '불균형' 이전에 뭔가가 선행했음이 분명하기 때문이다. 유전학 역시 제한적 원인에 불과하다. 이런 식의 집단적 유전자 풀의 변화는 일반적으로 수천 년이 걸리기 때문이다. 그러므로 사람들이 힘들게 사는 이유라고 알려진 현재 널리 퍼진 의학적 설명은 힘을 잃는다. 그 결과, 정신과 의사들은 우리가 갈수록 평안을 잃어가는 이유를 거의 논의하지 않는다.

개선이나 악화를 단 하나의 변수로 설명하기 어려우므로 논의는 더욱 어려워진다. 교육과 일자리의 확대, 심지어 민주주의의 확대마저도 이 문제를 해결해줄 것 같지는 않다. 삶의 의미 또는 무의미를 느끼는 것과 마찬가지로, 이것 역시 경제성장과 이렇다할 연관성이 없는 것 같다. 굳이 찾자면, 국민총소득이 **낮을수록** 행복과 놀라울 정도로 일관된 상관관계를 보인다.

WHO가 보고한 가장 흔한 질병을 살펴보면, 전 세계적으로 명확한 패턴이 드러난다. 부유한 나라일수록 여러 진단 기준을 충족하는 사람이 많다. 범불안장애, 공황장애, 광장공포증, 외상 후 스트레스 장애(PTSD), 약물 남용, 정신병 에피소드 같은 병증은 고임금 국가에서 저임금 국가보다 2배 이상 높게 나타난다.[34]

다른 표준과 방법으로 데이터를 수집하고 분석하는 글로벌질병부담연구에서도 같은 패턴을 보인다.[35]

다시 말하건대, 이는 소득이 높으면 불행하다는 뜻이 아니다. 오히려 반대로 한 국가 안에서는 소득이 가장 낮은 사람들이 가장 힘들게 사는 것처럼 보인다. 그러나 세계정신건강조사에 따르면, 국가 전체의 물질적 생활수준을 살폈을 때 "열여덟 가지 정신질환 중에서 분리불안 하나를 제외하고는 열일곱 가지 질환에서 일관된 패턴이 눈에 띈다. 고임금 국가보다 저임금 국가와 중저임금 국가에서 유병률이 더 낮다."[36]

달리 말해, 전 세계의 경제 발전은 제동 효과를 내지 못한다. 경제성장은 문제의 해결책이 아닌 것 같다.

국가 간 차이는 사회적 조건이 우리가 지금까지 가정했던 것보다 더 큰 역할을 한다는 사실을 보여준다. 오늘날 이는 논란의 여지가 없는 주장이다. 또다른 WHO 보고서는 다음과 같이 요약한다.

"정신 건강은 사회적으로 만들어진다. 정신 건강의 좋고 나쁨은 무엇보다 사회적 지표다. 그러므로 사회적·개인적 대책이 필요하다. 집단적 효율성과 개별적 효율성 모두에 초점을 맞출 필요가 있다. 개별 증상에만 몰두하면 '신체 없는 심리학'으로 이어져, 개인의 머릿속에서 벌어지는 일이 사회적 구조와 맥락으로부터 분리된다."[37]

동시에 유엔은 2017년 세계 보건의 날 공식 성명에서 정신질환 치료가 미래에도 필요하다는 사실을 고려하지 않은 채, "지난 수십 년은 지나친 의료화와 과도한 생물의학적 개입"으로 점철되었다고 지적했다. 문제의 진단은 명확하다. "다양한 형태의 심리 사회적 스트레스와 고통을 의료화하는 유구한 생물의학 전통은 건강의 사회적 변수와 근본적 변수를 모두 고려해야 한다는 중요한 사실을 덮어버렸다."[38]

무엇이 사회적 변수와 근본적 변수일까? 사회학에서 이 분야만큼 어둠 속을 더듬는 분야도 없다.

사람들이 죽음을 택하는 이유

전체적으로 보면, 힘들게 사는 사람이 자살하는 경우는 드물다. 긴 기간을 놓고 보면 자살률의 증감을 확정적으로 말하기 어렵다. 일부 연구는 20세기 후반에 전 세계적으로 자살률이 증가했다고 말하지만, 다행스럽게도 세계 대부분의 곳에서 자살률이 감소했다. 걱정할 만한 경향은 따로 있는데, 다른 사람을 총으로 쏜 뒤에 스스로 목숨을 끊는 사람이 많아지고 있다(특히 미국에서 끔찍한 총기 난사 사건이 심각할 정도로 빠르게 증가하고 있다). 70년 전만 해도 총기 난사 사건은 아주 드문 일이었다.[39]

현재 매년 약 100만 명이 자살하는데, 이것은 세계에서 열네번째로 흔한 사망 원인으로 전쟁이나 다른 외부 폭력에 의한 사망보다 더 흔하다. 그러니까 다른 사람에게 죽임을 당하는 것보다 자신의 손에 죽을 확률이 더 높다.[40]

자살 한 건당 대략 스무 번의 자살 시도가 이루어지는 것으로 추정된다. 이 초에 한 번꼴로 자살이 시도된다. 시도까지는 아니더라도 자살을 생각해본 적이 있는 사람까지 더하면, 이 책이 다루고 있는 숨겨진 고통의 세계가 어떤 모습인지 선명히 그려진다. 존 차일스와 커크 스트로살이라는 두 심리학자는 자살에 관한 수많은 연구와 데이터를 수집했다. 미국에서는 응답자의 10~12퍼센트가 적어도 한 번은 자살을 시도한 적이 있다고 답했다. 또

다른 설문조사에서는 20퍼센트가 진지하게 자살을 생각해봤다고(최소 2주간 지속되고 구체적인 방법과 계획까지 생각했다) 답했고, 20퍼센트는 자살을 심각하게 고려했지만 구체적인 계획은 없었다고 답했다.[41]

20퍼센트에 20퍼센트를 더하면? 거의 절반이다.

스스로 삶을 끝낸 사람들이 모두 유서를 남긴 건 아니므로(약 3분의 1이 유서를 남겼다), 자살 현상을 이해하는 데 유서가 도움이 되는지에 대해서는 논쟁의 여지가 있다. 유서를 남긴 사람과 그러지 않은 사람 사이에 혹시 차이가 있을까? 유서를 남긴 사람이 주로 혼자 살았다는 사실을 제외하면, 다른 중대한 차이는 없다.[42]

미국 오하이오주의 한 연구진이 이 분야에서 가장 광범위한 연구를 진행하여, 스스로 목숨을 끊은 사람들이 남긴 유서 1280통을 수집했다. 일부는 맞춤법 오류, 읽을 수 없는 필체, 핏자국, 정신없는 내용 때문에 거의 알아볼 수가 없었다. 마치 보드카 1.5리터를 마시고 쓴 것처럼 점점 일관성이 없어지고 문장이 중간에 끊기기도 했다. 연구진은 내용, 자살 동기, 두드러진 주제에 따라 유서를 분류했다.[43]

유서를 남긴 사람 대부분은 자살 동기를 설명하는 것보다 남아 있는 사람들을 얼마나 사랑하는지 전달하는 데 중점을 두었다는 사실을 곧바로 알 수 있었다. 가장 자주 등장하는 메시지는 '사랑한다'는 말이었다. 4분의 3 이상이 이 메시지를 담고 있었다. 어린

시절 성폭행을 당한 한 여자는 남편에게 다음과 같이 썼다.

"당신은 나를 진심으로 사랑해줬어요. 너무나 아름다운 사랑이었죠. 하지만 나는 끝내 나 자신을 사랑할 수 없었어요."[44]

용서를 구하고 싶은 마음 역시 유서를 남기는 흔한 이유였다. 한 알코올중독자는 다음과 같이 썼다.

"미안해요. 이제 더는 소용없다는 걸 나도 알지만, 내가 더 좋은 사람이 되지 못해 정말 미안해요."[45]

아주 많은 사람이 자신의 죽음이 유족의 잘못이 아니라는 점을 특별히 강조했다. 한 여성은 다음과 같이 썼다.

"누구의 잘못도 아니라는 것을 모두에게 이해시켜주세요!!! 나는 사랑받는 사람이었다는 사실을 나도 알아요. 모두가 내 곁을 지켜주었지만, 나는 다른 사람에게 기대할 수 있는 것보다 더 많은 것을 원했던 것 같아요. 여러분 모두를 진심으로 많이 사랑합니다."[46]

다음의 삼십대 남자처럼, 주변 사람을 탓하는 유서도 있었다.

"전부 어머니와 당신 탓이라고 말할 수는 없겠지요. 두 사람 다 25퍼센트씩 잘못했어요. 나머지 50퍼센트는 내 잘못이고요."[47]

이 남자처럼 다른 사람을 탓한 유서는 13퍼센트에 불과했다. 몇몇 유서는 더욱 노골적이었다. 한 여자는 신문사에 직접 자신의 부고를 내며, 고치지 말고 그대로 내달라고 요청했다. 이름과 생년월일 그리고 사망일 아래에 다음과 같은 글이 쓰여 있었다.

"이제 하느님 곁에 머물기 위해 이 지옥을 떠납니다. 약한 정신과 약한 몸으로 이런 마침표를 찍도록 도와준 가족에게 감사를 전하고 싶습니다. 당신들은 많은 걸 빼앗아가고 베풀어준 건 거의 없지요. 내가 당신들에게 도움을 청했을 때, 모두 어디에 있었나요?"[48]

그러나 이런 식의 분노를 표출한 유서는 4퍼센트에 불과했다. 가장 분노에 찬 유서는 어느 오후에 차고에서 목을 맨 중년의 간호사가 쓴 것이었다.

"오래전에 당신을 떠났더라면 얼마나 좋았을까. (…) 너무너무 죽고 싶다고 말했었잖아. 이제 내게 적당한 장소와 기회가 생겼어. 생일을 진심으로 축하해. (…) 아이들에게 이 일을 떠넘기지 마. (…) 당신은 분명 이제야 겨우 엉덩이를 떼겠지. 술을 끊고 대마초도 끊고 그렇게 실패자로 사는 것도 그만둬. 제발 일자리를 찾아. 당신은 다 늙어빠진 사람처럼 살고 있어. 제대로 살려 애써봐. 내가 그렇게 했더라면 좋았을 텐데 (…)."[49]

유서들을 자세히 살펴보면, 어떤 자살 동기가 흔한지 알 수 있다. '관계 문제'가 '정신적 고통' 다음으로 가장 많았다. 다른 사람이 보는 앞에서 자살한 사람, 때때로 예고 없이, 예를 들어 말다툼 도중에 갑자기 총으로 자살한 12퍼센트가 이를 뒷받침해준다.[50]

앞에 제시한 인용문과 반대로, 관계 문제를 다룬 유서는 거의 전적으로 사랑의 실패에 관한 이야기를 담고 있다. 목을 매 자살한 40세 남자는 아내에게 이렇게 썼다.

"난 당신을 배신했어. 그래서 거울 속 나를 도저히 볼 수가 없어. 당신을 돌봐야 할 내 임무를 저버렸다는 게 너무너무 미안해."[51]

또다른 남자는 여자친구에게 이렇게 썼다.

"내가 너랑만 해야 할 일을 다른 사람과도 했다니, 정말 믿을 수가 없어. 정말 미안해. 그런 일을 저지르다니, 그땐 내가 아니었어. 그래서 나는 더는 나로 살 수가 없어. 다시는 널 아프게 해선 안 되었는데 그렇게 하고 말았다는 걸 나도 아니까."[52]

유서의 17퍼센트는 실패한 인생에 대해 쓰였다. 22세 남자는 심리치료사가 보낸 자살 방지 계약서 뒷면에 다음과 같이 썼다.

"나는 아무것도 아닙니다. (…) 나는 평생 실패자라고 느꼈습니다. 나는 내세울 만한 것이 하나도 없습니다. 내가 제일 잘하는 일도 없습니다. 나는 중요한 일을 끝까지 해낸 적이 없습니다. 나는 좋은 친구가 아닙니다. 나는 이기적입니다. 아무도 나를 돌보지 않는 것 같고, 설령 나를 돌보려 애쓰더라도 실은 자기 자신에게만 관심이 있는 것처럼 보입니다. 나도 다른 사람에게 그렇게 했으니 다른 사람들도 내게 그렇게 하는 게 당연합니다. 내가 계속 살아가며 나 자신을 더럽힐 필요가 있을까요? 나는 나를 증오합니다. 누가 뭐라든 상관없어요, 나는 갑니다."[53]

유서에는 패배감 이외에 다른 정서들도 나타났다. 지침(12퍼센트), 외로움(1퍼센트), 슬픔(9퍼센트), 죄책감(7퍼센트), 부끄러움(5퍼센트) 같은 것들이었다.

유서에 등장하지 않은 유일한 동기는 흥미롭게도 에밀 뒤르켐의 주요 관심사인 '이타적 자살', 즉 명예로운 의무처럼 보이는 죽음이었다. 뒤르켐이 무의식적 동기를 추측하는 대신 사람들이 실제로 생각하는 것에 더 관심을 가졌더라면, 그의 자살 이론은 분명 다르게 보였을 테다.

머릿속 지배자

나는 이 책 맨 앞에 작가 데이비드 포스터 월리스의 말을 인용했다. 총으로 자살한 사람이 거의 예외 없이 총을 머리에 겨눈 이유에 관한 내용이다. 월리스는 인용된 진부한 표현을 틀림없는 진실로 인정한다. 정신은 훌륭한 하인이면서 동시에 끔찍한 주인이고, 우리는 생각에서 벗어나고 싶어 총구를 머리에 겨눈다고, 월리스는 결론 내린다.

이런 결론은 두 가지 이유에서 문제적이다. 첫째, 월리스는 많은 사람이 총기를 소지한 미국에서 이 글을 썼다. 전 세계적으로 보면 총기 자살은 흔치 않다. 유럽에서 총기 자살은 겨우 몇 퍼센트에 불과하다. 세계에서 가장 흔한 자살 방법은 목을 매는 것이다. 일부 국가, 특히 동유럽 국가에서는 자살한 사람의 90퍼센트가 목을 맸다.

반면 미국에서는 약 15퍼센트(월리스도 여기에 포함된다)만이 목을 맸다. 미국에서는 실제로 과반수가 총을 사용했다. 애석하게도 월리스의 말이 옳다는 것을 입증하는 연구가 3개나 있다. 총으로 자살한 사람 대부분이, 정확히 말해 약 80퍼센트가 머리를 쐈다.[54]

둘째, 월리스의 결론은 끝없는 생각을 멈추려는 시도 외에도 총을 머리에 겨누는 다른 이유가 더 있을 수 있다는 사실을 간과한다. 예컨대 머리를 쏘는 것이 가장 확실한 방법이기 때문일 수 있다.

이처럼 반박의 여지가 있기는 하지만 월리스의 직감은 옳았던 것 같다. 그 가장 강력한 증거를 다음의 유서에서 확인할 수 있다.

"나는 싸울 힘이 남아 있지 않습니다. 머릿속이 너무 복잡합니다."[55]

유서에서 대표적으로 드러나는 주제가 '머릿속 고통' '머릿속 쓰레기' '머릿속 목소리' 또는 그 비슷한 것에서 벗어나고 싶은 욕구다. 절반에 달하는 유서에서 발견되는 자살 동기가 바로 '마음의 평화'를 얻고자 하는 욕구다.

생각을 멈추려는 의지가 명확히 드러난다. 다음 유서에서도 이를 느낄 수 있다.

"나는 그냥 내가 싫어요. 슬프고, 괴팍하고, 기이하고, 공허한 '나'라는 존재 자체가 싫습니다. 그러므로 나는 더는 존재해선 안 됩니다. 나는 그냥 생각을 멈춰야만 해요. 그래야만 합니다. 이것은 자비로운 죽음과 같습니다. 말도 고통을 줄여주기 위해 총으로 죽음에 이르게 해주잖아요, 그렇지 않나요? (…) 도저히 참을 수 없는 생각들에서 벗어나는 것 말고는 다른 생각을 할 수가 없습니다."[56]

생각이 꼬리에 꼬리를 무는 문제들은 다양하다. 어떤 사람은 결국 자살 생각조차 멈출 수 없게 되었다.

"이것이야말로 내 일상에서 변하지 않는 유일한 루틴이야. 나는 내내 이것만 생각해. 남자들이 이른바 매분 매초 섹스 생각을 한다는 거 알아? 그것과 똑같이 나는 내내 자살로 내 삶을 끝낼 생각만 하고 있어."[57]

다음 유서에서는 생각이 걱정으로 발전하는 것이 눈에 띈다. 그리고 그 걱정은 생각이 촉발한 것보다 더 크다. 걱정을 그냥 꺼버리는 것이 가능하다면 남은 문제는 이제 걱정 자체를, 그러니까 외로움, 실패, 죄책감, 슬픔을 과연 견딜 수 있느냐 하는 것이다.

아내와 헤어져 혼자 살던 한 남자가 이 과정을 자세히 기술했다. 그는 직장을 잃고 재정적으로 어려워졌다. 그래서 이혼한 아내와 딸에게 위자료와 양육비를 줄 수가 없었다. 그는 크게 낙담했고 며칠 동안 잠을 이룰 수 없었다. 어느 날 밤 그는 삶을 끝내기로 결정했다.

그는 유서에 자신의 걱정을 상세히 적었다. 걱정거리가 하나씩 차례차례 추가되며 끊임없이 맴도는 생각 회전목마를 탔고, 다음과 같은 걱정 목록이 만들어졌다.

"나는 약물치료를 받고 있으므로, 나의 신체적 문제는 이 일에 책임이 없다. 그러나 약을 먹어도 다음의 사실에는 변함이 없다.

나는 월세를 밀리지 않고 낼 능력이 없다.

나는 합리적인 방법으로 신디를 재정적으로 지원할 도덕적 의무를 이행할 수 없다.

나는 보잘것없는 남루한 집을 수리할 능력이 안 된다.

나는 쓸 만한 자동차를 살 여유가 없다.

나는 정상적인 사회생활을 할 여유가 없다.

나는 어느 여자에게도 내 현재 상황을 이해시킬 수 없다.

나는 올바른 관계에서 좋은 파트너가 될 수 없다.

나는 단 하룻밤도 잘 수가 없다. 그것이 의미하는 것은 (…).

나는 내 머릿속을 계속 맴도는 참을 수 없는 생각들에서 벗어날 수가 없다.

나는 생각 회전목마를 멈출 수가 없다."[58]

나열된 걱정거리 가운데 그 어떤 것도 상상 속 고통이 아니다. 월세를 낼 수 없고 정상적인 사회생활을 할 여유가 없는 것은 의심의 여지가 없는 무거운 짐이다. 그러나 이 사실이 모든 것을 해명하진 않는다. 비슷한 상황에 놓인 다른 사람들이 모두 스스로 삶을 끝내진 않는다. 이 목록은 문제를 나열하면서 동시에 이런 문제를 겪는다면 가치 있는 삶이 아니라는 견해를 담고 있다.

이런 문제에서 확신을 갖기는 힘들어 보인다. 생각은 계속 머릿속을 맴돈다. 월리스가 그토록 두려워했던 정신이라는 주인은 결정을 내리지 못하고 헤매는 것 같다. 어쩌면 그래서 생각이 우리의 주의를 끄는 것일지 모른다. 때로는 계속 되풀이되기 때문에 단조로워 보이지만, 의심과 모호함이 더해지면 점점 강해진다. 명심할 것은 그저 생각의 현재 모습부터 미래의 가능한 모습에 이르기까지 그 경로를 저울질하고 연결해야 한다는 것이다.

문제를 해결해! 생각이 요구한다. 그리고 그것은 생각이 해야 할 일이다.

걱정이란 무엇인가

"상관없어, 그러거나 말거나 신경 안 써. 난 내가 한 일을 잘 알아. 다른 사람들이야 뭐 맘대로들 생각하라지. 상관 안 해!"

강아지 놀이터에 벤치 하나가 있다. 이따금 한 여자가 거기에 앉아 혼잣말을 중얼거린다. 나는 예전에도 이 장면을 목격했다. 솔직히 말하면, 몰래 엿듣기도 했다. 나는 휴대폰을 보는 척하면서 귀를 쫑긋 세우고 여자의 중얼거림에 집중했다.

"진짜 주인에게 돌아가라고 말했잖아! 그런데 주인이 도망갔구나. 그렇구나…… 난 울지 않을 거야. 울어야 할까? 그리고 그는, 그는 자기가 아주 위험한 사람이라고 말하지만, 내가 어떤 일을 겪었는지 전혀 몰라. 그들이 내게 총을 겨눈대도 나는 아무것도 할 수 없을 거야. 아무것도 할 수 없는 사람은 흥분하지도 않아."

나는 여자의 독백에 '청자'가 있다는 것을 예전부터 알고 있었다. 당시에 나는 여자가 환각 상태에서 상상 속 누군가와 대화를 나눈다고 생각했다. 지금 다시 들으니, 확신이 서지 않는다. 그냥 자기 생각을 입 밖으로 크게 내뱉고 있는 걸까?

생각의 흐름을 말로 고스란히 옮겨야 한다면, 분명 나 역시 이 여자와 크게 다르지 않을 것이다. 내가 듣기에도 내용에 일관성이 없을 것이다. 불평, 선입견, 다른 사람의 진술, 두려움, 상실, 그리고 세상을 향해 외치는 과잉된 훈계가 뒤섞여 있을 것이다. 그리고 아마도 이따금 누군지 알 수 없는 **청자**가 등장할 것이다. 그 **청자**는 어떨 땐 다른 누군가이고, 어떨 땐 나 자신일 것이다.

"당연히 중요한 건 사랑이지. 다시 사랑이 올지 모르겠어. 너는 사랑을 말하지. 난 사랑을 원해! **육체적 사랑!**"

여자는 양팔로 자신의 상체를 끌어안고 몸을 앞으로 숙인다.

예전에 들었던 내용은 대부분 낙담과 분노였고 때로는 행인에게 화를 내는 것처럼 보였다. 여자는 노동자의 등, 노동자의 머리카락, 노동자의 손을 가졌다. 몸은 야위었고, 목발을 짚는다. 거의 반년째 꾸준히 여자를 봐왔지만, 다른 사람과 함께 앉아 있는 모습은 단 한 번도 보지 못했다.

"그동안 일부러 모른 척하고 있었어. 넌 여기서 도대체 뭘 하는 거니? 내가 이 얘기를 꺼냈더라면 어땠을까? 진작 얘기했어야 했어. 젠장, 여기서 뭘 하는 거야? 그리고 나는 여기서 뭘 하고 있지?"

내가 큰 소리로 몇 번을 불렀을 때에야 비로소 여자는 나를 인식했다.

"저기요! 이봐요!"

여자는 묵묵부답이다. 그러더니 나를 빤히 보았다.

"궁금한 게 있는데요." 나는 맞은편 울타리 너머에서 물었다. "왜 그렇게 생각을 큰 소리로 하세요?"

"왜요? 방해되나요?"

"아니에요, 그렇진 않아요. 그냥 궁금해서요. 생각을 큰 소리로 내뱉고 있다는 거 알고 계세요?"

"당연히 알죠." 경계심보다는 걱정스러운 눈으로 여자가 말했다. "왜요? 어딘가 이상한 사람 같나요? 미친 여자 같나요?"

"말씀하신 내용은 전혀 이상하지 않아요. 그걸 큰 소리로 말하는 것 자체가 이상한 거죠."

우리 위로 비행기 한 대가 시끄럽게 지나갔다. 요란한 굉음과 천천히 잦아드는 바람소리가 따스한 오전을 갈랐다. 우리는 하늘을 쳐다보았다.

"늘 불평하는 친구가 있어요. 좀 크게 말할 수 없냐고 계속 불평해요. 귀가 나빠져 잘 듣질 못하거든요. 그래서 둘이 만나면 늘 크게 소리를 질러야 해요. 나는 그에게, 그는 나에게 소리를 지르죠. 같이 있는 내내 그런 식이에요."

나는 여자 옆에 앉았다.

"그래서 생각도 큰 소리로 하는 건가요?"

"아니요, 사실 내가 왜 이러는지 나도 몰라요."

여자가 희미하게 웃었다. 언뜻 보이는 치아 상태로 그녀가 치과 치료를 제대로 받을 수 없는 계층에 속해 있음을 알 수 있었다.

"보다시피, 나는 취했어요. 하지만 많이 마시진 않았어요. 와인 한 잔. 그게 많다고 생각해요? 한 잔이면 충분하죠. 평소에 나는 작은 생쥐만큼 조용해요. 시내에 나가 필요한 것들을 사고, 집으로 돌아와요. 그러니까 나는 아주 정상이에요. 아니, 나는 정상이 아니에요. 나는 술을 마셔요. 사람은 원래 술을 마시면 이상해지고, 이상한 행동을 하죠. 사실 나는 대화를 원하지 않아요. 와인 한 병만 있으면 돼요. 어디서 오셨어요?"

나는 불안에 관한 책을 쓰고 있다고 설명했고, 여자는 이 주제에 관한 자기 생각을 들려주었다. 여자는 정신병원에서 오랫동안 일했고, 젊을 때는 심리학에도 관심이 좀 있었다고 한다. 지금은 은퇴해 연금을 받고 있다.

얘기를 나누는 동안, 나는 여자가 다른 보통사람들과 똑같이 내 얘기를 주의깊게 듣고 있다고 생각했다. 비록 주제를 넘나드는 장황한 설명에 빠지기 일쑤더라도, 자신의 삶을 관찰하는 주의력만큼은 놀라웠다. 자신의 고유한 생각뿐 아니라 다른 사람이 자신을 어떻게 생각할지에도 주의를 기울였다.

"내 손이 따뜻한지 한번 만져보시겠어요?"

나는 손을 뻗어 여자의 손을 잡았다.

"따뜻하네요." 내가 말했다.

"기다려요. 지금, 지금." 여자는 내 손을 점점 더 세게 쥐었다. "다른 나라에서는 이렇게 서로를 만질 수 있고, 아마 그때 섹스를 생각하지 않을 거예요. 그냥 아무것도 생각하지 않아요. 그냥 느낄 뿐이죠. 하지만 우리 스웨덴 사람은 그렇게 못해요. 전혀요! 보세요, 당신의 손에서 나는 성적 매력을 느끼지 않아요. 당신의 몸에서도 전혀. 나는 당신의 몸을 보지 않아요. 이해하시겠어요? 그냥 믿으세요…… 만약 당신이 나처럼 여기 앉아 사람들을 관찰한다면…… 몇몇 사람은 정말로 지쳐 보일 거예요. 하지만 그들도 그러고 싶었던 건 아니에요. 사람을 망가뜨리는 건 외로움이에요, 외로움. 그렇게 생각하지 않나요?"

존재하지 않는 것에 대한 생각

소위 정상에서 벗어난 것을 이해하려 애쓰는 일은 사회학의 기본 방법론에 속한다. 이탈 폭이 크지 않을 수도 있다. 공원 벤치나 지하철에서 혼잣말을 중얼거리면, 자기만 생각하거나 화가 났거나 미친 것처럼 보일 수 있다. 하지만 우리가 모두 우리의 생각을 큰 소리로 말하게 된다면 어떨까? 우리는 무엇을 듣게 될까?

지금 당장 두 가지를 확언할 수 있다.

1. 조용한 순간이 없을 것이다.

2. 무엇보다도 걱정을 듣게 될 것이다.

우리는 걱정을 기본적으로 "만약에 …이면, 어떡하지?를 물을 때 생기는 알 수 없는 미래에 대한 여러 가지 우려"로 정의한다.[1]

그러나 좀더 정확하게 개념을 정의할 필요가 있다.

생각을 현상학적으로 관찰하면, 즉 생각이 떠오르는 방식을 보면 생각이란 지속적인 과정임을 알 수 있다. 이를 우리는 '생각이 났다'라는 말로 단순화한다. 우리는 생각에서 움직임을 제거해, 생각을 축소한다.

나 역시 이 책에서 범하는 이런 추상화는, 우리가 '불안'이나 '걱정'을 말할 때 또는 만약에 …이면, 어떡하지?를 물을 때 반복된다. 사실 이것은 생각의 움직임에 관한 문제다. 무엇이 생각의 움직임을 구성하는지는 말할 수 있지만 정작 그 움직임을 놓칠 위험이 있다.

걱정을 할 때는 생각의 움직임이 명확하다. 걱정은 과정과 연결되어 있다. 걱정은 어떨 땐 빠르고 어떨 땐 느리지만 언제나 원을 그리며 움직이고, 생각을 움직여 확신에 도달하려는 명확한 목표를 갖는다. 여기에서 걱정과 불안의 중요한 차이가 드러난다. **걱정은 언제나 스스로 해결하는 것을 목표로 한다.**

이런 차이는 언어 측면에서도 두드러진다. 우리는 불안감을 느끼지만(상태), 걱정을 한다(과정). 예를 들어 우리는 거미 한 마리 때문에 걱정하지는 않는다. 우리는 거미 앞에서 불안감을 느낀다. 그리고 뭔가에 불안감을 느끼면, 그 앞에서 조심한다. 우리는 불안감을 느끼는 것이 옳은지 그른지 굳이 따지지 않는다. 불안은 비교적 생각이 필요 없는 정서다. 그러나 걱정을 할 때는 우리가 걱정하는 것이 옳은지 그른지 계속해서 따져 묻는다. 그리고 확신을 얻기 위해 일련의 사건을 상상해본다.[2]

'전기레인지 끄는 걸 깜빡했으면 어떡하지?' 이런 걱정을 하면, 거기서 끝나지 않는다. 전원을 껐는지 기억해내려 애쓰는 동안, 결국 전기레인지와 관련된 온갖 또다른 만약에 …이면, 어떡하지? 질문이 머릿속을 맴돈다. '불판이 빨갛게 달궈지기 시작하면 어떡하지? 아니야, 분명 껐어. 그렇지? 그게 그렇게 중요한가? 중요하지, 화재라도 나면 큰일이잖아. 하지만 불판이 달궈졌다고 해서 저절로 불이 붙어 화재가 발생하진 않아. 맞아, 하지만 정말 불

이 붙어 집이 타고 이웃 사람이 죽으면 어떡하지?'

비현실적인 생각이다. 이런 생각은 언제나 현실과 동떨어져 있다. 오렌지나 나무처럼 구체적인 것을 생각해보면, 오렌지나 나무가 일으킬 수 있는 온갖 일들이 함께 떠오르지는 않는다. 하지만 생각의 특성상 반드시 존재하는 사물과 속성만 떠올리는 것은 아니다. 우리는 존재하지 않는 것, 존재해야 마땅하지만 아직 존재하지 않는 것, 어쩌면 앞으로 절대 존재하지 않을 것도 생각할 수 있다.

만약에 …이면, 어떡하지?는 존재하지 않는 것을 상상하는 생각이다. 인지 연구에서는 이것을 반사실적 사고라고 부른다.[3]

우리는 전기레인지의 전원이 꺼졌더라도 만약 켜졌으면 무슨 일이 발생할지 상상할 수 있고, 설령 전기레인지가 저절로 점화되지 않더라도 만약 점화되면 무슨 일이 발생할지 상상할 수 있다. 우리가 생각하는 것은 사실이 아니라 사실과 반대되는 가정이다. 우리는 지금 어떤지(현재)가 아니라 어땠을지(과거) 그리고 어떨지(미래)를 생각한다.

그러므로 학문적 의미에서 우리는 걱정을 불안에서 야기된 반사실적 사고라고 정의할 수 있겠다.

지난 40년 동안 반사실적 사고에 관한 수많은 연구가 이루어졌다. '존재하지 않는 것'에 대한 생각에 패턴이 있는지 파헤쳤다. 그리고 그 대답은 '있다'이다.

1982년에 이미 인지심리학자 대니얼 카너먼과 아모스 트버스키는 가능성이 적은 시나리오보다 가능성이 큰 시나리오를 상상하기가 더 쉽다는 사실을 알아냈다. 비행기를 단 몇 분 차이로 놓치면, 삼십 분 차이로 놓쳤을 때보다 더 화가 난다.

또한 우리는 규칙성보다 예외에 더 집중하는 경향이 있다. 공항으로 가는 길에 타이어 펑크로 비행기를 놓치면, 일상적인 퇴근길 정체 때문에 비행기를 놓쳤을 때보다 더 화가 난다. 그러므로 사실이 아닌 것을 생각하면 항상 사실성을 높이려고 노력하게 된다.[4]

반사실적 가정은 매우 비현실적일 수 있지만, 우리의 삶에 매우 현실적으로 영향을 미친다. 반사실적으로 생각하는 능력이 없으면, 우리의 정서 중 많은 부분이 제 기능을 하지 못한다.

예를 들어 후회는 우리가 '정서'라고 정의하는 것을 넘어선다. 후회는 빠른 심장박동, 호흡곤란, 눈물 같은 신체 반응이 동반되는 반응성 감정이다. 지금의 상태에 대한 생각과 '내가 다르게 행동했더라면 어땠을까?'를 곰곰이 생각하는 것이 합해져 나타난다. 영어는 이런 사고 과정을 could, would, should 같은 조동사로 표현한다. 우리가 할 수 있었고, 하려 했었고, 마땅히 해야 했던 일, 이 모든 것은 비현실적이다. 존재하지 않는 일이다. 그럼에도 후회는 실질적 감정이다.[5]

사실적 세계와 반사실적 세계의 이런 비교는 죄책감, 상실감,

분노 같은 감정 또는 안도감, 희망, 기대 같은 긍정적 정서의 기초가 된다. 언제나 생각과 연관되며, 감정과 생각을 구별하기가 얼마나 어려운지를 보여준다.

반사실적 사고는 인간의 근본적 능력이다. 그러나 우리가 반사실적 세계에 몰두하는 강도가 전과 달라졌다. 시간이 흐를수록 인간은 존재하지 않는 것에 점점 더 집중했다. 존재하지 않는 것에 집중할수록, 실제로 존재하는 것에 주의를 기울이기가 더 어려워졌다.[6]

우리가 주로 생각하는 것

1930년대에 소련의 급속한 산업화가 진행되는 동안 러시아 심리학자 알렉산더 루리야는 새로운 시대가 사람들의 생각에 어떤 영향을 미치는지 연구했다.

스승인 레프 비고츠키와 마찬가지로 루리야 역시 먹이를 알리는 종소리를 듣자마자 침을 흘린 유명한 파블로프의 개처럼 인간도 자극에 기계적 반응을 보일 수 있다는 당시의 지배적인 생각을 비판했다. 루리야는 인간의 경우 자극과 반응 사이에 '생각'이라는 뭔가 다른 것이 끼어 있다고 확신했다.

그러나 유럽의 유명한 현상학자들과 달리, 루리야는 모든 사람의 생각 패턴이 사회적 맥락과 무관하게 똑같을 거라고 여기지 않았다. 사회역사적 요소, 예를 들어 산업사회에서 성장했는지 농경사회에서 성장했는지가 영향을 미칠 수밖에 없을 것이라고 가정했다.

루리야와 소련 과학자들은 연구를 위해 전근대 생활조건이 여전히 우세한 우즈베키스탄과 중국 외딴 산간 마을에서 여러 인지 실험을 진행했다. 이곳 공동체 대부분은 부유한 통치자가 지배하는 봉건적이고 가부장적 특징이 두드러졌다. 실험에 참여한 사람들 대다수가 학교에 다닌 적이 없고 글을 배운 적도 없었다.

루리야는 인류학자처럼 실험을 진행했다. 마을 사람들과 관계를 맺고 우정을 쌓았다. 그는 농부들과 대화하면서 그들에게 반사실적 사고가 필요한 간단한 생각놀이를 시켰다. 실험 참여자들은 아무렇게나 지어낸 두 가지 전제조건을 듣고 논리적 결론을 도출해야 했다. 우리는 이런 생각놀이를 '삼단논법'이라고 부른다.

루리야가 사용했던 삼단논법은 예를 들면 다음과 같다. "눈이 내리는 먼 북쪽의 곰들은 모두 흰색이다. 노바야제믈랴제도는 멀리 북쪽에 있다. 그곳의 곰은 무슨 색일까?"

47세 농부 루스탐과의 대화는 다음과 같이 진행되었다.

루스탐: 여행을 많이 다녀 경험이 풍부한 사람이라면 분명 그 질문에 답할 수 있을 겁니다.

루리야: 내 말을 바탕으로 답해보세요.

루스탐: 여행을 많이 다녀 추운 나라에도 가서 모든 것을 본 사람이라면 답할 수 있을 겁니다. 그 사람은 분명 곰이 무슨 색인지 알 거예요.

루리야: 그러니까, 멀리 북쪽에, 시베리아에는 언제나 눈이 내려요. 눈이 내리는 곳의 곰은 흰색이라고 내가 말했잖아요. 자, 멀리 북쪽 시베리아에는 어떤 곰이 살까요?

루스탐: 나는 시베리아에 간 적이 없어요. 작년에 죽은 타츠히바이 아카는 시베리아에 다녀왔어요. 그가 말하기를, 거기에 흰색 곰이 있댔어요. 하지만 어떤 종인지는 말해주지 않았어요.[7]

루리야는 농부에게 이런 생각놀이를 시키는 것이 어렵다고 결론 내렸다. 나중에 비판자들은 책에 얽매인 도시인의 사색에 농부들이 그다지 관심이 없었기 때문에 생각놀이에 참여하지 않았으리라 추측했다. 그렇더라도 중국 카슈가르의 한 마을에 거주하는 37세 남자 압두라큼과의 대화에서도 볼 수 있듯 그들의 응답에는 패턴이 있었다.

루리야: 목화는 따뜻하고 건조한 곳에서만 자랍니다. 영국은 춥고 습합니다. 목화가 영국에서 자랄 수 있을까요?

압두라큼: 모르겠어요.

루리야: 잘 생각해보세요.

압두라큼: 나는 지금까지 카슈가르에만 살았어요. 다른 곳에 대해서는 아는 게 없어요.

루리야: 하지만 내 말을 바탕으로 할 때, 목화가 영국에서 자랄 수 있을까요?

압두라큼: 그곳의 토양이 좋다면 목화가 자랄 수 있지만, 토양이 습하고 양분이 부족하다면 풍성하게 자라진 않을 겁니다. 그곳 날씨가 카슈가르와 똑같다면, 목화가 자랄 겁니다. 그리고 당연히 토양이 부드러워야겠지요.

루리야: 목화는 따뜻하고 건조한 곳에서만 자랍니다. 영국은 춥고 습합니다. 목화가 영국에서 자랄 수 있을까요? 내가 한 말을 듣고 당신은 어떤 결론을 내립니까?

압두라큼: 그곳이 춥다면, 목화는 자라지 않아요. 목화는 부드러운 좋은 토양에서 자랍니다.[8]

스웨덴에서는 초등학생들도 모두 알고 있는 이런 종류의 문답에 농부들이 익숙하지 않다는 사실 외에도 다음과 같은 패턴이 드러났다. 농부들은 잘 알지 못하는 절대적 진리의 사고세계에 빠져들기보다 자신의 경험에 의존하기를 선호했다.

특히 그들이 잘 아는 농업과 관련된 주제인 목화 삼단논법에서, 반사실적 진리를 위해 자신의 경험을 간과하는 것을 이상한 일로 여겼다. 루리야와 대화한 농부의 약 60퍼센트가 자신의 경험과 관련된 삼단논법을 풀 수 있었다. 그러나 오로지 주어진 전제에만 국한해 푼 경우는 드물었다. 40세 농부 캄락처럼, 그들은 자신이 배운 것에 기반해 대답을 찾았다.

루리야: 목화는 따뜻하고 건조한 곳에서만 자랍니다. 영국은 춥고 습합니다. 목화가 영국에서 자랄 수 있을까요?

캄락: ······

루리야: 춥고 습한 지역에서 목화가 자랄 수 있을까요?

캄락: 아니요. 땅이 축축하고 차면 안 됩니다.

루리야: 그러니까 영국은 습하고 춥습니다. 그곳에서 목화가 자랄 수 있을까요?

캄락: 여기도 춥습니다.

루리야: 하지만 그곳은 항상 춥고 습합니다. 그곳에서 목화가 자랄 수 있을까요?

캄락: 글쎄요, 모르겠어요······ 그곳 날씨가 어떤지 난 몰라요!

루리야: 추운 곳에서는 목화가 자라지 않고, 영국은 추워요. 영국에서 목화가 자랄 수 있을까요, 없을까요?

캄락: 몰라요······ 목화는 추우면 자라지 않고 따뜻하면 자랍니다. 당신 말대로라면, 나는 영국에서는 목화가 자라지 않는다고 답할 거예요. 하지만 그곳의 봄이 어떤지 그리고 밤에는 어떤지 알아야 답

할 수 있을 겁니다.[9]

곰 사례처럼 농부들의 경험과 관련이 없는 삼단논법의 경우 단 15퍼센트만이 옳게 대답했다. 학교에 다니지 않았고 글을 아는 사람이 거의 없는 공동체에서도 이 실험은 비슷한 결과를 냈다. 반면 루리야는 잠시라도 학교에 다녔고 글을 배운 사람들은 예외 없이 생각놀이의 정답을 맞힐 수 있음을 확인했다.[10]

전망이 밝은 결과라고, 루리야는 생각했다. 산업사회에서는 문해력과 추상적 사고력이 점점 더 중요해지므로, 사람들은 점점 더 쉽게 반사실적 사고를 할 수 있을 것이다. 오로지 감각적 경험만을 가장 중요한 정보원으로 의존하는 대신, 아이들은 어릴 때부터 일찍이 논리적 추론을 배울 것이다. 그로 인해 상상력이 자라고 자기 성찰 능력도 갖추게 되어, 사람들은 더 자유로워지고 주변 환경에도 덜 얽매일 것이다.

부분적으로는 루리야가 옳았다. 산업국가에서 사람들이 어떻게 생각하는지를 조사하면, 심지어 반사실적 사고가 우세하다. 우리는 존재하지 않는 것을 놀라울 정도로 많이 생각한다. 그러니 루리야가 희망한 것처럼, 우리는 우리의 생각에서 더 자유로워졌을까?

우리가 평행우주, 상상의 수, 유니콘 같은 것들을 **생각할 수 있**다는 사실은 철학적 관점에서 흥미로울 수 있다. 그러나 우리가 양치질을 하거나 종종걸음칠 때 머릿속을 맴도는 생각들이 정말로 그런 생각일까?

우리는 생각하는 것을 과연 정확히 진술할 수 있을까?

수많은 연구가 이 엄청난 질문을 다루었고, 수십 년 동안 방법론 논쟁을 불러일으켰다. 우리가 무슨 생각을 하는지 밖에서는 볼 수 없고, 그러므로 쉽게 측정할 수도 없다. 게다가 우리는 우리의 생각을 모두 똑같은 강도로 의식하지도 않는다. 사람들에게 평소 무슨 생각을 하는지 물으면, 혼란스러울 만큼 온갖 대답이 나온다. 대부분은 생각에 주의를 기울이지 않고 충분히 거리를 두지 않아, 나중에 정확히 요약할 수가 없다.

이 문제는 소위 경험 수집으로 해결할 수 있다. 무작위로 뜬금없이 하루에 여러 번 실험 참여자에게 메시지를 보내 그 순간 생각하는 내용을 기록하도록 하는 것이다. 즉각적 기록을 통해 평소 생각하는 내용이라고 믿는 것과 실제로 생각하는 것 사이의 차이를 줄일 수 있다.[11]

정보기술 덕분에 이 방법은 현재 더욱 정교해졌고 더 효과적으로 발전했다. 적어도 이 연구가 주로 진행되는 서구에서는 IT 덕분에 일상적 사고를 묻고 그것에 어느 정도 상세하게 대답하는 것이 가능하다. 그 결과를 보면 우리가 주로 생각하는 것은 신정론*이나 우주의 무한성이 아니다.

우리는 주로 미래와 과거를 생각한다. 여러 연구에서 명확히 확인할 수 있듯이 극히 적은 생각만이, 특히 몽상과 고민 중에서 극히 일부만이 지금 여기와 관련이 있다. 우리는 대부분 반사실적으로 생각한다. 우리는 자주 존재하지 않는 것에 집중하고, 특히 아직 존재하지 않는 것, 그러니까 미래에 가장 자주 몰두한다. 희망과 기대 같은 긍정적 생각 역시 미래와 관련이 있다. 한 연구에서는 피험자들이 과거보다 미래에 대한 생각을 거의 2배나 더 자주 하는 것으로 나타났다.[12]

　우리는 주로 우리 자신을 생각한다. 미래나 과거를 생각할 때, 우리는 대부분 녹고 있는 빙하나 30년전쟁에 몰두하지 않는다. 모든 생각의 중심에는 우리가 나라고 부르는 것이 있다. 이타적이라고 여기는 생각에도 그 중심에는 여전히 자기 자신이 있다. 우리는 우리의 아이들, 우리의 친구, 우리의 반려동물, 우리의 부모를 생각한다. 걱정할 때도 우리의 생각은 주로 지구온난화나 극우민족주의 물결을 향하지 않는다. 설령 그런 것들이 분명 우리에게 영향을 미치더라도 그것이 중심이 되지는 않는다. 걱정은 개인의 책임이나 자기 결정과 연관된 것에 더 강하게 초점이 맞춰지는 것 같다.[13]

---

*　신의 전능함과 악의 존재 사이의 모순을 해명하려는 신학 이론.

우리가 각자의 세계에서 정확히 무엇을 걱정하느냐는 나이에 따라 다르다. 영국의 한 연구에 따르면 청년기에는 대부분 자신의 재정 상황과 직업을 걱정하지만, 이런 걱정 구름은 대략 사십대가 되면 걷힌다. 반면 인간관계는 평생의 걱정거리다. 우리는 다른 사람에게 무슨 일이 벌어질까, 그들이 우리를 어떻게 생각할까, 우리가 그들을 어떻게 생각해야 할까 걱정한다.

나이가 들어도 나아지지 않는다. 나이든 사람들도 젊은 사람들과 똑같이 인간관계를 걱정하는 것 같다. 앞에서 소개한, 벤치에서 생각을 큰 소리로 내뱉는 여자의 삶이 무탈히 흘러갔다면, 그녀는 그 나이에 돈과 일자리를 크게 걱정하지는 않을 것이다. 그러나 다른 사람들이 자신을 어떻게 생각할지, 버림받을까봐 두렵고 사랑받고 싶은 갈망에 대한 생각들은 계속해서 따라다닐 것이다.[14]

우리는 너무 자주 반사실적으로 생각한다. 『사이언스』에 발표된 한 대규모 연구는 경험 수집 방법으로 83개국의 5천 명을 대상으로 총 25만 개 데이터를 수집했다. 실험 참여자들은 하루 중 다양한 시간에 지금 무엇을 하고 있는지, 무엇에 몰두하고 있는지, 어떻게 지내고 있는지, 몽상(영어로는 mind wandering)중인지 답해야 했다. mind wandering, 직역하면 마음 방황쯤 되는데, 지금 여기에서 일어나지 않는 일을 생각한다는 뜻이다. 학술용어로 '과제 독립적 사고'라 불리는 이런 몽상은 전체 수집의 절반을 차지했다. 지금 무엇을 하고 있느냐는 질문에는 거의 비슷비슷한 대답을 내놓았다. 이런 종류의 마음 방황을 막는 활동은 섹스 단 하나였다.

그러나 이 연구에서 가장 놀라운 결과는 각각의 측정 순간에 참여자들이 어떻게 지내느냐였다. 예를 들어, 지금 하는 일은 현재 행복한가에 거의 영향을 미치지 않았다. 반면 몽상은 개인의 행복에 가장 강력한 영향을 미쳤다. 만약 지금 여기에 집중한 상태라면 그들은 스스로 더 행복하다고 인식했고, 다른 여러 측정에서도 상관관계가 드러났다. 정신이 현재에 집중하는 것은 심지어 긍정적 행복 경험을 유발하는 것 같았다. 특이하게도 얼마나 행복한 상상을 했느냐는 상관없었다. 유쾌한 상상만 했는데도 지금 여기에 집중한 참여자보다 덜 행복했다.

연구진은 다음과 같이 결론지었다.

"인간의 정신은 방황하고, 방황하는 정신은 불행한 정신이다. 일어나지 않는 일을 깊이 생각하는 능력은 감정적 대가를 치러야 하는 인지적 성과다."[15]

더 작은 규모의 연구 결과 역시 같은 방향을 가리킨다. 그러므로 관계, 돈, 일에 관한 걱정이 진단 가능한 정신 건강 문제와 유의미한 상관관계를 보이는 것은 전혀 놀랍지 않다. 몽상하는 사람, 특히 진짜처럼 생생한 몽상에 빠져 사는 사람은 일반적으로 다른 사람들보다 자기 삶에 덜 만족한다. 몽상에도 당연히 장점이 있다. 이를테면 몽상을 많이 하는 아이들은 상상력이 풍부하고 자기통제력이 뛰어나다. 그러나 더 불행하게 지내는 경향을 보인다.[16]

백곰을 생각하지 마시오

분명 루리야는 주요한 사회적 변화에는 언제나 마찰손실이 발생하나 사람들은 시간이 지남에 따라 산업사회에서 편안함을 느끼는 법을 배운다고 생각했을 테다. 그러나 지금까지 우리가 택한 방식은 우리를 괴롭히는 생각을 몰아내고 '더 긍정적인' 생각으로 대체하는 데만 치중하는 너무 원시적인 방법이었는지도 모른다.

현재 시중에는 제목에 "stop worrying(걱정을 멈춰라)"이 포함된 영어책이 891권, "positive thinking(긍정적 생각)"으로 유혹하는 책이 923권이나 있고, "don't worry(걱정하지 마라)"라는 문구 비율은 구글북스 영문판에서 역대 최고치를 기록하고 있다. 반면 19세기에는 이런 문구가 거의 존재하지 않았다. 우리 시대의 궁극적 지혜는 다음과 같을 것이다. '걱정하는 당신이 걱정된다면, 걱정하

기를 중단하라!'[17]

이런 조언이 아무 도움이 안 되는 이유는 초등학생도 다 안다. 톨스토이의 회고록에서 좋은 예시를 읽을 수 있다. 그의 맏형 니콜라이는 어렸을 때 벌써 이 문제의 핵심을 간파했다. **특정한 생각을 일부러 하지 않는 것은 불가능하다.**

니콜라이는 세 동생을 속여 어떤 비밀이 있다고 믿게 했다. 그 비밀이 밝혀지는 순간 인간의 마음에서 악이 물러나고 선으로 가는 길이 열린다고 말하면서 '개미 형제단'을 결성하자고 제안했다. 형제들은 놀 때마다 종종 이 얘기를 했고, 톨스토이는 이 비밀이라는 것이 진짜 있다고 굳게 믿었다. 그들은 담요로 덮어놓은 의자 아래에 몇 시간씩 숨어 경건한 침묵 속에 비밀이 밝혀지기를 기다리곤 했다. 나중에 톨스토이가 회상했듯이, 그는 당시 개미 형제단의 이상과 곧 일어날 모든 좋은 일에 감동해서 눈물까지 흘렸다. 그는 이 신비로운 비밀이 무엇인지 몹시 알고 싶었지만, 니콜라이는 집 근처 계곡 기슭에 묻힌 녹색 지팡이에 그 비밀이 적혀 있다고만 말했다.

형제들이 이 지팡이를 찾으러 탐험을 떠나기로 했을 때, 니콜라이는 탐험에 동참하려면 반드시 통과해야 하는 시험 하나를 고안해냈다. 그들은 구석에 서서 백곰을 생각하지 말아야 했다.

톨스토이는 시험에 통과하기 위해 열심히 노력했지만, 백곰을 **생각하지 않기란 불가능했다.** 구석에 서자마자 백곰이 머릿속에 떠올랐다. 이때의 기억은 평생 톨스토이를 따라다녔고, 녹색 지팡이를 찾아내는 상상이 어쩌나 강렬했던지 죽기 직전에도 니콜라이가 말한 지팡이가 숨겨진 곳에 자신을 묻어달라고 말했다.[18]

니콜라이의 녹색 지팡이는 오늘날까지 발견되지 않았지만, 톨스토이가 나중에 자신의 유년기를 기록했을 때 그의 백곰은 새롭게 살아났다. 톨스토이와 동시대를 살았던 표도르 도스토옙스키는 1863년에 보답을 기대하지 않고 누군가에게 호의를 베푸는 일이 얼마나 어려운지 설명했다. 마치 백곰을 생각하지 않으려 애쓰는 것과 같을 것이라고 썼다. 백곰을 생각하지 말라는 과제를 받는다면, 백곰을 머릿속에서 지울 수 없을 것이다.[19]

백곰은 사상사에서 잠시 겨울잠에 들어갔다. 정신분석이 심리치료에 혁명을 일으켰고, 사람들은 이제 생각을 밀어내기가 얼마나 쉬운지에 몰두했다. 초기 정신분석학자들이 동시대 사람들을 설득한 내용은 주목할 만하다. 생각을 억누르기가 아주 쉬워 보였을 뿐 아니라 억눌린 생각은 심지어 불쾌한 생각인 것 같았다. 슬픔, 창피함, 공포, 불쾌감 등 '가장 나쁜 생각'을 떨쳐내기가 얼마나 어려운지 경험했음에도, 프로이트의 무의식적 억압 이론은 오랫동안 관심을 받았다.

그러나 백곰은 심리학 역사의 이 구간을 지나면서도 살아남았다. 도스토옙스키가 '골치 아픈 백곰'에 대해 쓴 후 100년이 넘게 지난 1970년대에 잡지 『플레이보이』에 그의 인용구가 실린 것이다. 심리학과 학생인 다니엘 웨그너가 이 인용구를 읽었다. 그가 죽은 뒤 후세는 그의 이름을 무엇보다 백곰과 함께 떠올리게 될 터였다. 백곰은 그에게 영광스러운 경력을 선사했고, 그는 하버 드대학의 정신통제실험실 최고 책임자 자리까지 올랐다. 그의 연구가 뭔가 새롭거나 매우 환상적인 결론을 도출해내서가 아니라, 심리학계에서 흔히 그러듯 150년 전에 한 아이가 이미 알아낸 것을 실험으로 증명했기 때문이었다.[20]

실험은 1980년대에 처음 이루어졌다. 한 피험자 집단은 백곰을 생각하지 않는 과제를 받았고, 다른 집단은 적극적으로 백곰을 생각해야 했다. '백곰에 대한 생각'은 두 가지 방식으로 측정했다. 피험자들은 실험중에 생각나는 것들을 발표해야 했고, 백곰이 생각날 때마다 종을 울려야 했다. 이런 이중 측정을 통해 그들이 백곰을 의식적으로 생각하는지 아니면 '배경에서' 백곰이 등장하는지 확인할 수 있었다.

일부 결과는 예상했던 대로 나왔다. 백곰을 생각하는 과제를 받은 사람들은 백곰 생각이 금지된 사람들보다 더 자주 백곰을 생각했다. 그러나 논문 저자들은 "완전한 배제는 불가능했다"고 썼다. 어떤 지시를 받았든 상관없이, 백곰은 피험자들의 생각에 적어도 일 분에 한 번씩은 등장했다. 톨스토이 형제의 체험이 과학적으로 입증된 것이다.

두번째 단계로 각 피험자 집단이 다른 집단의 과제를 받았을 때, 중요한 임상심리학적 세부 내용이 분명해졌다. 첫번째 단계에서 백곰을 생각해야 했던 사람들은 더 쉽게 생각을 억제할 수 있었다. 그리고 처음에 백곰 생각을 억제해야 했던 피험자들은 이제 머릿속이 백곰 생각으로 가득했다.[21]

심리학에서 오늘날까지 이것만큼 자주 반복된 실험도 거의 없지만, 결과는 언제나 변함이 없다. 원치 않는 생각을 억누르는 것은 어려움을 넘어 불가능하며, 억누르려는 노력만으로도 더욱 강화된다.[22]

걱정을 정말로 억누르면, 이런 '생각의 보복'이 어떤 사람에게는 상상을 초월할 정도로 심각한 문제를 일으킬 수 있다.

머릿속 야당

긍정적 생각과 부정적 생각의 내적 전투는 아르투어 쇼펜하우어 염세주의 철학의 토대가 되었다. 염세주의 철학은 프로이트의 정신분석보다 몇십 년 앞선다. "어떤 종류든 우리를 불쾌하게 하는 모든 사건은 설령 아주 사소하더라도 우리의 정신에 후유증을 남긴다. (…)"[23] 불쾌한 사건을 겪은 후 우리는 그와 관련된 생각을 모조리 없애고자 한다. 그러나 앞에서 기술한 백곰 사례가 보여주듯이, 그 사건이 "우리의 모든 생각을 물들인다. 눈앞에 아주 작은 물체를 갖다댄 것처럼 우리의 시야는 제한되고 왜곡된다."[24]

쇼펜하우어는 부정적 생각을 없애려 노력할 때마다 실패했다. 그는 자신의 결정을 후회할 것이 불안해 머릿속 '야당'을 상상했다.

"내 머릿속에는 내가 신중히 숙고한 후에 행동하거나 결정한 일임에도 매번 부당하게 반대하고 논박하는 야당이 상주한다. 정정할 것이 있는지 점검하는 것일 테지만 종종 과도하게 나를 비난한다. 추측하건대 다른 사람들도 이럴 것이다. '뭔가를 시도하거나 그로 인한 성과에 대해 후회하지 않을 만큼 상황이 아주 좋아진다면 무엇을 가장 먼저 하겠는가?' 하는 질문을 할 필요가 없는 사람은 없을 테니 말이다."[25]

쇼펜하우어는 불안이 오직 미래와 관련이 있는 건 아님을 이미 알았다. 불안은 종종 지금 후회하거나 그 효과가 아직 드러나지 않아 후회할지 아닐지 모르는 과거의 행동과도 관련이 있다. 실존주의 철학에서는 내적 갈등을 환영하고, 심지어 거의 찬양한다. 키르케고르는 언제나처럼 이런 갈등을 다음과 같이 삶의 지혜로 표현했다.

"결혼하세요, 후회하게 될 것입니다. 결혼하지 마세요, 역시 후회하게 될 것입니다. (…) 미친 세상을 웃어넘기세요, 후회하게 될 것입니다. 미친 세상을 슬퍼하며 우세요, 역시 후회하게 될 것입니다. 여자를 믿으세요, 후회하게 될 것입니다. 여자를 믿지 마세요, 역시 후회하게 될 것입니다. (…) 목을 매세요, 후회하게 될 것입니다. 목을 매지 마세요, 이러나저러나 후회하게 될 것입니다. 여러분, 이것이 모든 삶에 적용되는 대표적 지혜입니다."[26]

임상심리학은 최근 수십 년 동안 이런 '부정적 생각'을 환영하는 태도는 받아들였지만, 키르케고르 연구 대부분이 골몰하는 이런 식의 후회를 우리가 계속 안고 사는 이유에 대해서는 의견이 분분하다.

쇼펜하우어의 불교적 기본 논제를 보면, 인간은 원하는 것을 얻으려는 욕망과 그것을 잃을까 걱정하는 불안으로 나타나는 '의지' 때문에 괴롭다. 이 의지 때문에 우리는 어떤 생각을 다른 생각보다 더 집요하게 추적한다.

프랑스 실존주의 철학자 장폴 사르트르는 무엇보다 우리를 불편하게 하는 불안이 우리 삶의 한 부분일 수밖에 없다고 결론지었다. 우리는 불안을 불러일으키는 생각을 피하려 애쓰다 결국 불안해진다. 백곰을 생각하지 않으려 애쓰면 어김없이 백곰이 떠오르는 것과 같다.

사르트르는 걸작 『존재와 무』에서 이렇게 썼다. "요컨대 나는 모르기 위해 도망치지만 내가 도망친다는 사실을 알 수밖에 없고, 불안에서 도망치는 것은 불안을 자각하는 길이다. 이렇듯 불안은 원래 숨길 수도 없고 피할 수도 없다." 그리고 이렇게도 썼다. "우리는 불안을 결코 억제할 수 없다. 우리가 곧 불안이기 때문이다".[27]

무척 암울하게 들린다. 그러나 어쩌면 키르케고르와 사르트르는 거의 유치한 반항심에서 불안을 인간 존재의 가장 높은 선으로 받아들이려 애썼을지 모른다. 사르트르는 시력을 잃고 알코올 중독자로 산 말년의 인터뷰집에서, 자신은 솔직히 불안을 전혀 이해할 수 없었고, 단지 다른 사람들이 그에 관해 이야기하고 그것이 유행이었기에 불안에 관해 얘기했다고 밝혔다. 당시 그는 키르케고르의 모든 글을 읽었다고 한다.[28]

이 인터뷰 내용은 사르트르가 그동안 해온 말들과 너무나 달라서 그의 인생 동반자 시몬 드 보부아르는 읽고 눈물을 흘렸다. 보부아르는 이 인터뷰집이 젊은 인재들이 사르트르의 노쇠와 정신 혼란을 악용한 것일까봐 두려워했다. 그런데 사르트르는 인터뷰집 출판에 동의할 만큼 충분히 정신이 맑았던 것 같다.[29]

사르트르는 자신이 불안을 결코 파악하지 못했다고 고백했다. 불안은 1930년대와 1940년대에 하이데거도 연구했던 핵심 개념이다. 늘 사용했던 개념이지만, 사르트르에게는 아무 의미가 없었다.[30]

사르트르가 코리데인(암페타민의 일종)을 매일 네 알씩 복용하고 위스키 반병과 수면제 네다섯 알을 삼켰기 때문에 이 진술의 진실성이 의심스러울 수도 있다. 그러나 생애 말년에 접어들면서, 인간의 문제를 '이미 늘 거기에 있었다'는 의미로 '실존적'이라고 묘사하려는 욕구는 확실히 점점 줄어든 것으로 보인다. 비록 사르트르가 계속해서 자유를 인간의 운명으로 보았더라도, 이제 그의 관심은 개인의 인생과 사회 상황이 어떻게 자유 경험을 제한하고 결정하는지였다.[31]

만약에 자유의지가 사회적 맥락과 관계없이 저절로 불안을 유발한다면 어떨까? 우리가 생각에서 어느 정도 벗어날 자유가 있다면 생각에 사로잡혀 있을 때 역시 자유로워야 마땅하다. 만약 그렇게 된다면 어떨까?

백곰을 추방하려 애쓰지 않는다면, 아마도 백곰과 함께 지내는 삶이 그렇게 끔찍하지는 않을 것이다.

우리는 어쩌다 백곰을 생각에서 추방하려 애쓰게 되었을까?

생각의 손아귀에 잡혀

철학자 미셸 드 몽테뉴는 16세기에 다음과 같은 사고실험을 했다. 철학자를 철창에 가두고 노트르담대성당 탑에 매달면, 무슨 일이 발생할까? 철창이 단단히 매달려 있어 아래로 떨어질 가능성이 전혀 없음을 안다 해도, "현기증나는 그 정도 높이에서 내려다보면 공포에 질려 얼어붙을 것이다."[1]

파트릭과 이야기를 나누는 동안, 몽테뉴의 철창에 갇힌 철학자와 비슷한 사람이 아주 많다는 생각이 들었다. 우리는 사실 걱정할 이유가 전혀 없다는 걸 알면서도 걱정을 한다. 철학자와 마찬가지로 철창이 단단히 매달려 있음을 알지만, 그럼에도 우리는 이 지식을 내면화하지 못한다. 우리는 추락할 가능성을 생각하며 얼어붙지만, 사실 추락할 가능성은 거의 없다.

파트릭이 말을 이었다. 그는 정신이 다른 곳에 가 있는 것처럼 보이지 않았다. 그러나 그가 뭔가 다른 것에 몰두하고 있음을 나는 알았다. 그의 머릿속에서는 생각 폭풍이 몰아치고 있었다. 그는 예를 들어 다른 사람이 자신을 어떻게 인식할지, 자신을 어떻게 표현해야 좋을지 생각했다. 어떤 일을 후회하는지, 그것이 앞으로 어떻게 진행될지 곰곰이 생각했다. 그의 머릿속에는 이런 생각의 평행선이 끝도 없이 펼쳐졌다. 때때로 앞으로 밀고 나와 관심을 요구했고, 그러면 파트릭의 정신은 지금 여기를 벗어났다.

이는 그가 내게 얘기해주어서 아는 것이다. 그가 얘기해주지 않았더라면, 나는 그의 머릿속에서 무슨 일이 벌어지는지 전혀 몰랐을 테다. 그의 생각은 그의 것이고, 밖에서는 볼 수 없다. 파트릭은 Generalized Anxiety Disorder(GAD)라고 불리는 범불안장애를 앓고 있다. 이 질병은 때때로 '미래에 대한 강화된 불안'이라고도 일컬어진다. 그러나 모든 게 잘못될까 걱정하는 불안감만 그를 괴롭히는 게 아니었다.

그가 말했다. "새로운 시나리오가 끊임없이 생겨요. 내가 희생자고 부당한 대우를 받는다는 기분이 계속 들어요. 그래서 마음에 증오가 차오르고 늘 화가 나 있어요. 방금도 나는 너무 추워서 집주인과 싸웠어요. 내내 화가 난 상태였고 결국 폭발해서 집주인에게 모든 것이 얼마나 엉망진창인지 잔뜩 퍼부었죠. 아마 오만함도 한몫했을 거예요. 내 문제가 언제나 다른 사람의 문제보다 훨씬 심각하다고 생각하니까요."

복도가 상당히 추웠다. 파트릭 뒤편에 야광 작업복과 점퍼 그리고 그 아래에 어린이 고무장화가 가지런히 놓여 있었다. 파트릭은 아빠이기도 하다. 아마 좋은 아빠일 것이다. 적어도 반성할 줄 아는 아빠.

"아이들과 같이 있을 때 가장 많이 반성하게 돼요. 아들이 곧 일곱 살이 되는데, 그 생각을 하면 나는 그동안 아들을 위해 단 하루도 제대로 곁에 있어주지 못했다는 기분이 듭니다. 아이가 뭔가 새로운 것을 배워도 마냥 기뻐할 수가 없어요. 나는 모든 것이 잘못되면 어떡하나, 내내 걱정만 합니다."

파트릭은 책임감을 느낀다. 당연히 많은 것이 잘못될 수 있다.

파트릭은 이미 경험한 바 있다. 부모가 이혼했고, 양육권 분쟁이 있었고, 그의 아버지는 우울증을 앓았고, 파트릭은 늘 아버지를 즐겁게 해야 한다고 느꼈다. 그러나 자신과 가족의 미래를 위해 아무리 많은 책임을 지더라도, 죄책감을 지울 수는 없었다.

"죄책감은 거대하고 무거워요. 나는 순수하게 기뻐한 적이 없지만, 많이 나아졌습니다. 내가 다시 뭔가에 기뻐하기까지 여러 해가 걸릴지도 모르죠. 함께 지나온 어떤 일에 관해 아내가 말하면, 나는 물론 기뻐요. 하지만 사실 좋지만은 않아요. 언제나 문제를 해결해야 하고, 감정을 억눌러야 하며, 성과를 내야 합니다."

파트릭은 마음챙김 수련을 시도해봤고, 어떤 일이 발생하면 발생한 일에만 집중하는 연습도 했다. 그러나 별로 도움이 안 되었다. 반면 지금 하는 일을 정확히 기술하는 것은 도움이 되었다. "지금 나는 수세미를 들고 그 위에 주방세제를 짜고 거품이 날 때까지 주물러 접시를 깨끗이 닦고 물에 헹군 뒤 선반에 세운다"하는 식으로 말이다.

그가 말했다. "그러나 잠시 멈추는 순간 곧바로 생각이 다시 시작돼요. 말을 하면서도 정신은 다른 곳에 가 있을 때도 있습니다."

평소보다 더 많이 지금 여기에 집중할 수 있게 하는 일을 가끔 하기도 하느냐고 내가 물었다.

"몸에 상처를 내면 도움이 됩니다. 그러면 내가 여기에 존재한다는 걸 느끼죠. 그리고 폭력을 쓰거나요. 친밀함과 섹스가 나를 지금 여기에 있게 한다고 말하고 싶지만, 그건 거짓일 겁니다. 나를 지금 여기로 데려오는 것은 폭력이에요. 더 정확히 말해, 폭력 행위죠."

"몸에 상처를 내면 기분이 어때요?"

"머릿속이 잠시 고요해져요. 이런 방식으로 감정을 통제해요. 기분이 나빠지는 데는 내가 선수예요. 나는 불안 전문가죠. 다만 기분이 좋아지려면 어떻게 해야 하는지는 모릅니다."

논리로 해결되지 않는 문제

19세기 말 사회학이 학문 분야로 자리잡은 이후로, 근대적 합리성의 비합리적 결과는 늘 연구 대상이었다. 우리는 종종 문제를 해결하기 위해, 그 문제의 원인인 합리성을 강화한다.

과도한 행정절차를 더 많은 행정절차로 해결하려 노력하는 것과 같다. 또는 과학기술이 유발한 환경문제를 과학기술로 해결하려 노력하는 것과 같다.

생각을 이용해 너무 많은 생각에서 벗어나려 노력하는 것은 이 문제의 복잡성을 잘 보여준다. 생각을 이용하지 않으면 도대체 어떻게 너무 많은 생각에 대처할 수 있을까? 더 많은 생각을 유발하지 않고도 과연 생각을 비판할 수 있을까?

만약에 …이면, 어떡하지? 이런 질문의 미로는 다른 지성을 요구한다. 그런 지성은 확실히 존재한다. 이 장에서 확인하게 될 것이다. 그럼에도 현대 심리학은 지성을 전적으로 인지능력(우리가 생각으로 해내는 것)에 기반해 정의한다. 그러므로 역사는 지적인 삶을 살지 않은 지적인 사람들로 가득하다.[2] 아주 기이한 사례로, 오스트리아 논리학자이자 수학자인 쿠르트 괴델이 있다. 수학과 철학 역사에서 그가 얼마나 중요한 인물인지는 말할 필요가 없다. 1931년에 발표한 그의 제1불완전성 정리는 증명될 수 없더라도 공리인 수학 명제가 있음을 증명해 수학적 논리에 혁명을 일으켰다. 따라서 수학은 괴델 이전의 사람들이 확신했던 것과 반대로, 불완전하다. 별것 아닌 것처럼 들릴 수 있지만, 불완전성 정리는 수학적 논리에서 가장 두드러진 공헌에 속한다. 철학자 리베카 골드스타인은 『불완전성: 쿠르트 괴델의 증명과 역설』에서 이를 미학의 원리를 설명하는 예술작품에 비유했다.

괴델은 말로 다 설명할 수 없을 만큼 위대한 천재였다. 아마도 그의 친구 아인슈타인 정도가 그나마 견줄 만했을 테다. 두 사람은 유럽의 나치즘을 피해 도망간 프린스턴대학에서 처음 만났다. 그들은 1930년대 초반부터 1955년 아인슈타인이 사망할 때까지 자주 함께 산책하며 아이디어를 교환했다. 나중에 아인슈타인은 자신이 이 기간에 연구실에 나간 주된 이유가 바로 괴델과 대화할 수 있는 '특권'을 누리기 위해서였다고 말했다.

불완전성 정리 외에도 괴델은 특히 상대성 이론, 현상학, 플라톤식 사실주의의 발전에 공헌했다. 그의 철학적 관심은 한계가 없었던 것 같다. 그는 말년에 새롭게 신을 증명하려 시도했고, 시간이 존재하지 않음을 증명하고 시간여행이 이론적으로 가능한 이유를 설명하려 애썼다.[3]

괴델의 외모는 합리성과 논리의 의인화처럼 보였다. 한 집주인은 그를 투덜이라고 부르기도 했다. 그는 늘 생각에 잠겨 있었고 다른 데 정신이 팔려 있었다. 낮에는 대부분 연구실에 앉아 있다가 해가 지면 산책하러 나갔고, 산책은 대개 자정이 넘어야 끝났다. 그는 생각하는 사람이었고, 생각할 때는 구부정하게 뒷짐진 자세로 시선을 땅에 고정한 채 걸었다. 집주인이 표현한 것처럼 그는 '생각에 잠긴' 사람의 전형이었다.[4]

아마도 풀리지 않는 수학 문제들이 책상 밖까지 그를 따라왔을 테다. 그러나 그 밖에도 전혀 다른 생각들이 그의 머릿속을 맴돌았다. 그는 논리에 혁명을 일으켜 심지어 아인슈타인조차 존경을 표하는 사람인 한편 제정신이 아닌 사람이기도 했다.

방심하면 곧바로 나타나는 하이드가 그의 내면에 숨어 있었다는 뜻이 아니다. 제정신이 아닐 때도 괴델은 뼛속까지 논리학자였다. 그리고 어쨌든 경험론자이기도 했다. 괴델의 전기를 쓴 작가들은 그에 관한 흥미로운 세세한 일화들을 찾아냈다. 이를테면, 그는 자신의 연구와 무관한데도 도서관에서 일산화탄소 중독에 관한 책을 계속 빌렸다.

괴델을 괴롭힌 수많은 만약에 …이면, 어떡하지? 질문 중 하나인 가스 중독에 대한 불안 때문이었다. 불안은 어느 날 갑자기 생겨난 것이 아니었다. 빈에 있는 그의 집은 석탄과 골탄으로 난방을 했고, 확실히 일산화탄소 중독 위험이 있었다. 그러나 괴델이 위험을 줄이려 애쓸수록, 그의 삶에서 위험이 차지하는 비중은 점점 더 커졌다. 미국에서도 그는 계속해서 '가스'에 대해 불평했고, 급기야는 (목재와 페인트 냄새 때문에) 침대를 버리고, (가스를 방출한다는 이유로) 보일러와 냉장고를 철거했다. 그래서 집은 겨울이면 추웠고 포근함과는 거리가 멀었다.[5]

괴델을 괴롭힌 걱정들은 그 외에도 많았다. 의사들이 자신을 해하려 할까봐, 잘못된 약 처방을 받을까봐, 약에 관한 안내서조차 거짓일까봐, 자신이 잠든 사이 어둠을 틈탄 침입자가 주사를 놓을까봐 걱정했다.

가장 큰 문제는 음식이었다. 누군가 음식에 독을 탔으면 어떡하지? 아주 작더라도 위험은 언제나 있었다. 이런 위험에 대처한 방식으로 볼 때, 괴델은 자신의 만약에 …이면, 어떡하지? 질문에 현실성이 전혀 없다는 걸 분명 알고 있었다.[6]

독살당할지 모른다는 불안에 아내 아델레를 끌어들였기 때문이다. 아델레는 마치 기미 상궁처럼 인간 독극물 탐지기가 되어 모든 음식을 먼저 먹어봐야 했다. 아내가 음식을 맛본 후에야 괴델은 그것이 위험하지 않다는 것을 확신할 수 있었다. 전쟁이 일어나 미국으로 탈출하기 전, 아델레는 남편의 체중이 48킬로그램에서 64킬로그램이 될 때까지 한 숟갈 한 숟갈 떠먹여 굶주림에서 남편을 구했다. 그 이후 괴델은 아내에게 의존했다. 아내가 옆에 없으면, 그는 다시 문제의 식습관으로 돌아가 목숨이 위태로워졌다.

한번은 아델레가 아픈 와중에 앨런 튜링의 비판에 맞서야 했는데, 괴델은 집에만 틀어박혀 있으면서 편집증이 심해지고 살도 급속도로 빠져갔다. 그는 친구이자 게임이론 창시자인 오스카어 모르겐슈테른과 향정신성 약물의 도움을 받아 그 상황에서 겨우 벗어날 수 있었다.

하지만 1977년 아델레가 병원에 입원하고, 모르겐슈테른도 더는 이 세상 사람이 아니었을 때는 괴델을 구해줄 수 있는 사람이 아무도 없었다.

괴델의 집에 들어갈 수 있었던 남은 한 사람이 논리학자 하오왕이다. 괴델은 왕에게, 자신은 긍정적 결정을 내릴 힘을 잃어 부정적 결정만 내릴 수 있다고 말했다.[7]

집으로 돌아온 아델레는 남편을 설득해 프린스턴병원으로 보냈다. 괴델은 그곳에서 29.5킬로그램으로 태아처럼 웅크린 채 사망했다. 사망 진단서에는 "인격장애로 인한 영양실조 및 탈진"이라고 적혀 있었다.[8]

모르겐슈테른 같은 게임이론가 역시 괴델과 교유하면서, 괴델의 모든 만약에 …이면, 어떡하지? 질문과 이에 대한 대처에 어떤 논리가 존재함을 인정하지 않을 수 없었다. 그러나 모르겐슈테른이 말한 것처럼, 괴델은 "많아도 너무 많은 음모론"을 상상했다. 모두 논리적 근거에 기반을 두었지만, 진짜 문제는 괴델이 결코 벗어날 수 없는 기본 전제였다. 모르겐슈테른이 기술한 한 사건을 보면, 괴델은 프린스턴병원에 가서 의사들 앞에 경직된 자세로 앉아 건강보험이 적용되는 치료를 절대 받지 않겠다고 주장했다. 이 논리학자가 의료보험 계약서를 읽으며 자신이 치료를 받을 수 없는 이유를 댈 때, 의사들이 어떤 반응을 보였을지 상상하기조차 어렵다. 분명 괴델의 논리는 정확했을 테다. 그러나 괴델은 어째서 논리학 원리 이외의 다른 원리는 절대 인정하지 않았을까?[9]

수학자 존 도슨은 괴델 전기에서, 괴델이 "편집증의 내적 논리를 뛰어넘을 능력, 말하자면 '메타이론적' 관점을 발전시킬 능력이 없었다"고 썼다.[10]

그러나 (메타이론적 관점을 발전시키지 못해) 괴델이 자신의 이론을 이론화할 능력이 없었다는 주장은 틀린 것 같다. 그가 음식을 먹기 전에 아내에게 먼저 먹게 한 것이 바로 이 메타이론이라 할 수 있을 테니 말이다. 그는 독살 위험이 무시해도 될 만큼 아주 낮다는 것을 알고 있었다. 이론적 관점이 부족해서가 아니라, 이론

말고는 기댈 수 있는 게 아무것도 없었기 때문이다.

하늘 위를 걷기

몽테뉴는 노트르담대성당에 매달 철창에 아무나 넣을 생각이 아니었다. 반드시 철학자여야 했다. 또다른 사고실험에서는 대성당의 두 탑 사이를 걷는 상상을 하기도 했다. "노트르담대성당의 두 탑 사이에, 편하게 걸을 수 있을 만큼 널찍한 판자 다리를 설치한다. 그렇더라도 땅에 놓인 판자 위를 걸을 때처럼 편하게 걷게 할 만큼 확고한 철학적 지혜는 존재하지 않는다."[11]

여기서도 몽테뉴는 철학, 지성, 생각의 힘에 주목한 것 같다. 그에게 철학은 스스로 벗어날 수 없는 지성의 제한된 형태다. 그러므로 "벼랑 끝에서 충분히 떨어져 있고 일부러 위험을 무릅쓰지 않는 한 절대 아래로 추락할 수 없음을 잘 알더라도" 벼랑 근처를 지날 때마다 어쩔 수 없이 두려움에 몸을 떨게 된다.[12]

키르케고르가 끝없는 심연을 들여다보기 몇 세기 전, 그리고 인지심리학에서 반사실적 사고 개념이 등장하기 약 500년 전에, 몽테뉴는 위험 자체보다 위험에 대한 생각이 우리를 훨씬 더 무겁게 짓누른다는 사실을 간파했다.

두 첨탑 사이에 놓인 판자 위를 걷는 것은 괴델이 불안해했던 위험보다 죽음에 이를 확률이 확실히 더 높다. 한 걸음만 잘못 디뎌도 죽을 수 있기 때문이다. 그러나 이 철학자는 위험과 불안의 연관성이 그렇게 단순하지 않음을 알고 있었다. 자동차를 타고 고속도로를 달리는 사람은 몽테뉴의 판자 다리를 건너는 사람보다 죽음에 훨씬 더 가까이 있다. 차량이 맞은편에서 다가올 때, 손목만 살짝 움직여도 죽음을 맞을 수 있다. 그럼에도 우리 대다수는 두려움 없이 자동차를 운전한다.

몽테뉴가 사고실험으로 시작한 것을 오늘날 일상적으로 하는 사람들이 전 세계에 아주 많다. 그들은 매일 까마득히 높은 곳에서 판자 다리를 건넌다. 대부분은 노트르담대성당의 탑보다 훨씬 높이 있을 뿐 아니라 조건도 훨씬 더 열악하다.

미국에서는 세기 전환기에 현기증이 나는 아찔한 높이에서 일하는 사람이 처음 등장했다. 그들 덕분에 대형 교량과 수백 미터 높이의 초고층빌딩 건설이 비로소 가능해졌다. 작가 짐 라센버거는 『하이 스틸High Steel』에서 이런 건설 노동자들의 일상을 묘사한다. 건설용 엘리베이터를 타고 처음 이십팔층 높이에 오르는 사람은 우선 충격을 받는다. 아래에서 쳐다볼 때보다 위에서 내려다볼 때 훨씬 높아 보여서 1차로 충격을 받고, 바람이 때리는 따귀에 2차로 충격을 받는다. 지상에서 바람이 아무리 잔잔해도, 고층빌딩 꼭대기에서는 바람이 끊임없이 몰아친다. 바람을 막을 것이 아무것도 없기 때문이다. 게다가 모든 고층빌딩은 바람에 흔들린다. 200미터 높이의 건물은 보통 50센티미터쯤 좌우로 흔들린다. '뻥 뚫린 바닥', 버려진 볼트, 와이어로프 조각, 사슬을 피하려면 아래를 봐야 한다. 게다가 머리 위로는 건설 기중기의 갈고리에 걸린 강철 들보가 흔들린다. 그러니 추락 위험만 있는 게 아니다.[13]

한 건설 노동자가 인터뷰에서 말하기를, 신입들은 대부분 강철 들보를 건너가라는 지시를 받았을 때 겁을 먹고 뒷걸음질친다. 그들은 반사적으로 몸을 돌리거나 그 자리에 주저앉는다. 처음 몇 주 동안은 소위 쿠닝Cooning 자세로만 움직인다. 즉, 말을 타듯이 다리를 벌리고 들보에 엎드리듯 앉아서, 이중 T자형 들보의 플랜지 아래에 발을 끼우고, 천천히 몸을 앞으로 민다. 역시 몽테뉴가 옳았던 것 같다. 대다수 사람에게는 공중 들보 위를 걷는 것과 땅에서 걷는 것이 완전 다르다.[14]

그러나 그렇지 않은 사람도 있다. 어떤 사람은 첫날부터 들보 위에 똑바로 서서 걷고, 비나 얼어붙은 물처럼 공중에서 걷기를 힘들게 하는 것들에도 금세 적응한다. 이런 '내추럴 스카이워커 natural skywalker'와 다른 사람들의 차이는 무엇일까?

탐사보도와 인류학은 거의 70년 동안 이 질문을 놓지 않았다. 수십 년 동안 흥미를 끈 사실 하나는 오늘날까지도 여전히 모호크 인디언이 건설 노동자 가운데 높은 비율을 차지한다는 것이다. 뉴욕 건설 노동자의 약 10퍼센트가 이 인디언 부족에 속한다.

모호크 인디언이 약 3만 명에 불과하고 그중 2만 4천 명이 캐나다에 거주한다는 점을 고려하면, 이는 통계적으로 매우 불균형한 수치다.[15]

모호크 인디언의 채용은 19세기 말로 거슬러올라간다. 당시 맨해튼 다리 설계자는 모호크 인디언이 퇴근 후 그저 재미로 줄타기를 즐긴다는 걸 알아차렸다. 이는 1950년대에 『내셔널 지오그래픽』과 『뉴요커』의 떠들썩한 보도에 힘입어 소문이 돌기 시작했다. 심지어 1961년에 뉴욕 노동산업부 기관지는 명백한 사실이라며 다음과 같이 주장했다. "다른 인디언 부족과 달리 모호크족은 태생적으로 고소공포증이 없다."[16]

키르케고르와 몽테뉴의 불안 연구에서 출발점 구실을 했던 고소공포증이 실재하지 않을 수도 있다니, 흥미로운 생각이다. 고소공포증이 강철 들보 위를 걷는 사람의 생명을 직접적으로 위협하진 않지만, 그로 인해 생기는 현기증이 균형을 잃게 할 수 있으므로 충분히 위험할 수 있다. 건설 노동자들은 아래를 보면 안 된다는 걸 알고 있다. 그러나 높이 때문에 만에 하나 발을 헛디디거나 '뻥 뚫린 바닥'으로 떨어져 구조물에 부딪히는 재앙의 두려움을 떨쳐낼 수 없는 건 아닐까?

벼랑에서 멀찍이 떨어져 걷는 사람과 달리, 이 경우 건물에서 추락할 실질적 위험이 존재한다. 고층빌딩 건설 현장에서는 실제로 사람들이 죽는다. 테러가 있기 전 세계무역센터, 아서앤더슨

타워, 엠파이어스테이트빌딩에서 각각 5명이 사망했다. 더 오래전에 지은 건물에서는 사망자가 더 많았다. 모호크 현상에 관심이 쏠렸던 20세기 전반기에 건설 노동자의 약 2퍼센트가 사망했고, 또다른 2퍼센트는 장애를 얻었다. 노동통계국 자료를 보면, 1910년에서 1914년 사이에 건설 노동자 천 명당 12명이 사망했고 353명이 다쳤다. 그리고 그 수치는 오늘날까지도 높다. 건설 분야보다 사망률이 더 높은 분야는 벌목과 어업뿐이다.[17]

그렇다면 건설 노동자가 높은 공중에서 **만약에 …이면, 어떡하지?**를 생각하며 몸이 굳어버리지 않으려면 어떻게 해야 할까?

짐 라센버거는 책에서 센트럴파크의 타임워너센터 꼭대기에서 목격한 놀라운 장면을 설명한다. 그는 강철 들보 한복판에 서서 담배에 불을 붙이는 한 노동자를 보았다. 또다른 들보 위에서는 한 남자가 지갑에 든 지폐를 헤아렸다. 라센버거는 25센티미터 폭의 들보 위에서 두 노동자가 만나는 것을 보았다. 두 사람은 거기에 서서 뭔가에 대해 농담을 주고받았고 그다음 웃으면서 각자 가던 방향으로 지나쳐갔다. 한 젊은이는 세 걸음 만에 들보를 건너 플랫폼 위로 뛰어올라 장비를 챙겨 다시 왔던 길로 돌아갔다. 라센버거는 그 젊은이가 탁월한 건설 노동자가 되거나 죽겠구나 생각했다. 인터뷰에서 노동자들이 말하기를, 지상에서 수백미터 떨어진 들보에 앉아 잠이 드는 일도 종종 일어난다고 한다.[18]

일부 사람들이 아찔한 높이의 들보 위에서도 마치 땅에 있는 것처럼 편하게 움직일 수 있다는 것은 부인할 수 없는 사실인 것 같다. 1940년대 후반에 『뉴요커』의 기자 조지프 미첼은 비록 직접 연결짓지는 않았지만 몽테뉴의 사고실험에 답하듯, 모호크족은 무엇보다 높은 곳에서 불안해하지 않는다고 설명했다. 그는 모호크족을 "산양처럼 날렵하다"고 여긴 다리 건설업자의 말을 인용했다. "모호크족은 강물 위 하늘에 떠 있는 좁은 들보 위에서 아무렇지 않게 걸어다녔고 (…) 땅에서 걷는 것과 전혀 차이가 없는 것 같았습니다."[19]

이 말이 사실이라면, 미첼이 기사에서 주장한 것처럼 모호크족이 "더 잘 걷기" 때문에 높은 곳을 두려워하지 않는 게 아니다. 통계적으로 건설 현장의 사망 사고는 모든 인종에 고르게 분포되어 있다. "하루에 서너 번씩은 거의 떨어질 뻔합니다." 인터뷰에서 한 모호크족 노동자는 다음과 같이 덧붙였다. "하지만 그것에 대해 깊이 생각하지 않고 그냥 일해요. 나중에 누군가가 '아까 네가 아래로 떨어지는 줄 알았어'라고 말하면, 그제야 그 일이 떠오릅니다."[20]

모호크족은 비철학자가 들보 위를 어떻게 걷는지 보여주는 한 예일까? 괴델의 사례에서 보았던 것처럼 만약에 …이면, 어떡하지? 를 생각하며 몸이 굳는 일 없이 본능적으로 위험을 이해하는 사람의 한 예일까?

생각에 귀를 기울이는 강도에 혹시 문화적 차이가 있을까?

질병이 된 생각

의식적으로 주의를 기울여보면, 생각보다는 오히려 경험이 더 많은 영향을 미친다는 걸 깨닫게 될 것이다. 매 순간 우리는 생각하지 못한 뭔가를 경험한다. 현대 심리학의 선구자로 여겨지는 윌리엄 제임스는 생각에서 자유로운 경험을 '순수 경험'이라고 불렀다.

순수 경험은 설명하기도 어렵고 의식적으로 인식할 수도 없다. 출생 직후에는 오직 순수 경험만 있고, 우리는 대체로 잠들었을 때 그런 상태다. 그러나 경험에 집중하자마자 우리는 이름을 붙이고 분석하기 시작하고, 제임스의 말대로 "형용사와 명사, 전치사, 접속사에 압도당한다."[21]

생각이 아무리 우리를 강하게 지배하더라도, 순수 경험은 여전히 존재한다. 예를 들어 책을 읽을 때, 우리의 생각은 책 내용에 집중하다 이따금 다른 것에 한눈을 판다. 이렇게 생각의 초점이 움직일 때, 그 언저리에는 우리가 생각 없이 경험하는 감각, 감촉, 소리, 냄새 등이 있다. 우리가 일어나 걸으면, 몸이 알아서 우리의 움직임을 조정한다. 그것에 대해 깊이 생각할 필요가 없다. 우리는 이 모든 것을 깊이 생각하지 않고 그냥 경험한다.

제임스는 의식이 생각보다 더 크다고 믿었다. 어느 종교든 명상을 통해 생각이 제거된 의식을 인식하려 애쓴다. 위파사나와 좌선 같은 명상 기법의 목표는 무엇보다 제임스가 말한 순수 경험을 확장하는 것이다. 일부 힌두교 교리는 생각을 마야Maya, 즉 환영의 베일과 동일시한다. 이 이론에 따르면, 꿈을 꾸는 상태인 생각에서 깨어난 사람은 지상에서 100미터 떨어진 상공의 들보 위를 걸을 때 잠깐의 실수가 어떤 결과를 가져올까 걱정하는 반사실적 사고에 얽매이지 않고 그냥 한 걸음 한 걸음에 집중할 수 있다.[22]

생각 쳇바퀴에 대한 인식은 문화권마다 다르고, 이는 정신 건강 문제의 분류 방식에도 일부 반영된다. 미국의 정신장애 진단 및 통계 편람 최신판에는 총 947면 중 5면에 걸쳐 (서양문화 이외의) 문화별 '질병 용어'가 정리되어 있다. 834쪽에 다음과 같은 내용이 있다.

"쿠풍기시사Kufungisisa(쇼나어로 '생각이 너무 많다'는 뜻)는 질병을 표현하는 관용어로, 짐바브웨의 쇼나족 문화를 설명해준다."[23]

쿠풍기시사는 우울증, 범불안장애, 강박장애, 외상 후 스트레스 장애, 만성 슬픔 같은 다양한 질병을 대표한다. 특정한 생각 하나가 아니라, 생각 **전체**를 아우른다. 쿠풍기시사에 관한 인류학 연구를 보면, '불안증'과 '우울증' 같은 서구식 질병 용어보다 이

용어가 더 합당하다고 여기는 사람이 많다.

정신 건강 문제로 치료를 받았던 짐바브웨 사람들을 대상으로 한 연구에서는 80퍼센트에 달하는 사람들이 문제의 원인이 쿠풍기시사라고 대답했다. 쿠풍기시사는 환자의 3분의 2가 더는 일을 할 수 없을 정도로 심각한 질병으로 설명되었다.[24]

쿠풍기시사는 서양 심리학에서 반추, 끝없는 고민이라 부르는 것과 유사하다. 이것을 표현하는 일반적 은유가 바로 머릿속에서 무한 회전하는 쳇바퀴. 신체적 증상으로는 피로, 불면증, 두통, 식욕부진 등이 있다.

다른 국가에도 이름은 다르지만 대부분 이런 질병이 있다. 가나 여성의 건강을 다룬 한 사회학 논문은 '생각이 너무 많은' 병이 가장 자주 언급되는 건강 문제라고 결론지었다. 그러니까 신체 질환보다 더 자주 언급된다는 얘기다. 가나 여성들은 생각 때문에 머릿속이 복잡하고 수면장애를 앓는 것 같다고 말했고, 생각이 많은 것을 종종 신체적 현상으로 설명했다.

"머리와 귓속이 걱정돼요. 계속 '위 위 위이이' 하는 소리가 들려요." 한 여성이 설명했다. 또다른 여성은 생각이 금세 두통으로 이어진다고 말했다. "생각에 깊이 빠지면 끔찍한 두통이 생겨요. 어떨 땐 좀 나아질까 싶어 머리에 붕대를 감기도 해요."[25]

서양 의학이 다루는 수백 가지 정신질환 진단명과 비교하면 쿠풍기시사는 너무 피상적인 용어처럼 보일 수도 있다. 그러나 서양 의학의 범주화 열성이 오히려 제 발등을 찍는 격임이 여러 지점에서 드러난다. 우리의 생각과 감정이 여러 질병으로 발현되어, 서로 다른 질병이 동반해 발생하는 '동반이환' 문제도 이미 많이 다루어졌다. 불안과 우울 역시 무시할 수 없을 정도로 자주 함께 발생하는 것 같다. 소수의 공포증을 제외하면, 우리는 불안장애와 우울증을 동시에 앓는 경향이 있다. 불안의 화염은 아주 쉽게 우울의 어둠에 삼켜지고, 어둠은 다시 불안을 낳는다. 불안장애만 있고 우울증은 없는 사람을 찾기는 매우 어려워서(때때로 특정 임상시험을 위해 이런 사람이 필요하다), 한 약리학자가 말한 것처럼 "황금만큼이나 귀할" 정도다.[26]

그러므로 이런 관점에서 '위 위 위이이' 소리가 난다는 설명은 몸이 안 좋다는 뜻을 전달하기에 절대 나쁘지 않은 표현이다.

인류학 연구를 더 자세히 살펴보면, '생각이 너무 많은 것'이 전 세계 어디에서든 질병을 설명할 때 그 중심에 있다. 나이지리아에서는 끝없는 생각이 소위 공부를 너무 많이 했을 때 생기는 뇌 피로를 유발한다고 보는데, 그런 상태가 되면 뇌가 손상되고 머릿속까지 열이 오르는 것 같은 기분이 든다. 우간다에서는 서양 의학이 우울증이라고 부르는 것을 생각이 너무 많아서 생기는 문제로 해석한다. 말하자면 그것은 생각병이다. 캄보디아에서는 이명, 건망증, 심장질환, 키알 발작(일종의 공황 상태) 같은 다양한 질병이 모두 생각이 너무 많아서 생긴다고 본다. 이누이트와 부탄에서는 생각이 너무 많은 것이 인지저하증과 정신병 같은 훨씬 더 심각한 질병의 원인으로 꼽힌다.

전 세계 138개 연구의 메타분석으로 '생각이 너무 많은 것'을 병으로 간주하는 정도를 조사했더니 18개국에서 이것을 질병으로 보았다.[27]

관찰된 위험군은 문화에 따라 다르다. 에티오피아의 한 연구는 도시의 젊은 남성을 위험군으로 지목했는데, 그들은 물질적으로 윤택한 생활과 가사노동 면제로 인해 생각과 고민에 빠질 시간이 넘치도록 많았기 때문이다.[28]

반면 태국의 한 연구에서는 여성이 상대적으로 취약한 것으로 나타났는데, 한편으로는 성역할이 수반하는 낮은 지위 때문이기도 하지만 다른 한편으로는 생각을 너무 많이 하지 않도록 예방하기 위해 남자들이 의무적으로 익히는 키펜 명상을 여성에게는 가르치지 않았기 때문이다.[29]

불교문화가 지배하는 사회, 특히 동남아시아 국가에서는 얼마나 많이 생각하느냐도 도덕적 문제로 여겨지는 듯하다. 불교에서는 이를 병보다는 성격 결함으로 본다. 생각이 너무 많은 것은 정신 발달에 방해가 되고 필요 이상으로 진지함을 뜻한다. 키르케고르의 우울함을 고려하면 진지함이 문제일 수 있다는 것은 대담한 주장처럼 보일 수 있지만, 실은 연대에 관한 얘기다. 모든 사람

이 고통을 받으므로, 자신의 문제만 응시하는 것은 세상을 보지 못하는 이기적 맹목이다.[30]

어쩌면 생각을 통제해야 한다는 더 어려운 과제가 주어지는지도 모른다. 그러나 생각을 통제하면 오히려 역효과가 날 수 있다. 우리가 이미 알고 있듯이 생각을 하지 않기가 너무나 어렵기 때문이다. 생각을 어떻게 평가하느냐가 중대한 차이점이다. 불교 전통에서 생각은 그에 따른 우리의 행동보다 하위에 있다. 생각에서 벗어나지 못하는 사람은 '이해'에 너무 열중하여 현재, 죽음, 세상의 덧없음을 받아들이려 하지 않는다. 이러한 불가해성을 받아들이기 위해서는 생각을 넘어서야 한다.

실질적 업무를 위해서도 때로는 생각의 논리를 뒤로 밀어둘 필요가 있다. 서양에서는 생각이 없는 사람을 '머리가 없다'고 놀리거나 '머리를 깨워야 한다'고 말하지만, 일본에서는 '머리로 이해한다'는 표현이 경멸로 통한다. 일본에서 머리로 이해하는 것은 피상적이라는 뜻으로 지식인이 동작 순서만 알고 춤은 추지 못하는 것과 같다. 정말로 깊은 이해에 도달하려면 생각을 몰아내야 한다.[31]

생각 기계

정신의학 전문용어로 '아크로포비아acrophobia'라고 불리는 고소공
포증의 유병률에는 문화적 차이가 있다. 평생 유병률, 즉 살면서
어느 시점에 이런 종류의 장애를 앓게 될 사람의 비율은 이라크
가 0.9퍼센트, 콜롬비아가 7.1퍼센트에 이르고, 일반적으로 고임
금 국가에서 매우 높다.[32]

비록 모호크족 통계가 부족하긴 하지만, 이 같은 사례에서 고
소공포증이 국가마다 크게 다를 수 있음을 알 수 있다. 어떤 종족
은 지상에서처럼 하늘의 강철 들보 위에서도 쉽게 균형을 잡을
수 있다는 뜻일까?

땅에서처럼 하늘에서도 쉽게 균형을 잡는 사람이 있다면, 그는
그 경지에 도달하기까지 긴 적응 기간을 거쳤을 테다. 처음부터
두려움 없이 시작하는 사람은 없다. 수많은 모호크족이 이 적응
과정을 거친 것은 돈을 벌기 위해 그렇게 할 수밖에 없었기 때문
이다. 뉴욕의 건설 노동자 중에 여전히 모호크족이 많은 것은 타
고난 불가사의한 능력 때문이 아니다. 오히려 여러 세대를 거쳐
이어져내려온 직업과 관습의 결과다. 굳이 문화의 역할을 꼽자
면, 기껏해야 고용주가 가진 여러 인종에 대한 선입견일 것이다.

한 모호크족 노동자가 말했다. "모호크족은 고소공포증이 없다
고 믿는 사람들이 많습니다. 그렇지 않아요. 우리도 다른 사람들

과 똑같이 무섭습니다. 차이가 있다면, 우리가 좀더 잘 대처한다는 거죠."[33]

음식을 거부한 괴델과 강철 들보 위에서 잠을 자는 건설 노동자의 차이점은 머릿속에 계속 맴도는 생각, 위험을 분석하고 저울질해보는 습관, 뇌의 경고 신호가 아니다. 그보다는 불안에 귀를 기울이는 강도다.

다른 유형의 만약에 …이면, 어떡하지? 문제를 살펴보면, 이 부분에 대한 정신과 진단에서 상당한 문화적 차이를 볼 수 있다. WHO의 데이터에 따르면 살면서 어느 시점에 범불안장애를 앓게 될 사람의 비율은 나이지리아의 0.1퍼센트에서 호주의 8퍼센트에 이르기까지 다양하다. 공황장애는 중국이 2퍼센트, 뉴질랜드가 27퍼센트에 이른다. 이것은 대인공포증과 폐소공포증 같은 질병에서도 비슷하게 나타나는 문화적 차이다.[34]

원인이 무엇이든 만약에 …이면, 어떡하지?에 집착하는 데에는 개인차뿐 아니라 집단적 차이도 있다는 것을 알 수 있다.

생각은 우리가 세계를 이해하는 데 도움을 줄 수 있지만, 세계를 가려버릴 수도 있다. 1950년대와 1960년대에 유럽과 북미에 선불교가 소개되면서 생각에 사로잡힌 현대인에 대한 사회적 비판이(불교에서는 이례적이지만) 생겨났다. 이번에는 문제가 개인 차원이 아니라 사회적 차원에서 설명되었다.

"소위 문명화된 사람은 점점 더 미쳐가고 점점 더 자기파괴적으로 변한다. 과도한 생각 때문에 현실성을 잃어버리기 때문이다." 선불교 사상을 서양에 전파하는 데 중요한 역할을 한 영국 성공회 신부 앨런 와츠는 이렇게 말했다.[35]

개념적 사고방식과 거리를 두어 불교 신앙을 결코 받아들이지 않았던 그의 스승 지두 크리슈나무르티가 다음과 같이 강조했다. "생각이 만들어낸 이미지가 인간관계를 망친다. 인간의 중심 문제는 생각, 다시 말해 생각의 전반적인 과정이다. 앞으로 나는 이것에 골몰할 텐데, 동서양 문명 모두 생각에 근거해 이룩되었기 때문이다."[36]

한편 선불교의 가르침을 미국에 들여온 선구자 스즈키 다이세츠는 이렇게 말했다. "현대 문명은 온갖 방식으로 인류를 비인간화하는 데 완전히 맞춰져 있다는 것을 깨달아야 한다. 우리는 모두 서서히 영혼 없는 로봇과 조각상으로 변해가고 있다."[37]

이 시기의 불교 문헌에는 개인이 비인간화를 느끼는 방식을 조사한 연구들이 소개되어 있다. 그러나 불교 비평가들은 문명 안에서 우리를 생각으로 가득찬 존재로 이끈 것이 무엇인지 더 상세히 분석하지 않았다. 그들은 문명화를 확정된 사실로 보고자 했고, 해방의 가능성을 무엇보다 개인의 문제로 보았다.

이제부터 어쩌다 생각에 사로잡히게 되었는지 탐구해보자. 점점 정밀해지는 시간 측정이 중요한 역할을 할 것이다.

제2부

역사적 고찰: 우리는 어쩌다 이렇게 되었을까

시간의 지평선

엘리제는 교통사고 대부분이 자살 시도 때문에 발생한다고 생각했다.

"왜 그렇게 생각하세요?" 내가 물었다.

"굉장히 냉소적으로 들리겠죠." 엘리제는 시선을 거두지 않고 대답했다. "하지만 사실 아주 논리적인 얘기예요. 자동차 사고로 죽는 것은 끔찍한 일이긴 하지만, 스스로 삶을 끝내는 방법으로는 그렇게 나쁘지 않아요. 그러니까 내 말은, 유족들을 위해서요."

그걸 입증하는 연구가 있는지 막 물으려 했을 때, 나는 엘리제의 말이 사회학적 발언이 아니라 일종의 고백에 가깝다는 것을 알아차렸다. 그녀는 자기 경험을 말하고 있었다.

엘리제는 언제나 미래를 꿈꿨다. 아주 어렸을 때는 학교에 입학할 날을 손꼽아 기다렸다. 중학생이 되어서는 성취에 따라 성적이 나오는 날을 기대했다. 고등학생 때는 졸업 후 대학에 갈 날을 기대했다. 그녀의 삶은 기대와 실현의 연속이었다. 가끔은 격

정도 했지만, 대체로 기대가 걱정보다 컸다.

그리고 계획이 있었다. 그녀의 하루하루는 철저히 계획되었다.

엘리제는 늘 계획에 따라 살아왔다. 그녀의 부모는 항상 계획을 세웠고, 아주 사소하고 작은 일마저도 모두 계획이 있었다. 엘리제는 부모님이 예기치 못한 일로 스트레스를 받는 모습을 본 기억이 없다. 그녀의 어머니는 더러 혹시 모를 스트레스를 걱정했는데, 예를 들어 열쇠를 못 찾는 일이 생길까 미리 걱정했고, 버스를 타야 할 때 십 분 일찍 정류장에 도착했음에도 버스를 놓쳤을까 걱정했다. 그러니까 간접적 스트레스가 있었다. 하지만 낙담에서 생긴 스트레스는 아니었다. 기다리는 시간이 길어서 생기는 갑갑한 스트레스였다.

엘리제의 부모는 약속이 있으면 최소 이십 분 전에 도착해 자동차 안에서 약속 시간까지 기다렸다. 어떨 땐 라디오를 들었고, 어떨 땐 차를 타고 주변을 몇 바퀴 더 돌았다.

"날씨가 좋으면 잠깐 산책을 하거나 상점들을 둘러보며 거닐었어요. 너무 일찍 도착해도 안 되니까요. 하지만 그냥 앉아서 삼십 분 정도 기다리는 경우가 대부분이었죠."

낯선 곳을 가야 하면, 하루이틀 정도 미리 가서 주변을 대략 둘러보고 올 때가 많았다. 엘리제의 어머니가 고틀란드섬 여행을 계획했을 때, 온 가족이 항구가 정확히 어디인지 확인하러 하루 전에 한 시간 동안 차를 몰아 오스카르스함에 다녀왔다.

"부모님은 모든 걸 계획했어요. 전부 다요. 평일이든 주말이든 가리지 않았죠. 금요일마다 장 볼 목록을 만들었고, 그것으로 우리가 다음주에 뭘 먹을지가 정해졌어요. 주말이나 방학에는 아침마다 아버지가 내게 물었어요. '오늘 뭐 할 거니?' 나는 이 질문이 너무 싫었어요. 이런 질문을 받을 때마다 자유를 빼앗기는 기분이 들었거든요. 아무 계획이 없다고 대답할 때면 죄책감이 들었어요. 마치 뭔가를 해야만 하는데 안 하는 것 같은 그런 기분이요."

어른이 된 엘리제는 연애를 꿈꿨다. 그리고 첫 연애를 시작했다. 그런 다음에는 시골로 이사하기를 꿈꿨고, 시골로 이사도 했다.

그러고 나자 갑자기 더는 꿈꿀 것이 없어졌다. 미래가 사라졌다.

한번은 밤에 잠을 깼고, 구토가 날 만큼 어마어마한 불안이 엄습했다. 다음날 밤에도 같은 일이 반복되었다. 그녀는 불안이 그런 식으로 표출될 수 있다는 걸 몰랐다. 그 상태가 몇 달 동안 지속되었다. 예전에도 불안할 때가 있었지만 느낌이 달랐다. 이번에는 불안이 정신이 아니라 신체 증상으로 나타났다.

계획이 아니라 충동적 결정이었지만, 엘리제는 오르막 커브에서 핸들을 돌리지 않고 가속페달을 밟았다. 그녀는 꼭대기에 오르기 직전에 눈을 감았다. 자동차는 공중으로 붕 떠올랐고, 엘리제의 몸과 마음이 이리저리 내동댕이쳐졌다. 공중에 떠 있는 동안, 살면서 겪은 좋은 일들이 주마등처럼 스쳐지나갔다.

"주변 사람들을 여전히 사랑했어요. 나는 그들을 좋아했고, 기꺼이 함께 시간을 보냈어요. 외롭지도 않았고요. 인생이라는 프로젝트를 감당할 수 없었던 게 더 큰 이유였어요. 나는 그냥 내 인생을 감당할 수가 없었어요."

엘리제는 내 앞에 앉아 얘기를 하고 있으니, 이 사고로 죽지 않았다. 자동차는 추락해 한 바퀴를 굴러 기적적으로 다시 멀쩡하게 똑바로 섰다. 엘리제가 눈을 떴을 때, 자동차가 뚫고 지나온 양 목장 울타리가 보였다. 약간 떨어진 곳에서 양들이 되새김질하며 그녀를 지켜보고 있었다.

그러나 달라진 건 없었다. 엘리제는 자신의 행동에 충격을 받았고, 전화기를 꺼내 사고를 당했다고 남편에게 알렸다.

그날 밤 그녀는 다시 불안감에 잠을 깼다.

"앞으로의 내 삶이 어떤 모습일지 상상할 수가 없어요. 그냥 앞이 안 보여요."

폐쇄 병동에 입원한 환자를 대상으로 자살 문제를 조사했다. 환자를 두 집단으로 나눴는데, 하나는 자살을 생각해본 적이 있는 사람들, 다른 하나는 그런 생각을 한 번도 하지 않은 사람들이었다. 모든 참여자는 우울증, 강박장애, 조현병 같은 질병으로 저마다 상당한 고통을 겪고 있었다. 그러나 두 집단의 차이가 나타나는 지점은 고통의 수준이 아니었다. 자살을 생각했던 환자들은 변함없이 자기 자신이면서 동시에 변화하는 방법을 상상하지 못했다. 그들은 엘리제와 같은 문제를 겪었다. 10년 뒤 어디에 살 것 같냐는 질문에 그들은 아무런 답도 하지 못했다.[1]

행복하려면 목표가 있어야 한다는 것이 이런 연구의 일반적인 해석이다. 노소를 막론하고 모두가 요즘 아이들이 부모 세대보다 더 못 살게 될 거라고 믿는 현시대에 불안의 주요 원인을 지목하기는 어렵지 않다.[2]

사람들에게 미래가 항상 오늘날처럼 중요했던 건 아니다. 미래 지평선, 그러니까 우리가 얼마나 멀리까지 내다보느냐는 오로지 실용적 이유로 인류 역사 대부분에서 며칠을 넘지 않았다. 그러나 현대인의 미래 지평선은 구체성을 초월해 멀리까지 확장되어 있다. 현대인이 생각하는 '미래'는, 불과 몇 세기 전만 해도 감히 추측할 수 없었던 긴 기간을 아우른다.

약간의 상상력만 있으면, 언제나 걱정거리를 찾아낼 수 있다.

아이는 20년 뒤에 친구가 없을까봐 걱정할 수 있다. 흡연자는 40세에 암으로 사망할까봐 걱정할 수 있다. 대학생은 50년 뒤에 가난하게 늙을까봐 걱정할 수 있다. 엘리제는 남은 생애 동안 불행할까봐 걱정한다.

그러나 이 모든 미래 비전은 지어낸 허구이고 추측일 뿐이다. 우리의 희망과 불안이 실현되느냐 마느냐는 오직 지금 여기에 달렸다. 아직 존재하지도 않는 것이 어떻게 이토록 긴 그림자를 드리울 수 있을까?

시계와 요일 없이 살기

인류 역사의 95퍼센트에 달하는 약 20만 년 동안 인간은 정확한 시간 측정 없이, 시계와 요일 없이 살았다는 사실을 잊어선 안 된다.

여러 문화권에서 시간 없이 살았던 때의 흔적을 살펴보면, 시간의 지평선과 시계가 우리에게 얼마나 많은 영향을 미치는지 알 수 있다. 20세기 중반쯤 최초의 인류학자들은 산업화와 농업을 경험하지 않은 부족들이 얼마나 다른 방식으로 시간을 다루었는지에 주목했다. 전혀 다른 방식의 시간 이해를 파악하기란 당연히 쉽지 않았지만, 문화적 차이를 기술하기 위한 여러 인류학자의 노력이 사회과학에서 빼놓을 수 없는 중요한 성과를 이뤄냈다.

예를 들어, 인류학자 제임스 수즈먼은 나미비아 산족에 관한 연구를 위해 25년간 그들과 지내면서 언어를 배우고 문화를 이해하려 애썼다. 산족은 최근까지 사냥과 채집으로만 살아온 마지막 공동체다. 이들은 세계에서 가장 오래된 민족으로 알려져 있고, 임금노동자 생활에 아직 적응이 덜 된 상태다. 오늘날 그들은 현대와 선사시대 중간 어딘가에 살고 있다. 그들은 공장에서 만든 옷을 입고 도구를 가졌으며 주택에 거주하면서 외부세계와 거래한다.

수즈먼의 원래 연구 목표는 산족이 시간을 어떻게 인식하는지 밝히는 것이 아니었다. 그는 이들의 시간 인식이 다르다는 것을, 식민주의 여파로 원주민을 계속 일꾼으로 착취했던 백인 정착민을 통해서만 들었다. 그들이 원주민에게 임금을 돈이 아니라 식료품으로 지급하는 데서 시간 인식의 차이를 엿볼 수 있었다. 나미비아 법에 따르면 식료품으로 임금을 지급하는 것은 불법이지만, 백인 농부 대다수가 그렇게 했다. 그들이 보기에 산족은 돈을 다룰 수 없는 것 같았기 때문이다.

"'부시맨'은 시간을 우리와 다르게 인식합니다." 한 농부가 설명했다.

많은 농부가 이런 견해를 공유했다. 산족의 시간관념은 '어린아이'와 비슷해서, 예산을 세워 돈을 나눠 쓰지 못했다. 그들에게 월급을 지급하면 일주일 만에 다 쓴다. 하지만 식료품으로 지급하면 그들은 그것으로 한 달 넘게 먹고산다.

문제를 더욱 복잡하게 만든 것은 백인 농부들이 이런 식으로 수익을 높였다는 사실이다. 게다가 산족이 인간보다는 동물과 비슷하다는 과거의 안타까운 평가가 기저에 깔려 있는 것 같았다. 나이가 많은 한 산족 남자가 갑자기 백인 농부들이 시간을 다르게 이해한다고 말했을 때, 비로소 수즈먼은 이 차이를 자세히 조사하기 시작했다.

산족에게 미래와 과거의 역할은 아주 미미하다. 수즈먼을 이 길로 들어서게 한 나이 많은 산족 남자는 물론 오래전에 태어나기도 했지만, 이곳의 다른 노인들과 마찬가지로 자신이 언제 태어났는지 알지 못했다. 애초에 그런 것에 관심이 없었다. 그의 나이는 그가 어떤 역사적 사건을 목격했는지 묻는 것으로 얼추 추정할 수 있었다. 그조차도 쉽지 않았는데, 그가 과거 얘기를 하지 않으려 했기 때문이다.

"농부들과 헤레로족이 와서 땅을 모조리 빼앗아갔소."이 말이 그가 기억하는 이정표였다.[3]

수즈먼의 연구는 전반적으로 다른 인류학자가 이미 50년 전에 보고한 것을 재확인해준다. 수즈먼 역시 산족이 과거를 거의 기억하지 못할 뿐 아니라 과거에 관심이 너무 없어서 놀랐다. 사람이 죽으면 모래에 묻히고 그대로 잊힌다. 부모나 조상이 누구인지는 중요하지 않았다. 인터뷰에 응한 사람들은 미래 생각을 덜 버거워하는 것 같았다. 그렇더라도 그들이 내다보는 미래는 대부분 단 며칠에 불과했다. 그들이 주의를 기울이는 것의 중심에는 항상 우리가 '지금'이라고 부르는 것이 있었다.[4]

이런 식의 현재 중심적 시간 이해는 콩고 킨샤사의 음부티, 탄자니아의 하드자, 말레이시아의 바텍, 인도 남부의 판다람 같은 또다른 수렵 채집 공동체에서도 확인된다.

여러 연구가 경험적으로 입증한 것은 논리적으로도 추론 가능하다. 매월, 매주, 때로는 심지어 매일 이주하는 공동체에서는, 그러니까 순전히 실용적으로 말해 식료품도 돈도 쌓아둘 수 없는 공동체에서는, 사냥이나 채집으로 얻은 모든 것이 즉시 소비된다. 이런 공동체에서 과거와 미래는 개인의 자아상과 세계관에 아주 미미한 영향을 미칠 뿐이다.[5]

수렵 채집 공동체에 대한 이런 분석은 매우 논리적이고 타당하다. 그러나 최초의 인간을 둘러싼 다른 많은 분석은 그 근거가 다소 불분명하다. 현존하는 수렵 채집 공동체에서 인간의 '원초적 상태'를 발견하려는 희망은 헛되다. 이런 공동체 사이에는 큰 차이가 있기 때문이다.

현재 중심적 시간 이해를 해명해주는 그들의 공통점은 명확하다. 그들은 모두 사냥과 채집으로 식량을 조달한다.

인류학자들은 이를 농업으로 가능해진 **지연된 소비**의 반대 개념인 **즉각적 소비**라고 부른다. 버섯, 뿌리채소, 산딸기 채집과 산발적 사냥을 상상해보면 이해가 쉽다. 이런 종류의 작업은 어떻게 조직될까?

대답은 '미니멀'이다. 오랜 기간 저장할 수 없으므로 빨리 먹어 치워야 한다. 그러니까 식량 조달은 매일 반복되는 과정이다.[6]

여기까지는 다 아는 내용이다. 당연히 작업의 상세한 구성 방식은 다양하다. 어떤 공동체는 채집한 것, 어떤 공동체는 사냥한 동물이나 알을 주요 식량으로 삼는다. 그들의 공통점은 생산과 소비가 매일 요구되는, 소위 하루 벌어 하루 먹고사는 삶이었고,

이런 삶은 세 가지 차원에서 그들의 시간개념에 영향을 미쳤다.

미래를 대비하는 것은 불필요할 뿐 아니라 불가능했다. 오늘날 우리가 몹시 걱정하고 통제하고자 하는 미래는 과학기술과 사회의 산물이다. 돈과 생필품을 따로 보관할 수 있어야 다음주, 내년, 심지어 10년 뒤 재정 계획을 짤 수 있다. 돈이 썩어 없어진다면, 매달 일부를 저축하는 일은 무의미할 것이다. 지금 뭔가를 포기하는 것도 아무 소용이 없을 텐데, 이런 희생이 미래에 아무런 도움도 주지 않을 것이기 때문이다. 결국 절약도 미덕이 아닐 것이다.

또한 수렵 채집 공동체는 식량 자체에 대한 걱정이 거의 없었다. 당연히 사막에서 채집하느냐 북극에서 사냥하느냐에 따라 공급되는 식량은 다르지만, 기본적으로 수렵 채집인은 여러 다양한 식량을 채집하고 사냥할 수 있었다. 이들과 달리 농업 공동체는 훨씬 더 취약했는데, 이들은 몇 안 되는 농작물로, 때로는 심지어 쌀이나 보리 단 한 가지로만 허기진 배를 채워야 했다. 이런 단일재배의 경우 날씨나 병충해가 심각한 여파를 불러일으킬 수 있다. 그러므로 수렵 채집인의 기대수명이 정착해 사는 '문명화된' 거주민보다 한참 길었다. 추정하기로 30년에서 40년이나 차이가 났다. 높은 영아 사망률을 제외하면, 수치는 더 올라간다. 아이가 열 살까지 살아남으면 60세 이상, 어떤 곳에서는 심지어 80세까지도 살 확률이 매우 높았다. 수렵 채집 공동체의 연령 구조는 18세기 중반 유럽인과 비슷했다.[7]

게다가 수렵과 채집에는 분업이 필요하지 않다. 사냥이 특별한 사람들의 전유물일 때도 더러 있었지만, 대체로 누구나 할 수 있는 일이다. 조직할 것도 없고 단편적 작업을 위해 전문 기술을 훈련할 필요도 없다. 몇몇 공동체는 강력한 규범이 지배했지만, 경제적 측면에서 개인은 집단 내에서 현대인보다 훨씬 더 자율적이었다. 자기가 필요할 때만 채집했고, 이는 대략 네 시간짜리 노동으로 부담스러운 일이 아니었다. 원한다면 심지어 따로 살 수도 있었다. 탄자니아 북부의 하드자에서 사냥하고 채집하는 은둔자가 목격되기도 했다.[8]

공동체 형태가 개인에게 미치는 영향의 명확한 사례를 사회과학에서 찾는 것은 헛된 일이다. 주소, 직업, 속한 조직 없이, 더 나아가 자신의 정체성을 연결할 수 있는 친척 없이, '나는 누구인가? 나는 누구여야 할까? 나는 무엇이 되고자 하는가?' 같은 질문을 던지는 것은 수렵 채집인이 사는 환경에서 무의미하다.[9]

그러나 식량을 즉시 소비하는 공동체에서도 미래를 준비할 수 있다. 낚싯대, 화살, 막대를 만드는 것은 미래의 활동을 예고한다. 활쏘기를 연습하는 아이는 언젠가 사냥을 나갈 것이다. 그러나 이런 상상력은 대부분의 시간을 머릿속으로 시간여행하며 보내는 것과는 다르다. 넓은 공간적 확장이 유목민의 일상생활을 지배했던 반면, 시간적 차원은 의식에서 중요하게 취급되지 않았다.

이런 의식이 정확히 어떤 모습이었는지는 아직 답할 수 없다.

오늘날 미래에 대한 생각으로 가득찬 그 공간을 과거에는 과연 무엇이 채우고 있었을까?

시간을 초월한 강렬한 삶의 순간

때때로 우리도 삶의 강도를 다르게 인식한다. 아마도 환희나 불안을 겪을 때, 또는 두 가지가 섞인 이름 모를 감정을 느끼는 순간일 것이다. 원인은 다양하지만, 효과는 같다. 곧 재앙이 닥칠 것 같은 불안한 현재로 시간이 응축된다.

표도르 도스토옙스키는 젊은 사회주의자로 몇 년을 보낸 후 28세에 러시아 차르 니콜라이 1세에 의해 사형을 선고받았다. 그가 속한 유토피아적 사회주의 단체는 차르의 비밀경찰인 오크라나에 의해 발각되었다. 심문, 불면증, 치질, 간질 발작으로 점철된 8개월을 보낸 뒤, 그는 다른 수감자 15명과 함께 공개 처형을 위해 세묘놉스키광장으로 이송되었다. 수감자들은 그곳에서 처형될 예정이었다. 그들은 흰 수의를 입고 십자가에 입을 맞춰야 했다. 그들이 더는 고귀하지 않다는 상징으로 그들의 머리 위에서 검을 부러트렸다. 첫번째 수감자를 말뚝에 묶고 군인들이 소총을 장전하는 동안, 도스토옙스키는 자신의 삶이 오 분 정도 남았다고 예상했다. 이 오 분이 한없이 길게 느껴졌기 때문에 그는 교회 종탑의 시계를 보며 남은 시간을 안배했다.

첫 이 분은 친구들과 작별하는 데 썼다. 그다음 이 분은 자신의 운명에 대해 깊이 생각하기로 했다. 어떤 일이 그를 기다리고 있고, 삶과 죽음 그 모든 것이 어떻게 연관되어 있는지 생각하고자 했다. 그는 이 미스터리를 단 이 분 안에 풀 수 있으리라 확신했지만, 때마침 눈에 들어온 황금빛 교회 지붕이 햇살을 받아 아름답게 반짝이는 광경에 매료되어 감탄하며 멍하니 바라보게 되었다. 머지않아 자신도 이 빛 안으로 들어가게 될 것이고, 그 빛이 벌써 그의 새로운 존재를 빚고 있음을, 그는 분명히 느꼈다.

마지막으로, 그는 생각했다. '여기서 살아남는다면, 남은 인생을 이토록 강렬하게 살아가리라.'

도스토옙스키는 처형되지 않았다. 마지막 순간에 사격이 중지되고 차르의 사면 교지가 낭독되었다. 차르가 그들을 겁주기 위해 연출한 처형 장면이 지나간 뒤 진짜 형벌이 공표되었다. 시베리아 교도소에서 징역 4년을 사는 것이었다.

도스토옙스키는 그후로 30년을 더 살았고, 카지노에 드나들며 때때로 도박에 전 재산을 거는 등 온갖 일을 일삼았지만, 형장에서 했던 결심은 지킬 수 없었다.[10]

관점의 변화만으로는 이런 강렬함을 경험할 수 없다. 도스토옙스키가 경험한 것은 세상의 진짜 모습을 본 기분, 일종의 각성이다. 이런 강렬한 인식은 주로 생명을 위협하는 위험, 폭력, 고통, 탈진, 사랑 같은 특별한 사건이나 경험과 연결되어 있다.[11]

지금 여기를 인식하기 위해 오늘날 그렇게 극단적인 도화선이 필요하다는 사실은 여러 가지로 해석될 수 있다. 어쩌면 우리는 선천적으로 반사실적 일탈에 맞게 창조되었을 것이다. 미래의 위험을 상상하는 혁명적 능력이지만, 정신의 부재라는 부작용을 불러오는지도 모른다.

그러나 수렵 채집인의 생활조건을 연구하는 사람은 대개 다음과 같은 정반대 결론에 도달한다. 시간을 초월한 순수한 삶의 강렬함은 한때 인간의 삶을 대표했던 '미래에서 자유로운 삶'에 깃든 희미한 빛에 불과하다는 것이다.

정신분석학자 칼 구스타프 융은 자신의 회고록에서, 인간의 비극은 "우리가 모든 인간 발달사에서 찾아볼 수 없는 독보적인 현재가 아니라 미래와 미래에 올 황금시대라는 키메라적 약속 안에서 더 많이 살고 있다는 사실"이라고 설명한다. 융에 따르면, 우리는 "현재의 빛이 아니라 미래의 어둠 속에서 진짜 일출을 고대하고 있다."[12]

그러나 모든 '인간 발달사' 연구, 인간이 수천 년 전에 세상을 어떻게 인식했는지 설명하려는 모든 시도는 추측에 불과할 수밖에 없고, 이는 여러 흥미로운 이론으로 이어진다.

이런 이론 중 하나에 따르면, 초기 인류 역사는 철학자 장 젭제르가 '영원한 현재'라고 명명한 것으로 점철되어 있다. 그는 이런 상태를 미화한 여러 이론가 중 한 사람이다. 그는 이처럼 제한된 미래 지평선을 '마법의 의식'이라 불렀다. 마법이라는 말을 붙인 이유는 개별적 자아 개념이 없었기 때문이다.[13]

근거 없는 주장은 아니다. 출생신고를 할 국가가 없으면, 경쟁력을 갖추게 하는 교육이 없으면, 경력 계획이 없으면, 평생의 배우자가 없으면, 아이를 낳고 고양이를 기르고 집을 마련하고 소비재를 풍족하게 누리는 결정이 없으면, 안정적인 소속 집단이 없으면, 과연 개별성에 의미를 둘 수 있을까? 그러나 인간 존재에 자아라는 것이 과연 있느냐 없느냐의 문제는 여전히 열려 있다.

자아가 없는 무한성 개념은 한동안 존재해왔다. 지그문트 프로이트는 이런 상태를 '대양'에 빗대어 설명했다. 모든 인간은 유년기 초기에 이런 상태를 경험한다. 프로이트는 이때를 원시 단계로 묘사하고, 이 단계로 돌아가고자 하는 우리의 열망이 마치 자궁으로 돌아가고자 하는 어린아이의 욕망처럼 퇴행적이라고 설명한다. 반면 융은 자아를 해체하려는 열망을 전진으로, 즉 근대성의 냉정한 이성 너머에 있는 근원적 지혜를 추구하는 것으로 본다. 융은 겝제르와 함께 최초의 인류는 엑스터시에 흠뻑 젖었고, 이런 초월적 상태는 진실하고 자연스럽다는 생각을 확립했다. 애니미즘이라 불리기도 하는데, 애니미즘은 원래 자연에 영혼이 있다는 종교적 견해를 나타내는 용어다. 그러나 여기서는 애니미즘의 신비한 형태, 즉 '외부(타인, 동물, 식물, 산, 하늘, 별)'와 '내부'가 하나로 융합해 주체와 객체가 해체되는 것을 말한다.[14]

다른 역사가와 인류학자들은 자아초월성이 덜한 애니미즘이 수렵 채집 공동체에 주입되었다고 주장했다. 자아를 해체하고 우주의 일부가 된다는 생각은 문명으로 이어졌고, 인간의 원시 상태를 상상했던 융과 프로이트도 여기에 속했다. 당연히 수렵 채집인도 '나'와 타인이 있다는 것을 이해했지만, 이때의 '나'는 그들의 의식에서 공간을 거의 차지하지 않았다. 인류가 정착생활을 하며 서서히 문제가 벌어진 뒤에야 비로소 자아를 해체하기 위해 환각 약물을 시험하거나 명상을 시작했다. 그제야 자아에서 벗어나야 한다는 가정이 확산했다.[15]

이 이론대로라면, 계획의 시대 이전에 의식은 날카로운 주의 집중에 가까웠다.

사냥꾼이나 채집인으로 살아남으려면 수 헥타르에 걸쳐 동식물의 상황을 주시해야 했다. 계절의 리듬을 배워야 했고, 식물의 치유력을 공부하고, 그런 식물이 어디에서 어떻게 자라는지도 알아야 했다. 산업사회로 오면서 손재주의 중요성이 점점 줄었지만, 사냥꾼과 채집인은 여러 면에서 손재주가 뛰어나야 했다. 뿔이나 부싯돌로 수술 칼처럼 날카로운 절단 도구를 만드는 그들의 기술은 대부분의 현대인이 가진 능력을 넘어선다. 또한 날씨의 급격한 변화, 사나운 맹수, 벌레 물림, 부상, 질병처럼 무슨 일이 벌어지든 언제든지 대비가 되어 있어야만 했다. 오늘날 우리는 만에 하나 그런 일이 발생하면, 과학기술이나 전문가에게 의존한다. 그러나 당시에는 개인이 각자 알아서 주의를 기울여야 했다.[16]

예민해진 주의 집중 상태 그 자체는 신비하지 않다. 사냥꾼과 채집인처럼 사는 동물들도 그 정도의 주의 집중력을 발휘할 수 있다. 다만 인간의 경우에는 자아의식이라는 뭔가 다른 것이 더 있다. 연구자들은 이런 형태의 의식을 명명하기 위해 여러 용어를 사용한다. 미국 역사가 모리스 버먼은 인간이 '역설' 안에 산다고 말했다. 한편으로는 우리의 개별 존재가 불러일으키는 불안에 고통받으면서, 다른 한편으로는 자기 자신의 능력을 신뢰한다는 것이다.[17]

미국 인류학자 월터 옹은 '세계관'이라고 말하고, 영국 인류학자 휴 브로디는 '집중된 정적'이라고 말한다. 네브래스카의 위네바고 부족에 대한 상세한 현장 연구로 유명한 인류학자 폴 라딘은 위네바고 부족이 마치 "불빛이 이글대는 것처럼" 예민하게 주변을 인식한다고 묘사했다. 이는 성경적 의미도 아니고, 초자연적 현상도 아니다. 오히려 도스토옙스키가 처형을 기다리는 동안 고조되었던 강렬함과 더 비슷하다. 또는 콩고 킨샤사의 음부티족이 신을 숭배하지 않고, 그들의 세계인 숲이 살아 있다고 믿었던 것과 더 비슷하다.[18]

미래의 탄생

사냥꾼과 채집인의 세계관이 그들의 정신에 어떻게 반영되었는지 우리는 알지 못한다. 농업으로 전환하는 과도기에 있는 공동체, 특히 우간다의 익 부족과 북극권 원주민을 추적했던 연구들은 자살률 증가와 우울증 심화를 보고했다. 그러나 전반적으로 연구가 너무 적고, 이런 변화가 얼마나 빨리 일어났는지도 불분명하다. 어쩌면 옛날 농경사회에서는 이런 정신적 문제가 드물었을지도 모른다. 한 인류학자가 (농경사회인) 파푸아뉴기니의 칼룰리 부족을 연구하면서 거의 10년 동안 어린이와 성인 약 2천 명에게 걱정거리를 물었다. 이때 우울증 진단 기준을 충족하는 사람은 타의로 억지로 결혼해야 했던 여성 단 한 명뿐이었다.[19]

동시에 농경은 이전에 존재하지 않았던 새로운 걱정거리의 배양토가 되었다. 농경과 함께 저장 보존 방법이 최초로 모색되었다. 농부들은 1년이나 2년 후 또는 그보다 먼 미래에 닥칠지도 모르는, 가능성이 아주 희박한 재앙까지도 미리 고려해야 했다. 콩과 밀을 한 해 겨울만 보관해선 안 되었다. 흉작과 기근은 사람들에게 더 먼 미래를 내다보라고 가르쳤다. 예측하기 어려운 심한 흉작을 대비해서 늘 식량을 비축해둬야 했다.

구름을 관찰하고 손가락으로 흙을 찔러보는 농부는 늘 다른 지역으로 이동하는 사냥꾼과는 다른 지식을 가지고 있을 것이다.

사냥꾼과 채집인은 자연을 있는 그대로 이용한다. 농부는 자신만의 자연을 만든다. 텃밭을 위한 배수시설을 만들든, 수 킬로미터에 달하는 운하를 이용한 관개시설을 갖추든, 화전을 일구든, 농부는 기술적 문제에 직면하고 그들의 결정은 생존을 좌우하는 중요한 결과를 낳는다.

씨를 뿌리고, 물을 주고, 거름을 주고, 잡초를 뽑고, 고랑을 만들어야 할까? 아니면 홍수, 비, 가뭄 또는 아직 알지 못하는 다른 요인을 고려해 조금 더 기다려야 할까? 사냥꾼과 채집인이 짊어질 필요가 없는 이런 책임은 전문성과 계산에 점점 더 많이 의존하는 사회의 부산물이 되었다.[20]

이런 조건은 매우 중요해서 수렵과 채집에서 농경으로 전환하는 과도기에 과도한 의미가 부여되었다. 앞으로 보게 되겠지만 이런 전환이 하룻밤 사이에 이루어진 것은 아니고 오늘날에도 정착 문화 사이에 시간 인식의 차이가 크다.

어떤 문화에는 심지어 '시간'에 해당하는 단어가 없다. 미얀마 북부 카친에서 '아킹ahking'은 시계가 나타내는 시각, '아삭asak'은 우리가 존재로서 경험하는 시간, '나na'는 긴 기간, '퇴응tawng'은 짧은 기간을 나타낸다. 독립된 척도로서의 '시간'은 존재하지 않는다.[21]

이런 언어적 특성은 한 측면에 불과하다. 북미의 여러 문화권은 간접적으로만 시간을 언급한다. 수 부족은 오랫동안 '시간'이라는 단어 없이 살아와, '늦은' 또는 '기다리다'에 해당하는 단어도 없었다. 우리의 시간 감각도 종종 우리가 시간을 측정하는 방식에 영향을 받는다. 행성의 움직임으로 시간을 유추하는 것은 시곗바늘을 이용하는 것과는 다르다. 미얀마의 일부 수도원에서는 일출 시각이 곧 기상 시각이다. 손의 핏줄이 보이는 즉시 일어나야 한다. 그러니까 삶은 빛의 움직임에 좌우된다. 그런데 우리가 유럽에서 알람을 늘 여섯시 삼십분에 설정해두면, 어떤 땐 환할 때 일어나고 어떤 땐 어두울 때 일어난다.[22]

언뜻 사소해 보이는 이런 시간 인식의 차이가 주의력에 영향을 미친다. 예를 들어 시계를 기준으로 하는 데 익숙한 사람은 캐나다 동부 미크마크 부족의 장례 문화를 따라가기가 매우 어려울 것이다. 이들의 장례는 고정된 패턴에 따라 진행된다. 모이는 시간, 기도하는 시간, 노래하는 시간, 쉬는 시간, 식사시간이 분명 있지만, 정해진 시각이 없다. 애도자들은 서로 합의하여 다음 단계로 넘어간다. 그러나 시간이 무르익은 적당한 때란 언제일까?[23]

계절에 기반을 둔 달력을 사용하는 수단의 누에르 부족에게서도 유사한 현상을 관찰할 수 있다. '쿠르kur' 달에 그들은 야영장을 만들고 물고기를 잡기 위해 댐을 쌓는다. 그렇다면 쿠르 달은 정확히 언제부터일까? 야영장을 만들고 물고기를 잡기 위해 댐을 쌓으면 쿠르 달이다. 야영장을 해체하고 각자 마을로 돌아가는 '드와트dwat' 달도 마찬가지다. 누에르 부족은 언제가 드와트 달인지 어떻게 알까? 야영장을 해체하고 각자 마을로 돌아가면 그때가 바로 드와트 달이다.[24]

시계가 없어서 이런 시간 틀을 계속 사용하는 게 아니다. 한 인류학자는 말레이시아 북서부 클란탄의 농부들이 '코코넛 시계'를 즐겨 사용하는 것을 목격했다. 운동경기를 할 때면 시간 측정을 위해 구멍이 뚫린 코코넛 껍질을 물통에 넣는다. 코코넛 껍질이 바닥에 가라앉으면 시간이 다 된 것인데, 보통 삼 분에서 오 분 사이다. 농부들은 코코넛 시계가 정확하지 않다는 걸 알지만, 그럼에도 손목시계보다 이것을 선호한다.[25]

시계를 처음 도입한 나라에서도 오랫동안 시계에 대한 저항이 존재했다.

최초의 해시계는 약 3500년 전에 개발되었고, 일출과 일몰 같은 자연의 시간에 맞춰 일정을 잡는 데 주로 사용되었다. 해시계는 시간 엄수의 범위를 넓게 잡았다. 고대 그리스인이 "그림자 추적"이라 표현한 시간 측정은 여전히 부정확했다. 게다가 구름이 끼거나 밤이 되어 어두워지면 사람들의 삶을 통제해야 하는 해시계의 임무는 실로 제한적일 수밖에 없었다.

그러므로 낮에는 해시계를, 밤에는 물시계를 사용했다. 물시계는 구멍으로 흘러나오는 물의 양으로 시간을 측정했다. 그러나 구멍이 막히거나 커져서 시간의 흐름이 느려지거나 빨라질 수 있었다. 이런 문제점에도 불구하고 물시계는 18세기에 진자시계로 대체될 때까지 오랫동안 시간 측정 도구로 쓰였다.[26]

기계식 시계의 다채로운 역사는 수수께끼 하나를 남긴다. 이 장치는 도대체 어떻게 지금까지 그 어떤 장치에도 비할 수 없을 정도로 우리의 삶을 구조화할 수 있었을까? 여기서 놓치면 안 되는 사실이 있는데, 최초의 시계는 숫자판이 없고 소리만 났다. 기도할 시간이 되면 시계에서 소리가 났다. 그것이 전부였다. 오늘날 시계는 시간을 측정하는 다른 모든 방법을 능가한다.

2014년 콜로라도에 있는 국립표준기술연구소는 향후 3억 년 동안 초 단위로 시각을 표시할 원자시계를 설치했다고 발표했다. 불과 4년 후, 연구소는 새로운 원자시계가 (140억 년으로 추정되는) '우주의 수명' 동안 일 초도 어긋나지 않을 것이라 발표하며 톱뉴스를 장식했다. 천체물리학자 스티븐 호킹은 이제 시간이 가장 정확한 측정 방법이므로, 거리도 시간으로 측정할 수 있다고 말했다. 이를테면 1미터는 진공에서 빛이 299792458분의 1초 동안 이동한 거리다.[27]

특히 기계식 시계가 오래도록 마주해야 했던 회의론을 생각하면, 이런 과학기술 혁명이 가능했다는 것은 매우 놀라운 일이다. 19세기까지만 해도 시계의 시간은 자연의 시간을 형편없이 모방한 것으로 여겨졌다. 중요한 모임, 결투, 전투는 여전히 일출 시각을 기준으로 정해졌다. 시계는 기술적 장신구일 뿐이었다. 매혹적이지만 실질적 쓸모는 없었다. 시계는 기술적 제한이 아니라 사회적 제한을 받았다. 점점 더 대중화되면서도 표준화된 시간에 기반을 두지는 않았다. 가정마다 각자 알아서 시간을 설정했다.

산업자본주의와 함께 비로소 동기화된 시간이 등장했다. 철도와 더불어 생겨난 온갖 복잡한 거래와 새로운 기술로 인해 조정이 필요해졌다. 스웨덴에는 한동안 '철도 시간'과 '현지 시간'이 있었고, 이는 기차역 시계에 따로따로 표시되었다. 스웨덴의 공식 시간을 두고 예테보리와 스톡홀름 사이에 줄다리기가 있기도 했다. 결국 1879년에 두 도시 사이에 있는 아스케르순드가 승리했다.

다른 국가들에서는 이 과정이 더 오래 걸렸다. 미국만 보더라도 1860년에 여전히 70개에 달하는 서로 다른 시간대가 있었다. 1880년에는 50개로 줄었지만, 통일은 여전히 요원했다.

1884년 표준화된 시간이 도입된 직후, 미국 월간지 『하퍼스 매거진』에서 찰스 더들리 워너는 시계가 삶에 너무 많은 영향을 미칠 수 있다며 우려를 표명했다. "시간을 고정된 구간으로 나누는 것은 개인의 성격이나 기분을 고려하지 않은 채 개인의 자유를 침해하는 것을 의미한다."[28]

시계탑, 거실 장식품 괘종시계, 주머니 속 회중시계에 이어 마침내 손목시계까지, 시계 자체의 존재감이 점점 커지는 동안 시계를 향한 비판도 점점 더 거세졌다. 20세기 초에 독일 작가 지기 스문트 폰 라데츠키는 시계를 "시간의 수갑"이라고 선언했다. 조너선 스위프트가 『걸리버 여행기』에서 릴리퍼트 난쟁이들의 입을 빌려 "걸리버가 어떤 일을 시작하기 전에 항상 시계와 상의하는 걸 보니 시계가 신성한 기능을 하는 것이 분명하다"고 말한 지 거의 200년이 지난 때였다.[29]

이러한 비판은 주로 불안감에서 나왔다. 시계 때문에 우리가 낮과 밤, 여름과 겨울, 삶과 죽음의 자연스러운 리듬을 기준으로 하는 유기적 시간으로부터 너무 멀어질 수 있다는 불안감. 오늘날 우리는 바로 이 지점에서 몇 가지 차이점을 확인할 수 있다. 인도 안다만군도의 원주민들은 현재 어떤 꽃향기가 가장 많이 나느냐를 기준으로 삼는 달력을 쓰는데, 그러려면 휴대전화로 시간을 읽는 것보다 훨씬 더 많은 감각을 사용해야 한다.

그러나 이상하게도, 시계와 아무리 오래 지내도 시계의 시간은 우리의 경험과 여전히 분리된 것처럼 느껴진다. 대다수가 시간의 속도를 제대로 감지하지 못한다. 시간을 잘못 가늠하는 정도와 방향은 제각각 다르다. 예를 들어 조증, 반사회적 인격장애, 편집성 조현병이 있는 사람에게는 시간이 더 빨리 가는 것처럼 여겨지지만, 불안장애, 우울증, 비편집성 조현병이 있는 사람에게는 더 느리게 느껴진다.[30]

여러 실험 결과를 보면, 사람들은 대개 조증보다는 우울증에 더 가깝다. 우리는 시간이 실제보다 더 느리게 흐른다고 느낀다. 게 다가 극도로 잘못 가늠한다. 한 예로 프랑스 지질학자 미셸 시프 르는 지하 115미터 동굴에서 두 달을 보내는 실험을 했다. 실험 이 끝날 무렵 그는 일기에 시간 감각을 완전히 잃었다고 썼다. 두 달이 다 지났다는 얘기를 전달받았을 때, 그의 계산으로는 지하에 있은 지 겨우 34일째였다.[31]

다른 실험에서도 이와 비슷하게 느려진 시간 인식이 드러났다. 실험 참여자들은 1~4주 동안 창문이 없는 격리실에서 지내며 정 기적으로 시간이 얼마나 흐른 것 같냐는 질문을 받았다. 한 시간 이 흘렀을 때, 응답의 평균값은 한 시간 이십팔 분이었다.[32]

시간은 추상적 수치고, 우리는 자연이 아니라 차선책인 화면이 나 숫자판을 이용하기 때문에 시간을 인식할 수 있는 도구가 필 요하다. 설령 밤낮의 리듬과 계절 같은 주기적 요소가 여전히 시 계와 달력에 반영되어 있더라도, 우리는 시간의 추상성에 익숙해 질 수밖에 없다.

직선적 시간개념에 따라 미래는 잠재성과 위험 요인으로 구성 되고 우리의 결정에 따라 끊임없이 변화하는 직선으로 펼쳐진다.

미래에 맞설 수 있을까?

엘리제는 탈출구를 찾아냈다. 그녀는 배우자를 떠나 새로운 미래를 그리며 다시 살아가기 시작했다. 기대할 일들이 다시 생겼다. 그러나 엘리제는 자신이 부모님이 그랬듯 시간 계획을 철저히 짜고 있다는 것을 알아차렸다. 하루를 "4등분하여 계획을 세운다"고 했다. 어쩌다 늦으면, 자기 때문이든 기차의 연착 때문이든 상관없이 불안했다.

"실제 느낌이에요. 늦으면 폐소공포증 상태가 됩니다. 마치 시간에 갇힌 것 같고, 내 삶을 조금도 통제할 수 없을 것 같아요."

쉬는 날조차도 계획을 세운다. 가능한 한 시간을 알차게 쓰기 위해서다. 특별한 계획이나 프로젝트 없이 그냥저냥 보낸 날에는 저녁에 하루를 낭비한 기분이 든다. 그러면서도 원래 계획을 포기하는 것이 신기하게도 흡족하기도 했다.

"나는 계획 바꾸기를 좋아해요. 그럴 때면 아주 부드럽고 따스한 느낌이 온몸에 퍼져요. 그러나 오로지 내 의지로 계획을 바꾸는 것이어야 해요. 버스나 내가 늦는 바람에 계획이 바뀌면 스트레스만 심해져요."

시간이 아무리 강하게 우리의 삶을 지배해도, 우리는 해방감을 그리워한다.

갈등은 처음부터 존재했다. 인류학자 제임스 스콧이 설명하기를, 목표를 가지고 파종했던 사람들은 한참 뒤에나 정착생활을 시작했다. 의도적 재배를 보여주는 첫번째 유물과 전 세계에 농업이 퍼진 시기 사이에 약 4000년의 시간차가 있다. 이 긴 시간 동안 많은 사람이 정착에 맞서 싸우거나 도망치거나 거부했다.[33]

이런 거부는 오랫동안 이어졌다. 식량을 마련하는 방법으로 의도적 재배가 아직 낯설어서가 아니었다. 산 부족 연구에서 연구진은 다음과 같은 반문에 직면했다. "몽공고 열매가 사방에 널렸는데, 왜 굳이 그걸 재배해야 하죠?"[34]

이 같은 질문은 산업화 이전 사회에서 분명 더 많이 제기되었을 것이다. 1753년에 벤저민 프랭클린이 쓰기를, 납치되어 아메리카 원주민 마을에서 자란 후 다시 돌아온 백인 아이들이 종종 불편함을 느꼈다고 한다. "얼마 지나지 않아 그들은 우리의 생활 방식과 우리가 감내해야 하는 이러한 생활의 모든 장단점을 멸시하기 시작했고, 다시 숲으로 돌아갈 기회를 엿보았다."[35]

오늘날 대다수는 숲에서 사는 데 필요한 신체적 능력도 손재주도 없다. 남아 있는 숲도 많지 않다는 건 말할 것도 없다. 우리는 강요된 미래를 안고 살고, 일, 가정생활, 음식 등에서 거의 무한한 선택지 앞에 있다. 설령 거부하고 싶은 주제라도, 우리는 결정해야만 한다.

우리가 스스로 결정한 것보다 훨씬 더 많은 영향을 미치는 소위 결정 불가보다는 차라리 불합리하더라도 결정을 내릴 수 있는 것이 더 낫게 느껴질지 모른다. 그러나 이것은 사실이 아니다. 합리적으로 결정이 내려져야 하고 자기 자신이 결정해야 한다는 사실 때문에 오히려 불안이 더욱 커진다. 그로 인해 생각의 회전목마가 돌아가기 시작한다. 먼저 자기 자신이 누구인지 알아야 하기 때문이다.

몇몇 문화권에서는 일종의 균형추로서 미래지향적 과학기술에 대항하는 반대 운동이 일어났다. 프랑스 사회학자 피에르 부르디외가 1950년대 말부터 4년간 현장 연구를 수행했던 북부 알제리 해안 산악 지역인 카빌리가 한 예다. 농업에 따르는 모든 위험과 먼 미래를 계획해야 하는 정착생활에도 불구하고, 이 사회에는 지나치게 미래 계획에 몰두하는 것에 대한 적대감과 심각한 회의론이 만연했다. 이곳 사람들은 계획에 관한 합리적 대화를 몹시 싫어했다. 어떤 사람이 미래에 과도하게 투자하고 마치 미래에 영향을 미치거나 더 나아가 통제할 수 있을 것처럼 굴면, 사람들은 이렇게 말했다. "그는 자신을 신과 동등한 위치에 둔다."[36]

미래의 예측 불가능성을 계산으로 없애려는 사람은 나약하거나 오만한 사람으로 여겨졌다. 수확량 계산은 물론 어떤 계산이든 의심의 눈초리를 받았다. 모임의 참가자 수를 헤아리지 않았고, 파종을 얼마나 했는지 측정하지 않았으며, 병아리도 달걀도 수를 세지 않았다.

그런데도 어떻게 이 사람들은 성공적으로 농사를 지을 수 있었을까? 어떻게 수확량에 영향을 미칠 중요한 결정을 내렸을까? 부르디외에 따르면, 이들에게는 전통에 기반을 둔 어떤 '신념'이 있었다. 일정량의 사료를 저장할 때는 합리적이고 경제적인 결정보다는 전통으로 내려오는 지침들을 따랐다. 주민들은 신념을 갖고, 이전 세대로부터 물려받아 사회 전체가 받아들인 교훈을 존중했다. 계산으로 전통을 저버리는 것은 신념 없는 행동이었다. 수확량 증가를 예상하는 사람은 미래에 대한 겸손이 부족할 뿐 아니라 공동체를 기만하는 것이기도 했다.[37]

미래를 이런 식으로 열어두는 것은 비합리적일 수 있다. 그러나 우리는 이미 괴델에게서 일관된 합리성이 내포된 비합리성을 보았다. 어쩌면 미래는 불확실하다는 것을 받아들이고, 위험 요인을 관리하는 대신 확고한 행동 지침이 있는 '전통'을 따라야 하는지도 모른다. 우리가 하려는 모든 것을 미리 계획하기에는 시간이 충분하지 않기 때문이다.

그러나 한 사회에서 수용할 수 있는 불안의 정도는 다양하다. 미래에 영향을 미치지 않으려는 카빌리 부족의 거부는 사회가 이 견해를 공유할 때 안정을 찾는다. 농경사회 이후 위험 요인 최소화와 기회 극대화를 선호하는 사회에서는 미래 지평선이 점점 더 멀어진다.

서양 역사에서도 카빌리 전통의 흔적을 찾을 수 있다. 예를 들어, 최초의 임금노동자들은 돈을 모으는 것에 아무런 의미를 두지 않았다. 생계를 유지하기에 충분할 만큼만 돈을 버는 것이 수 세기에 걸친 지배적 원칙이었다.

14세기 유럽에 흑사병이 퍼졌을 때, 이런 노동관은 노동력 부족을 심화시켰고, 그 결과 노동자의 자유가 부르주아의 자유와 어느 정도 평등해졌다. 나중에는 이런 예외적 상황으로 노동자가 더 높은 임금을 협상할 수 있게 되었지만, 14세기에는 자유가 더욱 중요했다. 노동자들 사이에 종교가 번성했고, 그후로 성인 축일이 휴일로 지정되는 일도 늘어났다.[38]

그럼에도 유럽의 노동자 계급은 산업화가 시작될 때까지는 여전히 카빌리 농부들과 비슷한 평온함으로 미래를 보았던 것 같다. 독일 사회학자 막스 베버는 전통적인 노동자들이 자본주의의 영원한 노동력 허기를 만났을 때 보이는 저항을 상세히 기술했다. "오늘날 여성 노동자, 무엇보다 미혼 노동자들은 종종 후진적이고 전통적인 노동 형태를 보여준다"라고 그는 썼다. 그러나 '후진적'이라는 말이 반드시 부정적 의미는 아니었다.

"몸에 익은 전통적 작업 방식을 버리고 더 실용적인 다른 작업 방식을 택할 능력과 의지가 절대적으로 부족하다는 것이 미혼 여성, 특히 독일 소녀를 고용한 고용주들의 거의 보편적인 불만이다. 작업을 더 쉽게, 그리고 무엇보다 수익성을 높일 수 있게 구성할 가능성을 논의하는 것은 그들에게 완전히 이해할 수 없는 일이고, 성과급 인상은 타성이라는 벽에 부딪혀 아무 효과를 내지 못한다."[39]

임금을 올려 노동자들이 더 많이 일하게 북돋울 수 없다는 것은 놀라운 일이다. 베버는 전통적인 노동자들이 임금 인상보다 더 많은 자유에 관심을 두는 현상을 목격했다. "돈을 많이 버는 것보다 일을 적게 하는 것이 그들에게는 더 매력적이었다."[40]

구체적으로 말하자면, 노동자들이 가까운 장래에 쓸 충분한 돈을 벌면 공장이 잠시 빌 것이라는 뜻이었다.

자본주의가 확장되면서 앞으로 계속 이런 장면을 목격하게 되리라고 베버는 썼다. "인간의 본성은 돈을 벌고 더 많은 돈을 축적하기를 원하는 것이 아니라, 익숙한 방식으로 살며 필요한 만큼만 돈을 버는 것이다. 현대 자본주의가 노동 강도를 높여 생산성을 높이기 시작하는 곳마다 자본주의 경제 이전 노동 방식의 끈질긴 저항에 맞닥뜨렸다."[41]

오늘날 위협적인 실업 가능성을 신경쓰지 않는 사람은 없을 것이다. 베버가 말한 '본성'이 어떻게 이토록 바뀔 수 있었을까?

이 질문에 대한 대답에서 전통적인 유럽 노동자와 오늘날 나미비아에서 여전히 수렵 채집 생활을 하는 산 부족 사이의 가장 큰 차이가 드러난다. 유럽 노동자의 저항이 아무리 강했다 한들 역

부족이었다.

탈주술화

과거를 돌아보며 하지 않은 일을 후회하고, 미래를 내다보며 무슨 일이 벌어질까 걱정하는 사람은 원인과 결과 두 요소를 중심에 두고 방정식을 점점 확장한다.

원인과 결과는 자연과학, 즉 기술 용어에 속한다. 이 두 요소는 세포분열에서 수백만 년 전 대륙의 분열까지 모든 것을 이해하도록 인류를 도왔다. 또한 위험을 가늠해볼 수도 있게 했다. 걱정 역시 언제나 원인과 결과의 분석을 먹고 자란다.

때때로 삶이 원인과 결과를 무작위로 줄 세워놓은 도미노에 불과하고, 모든 것이 아무도 통제할 수 없는 기계공의 규칙만을 영원히 따르는 것처럼 느껴지기도 한다. 우리 자신이 생물학적 기계에 불과하고, 자연이라고 부르는 더 큰 기계의 부속품에 불과하다면, 삶이라는 게 무슨 의미가 있을까? 모든 것이 무의미하지 않을까?

우리는 낙담하며 어렸을 때 세상이 얼마나 크고 신비로웠는지 떠올린다. 세상이 어쩌다 이토록 영혼 없이 무미건조해졌을까?

100여 년 전 사회학자 막스 베버는 이에 대해 상세히 숙고했고, 그의 생각은 가장 많은 토론을 불러일으킨 사회학적 시대 진단이 되었다. 이는 탈주술화라고 불린다.

원인과 결과로 이루어진 삶

베버는 마지막 순간까지 자신의 사생활을 통제하려 고군분투하며 불안증을 앓았던 사람이다. 이 사실을 염두에 둘 필요가 있다. 물론, 모든 게 나빴던 건 아니다. 젊은 교수 베버와 그의 아내 마리아네는 집을 하나 임대했고, 아래층에는 위층 이웃의 발걸음을 일일이 추적하는 호기심 가득한 가족이 살았다. 저녁에 퇴근해 집에 오면 베버는 회초리로 소파 쿠션을 내리쳤고, 마리아네는 옆에서 비명을 질렀다. 베버가 아내를 때리는 것 같다는 소문이 엄격한 가톨릭 문화의 프라이부르크에 파다하게 퍼지자 부부는 재밌어했다.[1]

부부의 이야기를 담은 전기 중 다수는 이런 종류의 장난들을 생략했다. 막스 베버가 발기부전을 앓았고 결혼 27년 만에 "혼인 관계를 끝낼 수밖에 없었으므로" 베버의 결혼생활은 불행했던 것으로 여겨지기 때문이다.

괴팍한 학자의 정신이상을 살피는 것이 언뜻 불필요해 보일 수 있지만, 나는 베버의 병이 아니라 그가 병에 대처하는 방식에 더 관심이 간다. 우리가 이미 앞에서 본, 편집증을 앓은 쿠르트 괴델과 달리, 베버는 자기 성찰의 대가였다. 그가 겪는 모든 일이 언제나 불안 연구로 이어졌다. 그의 설명은 장황하고 두려움이 잔뜩 깃들어 있었으며, 모든 정신 건강 문제의 원인을 신경에서 찾았던 19세기 후반의 교리가 반영되어 있었다.

오늘날 역사가들은 특정한 걱정과 성격 특성을 간절히 없애고자 했다는 사실을 신경질환을 앓았다는 명백한 증거로 본다. 예를 들어, 마리아네는 자신의 신경증을 언급하며 손님을 집에 초대하기 꺼리는 기색을 내비쳤다. "안타깝게도 우리 주 신경님께서 그것을 좀처럼 허락하질 않네요."[2]

편지에서 베버는 때때로 '신경' 대신 '사탄'이라고 썼다. 어떻게 말하든 뜻은 같지만, 신경이라는 단어가 덜 부정적으로 들린다. 사탄과 달리 신경은 자기 의지가 없고, 오히려 작은 자연재해에 가깝다.

발기부전을 신경질환으로 분류함으로써 베버 부부는 그것을 가정에서 일어나는 사소한 불행으로 일축할 수 있었다. 베버는 밤에 사정하는 것을 '오염'이라고 불렀는데, 부부는 함께 이것을 기록했다. 그들은 이 '오염'이 수면 문제 및 다리 저림과 관련이 있다고 확신했다. 베버의 아내와 어머니 사이에 오고간 긴밀한 서신에서 베버가 겪는 문제의 상세한 묘사를 읽을 수 있다. 마리아네는 수년 동안 시어머니에게 베버의 문제에 관해 이야기했다. 두 사람은 그야말로 어떤 이야기든 가리지 않고 나누었다.[3]

한동안 그들은 정신의학적 경험을 바탕으로, 거세가 구원이 될 수 있을지 토론했다. 베버 자신도 깊이 생각했던 방법이었다(이 순간부터 그는 18세기에 자기 거세를 실행한 러시아의 신흥종교 스콥치를 구원의 한 방법으로 여겼다). 충분히 숙고한 끝에 그들은 이 생각을 버렸는데, "그러면 분명 다른 나쁜 일이 오염을 대체할 것이기 때문"이라고, 마리아네가 시어머니에게 보낸 편지에 썼다.[4]

시간이 지남에 따라 이 문제는 베버의 교수직에도 영향을 미쳤다. 말하기가 점점 어려워졌고, 망상까지 더해졌다. 무엇보다 그는 강의하는 동안 자기 얼굴에 원숭이 가면이 씌워져 있다고 생각했다. 아버지가 사망한 직후 베버는 34세에 신경쇠약으로 쓰러졌다. 그는 5년 동안 일을 할 수 없었고 교수직에서도 물러날 수밖에 없었다. 그로부터 20년이 지난 후에야 비로소 그는 다시 교수직을 맡을 수 있었다.

베버는 신경쇠약으로 쓰러진 후부터 '금욕주의'를 새로운 시각으로 보게 되었고, 이는 사회진단 형식으로 이후 작업에 계속해서 적용되었다. 오랫동안 그는 오롯이 학문에만 전념하기 위해 삶의 즐거움을 포기하는 것이 자신을 구원하리라 믿었다. 그는 마리아네에게 보내는 편지에 다음과 같이 적었다.

"가장 역겨운 고통을 수년간 겪은 후 나는 심한 우울증을 두려워했었소. 우울증이 오지는 않았는데, 내 생각엔 계속 일을 하여 신경계와 뇌를 가만히 놔두지 않았기 때문인 것 같소. 그러므로 일을 하고 싶은 자연스러운 욕구와 별개로, 나는 무엇보다 확연히 드러나게 일을 쉬는 건 원치 않소."[5]

베버의 예상은 옳았던 것으로 판명되었는데, 하필이면 방학 때 신경쇠약으로 쓰러졌기 때문이다. 그럼에도 불구하고, 일하는 것이 사탄을 가둬두고 건강을 유지하는 데 실제로 좋을 수 있다는 그의 생각이 바뀌었다. 쓰러진 이후에 그는 다음과 같이 썼다. "차가운 손이 나를 놓아버렸다. 내가 지난 몇 년 동안 부적처럼 학문에 집착하며 비정상적으로 매달렸기 때문이다. (…) 업무 부담에 짓눌리고 싶은 욕구가 사라졌다."[6]

베버는 쓰러짐으로써 깨어났다. 그는 갑자기 만연한 고통과 특히 학문적 자기 고문이 가져온 고통을 깨달았다. 신경질환은 베버의 동료 학자들(모두 남성) 사이에 일반적이었다. 철학자 하인리히 리케르트는 광장공포증을 앓아서 언제나 동행자가 있어야 했다. 정신의학자 칼 야스퍼스는 얼굴에 틱 장애가 있었다. 얼마 후 이것을 통제하는 법을 배웠지만, 그 결과 언제나 긴장된 표정을 하고 있었다. 예술사학자 칼 노이만은 심한 우울증을 앓았고, 반복된 자살 시도로 매번 정신병원에 갇혔다. 대서양 너머 미국에서 윌리엄 제임스는, 베버와 마찬가지로 불치병인 '신경쇠약(우울증과 불안증을 모두 포함하는, 당시 흔한 진단이었다)' 진단을 받았음에도, 현대 심리학에 혁명을 일으켰다.

베버는 이제 사적으로 열심히 노동을 비판했다. 몇몇 편지에서 그는 친구들에게 지적 과로를 조심하라고 경고했다. 그는 지적 과로는 결국 파국으로 이어질 수밖에 없고, 보통 자살로 끝난다고 썼다.

사회학자 로베르트 미헬스에게 보낸 편지에서, 베버는 정상적으로 잘 살아가려면 어떻게 해야 하는지 자세한 지침을 주었다. "1년 동안 외부 강연을 위한 **모든** 여행과 **모든** 급한 일을 정말로 모두(전부!!) 내려놓으세요. 저녁 아홉시 반에 자고, 여름에는 넉넉한 기한으로 책 **없이** (단 한 권도 없이!) 외딴 독일 숲(슈페사르트 산장: 3~4마르크)으로 휴양을 가세요. 그러면 1년 뒤에 당신의 노동력 자본에서 **무엇이** 아직 남아 있는지 알게 될 것입니다."[7]

시간이 지나며 이런 각성은 절정에 달해 점점 더 엄격해지는 통제 욕구로 나타났다. 특히 그는 낮 동안의 모든 자극이 밤에 불면증을 일으킨다는 생각에 사로잡혀 있었다. 잠깐 상쾌한 공기를 마시는 것부터 친구를 만나는 것까지 모든 것이 자극이 될 수 있었다. 베버의 계산은 상세했다. 숲을 산책하려면 수면 시간의 4분의 3을 포기해야 한다. 누이의 결혼식에서 건배사를 한다면, 사흘 밤을 몽땅 포기해야 한다(그래서 그는 정중히 거절했다). 독일의

긴 겨울을 피해 로마에 가 있는 동안 누군가 그를 방문하면, 그는 기쁜 마음으로 아내에게 알리면서 동시에 다음과 같이 불평했다. "밤에 어김없이 계산서가 나오지만 않아도 좋으련만."[8]

이런 계산과 다량의 수면제 그리고 당시 진정제로 처방되었던 브롬으로 베버는 일상에 대처할 수 있었다. 훨씬 나중에야 비로소 불평했던 것처럼, 기분을 포함한 신체적인 모든 증상이 그에게는 낯설었다. 그가 의지한 단 하나는 "차가운 뇌"뿐이었다. "내가 아팠을 때(아마 그 이전에도), 나에게 장난을 쳤던 악마들에 대항할 적어도 '순수한' 무언가로서, 수년 동안 최후의 구원으로서 내게는 이 얼음 상자가 필요했다."[9]

불행하게도, 그의 뇌가 사탄도 신경도 따라잡을 수 없을 만큼 훨씬 더 오래 그를 속였다는 사실을 이해하기까지는 꽤 오랜 시간이 걸렸다.

이런 깨달음이 그의 사회학 작업에 흔적을 남긴 것 같다. 과학이 옳다고 인정한 모든 것을 광적으로 믿는, 뇌를 가진 로봇 같은 현대인이 베버의 사회 분석에서 이상적인 인간형으로 계속 등장한다.

그러나 베버가 과학의 적은 아니었음을 명심할 필요가 있다. 마지막까지 그는 과학(가치중립적 과학)을 자신의 소명으로 여겼다. 그럼에도 그는 과학을 '무의미하다'고 느꼈다. 세계를 설명할 의무에도 불구하고 과학은 예를 들어 '우리는 무엇을 해야 하는가?

우리는 어떻게 살아야 하는가?'처럼 사람들이 가장 궁금해하는 질문에 아무런 대답도 주지 못했다.[10]

마지막 강의 때 베버가 물었다. "현재 자연과학을 전공하는 몇몇 대학생을 제외하면, 오늘날에도 여전히 천문학이나 생물학, 물리학 또는 화학의 발견이 조금이라도 세상의 의미를 밝힐 수 있다고 믿는 사람이 과연 있을까요? 그런 '의미'가 정말로 존재한다면, 어디서 그 흔적을 찾을 수 있을까요?"[11]

이 강의에서 막스 베버는 현대사회가 인간과 세상 사이의 격차를 벌어지게 한다고 주장했다. 최초의 농부들은 자신이 순환의 일부이며 태어날 때부터 삶의 의미를 부여받았다고 믿었지만, 현대인은 감당할 수 없이 계속해서 증가하는 부, 지식, 위험, 문제에 직면한 세상에 태어났다. 현대인은 "인생에 싫증"[12]을 느낄 수는 있지만, 결코 "인생에 만족"[13]할 수는 없다. 그리고 만족감과 성취감을 느끼는 단계에 절대 도달할 수 없기 때문에, 무의미할 수밖에 없는 죽음에 어쩔 수 없이 이끌린다.[14]

이런 의미 상실은 '우리는 무엇을 해야 하는가? 우리는 어떻게 살아야 하는가?' 같은 실존적 질문에만 영향을 미치는 게 아니다. 더 깊은 차원에서도, 세상이 우리를 멀리하기 때문에 우리 개개인 역시 점점 더 세상을 이해하지 못한다. 베버는 자동차 운전자를 예로 든다. 기계공이 아니라면 자동차가 어떻게 작동하는지 이해하지 못하고 이해할 필요도 없다. 우리가 각자의 전문분야에서 다른 사람을 돕는 것과 마찬가지로, 우리는 도움이 필요하면 핸들을 돌려 자동차 전문가에게 도움을 청하러 간다. 실제로 우리는 작은 일부 중에서도 극히 작은 일부만 알고 있다.

"야생생물은 우리에 비하면 훨씬 더 많은 것을 안다." 베버는 말했다.[15]

탈주술화의 이런 측면은 많은 이에게 외면당했다. 탈주술화는 단 하나의 진실을 발견해 그것을 토대로 모든 신의 존재를 부정하거나 자연에 영혼이 깃들어 있다는 견해를 확실하게 반박할 수 있다는 뜻이 아니다. 탈주술화는 삶의 의미를 조금도 설명해주지 않는다.

아주 근본적인 의미에서 탈주술화는 "원하기만 하면 언제든지 경험할 수 있으므로, 예측할 수 없는 신비한 힘은 원칙적으로 존재하지 않고, (원칙적으로) 모든 것을 계산으로 지배할 수 있다는 지식이나 믿음"이다.[16]

그러므로 탈주술화는 세상이 예측 가능하고, 중력장에서 흰개미의 사회적 행동과 인간의 행동에 이르기까지 모든 것을 지배하는 기계론적 법칙과 인과관계가 세상을 좌우한다는 확신에 뿌리를 둔다.

이런 방식으로 세상을 이해하는 것이 원칙적으로는 당연히 가능하다. 천체물리학이나 신경생물학을 연구하는 사람은 평행우주가 어떻게 작동하는지 또는 인간의 뇌에 어떻게 여러 의식 상태가 생기는지 말할 수 있으려면 먼저 '추가 연구'가 필요하다고 강조할 것이다. 경험적 연구가 부족해도 원인과 결과가 **원칙적으로** 모든 것을 설명할 수 있다고 믿는 데서 탈주술화가 싹튼다. 오늘날에도 여전히 설명할 수 없는 것(의식이든 자유의지든)은, 기계론적 법칙이 없으면 존재할 수 없다.

그렇다, 탈주술화의 세계에서는 내면의 톱니바퀴조차도 우주의 인과관계에 맞춰 회전한다. 그러나 동시에, 인간은 과학기술을 이용해 인과관계에 반하는 이점을 만들어낼 수 있다. 그래서 일이 더 복잡해진다. 때때로 우리는 인간이 자신을 기계처럼 대하려 할 때 탈주술화를 떠올린다. 베버의 생애는 특히 불안을 통제하기 위해 사용한 복잡한 계산을 포함해 이런 종류의 증거를 몇 가지 제공한다. 그러나 베버 부부가 편지에서 거듭 강조했듯이, 과학은 베버 같은 사람을 돕지 못하는 것 같다. 그럼에도 불구하고 부부는 매일 각성제 복용량을 기록하고 필요한 수면제 복용량을 직접 계산해 야간의 사정과 불면증을 이와 연관시켰다.

불행하게도 수많은 베버 비평가는 정확히 기계론적 세계관에서, 즉 원인과 결과가 모든 것을 조종한다는 가정 속에서 탈주술화가 일어난다는 사실을 알아차리지 못했다. 많은 연구가 '재주술화'라는 주제를 중심에 두고, 특히 같은 종교를 믿는 세계 인구 대부분에 초점을 맞춘다. 그러나 탈주술화는 엄밀한 의미에서 종교와 전혀 무관하다.

베버는 오히려 세속화를 탈주술화의 수많은 징후 중 하나로 보았지만, 세속화는 종교에서, 더 정확히 말해 개신교 내 결정론적 흐름에서 시작되었다. 베버의 역사 분석 가운데 가장 많은 비판을 받는 지점이 바로 여기다. 간단히 요약하자면, 베버의 사상사는 그 출발점이 다소 늦다.

살아 있는 존재

현대의 시간 이해와 마찬가지로, 기계론적 세계관은 천문시계와 밀접하게 연결되어 있다. 천체의 움직임을 체계적으로 기록하기 위한 최초의 천문시계는 서구 문명에 도입되기 수백 년 전에 이미 중국과 아랍 국가에서 만들어졌다. 이는 행성들의 움직임을 표현한 은유로 이해되었다. 그러나 유럽인들이 천문시계를 만들기 시작했을 때, 그들은 자기들이 만든 모델에 너무 감탄한 나머지 우주가 그 모델처럼 기계적으로 작동한다고 확신했다.

이런 전환은 17세기에 일어났다. 1605년에 독일 천문학자 요하네스 케플러는 "천체 기계는 일종의 신성한 존재가 아니라 시계 장치와 같다"라고 썼다.[17] 이 새로운 세계관은 입증이 필요해 보인다. 케플러는 왜 유기체와 기계를 구분했을까?[18]

중대한 차이점은 자연을 살아 있는 존재로 인식하느냐 아니면 죽은 것으로 인식하느냐다. 유기체는 살아 있고, 스스로 추구하는 목표가 있다. 17세기 이전에는 우주를 살아 있는 것으로 보는 시각이 자연스러웠다. 아리스토텔레스에 따르면, 별은 삶의 일부이자 주도력을 갖추고 있었다. 16세기에만 해도 자기학의 아버지 윌리엄 길버트가 다음과 같이 썼다. "우리는 우주가 살아 있고, 모든 행성과 별 그리고 자랑스러운 지구까지도 처음부터 고유한 영혼과 자기보존 욕구에 따라 움직였다고 확신한다."[19]

지구가 아니라 태양이 모든 것의 중심이라고 설명하여 천문학에 혁명을 일으킨 코페르니쿠스도 우주가 살아 있다고 이해했다. 그는 자신의 논제를 입증하기 위해 과학과 신비 이론을 모두 사용했다. 예를 들어 태양이 모든 것의 중심이기 때문에 많은 사람이 태양을 신으로 이해한다고 설명했다. 기계론 시대에 데이비드 흄 같은 철학자들은 인과론적 기계 모델에 의문을 제기했다.

"이런 관점에서 제기될 수 있는 다른 반박은 차치하고, 나는 (인간이 발명한 기계 외에) 세계 구조와 훨씬 더 유사하고, 이 시스템의 일반적 기원을 추측하는 데 더 용이한 우주의 다른 부분이 있다고 주장한다. 바로 동물과 식물이다. 세상은 분명 시계나 베틀보다 동물이나 식물에 더 가까울 것이다."[20]

온갖 비판에도 불구하고 기계가 은유에서 모델로 여겨지게 된 것은 과학의 진보보다는 기술의 진보 때문이다. 당대에 정말 인상적인 최초의 기계가 만들어졌기 때문이다. 기계는 과학의 힘을 입증하는 주요한 업적이 되었다. 기계를 이용해 자연에서는 불가능한 높은 정밀도로 추상적이고 수학적인 계산을 수행할 수 있었다. 기계는 과학 법칙이 작동함을 증명했고, 시간과 힘과 운동을 계산해 불과 몇십 년 전까지 기적으로 여겼던 기술을 개발할 수 있음을 보여주었다.

이 걸작들은 산업화로 이미 변화한 사회에서 우주가 기계처럼 작동한다는 믿음에 힘을 실어주었다. 태양계 차원에서는 저항이 거의 없었지만, 우리가 오늘날 '유기체'라고 부르는 동식물 차원에서는 더 복잡했다.

이와 관련해 빼놓을 수 없는 사람이 한 명 있다. "나는 생각한다, 고로 존재한다"라는 명언으로 유명한 철학자 르네 데카르트다. 케플러가 행성의 기계적 운동을 선언한 직후, 데카르트는 지구의 모든 생명체를 위한 기계론적 시스템을 만들었다. 매우 전통적인 과학자였던 그는 경험적 연구를 진행했다. 그는 특히 심장, 소화, 호흡의 자동화된 과정에 관심을 두었다. 이런 과정이 신체의 기계적 성질을 입증하는 게 아닐까?

자세히 알아보기 위해 그는 살아 있는 개의 배를 갈라 내부 장기를 관찰했다. 이런 생체 해부가 야만적으로 보일 수도 있겠으나, 데카르트는 여기에 도덕적 딜레마가 없다고 확신했다. 데카르트의 통찰 중 하나는 이렇다. "원숭이나 다른 비지성적 동물의 장기와 신체구조를 똑같이 닮은 기계를 제작할 경우, 그 기계가 기본적으로 동물과 똑같은 특성을 갖지 않았다고 말할 수 없을 것이다."[21] 데카르트는 비슷한 근거를 대며 동물의 통증 감각이 기계와 유사할 것이라고, 한마디로 통증 감각이 없을 것이라고 주장했다.[22]

기계론적 유물론은 자연과학과 거의 동의어로 통하기 때문에, 이 지점에서 그가 종교적 기원을 가졌다는 사실을 상기할 필요가 있다. 데카르트는 기독교 신앙을 고수했고, 1619년에 기계론적 세계관이 어떻게 그에게 계시되었는지 직접 설명했다. 그는 신체와 살을 기계적이고 죽은 것으로 폄하했다. 그러나 물질과는 별개로, 여전히 인간의 영혼은 존재한다. 그가 명명한 이 '합리적 영혼'은 인간을 위한 것이었다. 영혼과 물질의 이런 이원론으로 데카르트는 동물보다 인간이 우월하다는 기독교 사상을 재확인했다. 합리적 영혼이 기계적 신체를 정확히 어떻게 움직이는지는 설명할 수 없었지만, 뇌의 중심부에 있는 완두콩 크기의 솔방울샘에서 영혼과 신체가 만난다는 것이 그의 가설이었다.[23]

오늘날에도 기계는 여전히 생명체의 모델 역할을 하지만, 수년 동안 수많은 수정과 위기를 거쳤다. 천문시계는 천문학자 프레드 호일이 우주의 끊임없는 팽창 이론을 제안한 이후, 문제가 있는 우주 모델임이 밝혀졌다. 비슷한 이유로 데카르트의 기계적 유기체는 변화한 환경조건에 동식물이 적응하면서 새로운 종이 탄생했다는 찰스 다윈의 진화론에 맞설 수 없었다.

특히 신이 창조한 기계적 서식지라는 개념은 다윈이 자연에서 발견한 창조력과 맞지 않았다. 기계는 언제나 다른 누군가에 의해 만들어지지만, 유기체는 스스로 자라난다. 기계는 스스로 자기 자신을 수리할 수 없다. 기계는 세포에서 발생해 성장하고 성숙하며 새로운 구조를 형성하고 증식하지 않는다. 동물과 식물은 가능하고, 더 나아가 새로운 특성을 발달시켜 때때로 새로운 종으로 분화할 수 있다.

다윈은 또한 의식이 오직 인간에게만 있는 현상이 아니라고 명확히 말했다. 그는 인간과 고등동물의 의식 사이에 큰 차이가 있긴 하지만, 근본적인 차이가 아니라 정도의 차이라고 주장했다.[24]

그 시대의 다른 생물학자들과 마찬가지로 다윈 역시 행동방식조차 대대로 유전될 수 있다고 생각했다. 다윈은 부모의 환경 적응이 어떻게 자손에게 전달되는지 입증하는 여러 예시를 제시하면서 습관, 의도, 목표 등 의식이라고 말할 수 있는 모든 것이 식물과 동물에도 존재한다고 결론지었다.

1940년대 들어 이 부분은 수정되었는데, 유기체는 우연한 돌연변이가 발생하지 않는 한 똑같은 유전자를 부모로부터 그대로 물려받는다는 사실이 밝혀졌기 때문이다. 이 이론(나중에 후생유전학을 통해 더욱 복잡해진다)을 통해 창조하는 유기체는 진화론에서 사라졌다.

"살아 있는 자연에서 기본적으로 모든 갱신, 모든 창조는 **오로지 우연**에 달렸다." 노벨상 수상자 자크 모노는 『우연과 필연』에 이렇게 썼다. 전능한 공학자 신은 운으로 대체되었고, 유기체는 변덕스러운 외부의 힘에 종속된 기계가 되었다.[25]

인류 역사의 흐름에서 이런 기계론적 세계관은 종교 공동체와 무신론 공동체 모두에 의해 재생산되었다. 사상가들은 특히 인간과 동물의 의식 차이에 몰두했다.

칼 마르크스가 한 예다. 그는 창조는 오로지 인간만 할 수 있다고 주장했다. 마르크스는 최초의 가장 원시적이고 본능적인 형태를 제외하면 인간의 노동은 의식에서 시작되는 과정이라고 말했다. 인간에게는 아이디어가 있어 상상한 대로 세상을 만들어나간다는 것이다.

반면 동물의 노동은 타고난 본능에 기반을 둔다. "거미는 방직공과 비슷한 일을 하고, 꿀벌의 밀랍 집은 인간 건축가들을 부끄럽게 한다. 그러나 가장 서툰 건축가와 가장 훌륭한 꿀벌 사이에는 애초에 견줄 수 없는 차이점이 있으니, 건축가는 집을 짓기 전에 미리 자신의 머릿속에 그려본다는 점이다."[26]

이것은 동물과 달리 인간이 스스로 자연을 멀리할 수 있는 이유이기도 하다. 인간의 노동이 자유롭지 않다면, 이는 인간의 특징인 자유에서 멀어지고 있다는 뜻이다. 달리 표현하면, 동물은 원래 자유롭지 않아서 본능을 따를 수밖에 없는 반면, 인간은 자기가 상상한 대로 세상을 만들어나갈 수 있을 만큼 자유롭다.[27]

제2차세계대전 이후 동물 인지 분야에 대한 연구자들의 관심이 점점 더 뜨거워져 오늘날에는 동물이 자유롭지 못하다고 주장한 마르크스가 틀렸다고 지적할 만큼 발전했다.

예를 들어, 깡충거미는 심지어 다른 동물의 사고 과정까지 상상할 수 있는 것처럼 보이므로 ('머릿속'에서 뭔가를 그려보는) 마르크스의 창조성 기준을 충족한다. 깡충거미가 동료를 잡아먹기 위해 자기 거미줄로 유인하는 데서 이 점이 특히 잘 드러난다. 깡충거미는 다른 거미줄을 흔들어 다른 거미가 어떻게 반응하는지 테스트한다. 모든 깡충거미가 아주 능숙한 건 아니다. 연습이 필요한 기술이기 때문이다. 이 기술을 잘 쓰는 거미는 매번 발전한다.[28]

또다른 사례에서도 새로운 통찰을 얻을 수 있다. 오늘날 우리는 벌이나 개미들이 집을 짓기 위해 항상 새로운 시도를 할 뿐 아니라 서로에게 배울 수도 있다는 것을 알고 있다. 다윈은 일찍이 꿀벌이 뒤영벌에게서 많은 것을 배웠으리라 추측했고, 그의 추측은 틀리지 않았다. 꿀을 얻을 더 좋은 방법을 발견한 꿀벌은 이 새로운 지식을 모두에게 알리고 다음 세대까지 전수했다.[29]

호주에서 연구자들이 자연적으로는 발생할 수 없는 방식으로 말벌 집을 훼손하자, 말벌들이 깔때기 모양의 집을 수선하는 모습이 관찰되었다. 예를 들어, 그들은 집 한복판을 부수거나 구멍을 뚫거나 다른 말벌 집 안에 끼워넣었다. 매번 말벌은 원래 하던 일을 멈추고 집을 수선하거나 새로운 부분과 합쳤다.[30]

영장류학자 프란스 드 발의 연구에서는 동물이 문제를 어떻게 해결하는지 또는 타고난 본능으로는 불가능한 기계 작동법을 어떻게 학습하는지에 관한 여러 놀라운 사례를 볼 수 있다. 독일 민속학자 카르스텐 브렌징은 같은 종끼리도 다른 행동방식이 형성될 수 있다고 결론지었다. 예를 들어, 몇몇 지역에서는 까마귀들이 견과류를 도로에 떨어트려놓고 자동차가 지나갈 때까지 기다렸다가 신호등이 빨간색으로 바뀌면 즉시 깨진 견과류를 가져온다. 반면에 범고래는 위험한 상황에서 생존 전략보다도 우선순위에 두는 새로운 행동방식을 발달시켰다.[31]

이 얘기를 하는 이유는 기계론적 세계관을 반박하기 위해서가 아니라 자연을 탈주술화의 눈으로 보는 것이 과학적 증거에서 도출해낸 논리적 결과가 아님을 상기하기 위해서다. 이는 나아가 기계론적 인간관에도 적용된다.

호모 메카니쿠스

인간의 활동이 기계 법칙을 따른다고 믿는 정도는 문화마다 다르다. 서양 국가들은 중국, 일본, 한국보다 더 강하게 인간의 행동을 인과관계의 결과로 본다. 또한, 특정 사건을 설명할 때도 원인을 더 적게 언급한다. 여러 사회심리학 실험에서도 입증되었고, 역사 수업의 구성 방식만 봐도 알 수 있다. 예를 들어 일본에서는 역사적 인물을 시대 맥락에 맞게 배치해, 여러 다양한 상황에서 그들이 어떻게 행동했는지를 학생들에게 가르치는 데 중점을 둔다. 반면 미국에서는 "오스만제국의 몰락에는 세 가지 결정적인 원인이 있다"는 식으로만 원인을 짚고 넘어간다.[32]

원인에 대해 후대에 활발하게 토론할 수는 있지만, 예측하기는 여전히 매우 어렵다. 경제 및 사회적 위기를 불러오는 요인을 많이 알고 있으면서도 실제로 위기가 닥치면 깜짝 놀라는 이유도 바로 여기에 있다. 그러다보니 역사학자와 사회학자들 사이에 기계론적 모델은 이제 별로 중요하게 여겨지지 않는다. 그러나 개인과 개인의 의식을 단편적으로 관찰할수록 학문은 더 기계론적으로 접근한다.

호주 철학자 데이비드 차머스는 물질이 어떻게 의식을 갖게 되는지 설명하는 것이 의식 철학의 '어려운 문제'라고 말했다. 우리가 오늘날 확실하게 말할 수 있는 것은 의식이 어떻게 생기는지 아무도 모른다는 것뿐이다.

이 문제를 연구하기는 쉽지 않은데, 우리의 의식을 통해서만 연구할 수 있기 때문이다. 예를 들어, 나는 내가 로봇보다 나은 존재임을 안다. 나는 뇌에서 일종의 신경학적 도미노로 미리 결정되지 않은 방식으로 행동할 수 있기 때문이다. 이런 경험 지식이 그저 환상일 뿐이고, 내가 로봇보다 나은 존재라고 인식하는 것이 바로 그 신경학적 도미노 때문이라고 주장하는 논문을 읽는다면, 나는 내 경험을 믿든 논문을 믿든 둘 중 하나를 선택할 수 있다. 그러나 경험도 논문도 모두 의식을 매개로 하고, 여러 철학자가 확언하듯이 논문을 믿기로 선택하는 사람은 극단적으로 권위에 기대는 경향이 있다. 내가 로봇보다 나은 존재라는 의식적이면서 매우 직접적인 경험이 어째서 누군가가 자신의 의식을 사용해 개발한 기계론적 논문보다 심한 착각이란 말인가?[33]

인간을 표현하기 위해 지금까지 개발된 기계 모델을 살펴보면, 개발 당시 지배하던 기술과 매우 유사하다. 특히 기계의 자아가 위치한 곳에서 명확히 드러난다. 데카르트의 이원론적 인간관이 만연했던 시대에, 사람들은 신체를 톱니바퀴처럼 맞물려 돌아가는 공장으로 여겼다. **호문쿨루스**라는 작은 인간이 머릿속에 앉아 레버를 당겨 인간 공장을 조종하는 것이다. 1940년대에 이 호문쿨루스는 뇌에 있는 전화교환원처럼 보였지만, 비행기가 발명된 뒤로는 주로 파일럿처럼 여겨졌다. 그러나 미니 파일럿 비유는 적절하지 못한데, 미니 파일럿 역시 신체를 조종하려면 그의 뇌에 앉은 미니 파일럿이 필요할 테고, 그 미니 파일럿은 다시 미니 파일럿이 필요할 테고 그렇게 끝도 없이 이어지기 때문이다. 그럼에도 오늘날까지 여전히 호문쿨루스 비유를 접하게 된다.

과학에서 전기가 다뤄지기 시작한 18세기에, 신경은 인간 기계의 중심 요소가 되었다. 신경은 감지하는 자아의 촉수로, 인간의 감각을 결정했다. 오늘날 '뇌'가 마치 우리 자신과 동떨어진 것인 양 혼동, 무기력, 좌절의 책임을 뇌로 돌리듯이, 당시에 신경은 우리가 베버 부부에게서 보았듯 책임을 외부로 돌리는 역할을 했다. 또한 사람마다 신경이 다 다르다고 여겨졌다. 상류층 사람들의 신경이 특히 가늘고 정교해서 그들이 예술, 학문, 비즈니스에 더 적합하다고 믿었다.[34]

오늘날 컴퓨터는 인간 기계를 고스란히 보여준다. 대부분이 알고 있듯이, 다양한 기억 영역이 있다는 점에서 둘은 닮았다. 또한, 사전 프로그래밍된 소프트웨어는 인간의 유전자 코드와 유사하다. 우리에게는 미니 파일럿과 비슷한 새로운 활동가 집단이 있는데, 리처드 도킨스의 '이기적 유전자' 이론에 따르면 이 활동가들은 나름대로 행동의 자유가 있고, 우리는 이 자유가 우리 자신에게는 약점이 된다고 생각한다. 우리의 유전자는 생존 가능성을 보장하기 위해 신체를 만든다. 도킨스는 이런 신체를 '생존 기계'라고 불렀다. 따라서 원숭이는 유전자의 영속을 위해 나무에 의존하는 기계고, 물고기는 유전자를 물속에서 영속시키는 기계다. 인간조차도 비록 매우 복잡하지만 '둔중한 로봇'에 불과하다고,

도킨스는 썼다.[35]

인간이 기계적이고 외부의 조종을 받는다는 생각은 당시 베버가 깨달았던 것보다 오늘날 훨씬 더 강한 영향력을 미치고 있다. 인공지능 지지자들의 예측은 우리가 지금까지 본 것을 훨씬 뛰어넘는다.

예컨대 뇌과학자 헨리 마크램은 2009년 테드 강연에서 다음과 같이 선언했다. "인간의 뇌를 복제하는 것은 불가능하지 않습니다. 우리는 10년 안에 해낼 것입니다." 마크램은 머잖아 자폐아 아들의 뇌에 들어가 아들이 경험하는 세상을 같이 볼 수 있으리라 기대했다.

마크램은 이 아이디어로 유럽위원회로부터 10억 유로를 지원받아 특이한 연구를 시작했다. '휴먼 브레인 프로젝트'라는 이름으로, 2013년에 착수해 10년 이내에 인간의 뇌를 복제한 컴퓨터 모델을 만들고자 했다. 그러나 불과 2년 만에 이 프로젝트가 말도 안 되는 공상이었음이 명백해졌고, 마크램은 해고되었다. 그럼에도 우리가 언젠가는 기계 뇌를 만들 수 있다거나 인간의 의식을 입력해 가상세계에서 살 수 있게 하는 컴퓨터를 개발할 수 있을 거라는 믿음은 여전히 강력하다.[36]

자기 자신을 생물학적 로봇으로 경험하는 것은 엄청난 탈주술화를 뜻한다. 그리고 이런 탈주술화는 우리의 주변 세계뿐 아니라 우리 자신에게도 영향을 미친다.

우리가 실제로 어느 정도로 생물학적으로 로봇과 유사한지는 이 맥락에서 부차적이다. 언젠가는 확실히 증명될 것이다. 어차피 수세기에 걸쳐 외쳐진 모토가 "더 많은 연구가 필요하다"였으니 말이다. 언젠가는 인간의 의식이 알루미늄, 플라스틱, 구리, 아연, 실리콘 등 컴퓨터에 필요한 모든 것으로 제작될 수 있을지도 모른다. 이런 상상이 얼마나 현실적이냐는 두고 볼 일이다. 비교적 확실하게 말할 수 있는 건, 뇌에서 진행되는 기계적 과정의 부산물이 의식이라는 견해는 우리가 우리 자신과 세상을 인식하는 방식에 어느 정도 영향을 미쳤다는 것이다.

베버가 현대인의 탈주술화에 대해 쓰고 있을 무렵, 지그문트 프로이트 이전에 '무의식'에 관한 이론을 제시했던 정신의학자 피에르 자네는 정신과 보호시설 살페트리에르의 환자들 가운데 자신을 뉴턴의 당구공으로 느끼는 환자가 점점 늘어나는 것을 관찰했다.

피에르 자네에 따르면, 모든 환자가 같은 말을 내뱉었다. "기계" "로봇" "기계적" 같은 단어들 또는 다음과 같은 문장이 계속 등장했다. "나는 그저 기계에 불과해요" 또는 "내 몸이긴 하지만, 내 의지는 아닙니다" 같은 말들이었다.[37]

당구의 기초가 되는 메커니즘이 무엇인지는 중요하지 않다. 오스트리아 정신의학자이자 홀로코스트 생존자인 빅터 프랭클은 모든 학문 분야, 심지어 사회학마저도 탈주술화를 일으킬 수 있다고 설명했다. 기계론적 인간관이 이런 '숙명론'을 부추긴다는 프랭클의 견해는 우리 대부분이 가지지 못한 확고한 신념을 전제로 한다. 베버에게서 보았듯이, 그는 때때로 자신의 정신이 뭔가 낯선 것에 사로잡혀 굳어버리는 기분을 느꼈다. 그러나 그는 이해할 수 없는 현상을 숙명으로 받아들이는 대신, 그것을 길들이기 위해 갖은 수단을 동원했다. 사탄에 맞서 이기기 위해 야간 오염, 지적 교류, 브롬과 수면제 등 모든 것을 조절했다.

말년에 베버는 자신이 가장 단순한 일, 즉 삶을 살아내는 것에 실패했음을 깨달았다. 그는 자신의 계산과 이론이 스스로를 망가뜨리게 내버려두었다. 그가 서양인에게 내린 평가는 그 자신에게도 적용된다. "영혼 없는 직업인, 가슴 없는 쾌락 추구자, 아무것도 아닌 이 존재들은 스스로 만물의 영장이라고 착각한다."[38]

기계 부품으로 전락하다

인생을 바치고 싶은 직업은 무엇인가. 이 대단히 심오한 질문에 나는 일찍부터 확고한 답을 갖고 있었다. 초등학교를 졸업하기 전부터 나는 심리학자가 되고 싶었다. 불안과 우울이 어떤 결과를 낳는지 이미 보았기에, 세계 심리학자 부대에 합류할 생각을 하며 설렜다.

고등학생 시절에 나는 작고 소박한 상담실을 상상했다. 그곳에서 어른이 된 내가 정신질환으로 절망에 빠진 사람들을 건강하게 낫게 해주는 장면을 상상했다. 성적도 좋았고, 학교를 졸업하기 전에 이미 마약중독자, 이혼한 지 얼마 지나지 않은 부부, 트라우마를 가진 전쟁 난민을 치료하기에 충분한 인생 경험을 쌓았으므로 이제 내게 필요한 것은 심리학 학위뿐이라고 생각했다.

그러나 당시 스웨덴에서 심리학을 전공하려면 무조건 충족해야 하는 조건이 하나 더 있었다. 성적만으로는 부족했다. 입학 허가를 받으려면 직업 경험이 최소한 1년은 있어야 했다. 여름방학에 했던 다양한 아르바이트를 직업 경험으로 인정받으려 애썼지만, 어쨌든 공장에 취직해야 할 것 같았다. 안타깝게도 나를 원하는 공장은 없었고, 결국 나의 인맥(엄마와 아빠)을 동원한 끝에 공장이 아니라 호텔에 취직할 수 있었다.

나는 1년 동안 마티니와 아이리시커피를 날랐다. 테이블 사이를 부지런히 돌아다니며 주문을 받고 맥주를 따르고 송아지 내장으로 속을 채운 돼지고기 요리를 서빙했다. 그렇게 1년을 보내고 나자, 내가 정말로 아직도 심리학자가 되고 싶은지 더는 확신할 수 없었다. 이번에는 두려워서가 아니라 너무 피곤해서 걱정할 여력도 없었다.

테이블을 세팅하고, 술을 따르고, 청소하고, 재료를 정리하고, 설거지하고, 테이블을 치우며 다시 1년을 더 보낸 후, 나는 사람들이 겪는 문제의 해결책이 심리상담실에 있을 거라는 확신을 모두 잃었다. 그래서 사회학자가 되었고, 일하는 사람들을 연구하는 데 많은 시간을 쏟았다.

운좋게도 내가 수년 동안 이야기를 나눈 수백 명의 직장인과 실업자는 내가 연구를 시작하며 세운 몇몇 가정을 수정해야 할 만큼 매우 다양했다. 자기 일을 사랑하는 사람, 싫어하는 사람, 열정적으로 일하는 사람, 지겨워 죽을 지경인 사람, 일을 집까지 가져가는 사람, 기진맥진해서 거의 네 발로 기어서 퇴근하는 사람 등을 인터뷰했다. 몇 달 동안 나는 여러 사무실을 돌아다니며 앉아서 다른 사람들이 일하는 모습을 관찰했다. 어떤 사람들은 화장실에 갈 시간조차 없을 정도로 압박을 받으며 일했다. 반면 어떤 사람들은 근무시간을 채울 할일을 뭐라도 찾기 위해 애써야 했다.

노동 현장이 워낙 다양해서, 노동이 우리에게 미치는 영향을 명확히 진술하기란 쉽지 않다. 게다가 언론인, 연구자, 정치인 등 자율성이 매우 높은 직군 종사자들만이 인생에서 일이 갖는 의미를 공공연하게 이야기하는 상황이다보니, 토론은 더욱 복잡해진다. 그 결과 우리는 공동체를 형성하고 삶의 의미를 찾는 데 일이 매우 중요하다는 얘기를 자주 듣게 된다.

직장생활이 정신적·신체적 건강에 도움이 될 거라는 가정 역시 드물지 않게 접한다. 일반적으로 직업이 없는 사람보다 있는 사람이 확실히 더 잘 지낸다. 그러나 그것이 정말로 일이 우리를 건강하게 한다는 뜻일까? 국가기관과 정치가 초래하는 실업이 오히려 우리를 병들게 하는 걸까?[1]

이와 관련된 생각 몇 가지를 살펴보자.

- 역학 연구를 보면, 은퇴 후 건강이 더 좋아지고 실제로 10년 까지도 더 젊어진다.[2]
- 환자와 실업자의 생활조건이 점점 더 가혹해짐에도, 노동시장에서 완전히 배제된 사람들보다 불안정한 직업을 가진 사람들이 정신질환을 앓는 경우가 더 흔하다.[3]
- 국민 대부분을 실업 상태로 몰아넣는 심각한 경제위기가 일반적으로 기대수명을 급격히 높이고 심혈관질환 사망자 수를 줄인다고, 역사가들은 이미 오래전부터 설명했다.[4]
- 근무시간과 건강을 주로 다루는 사회의학 연구들을 보면, 평균보다 더 많이 일하는 사람일수록 우울증, 불안장애, 강박장애 같은 정신 건강 문제와 심장마비에 걸릴 확률이 높다.[5]

그러므로 직장생활이 건강에 도움이 된다는 것은 다소 의심스럽지만, 직장생활에서 정확히 어떤 부분이 건강에 그토록 부정적 영향을 미치는지는 특정하기 어렵다. 보통 '스트레스'와 '피로'를 지적한다. 그러나 이 용어들은 삶의 여러 다양한 문제에 사용된다.

예를 들어 요양원의 모든 거주자를 제대로 돌볼 수 없을 때, 요양보호사는 스트레스 반응을 보일 수 있다. 직장에서 하는 일이 거의 없음에도 가족과 보낼 시간이 없는 경비원도 스트레스를 받을 수 있다. 휴가중에 가족과 보내는 시간이 견딜 수 없이 힘들다는 것을 깨달은 중간 관리직 종사자 역시 스트레스를 받을 수 있다.

모든 형태의 노동은 무엇을 왜 해야 하느냐는 물음에서 우리를 해방한다. 그러므로 노동은 우리에게 탈주술화를 느끼게 할 뿐 아니라, 우리 일과의 대부분을 차지한다. 노동에서는 특히 합리화의 증가가 두드러진다. 그리고 새로운 영향, 분위기, 정확히 명명하기 힘든 감정, 에벨리나가 말한 '공황 상태'가 여기에 더해진다.

에벨리나가 사회보장국으로부터 건강하다는 확인을 받은 직후에 나는 그녀를 만났다. 그녀는 비록 실업자였지만, 그때까지 이렇게 잘 지낸 적이 없었던 것 같다고 말했다. 그녀의 문제는 광고대행사에서 일러스트레이터로 일하면서 시작되었다. 재정적으로 오랫동안 힘들었던 터라, 그녀는 기꺼이 이 일에 착수했다. 학교를 졸업한 이후로 여러 다양한 예술활동을 하며 겨우 먹고살다가, 중산층으로 살 수 있는 넉넉한 임금을 받는 안정적인 직장이 생긴 셈이었다. 일을 하며 재정적 걱정에서 벗어나는 대신 다년간 공황장애와 싸워야 했던 이유를 어쩌면 '스트레스'로도 설명할 수 있겠지만, 일이 스트레스였냐고 묻자 에벨리나는 근무시간이 꽤 여유로웠다고 답했다.

사람들이 문제였다. 에벨리나는 직장 내 괴롭힘을 당하지 않았고 그녀를 함부로 대하는 사람도 없었다. 지금까지도 그녀는 정확히 무엇 때문이었는지 확실히 말하지 못한다.

"이 분야에는 아주 특정한 유형의 사람들이 일해요. 그게 광고 대행사에서 내가 힘들었던 부분이에요. 그곳은 아주 특정한 에너지가 지배했거든요."

공황장애는 다른 수많은 불안장애와 달리 신체적 반응을 일으킨다. 에벨리나가 이전에 겪어본 적이 없는 자극이었다. 신체가 심하게 옥죄이는 기분이 가장 끔찍했다.

"그러니까 배, 가슴, 목 같은 특정 신체 부위에서만 그런 느낌이 들어요. 한동안은 혀가 너무 커져서 공황발작 때 혀를 잘못 삼켜 질식할 것 같은 기분이 들었어요. 불안감이 발에도 나타나요. 운전할 때면 불안해질까봐 벌써 불안해요. 차 안에서 불안이 덮쳐온 적이 있기 때문이죠. 물론 그런 감정은 오직 내 안에만 있어요. 외부에서 오는 게 아닙니다. 그걸 받아들이기가 너무 어려워요."

에벨리나의 첫번째 공황발작은 도심의 다차선 교차로에서 발생했다. 숨을 쉴 수 없었고 몸에서 열이 나 운전에 집중할 수 없었다. 죽음의 공포를 느끼며 계속 운전해 마침내 주유소에 들렀다. 그곳에서 그녀의 불안은 죽을 것 같은 극심한 공황 상태로 발전했다.

이 사건 이후 그녀는 8개월 동안 자동차도 버스도 탈 수 없었다. 병가를 냈고 그 직후 퇴사했다.

에벨리나는 이제 실업과 짧은 프로젝트 작업 사이를 오가는 불안정한 삶을 선호한다. '이것이 내 인생인가?'라는 질문이 더는 어렵게 느껴지지 않는다. 이제 그녀는 다시 돈 걱정을 반복해야 한다. 다양한 정신적·실용적 전략으로 다스리고 있지만, 항상 성공적이진 않다.

언제나 심판받는 기분

에벨리나의 이야기는 대표성을 띠지 못한다. 대부분은 안정적인 직장을 잃으면 불안해한다.

안네의 사례를 보자. 내가 이 책을 위해 만난 다른 사람들과 마찬가지로, 돈이 부족할 수 있다는 걱정이 안네의 재앙 시나리오에도 들어 있었다. 안네의 경우 돈 걱정이 가장 지배적이었다. 실직 상태에서의 돈 걱정은 그다지 놀라운 일이 아니지만, 그녀는 판매원으로 일하는 동안에도 돈 걱정에 시달렸다.

"저는 깜빡거리기 일쑤라 제시간에 출근하지 못했고, 계산대에서 실수를 하면 몹시 부끄러웠어요. 불안감 때문에 건망증이 생졌고, 생각들이 끊임없는 전쟁을 벌여 다른 걸 생각할 여유가 없었어요." 전쟁을 벌이는 생각들이 언젠가 그녀를 마비시킬 수 있음을 알고 있었지만, 불안에 대한 불안이 오랫동안 그녀를 괴롭혔다. 10년간 인지행동 치료도 받았지만 도움이 되지 않았다. 곧 60세가 되는 그녀는 노동시장에서 나이가 아주 많은 축이고, 그녀의 걱정과 불안은 켜켜이 쌓였다. 이제 그녀는 지인들이 뭐라고 생각할지 불안해한다.

"때때로 나는 생각의 뫼비우스 띠에 갇혀요. 지금은 같이 지내면 좋은 친구가 생겼지만, 가끔 그 친구가 했던 말이나 행동을 곰곰이 생각하고 계속해서 분석해요. '본심이 뭐였을까? 왜 그렇게 말했을까? 내가 왜 그런 말을 했을까? 내가 뭔가 잘못했나? 내가 멍청하게 굴었나? 내가 너무 딱딱하게 말했나?'"

오랫동안 우울증에 시달린 끝에 그녀는 결국 병가를 냈다. 이는 도움이 되었지만, 얼마 후 사회보장국에서 연락이 왔다. 병가 기간에 그녀가 창작활동을 너무 많이 했고, 그것이 '예술활동'으로 분류되어 10만 크로네(약 1250만 원)를 다시 반납해야 한다는 것이었다.

"나는 이의를 제기했고 결국 소송에서 이겼어요. 하지만 그러는 동안 자신감이 많이 떨어졌어요. 그런 일을 겪고 나면 어쩔 수 없이 아주 냉소적으로 변하기 마련이니까요."

병가 수준을 결정하기 위해 업무 능력 검사를 받으러 가야 할 때면, 그녀의 생각은 불행한 유령처럼 갈 곳을 잃고 방황했다.

"쓸데없는 얘기를 늘어놓지 말라고, 계속 제 자신에게 경고했죠. 오로지 '감사합니다'와 '좋은 하루 되세요'만 말하라고요. 하지만 다음 순간 생각하죠. '젠장, 사람들의 이목을 끌고 있잖아. 이제 저들은 내가 이상하다고 생각하고, 내가 자기를 속이려 하거나 미쳤다고 생각할 거야.' 저는 언제나 심판받는 기분이 들어요, 항상."

안네와 에벨리나 모두 과거 몇 세기 동안 대다수가 누렸던 것보다 더 높은 생활수준을 누리고 있다. 여전히 실업에 대한 위험이 있지만, 생존을 위협하진 않는다. 이제 다른 것이 더 큰 위험 요인이다. 바로 불안 속에 사는 것.

친구들의 삶을 더는 따라잡을 수가 없다. 이 집에 계속 살 수 있을까? 채무자 명단에 이름이 오를까? 여름에 휴가를 갈 수 있을까?

갑자기 자신의 가치가 위태로워진다. 다른 사람들은 나를 어떻게 인식할까? 그들이 나를 무시하게 될까? 나를 게으르다고 생각할까? 바보라고 여길까? 아니면 환자? 무능력자?

사람들은 분명 옛날에도 늘 비슷한 방식으로 생각하고 서로 비교했을 테다. 그러나 이런 비교를 생계 문제와 연결했을 가능성은 매우 낮다.

어쩌다 우리는 여기에 이르렀을까?

농업 수확물을 저장해두었다가 나중에 소비할 수 있게 되면서 잉여가 생겨났다. 이는 세계사에서 비교적 최근에 생긴 일이다. 오늘날 경제적 불균형은 오로지 잉여를 통해 인식된다. 농업이 발전할수록 사회 모든 분야에서 이런 불균형이 세력을 확장했다.

불균형을 보여주는 최초의 고고학적 증거는 8000년 전 유물이다. 그때도 서열화된 군사구조, 중앙집권 권력의 모임 장소, 부유한 상속자들의 화려하게 장식된 어린이 무덤이 있었다. 북미 원주민 부족 258개 이상을 조사해보니 지위와 권력의 불균형은 오로지 잉여를 생산하는 사회에서만 나타났다.[6]

자본주의시대 이전에도 불균형은 성장기에 때때로 눈에 띄게 심했다. 이탈리아 북부의 피에몬테 지역에서는 1450년에 상위 5퍼센트 부자가 부의 약 30퍼센트를 소유했다. 300년 후, 그 비율은 거의 50퍼센트로 증가했다. 높은 비율이긴 하나, 세계 상위 5퍼센트 부자가 전 세계 부의 약 75퍼센트를 소유하는 오늘날과는 비교도 안 된다.[7]

이런 불균형이 자아상과 정신 건강에 어떤 영향을 미치느냐는 여러 문화적 요인에 따라 다르다. 예를 들어, 계급사회에는 '성공'하거나 '실패'할 수 있는 노동시장이 없다. 또 실업률이 높은 산업 자본주의 위기를 통해 개인의 책임이 새롭게 평가된다.

잉여가 늘어날수록 자연적 결핍은 줄어든다. 그럼에도 가난한 사람이 굶주리는 것을 어떤 식으로든 정당화해야 하므로 곧 새로운 노동윤리가 만들어졌고, 이 윤리에서 중시하는 것은 **직업이 무엇이냐**가 아니라 **일을 하고 있느냐**다. 이제 이 관점을 유지하는 것이 국가기구의 주요 임무다.[8]

안네가 경험한 끊임없이 심판받는 기분은 이런 현실에서 나온다. 그것은 단순한 망상이 아니다. 수백만의 다른 사람들도 같은 상황을 겪는다. 최빈곤층 5분의 1에 속하는 사람이 정신 건강 문제를 겪을 확률이 상위 5분의 1에 속하는 사람보다 3배나 더 높은 것은 우연이 아니다. 자산을 이용해 수동적 소득을 올리는 사람은 수동적 소득이 없는 사람보다 불안장애를 앓게 될 확률이 10배 더 낮다.[9]

그러나 불안장애는 단순히 빈곤과 맞물려 있는 경제적 어려움의 동반 현상이 아니다. 우리가 다른 사람과 비교해 스스로 성공했다고 여기느냐 실패했다고 여기느냐도 결정적 역할을 한다. 통계를 보면, 월급이 거의 오르지 않더라도 승진한 공무원은 우울증 발병 확률이 크게 감소했다.[10]

특정 맥락에서 개인에게 부여되는 가치, 그러니까 지위는 공허한 상징과 매우 비슷할 수 있다. 그럼에도 그것이 우리의 자아상에 영향을 미친다. 깨지기 쉬운 우리의 자아상과 마찬가지로 지위도 운명의 변덕에 지배된다. 얼마나 높이 올랐든, 추락하는 걱정에서 자유로운 사람은 거의 없다. 그러므로 불균형이 만연한 사회에서는 가장 부유한 사람들도 걱정한다. 국제 비교를 보면,

가장 불평등한 국가의 상위 10분의 1이 평등한 국가의 하위 10분의 1보다 더 많이 걱정한다.[11]

열등감, 과대망상, 자기혐오 그리고 지위와 관련된 여타 장애와 마찬가지로, 이런 걱정은 보편적이지 않다. 승자와 패자를 체계적으로 구분하고, 기본적으로 다른 사람의 부러움을 받아야 인생이 살 만하다고 믿기 때문에 이런 걱정이 생기는 것이다.

창의성을 잃은 노동

실업 증가, 기간제 계약, 노동법 규정 밖에 있는 프로젝트성 계약으로 인해 경제 불안정이 증가한다는 사실에 근거해, 많은 이들이 걱정의 증가를 노동 상황의 변화 때문이라고 결론짓는다. 실제로 이를 보여주는 사례가 많다. 그러나 대개는 역설에 맞닥뜨린다. 한편에는 불안의 산실인 금융 세계가 있고, 다른 한편에는 우리를 안심시키는 직장생활이 있다.

재정적으로 보면 대부분이 불안 속에 산다. 우리는 언제든지 직장을 잃고 실업자가 될 수 있다. 출근하면 대체로 하루가 어떻게 흐를지 명확히 예상할 수 있다. 어쩌면 매우 힘들고, 때로는 심지어 너무 힘들겠지만, 그것과 별개로 우리에게 요구되는 것이 무엇인지는 분명하다. 우리는 그것에 의문을 가질 필요도 없고 가져서도 안 된다. 우리가 규칙을 지키는 한, 결과의 책임은 다른 누군가가 진다. 이런 의미에서 노동은 안정을 보장한다.

노동이라는 주제는 불안으로 **점철되어** 있지만, 노동 자체는 불안을 없앤다. 학창시절부터 주입되는 사회적 메시지는 명확하다. **철저히 계획된 지루한 삶을 지속하면, 재정 및 지위 걱정을 잠재울 수 있다.**

그러면서 동시에 여러 방면으로 발달이 이루어진다. 역사적으로 살펴보면 어떤 경우에는 노동이 점점 더 많은 시간을 요구하지만, 20세기에 도입된 법정 근로시간 같은 반대 흐름도 있다. 하루 약 네 시간에서 출발한 노동시간이 점차 늘어나 오늘날에는 그 2배 이상을 일한다. 특히 가사와 소비에 쓰는 시간까지 포함하면 더 늘어난다(선사시대의 노동시간을 다루는 인류학 연구 역시 차이를 두지 않으므로 가사와 소비에 들이는 노동시간도 포함할 필요가 있다). 고대 로마와 그리스조차도 오늘날 우리보다 휴가가 더 길었다. 중세시대에는 하루 여덟 시간을 일했지만, 당시 노동은 계절의 영향을 받아서 일하는 날이 1년에 120~150일로 더 적었다.[12]

점점 더 길어지는 작업 과정은 수년에 걸쳐 수없이 분화되어 전문직을 탄생시켰고, 사회학은 그것에 **분업**이라는 용어를 달아주었다. 그러니까 노동 자체가 요구하는 개인의 능력은 점점 더 줄어든다. 개인의 능력은 이미 확립된 규칙과 패턴에 맞게 조정된다. 이를 위해 우리는 창의성을 버려야 하는 교육과정을 거친다. 동시에 우리는 사용 설명서에 따라 작동할 수는 있지만 거의 이해하지 못하는 기계를 사용한다.

수렵 채집 공동체 또는 카빌리 부족 농부들은 확실히 기초적인 기술만을 가졌거나 전통의 제약을 받았지만, 그 대신 개인으로서 자신의 노동을 매우 자유롭게 조직할 수 있었다. 불안감은 더 컸지만, 동시에 자기 손으로, 자기 힘으로 생존할 수 있다는 자신감도 컸다. 근대 이전의 수공업자 사이에서도 우리는 오늘날 요구되는 수준을 훨씬 능가하는 숙련된 정확성을 발견할 수 있다.

산업국가에서 노동은 새로운 과학기술의 도움으로 점점 더 효율적으로 바뀐다. 그러나 기술을 개발하는 사람들은 기술을 사용하지 않는다. 소수 공학자가 발휘한 창의성으로 인해 노동 대부분이 창의성을 잃는다.

톱, 드릴, 숫돌이 점차 전동화될수록 수공업이 그다지 인상적으로 보이지 않는다. 이런 형태의 기술은 작업자의 자율성을 제한하는 대신 가능성을 확장한다. 그러나 드릴스탠드, 동작이 사전 프로그래밍된 정밀선반, 기계의 회전 속도에 따라 작업 리듬이 결정되는 원심조절기, 작업자의 성능을 계산하는 단위계산기 같은 경우, 작업자는 기계를 사용하지 않고 오히려 **감독한다**.[13]

세기 전환기에 일어난 노동의 급속한 비인간화의 배후에 있는 기계공학자 프레더릭 윈즐로 테일러는 자신과 같은 게으른 공학자가 노동시장을 조직했다고 즐겨 강조했다. 나날이 증가하는 제조업의 생산량에서 드러나듯이, 수공업은 표준화된 작업이 이룩한 대량생산을 따라잡을 수 없었다.

그러나 오늘날의 경영컨설턴트와 달리 테일러는 수공업의 전통적 힘을 없애기 위해 매우 노골적인 정치적 접근 방식을 택했다. 노동자들의 작업이 늘어지지 않게 하려면 어쩔 수 없었다. 테일러의 관점에서 볼 때 작업 지연은 영국과 미국의 노동자를 괴롭힌 최악의 불행이었다.[14]

우리가 이미 본 것처럼, 매너를 모르는 산업화 이전 노동자들은 초기 산업가들에게 골칫거리였다. 예를 들어, 최초의 조직연구자이자 교사인 앤드루 유어는 다음과 같이 썼다. "농업 또는 수공업 출신의 사람들을 사춘기 이후 유용한 공장 노동자로 만들기는 사실상 불가능하다. 의욕이 없거나 고집스러운 그들의 습관을 고치려 한동안 애를 쓰고 나면, 그들이 스스로 갑자기 그만두거나 부주의를 이유로 해고된다."[15]

애덤 스미스는 18세기에 이미 자신이 추구하는 높은 수준의 분업을 위해 바로 이런 완고함이 반드시 아름다운 무언가로 발현되진 못하더라도 빨리 뭔가 새로운 것으로 바뀔 필요가 있다고 생각했다.

"아마도 늘, 또는 거의 항상 똑같은 효과를 내는 단순한 몇 가지 일을 하며 평생을 보내는 사람은 결코 겪어보지 못한 어려움에서 벗어나기 위해 이해력을 높이고 독창성을 발휘할 이유가 없다. 그러니 당연히 노력을 하지 않고, 그에 따른 당연한 결과로 어리석고 무식해진다."[16]

테일러 역시 자신이 상상하는 노동 유형을 급진적으로 다듬어 인간적으로 만들 필요가 있음을 알았던 것 같다. 그러나 애덤 스미스와 달리 그는 고용할 수 있는 우둔하고 가난한 사람들이 이미 존재한다고 확신했다.[17]

그래서 노동의 구조 조정이 인류 역사상 가장 빠르게 진행되었다. 우리는 노동자가 기계 부품으로 전락할 것이라는 젊은 마르크스의 우려를 듣는다. 그러나 세 사상가 중 어느 누구도 공장을 방문해 노동자들 스스로 자신의 노동을 어떻게 경험하는지 물어야 한다고는 생각하지 않았다.

기계처럼 일하기

수백 명에 이르는 노동자의 경험을 인터뷰한 미국 저널리스트 스터즈 터클이 산업화시대의 삶을 가장 인상 깊게 묘사했다. 터클은 공장 일자리가 여전히 미국 경제의 중심이던 1970년대 초에 설문조사를 실시했다. 기계가 된 기분에 대한 응답이 가장 많았다.

한 철강 노동자가 말했다. "일할 때 가장 먼저 팔이 움직이고 머리가 저절로 꺼집니다."[18]

애덤 스미스가 말한 이른바 강요된 혼미한 상태의 증거다.

한 창고 노동자가 말했다. "버튼을 누르고 길을 따라가면 됩니다. 표류하는 난파선이 되는 거죠. 그러고는 저녁에 맥주 몇 잔 마시고 눕습니다. 새벽 한두시에 아내가 갑자기 '그만, 그만해요'라고 말하며 깨웁니다. 내 손이 계속 기계처럼 일하고 있기 때문이죠."[19]

한 접수원은 자기 업무의 목적과 의미를 모르겠다고 답했다.

"사실 나는 아무것도 하지 않아요. 내 일은 무의미해요. 나는 그저 기계에 불과하죠."[20]

터클이 서문에 다음과 같이 언급할 정도로 기계의 비유가 아주 자주 등장했다.

"대부분이 거의 감출 수 없는 불만을 표출했다. 직원들의 한탄이 노동자 블루스 못지않게 씁쓸했다. '나는 기계예요', 용접공이 말한다. '나는 갇혔어요', 은행원과 호텔리어가 말한다. '나는 노새예요', 철강 노동자가 말한다. '내 일은 원숭이도 할 수 있을 겁니다', 접수원이 말한다. '나는 농기계보다 더 하찮아요', 조수로 일하는 이주노동자가 말한다. '나는 물건이에요', 모델이 말한다. 작업복 차림이든 와

이셔츠 차림이든 상관없이 진술이 한결같다. '나는 로봇이에요.'"[21]

우리가 기계이며 인과관계라는 기계적 원리만 따른다는 탈주술화 개념이 노동에서 구체적 형태를 띤다. 우리가 눈앞의 로봇처럼 온종일 일한다면, 로봇과 우리의 차이는 실제로 그렇게 크지 않을 수 있다.

그러나 가장 불행한 결혼생활도 이미 굳어진 상태라 유지될 수 있는 것처럼, 가장 무의미한 업무도 안정을 제공한다. 프랑스 공장 노동자 찰리 보야지앙은 자전적 소설 『기계의 밤La nuit des machines』에서 온갖 잔혹함, 단조로움, 무의미에도 불구하고 그의 직업이 수년 동안 그의 인생에서 일종의 안전한 항구가 되었다고 말한다. 그는 필요한 돈을 버는 데 요구되는 것보다 더 자주 출근했다. 그의 동료들도 마찬가지였다. 일요일 추가 근무조가 재빨리 조직되었다.[22]

일단 틀이 갖춰지면 모든 걱정이 불필요해진다. 규칙은 명확하고 두 가지만 명심하면 된다. 가능한 한 많이 일하기, 그리고 사람들이 구매할 만한 상품 찾아내기.

"한 친구가 한번은 분명 농담으로 (그러나 우리 모두 알고 있듯이 모든 농담에는 진실이 담겨 있다) 내게 말했어요. '일을 안 하면 뭘 해야 할지 모르겠어. 도저히 어찌할 바를 모르겠고, 그래서 출근하는 게 더 좋아.' 공장이 삶이 되는 거지요."[23]

보야지앙은 섹스를 위해 잠을 포기하기 때문에 섹스가 일에 위협이 되지만, 일로부터 살아남으려면 섹스가 필요하다고 말한다. 섹스 이후의 친밀도를 고려하면 성관계를 위해 한 시간, 어쩌면 잠을 잘 수도 있는 한 시간을 써야 할 거라고 그는 추정한다. 다른 사람들, 심지어 가까운 사람들조차 성가시게 느껴지고, 반인종차별위원회 회원임에도 그는 점점 더 인종차별주의자가 되는 기분이 든다.

환경이 적대적으로 보일수록, 직장은 더 편안해진다. 보야지앙은 노동이 '인생에서 나는 뭘 해야 할까?' 같은 질문을 쓸데없는 일로 만들어 삶을 더 쉬워지게 한다는 것을 깨달았다. 가족과 친구들이 희미해질 정도로 멀어져가는 동안, 모든 관심은 직접 조종할 필요가 없는 업무에 쏠린다. 이보다 더 안정된 상태는 찾아보기 힘들다.

"직장에는 실제로 모든 것이 안정되어 있다. 다른 것을 할 필요가 없고, 모든 것이 당신을 위해 이미 정해져 있으며, 주도적일 필요도 없다. 돈을 받으면 그 돈으로 살 수 있는 전자제품을 산다. (…) 이것이 진정한 안정이다. 어떤 책임도 질 필요가 없기 때문이다. 거의 어린 시절과 같다."[24]

사냥꾼이나 채집인의 삶과 비교하면 우리는 먼길을 왔다. 지금을 사는 사람이 반드시 '더 조화로운' 삶을 사는 건 아니다. 하지만 경제 시스템과 달리 개인의 행동에 따라 달라지는 불확실성에 매일 직면한다는 것은 불확실성과 함께 사는 법을 배운다는 뜻이다. 현대의 노동은 대다수에게 정확히 그 반대 효과를 낸다. 우리는 불확실성에 익숙해지지 않는다.

산업화시대에 깊이 진입할 때까지 임금은 성과를 기반으로 정해졌지만, 곧 시간을 기준으로 계산하는 경우가 점점 더 많아졌다. 통일된 시간이 도입된 이후 시간 감각은 더욱 예민해졌다. 벤저민 프랭클린의 "시간은 돈이다"라는 모토는 시간이 성과의 척도로 갖게 될 상징적 힘을 암시할 뿐이다. 공장과 사무실에는 테일러리즘Taylorism이 침투했다. 최소단위의 작업 단계마다 스톱워치로 시간을 측정하고 100분의 1초까지 정확히 기록되며 시간 엄수가 최고의 미덕으로 자리잡았다.

시스템 및 절차 협회의 보고서에는 이를테면 다음과 같은 표가 있다. "무작위로 서류 캐비닛 여닫기=0.04초. 책상 중간 서랍 열기=0.26초. 책상 측면 서랍 열기=0.27초. 의자에서 일어나기 =0.033초. 의자에 앉기=0.009초" 등등.[25]

많은 사람이 이런 근무환경은 과거의 일이고 오늘날의 인류와 거의 또는 전혀 관련이 없다고 이의를 제기할 것이다. 완전히 정당한 비판이다. 오늘날에는 서비스 분야가 전 세계적으로 노동시장의 약 50퍼센트를 차지한다. 다시 말해, 직장인의 약 절반이 이 분야에서 일한다는 뜻이다. 전 세계적으로 교육 수요가 증가하는 것은 업무가 점점 더 '지식 집약적'으로 바뀐다는 뜻일 수 있다.[26]

그러나 이제 서비스 분야조차도 합리화되고 시간에 맞춰진다. 오늘날 연구자들이 스톱워치를 들고 있진 않지만, 이는 단지 그럴 필요가 없어졌기 때문이다. 오늘날 전화상담원은 과거 공장 노동자보다 더 엄격하게 감시받는다. 모든 것은 자동으로 이루어진다. 통화 횟수, 통화 시간, 내용 그리고 직원이 모니터로 정확히 무엇을 하는지가 문서로 작성된다.

당연히 창의성을 더 많이 요구하는 직업도 있지만, 작업 과정을 더 면밀하게 조사한 연구들은 하나같이 창의성에 대한 요구가 증가하지 않음을 보여준다. 일상 업무의 광범위한 지식을 갖춰야 하는 잘 교육받은 엘리트를 제외하면, 업무가 요구하는 수준은 우리의 능력보다 낮다. 그럼에도 교육과정에서 우리에게 더 많은 걸 요구하는 것은 소위 **크리덴셜리즘**Credentialism*에서 기인한다. 이전까지는 대학 졸업장이 필요 없었지만 앞으로는 관련 지식을 공식적으로 증명해야 하는 직업이 점점 많아지고 있다. 디지털화나 자동화가 더 많은 지식을 요구하지는 않는다. 다양한 반자동 공정으로 작업 과정이 아무리 복잡해졌더라도 그저 녹색불이 들어왔는지만 신경쓰면 되는 사람에게는 아무 상관 없다.[27]

사회학자 리처드 세넷은 보스턴의 한 빵집에서 수행된 연구를 사례로 든다. 세넷이 1970년대 초에 처음 빵집을 방문했을 때, 제

---

*   학력이나 자격을 기준으로 누가 어떤 직업에 종사할 수 있는지 결정하는 것. 학력주의 또는 자격증주의라고 불리기도 한다.

빵사는 반드시 수년간 직업교육을 받아야만 했다. 뜨거운 오븐 옆에서 땀을 흘리고 양손을 밀가루와 물에 담그고 있어야 하는 고된 노동이었다. 불만도 있었겠지만, 전반적으로 노동자들은 자기 직업에 자부심을 느꼈다. 모든 사람이 빵을 구울 수는 없었기 때문이다.

세넷이 25년 뒤에 다시 빵집에 갔을 때는 다른 풍경이 펼쳐졌다. 제빵사들은 일단 반죽을 보지 않았다. 그들은 기계 모니터에서 다양한 이미지들을 그냥 클릭했다. 그들은 반죽을 어떻게 주무르고 오븐 온도를 몇 도로 설정하고 빵을 얼마 동안 구워야 하는지 몰랐지만, 기계는 알았다. 제빵사들의 일은 기계를 가동하고 무엇이 나오는지 확인하는 것이었다. 뭔가가 제대로 작동하지 않으면, 역시 제빵에 관해 전혀 모르는 기계 기술자를 불렀다.[28]

점점 더 시스템에 의존하고, 물질에 의존하는 일은 점점 줄어든다. 노동은 개인을 완전히 새로운 방식으로 시험한다. 손재주가 아니라 뇌의 기능성이 더 중요해졌다. 그러니 뇌가 태업을 하지 않는 것이 무엇보다 중요하다. 그런데 뇌가 바로 정확히 그것을 하고 있다.

정신적 안정 유지하기, 흥분하지 않기, 신경쇠약에서 회복하기. 현대로 오면서 이 모든 것이 점차 직장생활의 일부가 되고 있다.

직장이라는 안전지대

시간 압박, 불만족, 죄책감은 직장생활에서 가장 큰 어려움으로 꼽힌다. 업무의 종류는 모두 제각각이다. 한계에 다다를 만큼 일해야 하는 사람은 거의 없다.

박사학위 논문을 위해, 나는 근무시간의 약 절반을 사적 활동에 쓴(나는 이 시간을 '공허노동 시간'이라고 명명했다) 직원 40여 명을 인터뷰했다. 최고 기록은 은행원이 세웠는데, 그는 하루에 십오 분만 일했다. 직장이라는 공간에는 극도로 과중한 업무에 시달리는 사람도 있고 할일 없이 극도로 심심한 사람도 있다. 대부분은 둘 사이 어딘가에 있다.[29]

이 가늠자에서 자신의 위치가 어디든, 우리는 출근하면 우리에게 요구되는 것이 무엇인지 잘 안다. 직장에는 규칙과 지침이 있다. 집에서 가족과 보내는 시간 또는 친구와 보내는 시간에는 규칙과 지침이 없다. 그래서 직업은 '복잡한 일'이 아니라 주로 관계로 묘사된다.

아이들은 이것을 반대로 경험한다. 특정 나이, 대개 십대가 되면 학교에 가기 싫어한다. 발달심리학자와 교육학자들이 그 이유를 오랫동안 탐구해왔다. 이런 '등교 거부'는 다양한 방식으로 표출될 수 있다. 수년 동안 교실에 앉아 교사가 시키는 대로 무엇이든 해야 하는 상상만으로도 벌써 낙담의 한숨이 나온다. 아이들은 자신의 운명이 교사의 손에 달렸다는, 완전히 올바른 결론에 도달한다. 자신이 유년기의 상대적 자유와 근본적으로 다른 시스템에 놓여 있음을 깨닫는 순간 아이들은 압박받는 기분을 느낄 것이다.[30]

심리학자와 사회복지사가 은퇴자를 조사한 결과 보고서는 정확히 반대를 가리킨다. 많은 은퇴자가 공허함을 경험한다. 여기서 얻을 수 있는 교훈은 구조가 없으면 '시간 죽이기' 방법을 알지 못한다는 것이다. 남자들이 오랫동안 노동시장을 지배했기 때문에, 이 현상은 특히 남자들에게서 나타날 수 있다. 대부분은 은퇴 후 건강이 더 좋아지지만, 남자들은 늦게 은퇴할수록 우울증에 걸릴 확률이 낮다.[31]

아이에서 노인이 되는 과정에서, 처음에는 참을 수 없을 것 같던 것이 일종의 안정감을 주게 된다. 습관이 변한다. 나이가 들수록 아이 때의 혼자 노는 능력이 너무 억제되어, 하루를 스스로 구성하는 생각만 해도 벌써 기쁨보다는 무료함이 더 커진다.

이런 심리적 변화는 노동의 역사적 변화를 매우 잘 반영한다. 돈을 충분히 모으면 자유롭게 휴식을 취했던 근대 이전의 노동자는 회사를 구하기 위해 자발적으로 자신의 임금을 삭감하겠다고 제안할 정도로 걱정이 많은 노동자로 대체되었다. 얼마나 성공했든 상관없이, 해고되어 패배자가 될지 모른다는 불안에 시달린다. 노동의 의무가 안정감을 준다. 동시에 노동은 재정적 걱정을

막아줄 뿐 아니라, 더는 자유롭게 선택할 필요가 없는 안전지대를 마련해준다.[32]

한 사회제도가 그토록 핵심적이면, 필연적으로 나머지 사회생활에도 영향을 미치게 된다. 예를 들어, 가정생활이 왜 그토록 힘들까? 연애가 왜 그토록 복잡할까? 외로움이 왜 그토록 당연해졌을까? 함께 살기처럼 아주 단순한 일이 왜 그토록 어려워지는 걸까?

한 가지 대답은 어떤 일이든 할수록 좋아지고, 하지 않을수록 나빠진다는 것이다. 직장에서 일을 더 잘하려고 평생 노력한다면 우리는 더 잘해내게 될 것이다. 그러나 한 인간의 삶은 어떻게 될까?

노동의 멍에에서 벗어나는 짧은 휴가 기간에 우리의 무능력이 고스란히 드러난다. 하루가 철저히 계획되어 있지 않으면, 우리는 벌거벗은 서로를 마주하게 된다. 우리가 정말로 원하는 게 뭘까를 묻기도 하지만, 그 대답을 반드시 찾으려는 건 아니다. 휴가 기간 이후에 이혼율이 급증하는 연구 결과가 반복되는 데는 다 이유가 있다. 휴가 기간 단축을 지지하는 사람이 그렇게 많은 데는 다 이유가 있다. 세계에서 휴가를 가장 싫어하는 국가인 미국에서는 전체 직원의 절반만이 계약서에 명시된 휴가를 다 쓴다. 왜 이렇게 되었을까? 우리에게 허락된 짧은 '숨 돌릴 시간'에 대체 무슨 일이 벌어지는 걸까?[33]

사회학자 앨리 혹실드는 아메르코Amerco라는 가명으로 표기한 미국 회사의 직원들과 3년 동안 함께하며 이 주제를 연구했다. 이 회사는 성공을 거두었고 경기도 좋아 직원들에게 근무시간 단축을 제안할 수 있었다. 파트타임으로 일할 수도 있고, 육아휴직을 써도 되고, 휴가를 갈 수도 있었다. 직원들이 시간이 부족하다고 자주 불평했다는 점을 고려하면, 환영받을 만한 제안처럼 보인다. 평균 근무시간은 주 마흔일곱 시간이고, 대부분 열 시간이나 심지어 열두 시간 교대근무도 여기에 포함되었다.

그러나 이 제안을 활용한 사람은 거의 없었다. 2만 천 명 중 겨우 53명만이(남성은 한 명도 없었다) 자녀와 더 많은 시간을 보내기 위해 근무시간을 단축했다. 대다수는 휴가를 쓰지 않았고, 회사의 적극적인 권장에도 불구하고 단 1퍼센트만이 재택근무로 전환했다.

시간 부족을 불평하면서도 이런 제안을 받아들이지 않기로 의식적으로 결정하는 것은 혹시 있을지 모를 소득 감소나 해고에 대한 불안 때문으로 설명될 수 없다. 혹실드는 인터뷰에서 그 이유가 가족임을 발견했다. 대다수 응답자가 말했듯이, 직장에서 일하는 것이 "집에 있는 것보다 그냥 더 흥미로웠다."[34]

"출근하면 긴장이 풀려요." 한 응답자가 말했다.[35]

남자들이 가정생활보다 일을 선호한다는 것은 이전 연구들에서 이미 밝혀진 바였다. 그러나 혹실드는 아메르코의 여성 직원들도 마찬가지라는 것을 알아냈다.

혹실드는 그 단순한 이유를 찾아냈다. 직장생활에는 규칙이 있고, 권위 있는 직업군에서는 특히 서로 정중하고 협조적이지만, 가정생활에는 스트레스, 카오스, 끓어오르는 갈등, 죄책감이 득실거리기 때문이었다.

혹실드는 합리화된 가족관의 발달에 대해 설명한다. 이런 가족관에서는 자녀와 많은 시간을 보내는 부모가 아니라 자녀를 출세시킨 부모가 좋은 부모다. 아이들은 여러 가지 여가활동으로 바쁘고, 부모와 보내는 친밀한 시간은 저녁에 운좋으면 남는 한 시간으로 충분하기를 기대한다. 계획이 바뀌거나 어긋날 경우 베이비시터를 고용하거나 심리치료사와 상담하지만, 그것만으로는 충분하지 않다. 집에 있기를 피할수록, 곳곳이 지뢰밭으로 변한다. 서먹해진 배우자, 짜증나는 아이들, 더 짜증나는 의붓자식, 복수심에 불타는 전남편(아내) 등과는 편안한 분위기를 절대 조성하지 못한다. 혹실드의 설명을 들어보면 인터뷰에 응한 한 사장이 자기 자녀보다 '사무실 자녀(직원)'가 더 소중하게 느껴진다고 고백한 것이 전혀 놀랍지 않다.[36]

안전지대인 직장에서 내다본 세상은 혼란스럽고 이해하기 어렵다. 에어컨이 켜진 사무실 밖에서는 실패가 위협한다. 위험을 안고 살아가는 것을 인간의 역사적 상태로 받아들이는 것이 방법일 수 있다. 그러나 직장생활이 그러지 못하게 막는다. 그곳에서는 위험이 발생하는 즉시 없애야 한다.

위험해진 세상

의사 2명이 방으로 들어왔다. 올 것이 왔구나, 헬레나는 생각했다. 암일 경우 항상 의사가 2명씩 들어왔다.

"제게 뭔가를 알리려 오셨군요." 헬레나가 굳게 마음을 먹은 듯 말했다.

그러나 그들은 아무것도 알리지 않았다. 검사 결과는 좋았고 젊은 의사는 그저 배우기 위해 따라온 것이었다. 보호자가 같이 왔냐고, 나이든 의사가 물었다. 검사 결과가 나쁠 때를 대비해 도움을 받을 수 있도록 보호자가 동행하는 것이 좋겠다고 이전에 말했었다.

"아니요, 혼자 왔어요. 하지만 괜찮아요. 건강염려증 환자거든요." 헬레나가 대답했다.

"아하, 그러시다면." 의사가 말했다.

의사는 환자의 가슴에 젤을 바르고 초음파 검사를 시작했다. 탐촉자를 움직이며 여성 유방의 구조를 설명했다. 그다음 숨을 깊이 들이마시고 환하게 웃었다.

"그는 내 가슴에 손을 올렸어요. 하지만 레지던트가 곁에 같이 있었으니, 성적인 뉘앙스는 아니었어요. 그는 그렇게 손을 얹고 말했죠. '정말 다행이에요, 암이 아니에요.' 곧바로 울음이 터지고 말았죠. 나는 울고 또 울었어요. 나는 너무나 행복했어요." 헬레나가 말했다.

헬레나는 암이 아니었다. 이번에도 아니었다.

행복한 몇 주가 지나고, 또다른 증상이 나타났다. 이번에는 복통이었다. 혹시 췌장암일까?

헬레나는 남자친구에게 인터넷 검색을 부탁했다. 그는 췌장암이 아니라고 말했다. 췌장암이면 대변이 노란색이어야 한다. 같은 날 헬레나는 다 큰 아들을 화장실로 불렀다. 대변 색깔이 노랗게 보이지 않아? 샛노란데요, 아들이 대답했다.

남자친구가 또다른 증상을 검색했다. 췌장암일 경우 대변에 기름기가 많고 물에 뜬다고 적혀 있었다. 그녀의 아들이 다시 화장실로 불려갔다. 그리고 그는 어머니의 말이 맞다고 답했다. 헬레나의 대변은 기름기가 많고 물위에 떠다녔다.

그렇게 다시 절박한 전화 통화가 시작되었고 다른 지역에 있는 병원에도 가보고 다시 병원 진료에 거금을 들이고 검사를 받고 다시 건강하다는 결과를 받았다.

"새로운 증상을 발견하는 즉시, 앞으로 진행될 과정이 이미 정해져 있어요. 의사가 아무 문제 없다고 확인해줘야 비로소 안심이 돼요. 그 방법뿐이에요. 정말로 엔진처럼 저를 추동하는 이상한 뭔가가 있는 기분이에요. 마치 급성 우울증에 걸린 것처럼요."

췌장암 이후에는 장기간의 발열과 림프절암이 뒤를 이었다.

그다음은 턱 통증과 후두암.

그다음은 위통과 대장암.

그해 가을에 헬레나는 병원비로 총 2만 크로네(약 250만 원)를 썼다. 긴 대기자 명단을 불평했고, 복강경 검사를 받았고, 마취 없이 위내시경을 했고, 피부암을 걱정하며 점의 조직 검사를 의뢰했고, 어느 기관에서 검사했는지 알아냈고, 규정에 어긋남에도 불구하고 검사기관을 압박해 검사 결과를 직접 전화로 들었다.

그다음엔 멍이 생겼고 유방암이…… 헬레나는 멈추지 않았다.

"모든 것이 그렇게 시작되었어요! 세상에나, 너무 많은 일이 벌어졌어요."

여덟 살 때, 그녀는 아직 질병에 대해 많이 알지 못했고 죽음을 두려워하지도 않았다. 그러다 글을 읽을 수 있게 되었다.

"어떤 글 제목에서 암이라는 단어를 읽었던 게 지금도 생생하게 기억나요. 하지만 그때부터 시작되었다고 말할 수는 없는데, 대략 같은 시기에 나는 밤에 잠들지 못했고 영원이라는 상태가 있다는 걸 깨달았어요. 그때 공황이 왔어요. 며칠이 지나도 계속 불안했죠. 그리고 영원과 암이 어쩐지 관련이 있을 것 같은 느낌이

들었어요."

그녀는 침대에 누워 손가락으로 얼굴을 눌렀다. 그런 다음 욕실로 가서 거울에 비친 얼굴을 살폈다. '멍이 들었나? 백혈병에 걸린 사람은 쉽게 멍이 든다고 했어. 더 세게 눌렀어야 할까?'

오늘날 헬레나는 적극적으로 자제해야 한다. 암에 관한 얘기를 듣거나 읽는 순간, 그녀는 단 한 단어도 잊지 못한다.

"뇌가 스펀지로 변해요. 온갖 정보를 흡수하죠. 마치 뇌가 아주 활짝 열려 있는 것 같아요."

1년 전에 그녀는 스스로 한계를 정해놓았다. 그녀는 건강염려증이 너무 심해서 직접 검색할 수도 없다고 말한다. 만약 그랬다면 병원에 누워 있을 거란다.

"이제 뭔가 증상이 생기면, 남자친구나 아들에게 나 대신 검색해달라고 부탁해요. 나는 할 수가 없거든요."

그녀가 그토록 걱정하는 것이 왜 하필이면 암인지는 그녀 자신도 나만큼이나 모른다. 다른 질병의 증상들은 대수롭지 않게 그냥 넘길 수 있다. 인터뷰에서 헬레나는 그녀의 심장박동이 불규칙하다는 것을 발견하고 후속 검사를 받게 했던 의사 얘기를 했다. 달팽이관이 손상되어 몇 주 동안 매일 기절했던 얘기도 했다. 그다음엔 휴대전화를 꺼내 짙은 붉은색 습진이 가득한 상반신을 찍은 최근 사진을 보여주었다.

이 모든 것에 그녀는 두려움을 느끼지 않았다.

"왜 하필이면 암에 걸릴까봐 그토록 불안해하죠?" 내가 물었다.

"암은 그냥 어쩐지 역겨워요. 내 생각에, 암은 아마도…… 그러니까 어쩐지 더러운 병 같아요."

우리가 만나기 전에 이미 헬레나는 자신이 건강염려증 환자라고 얘기했었다. 어떤 새로운 증상이 생기든 암을 의심했다. 건강염려증이 정말로 존재하는 것처럼 암도 정말로 존재한다는 걸 그녀는 안다. 그녀의 어머니는 불안장애 때문에 치료를 받았는데, 정말로 폐암에 걸렸었다. 암은 존재한다. 점을 보고 악성 흑색종을 의심한다면, 건강염려증 때문일 수 있다. 그러나 같은 확률로 진짜 암일 수도 있다. 어떻게 확인할 수 있을까?

그녀가 스스로 알 방법은 없다.

편집증이 있지만, 실제로 감시당할 수도 있다. 최악의 재앙을 예상한다고 해서 그런 재앙에 면역되는 건 아니다. 건강염려증 환자라도 진짜 아플 수 있다.

그럴듯한 위험

위험 사회학은 두 가지 질문에 초점을 맞춘다. 위험은 어떻게 발생하는가? 그리고 위험은 어떻게 인지되는가? 문명은 두 가지 모두에 영향을 미쳤다.

예를 들어, 선사시대 유목민은 오늘날 우리만큼 감염병 문제를 크게 겪지 않았다. 소규모로 무리 지어 이동했고, 예외적인 경우에만 더 큰 공동체로 모였기 때문이다. 말하자면 일종의 집단별 격리가 이루어졌다. 또한 그들이 밀접하게 접촉하며 같이 산 동물은 오로지 개뿐이었다. 페스트, 결핵, 사스에 이르는 전염병 대부분은 인수공통전염병, 즉 인간과 동물의 밀접 접촉으로 발생하는 질병에서 유래한다. 이 지점에서도 농업은 건강 면에서 기대 수명을 단축하는 위험을 초래한다.[1]

유럽이 나머지 세계를 식민지화했을 때 그 결과는 극심했다. 그토록 많은 원주민이 사망한 원인은 무엇보다 유럽에서 유입된 질병이었다. 아메리카대륙에서만 원주민 수가 불과 몇 세기 만에 90퍼센트 이상 감소했다.[2]

문명은 새로운 위험을 불러오고 과거의 위험을 없앤다. 그러나 가장 큰 변화는 위험으로 간주하는 대상과 그것에 대처하는 방법에서 일어난다. 현미경, 엑스레이, 복강경 등은 전에는 보지 못했던 것을 볼 수 있게 한다. 과학 발명품들이 우리가 무엇에 주의해야 하는지 보여준다.

헬레나는 주의깊은 사람이다. 그녀는 인과관계라는 탈주술화 원리로 세상을 본다. 그녀의 눈은 흐리지 않고, 신의 섭리에 의지하지 않는다. 무자비한 법칙이 언제든지 죽은 물질을 새롭고 끔찍한 조합으로 압축할 수 있다. 결과를 책임지는 신은 없다. 얽힌

인과관계를 풀고, 진단하고, 조작하고, 숙달하고, 재정비하는 것은 그녀의 몫이다.

위험 평가가 매우 합리적이라는 사실이 헬레나를 특히 힘들게 한다. 그녀는 과학을 잘 안다. 나타나는 모든 증상에 그녀는 위험 분석을 위한 주요 질문 두 가지를 던진다. 첫째, 확률이 얼마나 높은가? 둘째, 얼마나 해로운가?

살면서 언젠가 암에 걸릴 확률은 상당히 높다. 스웨덴의 경우 인구의 약 3분의 1이 평생 한 번은 암에 걸린다. 여기에 더해 암은 매우 해롭다. 고임금 국가에서 암은 주요 사망 원인에 속한다.[3]

통계가 헬레나의 걱정을 재확인해준다. 다만 문제는 헬레나가 암 이외의 다른 위험을 평가할 때는 이처럼 합리적이지 않다는 것이다. 왜 그럴까? 의사가 심전도 측정에서 심상치 않은 문제를 발견했을 때, 그녀는 왜 걱정하지 않았을까? 심혈관질환은 스웨덴에서 오랫동안 가장 치명적인 질병에 속했다.[4]

헬레나는 이런 불일치를 잘 알고 있다. 그녀는 똑같이 걱정할 만한 문제가 수없이 많음을 잘 알지만, 다른 것들은 거의 생각조차 하지 않는다.

헬레나는 신문을 펼칠 때마다 잘못될 수 있거나 이미 잘못된 온갖 일들을 곳곳에서 발견한다. 테러, 학대, 전염병, 주택 부족, 비만, 난민 위기, 실업, 인종차별, 환경파괴, 살해, 주식시장 붕괴,

인플레이션, 폭력, 극단주의, 전쟁 등이다.

이 모든 것은 실재하는 위험이다. 언론매체가 지어낸 것이 아니다. 그럼에도 헬레나는 이런 위험에는 불안해하지 않는다. 여기에서 불일치가 나타난다. 그녀는 매일 접하는 가능한 모든 재앙 중에서 오직 한 가지에만 초점을 맞춘다. 그러니까 헬레나는 이 부분에서 정상 범위를 살짝 벗어나 있다. 그러나 대다수 사람은 질병의 실제 위험성을 오해한다. 한 위험 평가 연구가 다음의 사실을 잘 보여준다.

- 응답자의 80퍼센트가 뇌졸중보다 사고를 더 흔한 사망 원인으로 꼽았다. 그러나 실상은 뇌졸중으로 사망한 사람이 사고로 사망한 사람을 모두 합한 것보다 거의 2배 더 많다.
- 응답자들은 질병으로 사망하는 사람과 사고로 사망하는 사람의 수가 평균적으로 같다고 확신했다. 그러나 질병으로 사망하는 사람이 18배 더 많다.
- 응답자들은 천식보다 토네이도로 사망하는 사람이 더 많다고 믿었다. 그러나 천식으로 사망하는 사람이 20배 더 많다.[5]

위험성을 잘 알고 있다는 사실이 곧 그 위험이 다른 위험과 비교해 얼마나 큰지 잘 가늠할 수 있다는 뜻은 아니다. 부분적으로 (물론 그것만은 아니지만) 이는 언론과 정치가 어떤 위험에 주목하느냐에 달렸다.

예를 들어, 테러가 일어날 가능성은 있지만 고임금 국가에서 테러 위험은 매우 낮다. 연평균 100만 명 중 한 명이 테러로 사망한다. 테러 예방에 돈을 가장 많이 쓰는 미국에서는 심지어 테러 위험이 더 낮다. 1970년부터 2013년까지 400만 명 중 평균 한 명이 테러로 사망했다(여기에는 2001년 9월 11일 테러 희생자도 포함되었다). 비율로 보면, 테러보다 욕조에서 익사할 위험이 2배나 더 높다. 또다른 통계를 보면 사슴과 충돌해 사망할 위험도 이보다 2배 더 높다.[6]

그렇다면 이런 위험에 관해 아는 사람이 왜 그렇게 적을까? 테러와 비교했을 때 욕조 사고 피해자가 훨씬 많다는 사실이 언론을 도배해야 하지 않을까?

물론 여기에는 두드러진 차이가 있다.

테러는 보도하기에 좋은 이야기다. 악한 가해자와 무고한 희생자가 있다. 비밀리에 진행되고 종종 정치적 요인이 개입된다. 하지만 욕조에서 익사하는 일은 갑작스럽고 실제 가해자가 없는 다소 황당한 죽음이다. 오랜 치료 기간과 사망 가능성이 있는 암조차도 이보다는 흥미진진한 이야기를 제공한다. 더 많은 교육 활동과 더 강력한 안전 개념으로 자택 욕조에서 익사하는 사람을 구할 수 있고 동일한 자원을 대테러 활동에 투입할 때보다 더 많은 사람을 살릴 수 있더라도, 욕조 익사는 여전히 테러보다 더 자연스러운 죽음으로 인식될 것이다.

한편, 테러라는 단어에서는 즉시 이미지들이 떠오른다. 재앙, 피, 폭파된 건물, 사방으로 흩어지는 신체 부위, 죽은 아이들. 테러의 결과를 온전히 상상하기는 어렵지만, 대다수는 영화와 TV를 통해 상상의 발판을 넉넉히 얻는다. 죽어가는 암환자의 모습도 선명하게 상상할 수 있다.

반면 자택 욕조에서 익사하는 것은 비교적 추상적이다. 물론 이런 사고 장면도 떠올려볼 수는 있다. 다만, 왜 수고스럽게 그런 이야기를 기록해야 한단 말인가? 누가 그런 이야기에 관심을 가진다고?

테러는 사회 권력과 연결되어 있다. 재정 자원도 창출한다. 테러는 일자리를 만들고 더 나아가 성장을 보장한다. 테러 예방법을 연구하는 수많은 분야가 있고, 적을 무찌를 준비가 된 군사산업, 적을 찾을 준비가 된 감시산업, 스스로를 방어할 수 있는 무기산업도 있다. 또한 정치인들은 테러와의 전쟁을 선거의 핵심 쟁점으로 삼는다.

욕조 익사자는 재정적으로도 사회적으로도 추진력을 제공하지 않는다.

어떤 대중적 위험을 상세히 살펴보더라도, 하나같이 이야기, 이미지, 권력과 촘촘하게 얽혀 있다. 그러나 그렇다고 해서 위험에 대한 의식이 한 사회의 권력구조를 완벽하게 반영한다고 말하고 싶지는 않다. 우리가 의식하는 위험은 오히려 가능성과 현실성이 경합한 결과다.

위험에 대한 이미지는 점점 더 격해지기에 과장되기 일쑤다. 대수롭지 않게 여겨지던 일이 갑자기 목숨이 달린 문제가 된다.

교육학자들은 아이들에게 읽기를 가르치는 더 좋은 방법을 놓고 50년 넘게 치열하게 부딪쳤다. 한쪽 진영은 알파벳 전략을 옹호한다. 그러니까 아이들이 철자 하나하나를 모아 단어를 구성하게 해야 한다고 주장한다. 다른 쪽 진영은 아이들이 곧바로 단어 전체를 배워야 한다는 정서법 전략을 옹호한다. 두 진영은 서로를 비판한다. 서로의 접근 방식이 읽기 능력뿐 아니라 심지어 건강에도 영향을 미친다고 믿기 때문이다.

예를 들어 한 미국 신경학자는 알파벳 전략이 아이들의 "정서를 해치고, 가능한 모든 정서적·심리적 부담"을 안겨준다고 썼다. 같은 진영에 있는 한 교육학자는 이 전략을 "거의 폭행에 가깝다"고 설명했다. 반면 알파벳 전략을 옹호하는 반대 진영의 연구자들은 정서법 전략을 "순진무구한 아이들을 파괴하는" 교육학으로 본다. 단어 전체를 너무 빨리 배우면 "아이들은 희망을 잃게 되고 난독증에 걸려 잠재적으로 정신 건강을 해칠" 위험이 있다는 것이다.[7]

이런 식의 싸움과 토론은 때때로 한 진영의 '승리'로 끝나면서 원래 알려져 있던 위험이 잊히는 결과를 낳는다. 최근 몇 년 동안 이런 식의 변화가 가속화되었다. 다양한 분야에서 위험이 점점 더 크게 부각된다. 예를 들면 음식이 그렇다. 요리책에서 쉰 가지 재료를 무작위로 선택해 조사했더니, 그중 마흔 가지 재료가 과학 논문에서 발암성 물질로 기술된 것이었다는 연구도 있다.[8]

이런 철저한 위험성 계산은 저절로 시작된 게 아니다. 우리 삶 대부분이 오로지 인과관계에 지배된다고 믿었던 400년 전 탈주술화 세계관의 결과다.

위험 회피 혹은 위험 감수

인과관계가 원치 않는 결과를 보여주는 순간, 위험이 생겨난다. 위험에는 불확실성이 깃들어 있다. 우리는 삶에 내재된 위험을 기계처럼 정확하게 예상할 수 없다. 일반적으로는 위험을 원치 않는 일이 발생할 확률로 정의한다. 알려지지 않은 수많은 원인뿐 아니라 결과에도 기반을 두므로, 역학조사보다는 통계에 의존할 수밖에 없다.

통계적으로 보면, 기적의 가능성과 지금까지 알려지지 않은 자연법칙에도 불구하고, 위험은 거의 항상 존재한다. 그러나 위험할 수도 있다는 말을 들으면, 우리는 무엇을 하는가?

우리가 할 수 있는 일은 두 가지뿐이다. 위험을 안고 살아가거나 그것을 없애려 애쓰기.

'위험risk'이라는 단어는 이탈리아어 동사 risicare에서 유래했다. '과감하게 뭔가를 시도하다'라는 뜻이다. 과감하게 뭔가를 시도한다는 것은 위험을 감수한다는 뜻이고, 위험을 감수하는 것은 오랫동안 영웅적 행위였다. 예컨대 시라쿠사의 디오니소스왕은 자신의 목숨이 위태롭다고 느꼈다. 신하 다모클레스가 왕의 삶은 어떤 것이냐고 묻자, 디오니소스는 왕좌 위 말총 한 올에 매달려 있는 칼을 보여주었다. 고대부터, 더 정확하게는 로마의 정치가이자 철학자인 키케로가 이 전설을 기록한 이후로, 이런 '다모클레스의 검' 아래에서도 일상을 견뎌내는 힘이 칭송받았다.

영웅적 이상은 어느 정도 살아남았지만, 다른 이상과 경쟁을 벌여야 했다.

예를 들어, 마그누스는 용기보다 책임을 더 높이 산다. 겉모습에서 곧바로 드러나진 않지만, 그는 매우 쾌활한 사람이다. 근심도 불만도 없다. 그럼에도 마그누스는 늘 죄책감을 느꼈고, 혹여 자신 때문에 누군가 생명을 잃지는 않을까 불안해했다.

"내가 마지막으로 집을 나서면, 누군가 집으로 돌아오기 전까지 그사이에 발생하는 모든 일의 책임은 내게 있다는 것을 명심합니다. 그래서 안심될 때까지 일단 모든 방을 다 둘러봅니다. 요즘에는 TV와 충전기 그리고 전등이 모두 꺼져 있는지만 확인해요. 하지만 예전에는 플러그를 죄다 뽑아야 했고 심지어 전구 같은 것도 다 빼놓아야 했어요."

전자제품이 저절로 발화되는 잠재 위험이 마그누스를 불안하게 했다. 휴대전화 충전기가 과열되고, TV가 갑자기 화염에 휩싸이는 등 많은 사람에게 닥친 불행을 그는 뉴스에서 자주 본다. TV에 불이 붙어 이웃의 생명을 위협하는 상상을 하면 도저히 견딜 수가 없다. 그는 이 위험을 어떻게 최소화할 수 있을까? 만약에 그가 정말로 깜빡하고 전선을 뽑지 않으면 어떻게 될까?

그는 막 집을 나선 뒤에도 다시 돌아가 확인하는 경우가 잦다. 어떨 땐 심지어 여러 번 집으로 돌아가기도 한다. 모든 것을 원하는 대로 정리하기까지 길면 한 시간도 걸릴 수 있다. 그러나 그뒤에도 그는 계속 불안하다.

"한동안은 집을 둘러보며 확실히 해두기 위해 사진을 찍었어요. 중독 같아요. 나의 헤로인인 셈이죠. 사진을 찍을 때 나는 생각했어요. 휴대전화만 보면 된다고, 그러면 마침내 기분이 좋아질 거라고요."

마그누스는 어떤 식으로든 자신의 불안에 맞서야 한다는 것을 알고 있다. 하지만 전선으로 인한 화재 가능성을 그냥 무시하는 것은 곧 다른 사람들을 화재 위험에 노출시키는 것이다. 그는 책임감을 중요하게 여기고, 책임을 진다는 것은 자신과 다른 사람을 위험에 노출시키지 않는 것이다. 그러나 그가 위험을 없애려 할수록, 무의미한 점검 루틴에 삶을 낭비할 위험은 더 커진다. 이 부분에서 마그누스와 헬레나가 겪는 문제는 비슷하다. '나는 어떤 위험에 대비할 것인가?'

단 한 가지 위험이 걱정과 불안의 원인인 경우는 거의 없다. 우리는 종종 여러 위험 요소를 서로 저울질한다. 때로는 위험 요소가 너무 많고 모순되어 혼란스럽기도 하다.

영국에서 일어난 한 사건이 이런 혼란의 비극적 사례를 보여준다. 두 살짜리 아이가 허락도 없이 유치원에서 나갔고, 아이를 본 벽돌공은 혼란에 빠졌다. 그는 길가에 서 있는 아이를 보았지만, 멈춰서 아이를 돕는 대신 그냥 가던 길을 갔다. "아이는 똑바로 걷지 못했어요. 비틀거렸어요." 벽돌공이 나중에 회상했다. "나는 다시 돌아가야 할지 내내 고민했어요."

얼마 후 아이는 풀장에서 익사체로 발견되었다.

이어진 경찰 조사에서 벽돌공은 왜 멈춰서 아이를 돕지 않았는지 설명했다. "누군가 나를 보고 아이를 유괴하려 한다고 생각할까봐 불안했어요."[9]

충분히 이해할 만하다. 오늘날 남자 대다수는 잘 모르는 아이에게 태워다주겠다고 제안하기 전에 분명 주저할 것이다. 이 사례는 **위험 회피**가 어떻게 위험부담을 증가시키는지 잘 보여준다.

사회 전체가 위험을 회피하여 새로운 위험을 점점 더 많이 만들어낸다면, 우리는 언젠가 그 안에서 질식하고 말 것이다. 이와 관련해 독일 사회학자 울리히 벡은 **위험** 사회에 대해 말하고, 영국 사회학자 프랭크 푸레디는 **공포** 문화에 대해 말한다. 둘은 대략 같은 의미다.

푸레디에 따르면, 위험을 인식하게 되면서 불안은 몇몇 발화점에서 인류 전체로 확산했다. 세속적 걱정이 종교적 걱정보다 더 빨리, 더 넓게 퍼진다. 신에 대한 두려움이 재앙에 대한 불안으로 바뀌었다. 도덕적 양심의 가책은 위험 분석으로 대체되었다. 예전에는 자신의 목숨을 걱정하는 것, 즉 '신을 두려워하는 것'이 완전히 유의미했던 반면 공포 문화는 위험 요소만 잘 제거하면 불안도 없앨 수 있다는 상상에서 역설적 힘을 끌어낸다.

우리가 이미 살펴보았듯이, 위험을 제거하기 위해 우리가 할 수 있는 일은 무궁무진하다. 마그누스의 경우처럼 다른 사람에게 해를 끼칠까 불안해하는 '이타적' 걱정이라면 특히 더 그렇다. 예를 들어 한 초기 연구가 입증했듯이, 대가족에서 가장 흔한 걱정이 아이들에게 무슨 일이 생길지 모른다는 것이다.

낯선 사람과 말을 하지 못하도록 아이에게 의심하는 법을 가르치는 것을 조심성에서 나온 행위라고 말할 수도 있겠지만, 다른 사람에 대한 비판적 시각에서 나온 행위라고 볼 수도 있다. 아이들의 이동성, 더 정확히 말해 아이들이 어른의 감독 없이 집에서 얼마나 멀리까지 나갈 수 있느냐에 따라 부모의 걱정 강도를 확인할 수 있다. 불과 몇 세대 만에 이 거리는 몇 킬로미터에서 집 울타리 안으로 줄어들었다. 위험이 도사리고 있고, 위험은 가능한 한 피하는 게 낫다고 믿는 세상에서 성장하면 용감해지기가 힘들다.[10]

푸레디는 또한 불안의 원천을 안다고 해서 크게 도움이 되지 않는다는 것도 확인했다. 그의 책이 출판된 이후, '공포 문화' 자체가 사회적 위험으로 여겨졌다. 대부분의 토론에서는 위험과 재앙을 보도하는 대중매체를 비판한다. 전적으로 정당한 비판이다. 예를 들어, 55~74세 연령대는 강도를 가장 두려워하는 집단이면서 동시에 강도 피해를 가장 적게 받는 집단이다. 이는 대중매체의 보도 때문이라고밖에는 달리 설명할 방법이 없다.[11]

미디어 및 커뮤니케이션 연구는 특히 대중매체가 보도와 이미지들을 통해 발생 확률이 낮고 덜 합리적인 위험을 강조하는 데 일조했음을 밝혔다. 대중매체의 가장 급진적 효과는 우리의 위험 인식을 바꿔놓은 것이다. 우리는 대개 재앙이 일어날 확률을 막연하게 상상하지만, 대중매체가 전달하는 끔찍한 이미지 때문에 잠재된 재앙이 우리를 완전히 삼켜버릴 수 있다.[12]

이런 위험 분석을 조정하기 위해 노르웨이 철학자 라르스 스벤센은 아이가 낯선 사람에게 살해될 확률은 매우 낮으므로 이런 걱정을 무시해야 한다고 주장했다. "때때로 아이가 낯선 사람에게 살해된다. 이는 끔찍한 비극이지만 매우 드문 일이므로 그것 때문에 아이들과 낯선 사람의 관계가 나빠져선 안 된다."[13]

그럼에도 아이를 키우면서 이런 위험에 신경을 쓰는 사람이 여전히 많은 것은, 이 같은 재앙을 통해 발달한 우리의 탁월한 상상력 때문이다.

여기서 자기 성찰이 자주 발생한다. 위험을 평가할 때 합리성이 부족하다는 것을 우리는 이미 알고 있다. 이런 사고 과정은 무의식적이지 않다. 완전히 의식적이다. 우리의 걱정, 상상, 강박적 사고의 비합리성을 몹시 잘 알고 있기에, 우리는 도움을 받고자 한다. 그리고 잠깐의 검색으로 점점 늘어나는 전문가 집단에서 도움을 얻는다.

문제는 전문가들 역시 틀릴 수 있다는 것인데, 이는 그들의 의견이 분분한 여러 지점에서 명백히 드러난다. 코로나19 팬데믹 기간에 스웨덴의 비교적 느슨한 통제 대책(무엇보다 학교가 문을 닫지 않았다)은 스웨덴뿐만 아니라 다른 국가의 수많은 전문가로부터 거센 비판을 받았다. 하지만 스웨덴의 통제 대책은 역사적으로 볼 때 어려운 결정이었다. 1957년 아시아 독감이 전 세계를 휩쓸었을 때도 스웨덴에는 2020년과 견줄 만한 대책이 없었기 때문이다. 아시아 독감이 수많은 젊은이를 덮치며 전 세계적으로 대략 500만 명의 희생자를 낳은 잔혹한 전염병이었음에도 그랬

다.[14]

코로나19가 퍼지는 동안, 질병과 대책 중 어느 쪽이 더 나쁘냐는 질문이 계속해서 제기되었다. 전문가들 사이에서도 의견이 엇갈렸다. 통행금지나 강제 폐쇄 같은 통제가 경제위기로 이어질 수 있다고 많은 사람이 강조했다. 실업과 빈곤은 언제나 알코올 남용이나 자살률 증가와 밀접하게 연관되어 있으므로, 코로나 바이러스를 잠재우기 위한 과감한 대책이 결국 다른 쪽 사망자 수를 늘리고 말 것이라는 우려가 있었다.

일부 전문가들은 위기와 사망률 상승의 연관성이 항상 그렇게 자명한 것은 아니라고 강조했다. 이미 언급한 것처럼, 경제위기 상황에서 오히려 스트레스와 사고율이 감소하여 사망률이 하락한다는 결과도 있다. 몇몇 연구를 보면 건강에 부정적 영향을 미치는 것은 오히려 호경기다. 근무시간이 늘어나면서 환경오염도 심해지기 때문이다. 그러나 모든 위기에 이런 연관성이 나타나는 것 같지는 않다. 그렇다면 전문가들은 연관성이 언제 나타나고 언제 나타나지 않는지를 어떻게 알 수 있을까?[15]

연관성은 종종 뒤늦게 명확해지기도 한다. 예를 들어, 2001년 9월 11일 테러 이후 인명 피해를 막기 위해 전 세계 공항 보안이 강화되었다. 직접적 결과로 항공권이 더 비싸졌고 비행기가 연착하는 일이 잦아졌다. 그 결과 단거리 여행자들은 비행기 대신 자동차를 주로 이용했다. 자동차는 비행기보다 사고율이 더 높은 교통수단이므로 교통사고도 늘었다. 10년이 지났을 때, 공항 보안 강화와 직결된 교통사고로 미국인 2300명이 사망한 것으로 추산되었다. 이는 실제 테러 사망자 수와 거의 같은 수치다. 1991년 페루에서 발생한 콜레라 전염병 사례처럼, 위험 관리가 심지어 훨씬 더 직접적으로 재앙을 불러일으킬 수도 있다. 염소로 인해 발암물질이 생성되는 것으로 밝혀져 정부가 식수에 염소 사용을 중단하자, 70만 명이 병에 걸리고 수천 명이 사망한 사례도 있다.[16]

이런 결과들은 위험과, 위험에 대처하는 우리의 행동방식을 아직 바꿔놓지 못했다. 위험하다는 인식이 위험을 막아주는 부적 같은 효과는 학문 차원에서 종종 비판받지만, 정치는 여전히 높은 수준의 위험 감시를 요구한다. 이 세상에서 살아가는 다른 방법을 찾는 대신 우리는 위험 회피에 점점 더 능숙해져야만 하고, 위험 회피를 통해 발생하는 또다른 위험에 직면해야 한다. 계산이나 과학적 근거가 아니라 문화적으로 요구되기 때문에 '그래야만 한다'.

이미지와 이야기

위험을 어떻게 인식하느냐에 따라 세상을 인식하는 방식도 달라진다. 뚱뚱한 사람에게 복부 지방은 물질 축적 그 이상이다. 지방은 우리가 누구인지를 보여준다. 지방은 여러 면에서 늘 상징적 의미가 있었지만, 오늘날 지방을 어떻게 인식하느냐는 지방과 연결된 위험을 알아야 비로소 이해할 수 있다.

지방 하나만으로도 이미 가까운 지인, 의사, 길거리의 낯선 사람이 당신의 생활방식을 논평할 근거가 된다. 지방은 다른 사람들이 당신을 어떻게 대하고 당신이 자기 자신을 어떻게 보느냐를 결정한다. 그것이 당신의 자의식을 만든다.[17]

확률이 얼마나 높은지 또는 얼마나 해로운지는 전혀 중요하지 않다. 역사를 잠깐만 살펴보면, 사람들이 가장 걱정했던 일들은 후세대의 비웃음만 살 정도로 사실은 전혀 위험하지 않은 것들이었다. 19세기 말에 스웨덴에는 부인할 수 없는 걱정거리가 무수히 많았다. 사람들이 빈곤으로 사망했다. 평균연령이 50세에 못 미쳤다. 전염병이 창궐했다. 5명 중 한 명꼴로 아이들이 다섯 살을 넘기지 못했다. 극빈층은 '굶어' 죽었다. 부유층만 투표할 수 있었다. 떠돌이가 점점 늘어났고, 그들에게는 강제노동이 선고되었다. 최고형벌은 도끼로 목을 베는 참수형이었다.[18]

그런데 그 외에도 사람들을 괴롭히는 다른 문제들이 있었다.

스웨덴 국회의원이자 의사였던 빌헬름 브레틀린드는 1905년 베스트셀러 『남자의 가정생활Mannens släktlif』에서 남자들이 조언을 구하며 그에게 보낸 수많은 편지를 소개했다. 이 남자들은 점점 닥쳐오는 죽음을 인식하지 못하는 것 같았다. 그들의 생각은 전혀 다른 것에 쏠려 있었다. 한 남자는 17년 전 일로 괴로워했다. 그는 이 '괴로움'이 자신의 건강에 부정적 영향을 미칠까봐 불안해하며, '수많은 야간 오염' '피로와 체중저하' '변비' '신경과민' 등 수많은 증상을 토로했다.

그는 곧 35세가 되지만 결혼한 적이 없고, 여자와 성관계를 맺은 적도 없었다. 그 시대의 여느 남자들처럼 그는 자신의 무책임한 행동으로 인해 다른 사람과 함께 사는 것이 불가능해질까 불안해했다. 그는 자신의 몸을 정화하고 싶었지만 방법을 몰랐다. 물? 브롬나트륨? 체조? 수술? 자신이 저지른 죄를 표현할 마땅한 단어를 찾지 못해 괴로워하다가 결국 그가 찾아낸 최선의 단어가 '자위'였다.[19]

그 시대에 수많은 사람이 목숨을 잃었던 질병들보다 자위로 인해 생길 수 있는 결과가 그를 더 괴롭혔던 이유는 뭘까? 왜 그는 이동중에 길에서 죽는 것을 더 두려워하지 않았을까? 왜 한겨울에 썰매가 고장나 숲에 고립되거나 녹슨 못에 찔려 파상풍에 걸리는 것을 더 두려워하지 않았을까? 아주 실질적인 걱정이 상상한 걱정보다 우선해야 마땅하지 않을까?

게다가 우리의 편지 작성자에게는 과학이라는 동맹군이 있었다. 그뿐만이 아니다. 250년 넘게 기독교인뿐 아니라 볼테르, 루소, 칸트 같은 계몽주의 철학자들도 자위를 비난해왔다. 신을 두려워해서가 아니라 건강관리를 위해서였다.

다른 의학적 위험과 비교해 자위의 부작용에 대한 의혹은 18세기에 연구가 시작된 이후로 어느 정도 사라졌다. 그러나 그와 관련한 이론들은 허튼소리로 치부되지 않았다. 예를 들어, 19세기까지 사람들은 더럽고 습한 공기 때문에 질병이 발생하고 전염병이 생겨난다고 믿었다. 게다가 20세기에 접어들 때까지 소위 '인종 혼합'을 연구하는 유전학 분야도 있었다. 사람들은 정신질환부터 범죄 증가에 이르기까지 다양한 결과가 자손에게 유전될 수 있다고 믿었다. 2000년에도 앨라배마주 의원 중 41퍼센트가 인종 간 결혼 금지를 유지하는 데 찬성했다.[20]

이미지와 이야기가 자위의 위험을 특히 부각했다. 이 분야에서 국제적 명성을 얻은 브레틀린드 박사는 자위하는 남자들에게 닥칠 수 있는 모든 일을 자신의 책에 나열했다. 창백한 잿빛 안색, 건조한 눈, 퍼런 눈자위, 축 처진 자세, 차가운 손발, 여드름, 식은땀, 심장 부정맥, 고환 수축. 그는 "성기조차 쪼그라들 수 있다"고 강조했다. 그러나 엄격한 경험주의자인 그는 자위가 척수 위축을 초래할 수 있다는 18세기 이론은 거부했다.[21]

그는 반론의 여지가 없는 통계로 자신의 주장을 뒷받침했다. 스웨덴 정신병원에 "새로 입원한 정신병자"의 최대 11.28퍼센트가 자위로 미쳐버렸기 때문이다. 낙담한 나머지 고환을 제거하다 사망한 남자들도 있었다.

"내가 결혼할 수 있을까요?" 우리의 편지 작성자가 물었다.

브레틀린드는 못할 것이라고 대답했다. 적어도 "향후 12개월 이내"에는 안 된다고 했다. 이 12개월 동안 남자는 신경을 자극할 수 있는 모든 것을 포기해야 했다. 다시 말해 성적인 모든 것과 더불어 술, 야간의 과음, 폭식도 하면 안 되었다. 여기에 더해 브레틀린드는 좌욕, 냉탕 요법, 체조, 야간 사정에 대비한 얼음 주머니 등 일반적인 대책들도 권했다.[22]

확실히 세기 전환기에 이 주제로 걱정한 사람이 막스 베버만은 아니었던 것 같다.

가장 흥미로운 편지는 아기가 자위하는 것을 목격하고 낙담한 어머니가 보낸 것이었다. 겨우 5개월 된 아기가 벌써 자위행위를 한다는 내용이었다. 브레틀린드는 과학자의 냉철한 시선으로, 신생아나 마찬가지인 아기가 어떻게 이 어려운 동작을 해낼 수 있었는지 다음과 같이 설명했다.

"눕히자마자 아기는 오른쪽 다리를 왼쪽 다리 위에 올리고, 사이에 낀 성기가 딱딱해질 때까지 열심히 문질렀다. 호흡이 빨라졌고, 뺨이 붉어졌으며, 눈에 황홀하게 빛나는 이상한 기운이 서렸다."[23]

어른들 사이에서도 의혹이 일었다. 가장 잘 알려진 비난은 작곡가 리하르트 바그너로부터 나왔는데, 그는 니체와의 우정이 끝나갈 때 니체의 주치의에게 연락해 니체의 편두통과 시력 악화

치료법을 의논했다. 이 문제를 이미 다른 사람들에게서 목격했던 바그너는 편지에 "이것이 자위의 결과임을 나는 거의 확신한다"라고 썼다.

의사는 답장에서, 금지했음에도 니체가 분명 자위를 했을 테고 "이 죄의 끈질김으로 볼 때" 그를 돕기가 점점 어려워질 것이라고 단언했다.

여러 정황으로 볼 때 비록 좋은 의도였더라도 굴욕적인 이 편지 교환을 니체는 알았을 테고, 여러 니체 연구자들이 확신하듯이 바그너와 니체가 적대적으로 변한 이유가 단지 미학적 의견 차이 때문만은 아닐 것이다.[24]

브레틀린드 같은 의사들이 나열했던 모든 증상에서 드러나듯이, 자위의 가장 큰 위험은 분명 걱정이었다. 브레틀린드는 자신이 관찰한 것에 대해 "최고 수준의 자기 경멸이 발생한다"라고 썼다. "그로 인해 우울감이 종종 너무 극심해져서 당사자는 삶의 짐을 내려놓는 것 말고는 더 바라는 것이 없어진다."[25]

어제까지 타락이었던 것이 오늘은 미덕이다. '자위'는 1968년에 미국의 질병 진단 목록에서 삭제되었고 더는 정신장애로 여겨지지 않는다. 이제 자위는 건강한 활동으로 의학적 합의가 이루어졌다(무엇보다 모든 전염성 성병으로부터 보호해주기 때문이다). 전염병 연구에서도 자위가 면역체계를 강화하고 전립선암 발병률을

낮추는 것으로 나타났다(그러려면 한 달에 사정을 21회 해야 하지만 말이다).[26]

위험은 현실에 기반을 두지 않고도 세상을 영구적으로 탈주술화할 수 있다. 이미지와 이야기만 있으면, 비만이나 소아 질병이 사망으로 이어지듯 더 그럼직한 위험으로 보일 수 있다.

물론 다를 수도 있다. 위험이 존재하는지 확인하고 대처법을 결정하는 것이 반드시 죽고 사는 문제일 필요는 없다. 위험의 지배력을 허락하는 것이 곧 쿠풍기시사다. 그것은 현실, 그러니까 지금 여기에 머물지 않고 반사실적 사고세계로 숨는다는 뜻이다.

여기에 해방의 열쇠가 있다.

인생에서 무엇을 하고 싶은지에 대한 질문이 불가피한 위험들에 잠식당한다. 개인의 의지는 실행력을 잃는다. 생각할 필요가 없어진다. 정치가 특히 고마워할 만한 상황이다.

최악을 상상하기

파리 해방 직후, 사르트르는 미국 잡지『애틀랜틱』에 제2차세계대전의 경험을 다음과 같이 묘사했다. "우리는 독일에 점령되었을 때보다 더 자유로웠던 적이 없었다."[27]

이 말의 진의는 점령된 상태에서 프랑스인들은 인생을 어떻게 살지 결정할 필요가 없었다는 얘기다. 저항만이 유일하게 옳은 길이었다. 그래서 모든 개인은 저항을 모르는 착한 사람들에 속하기로 했다. 점령된 상태는 외적 불가피성이었고, 이것은 행동하는 이유가 아니라 **방법**에 집중하게 했다.

하지만 인생은 예외적인 경우에만 이처럼 단순하다. 무엇이 옳고 무엇이 그른지는 그렇게 명확하지 않다. 방향을 알려줄 규범이 없거나, 규범들이 서로 모순된다. 개인의 의지는 북극의 나침반 바늘처럼 제자리에서 맴돈다. 우리는 더듬듯 추측하며 인생을 살아가고, 때로는 이런 불확실성이 죽을 때까지 계속된다.

불확실성을 이겨내려면, 불안을 견디는 힘과 능력이 필요하다. 하지만 이 능력을 전혀 개발하지 못한다면 어떻게 될까?

근무시간이 정해져 있는 직장이 카오스인 가정보다 덜 힘들다고 느끼는 이유처럼, 우리는 거의 모든 정치형태에서 방향을 결정해줄 외적 불가피성이 필요한 상황에 놓여 있다. 우리가 상상하는 이상적 사회는 정치적 논쟁이 거의 없는 사회다. 오늘날 정치에서 중요한 것은 혹여 뭔가 일이 잘못되었을 때 어떻게 위험에 대처하느냐. 그러다보니 이미 이 땅에서 맹렬히 번지고 있는 화재보다 혹시 모를 미래의 재앙이 더 많은 주목을 받는다.

이것 역시 다를 수 있다. 우리의 현재 상태에서 변화의 충분한 명분을 찾을 수 있다. 미국이나 스웨덴 같은 나라에서는 7명 중한 명이 향정신성 약물을 복용하고, 훨씬 더 많은 사람이 불행하다는 사실이 정치의 중심에 있어야 한다. 물론 향정신성 약물을 복용하는 사람이 점점 더 많아지는 것이 얼마나 중대한 문제인지 지적하는 정치인도 가끔 있다. 하지만 그게 전부다. 사람들이 도대체 왜 그렇게 불행하냐는 질문이 사회 담론으로 떠오르는 일은 놀라울 정도로 드물다.

몇 년 전 새로운 사실이 발견되면서 곧바로 정치적 행동으로 이어지는 일이 있었다. 진정제와 항우울제 모두 몸을 통과해 다시 배출되므로, 스웨덴 과학자 몇몇은 이런 약물의 축적이 수생생물에도 영향을 미치는지 연구했다. 연구 결과는 충격적이었다. 불안을 완화하는 약물인 옥사제팜의 경우 낮은 농도에서도 농어가 과한 움직임을 보이고 식탐을 드러냈다. 시탈로프람 같은 항우울제는 큰가시고기와 제브라피시의 식욕과 생식능력을 앗아갔다.[28]

현재 전 세계적으로 많은 돈을 들여 이 문제를 해결하기 위해 애쓰고 있다. 그러나 점점 더 많은 사람이 약물의 도움 없이는 살기 어려울 정도로 힘들어한다는 문제에는 그렇게 많은 돈과 노력을 들이지 않는다. 동물의 세계가 위협받는 즉시 생태계의 균형도 흔들린다. 이를 근거로, 정치는 위험이 요구하는 방식대로 대응한다.

위험 정치의 핵심은 언제나 최악을 예상하는 것이다.

생태계의 균형이 흔들리면 우리의 생존 기반이 무너진다. 환경 재앙을 방지하는 것에 의문을 제기할 사람은 없다. 반면 사람들이 잘 지내지 못한다는 사실은 이미 닥친 재앙이고, 분명 견딜 수 있는 재앙이다. 그러므로 오염물질의 잔류물을 거르는 필터를 설치해 장래의 재앙을 막는 데 더 집중한다.[29]

논쟁 주제가 무엇이든, 주류 정치인이 어떤 질문에 답하든 상관없이 위험을 무기로 반박하는 것이 지배적 관행이다. 독일 철학자 위르겐 하버마스가 말했듯이, 정치는 "네거티브"가 되었다. 다시 말해 시스템에서 계속 발생하는 오류를 방지하는 수단이다. 이제 무슨 일이 일어날까를 걱정하는 반사실적 사고만으로는 부족하다.

우리는 사회가 붕괴하는 수많은 시나리오를 상상할 수 있지만, 고도로 발달한 민주주의가 어떤 모습일지를 그리기는 어렵다. 이것이 때때로 '포스트 정치'라고 불리는 것, 즉 현재 관료적 행정의 본질이다. 위험 관리는 미래의 피해를 막기 위한 것이므로, 정치는 근본적으로 보수화된다.[30]

새로운 경향은 보수 정치의 존재가 아니라 그것의 포괄적 확산이다. 과거에는 위험에 좌우되는 정치가 더 높은 위험을 무릅쓰는 야당으로부터 비판을 받았지만, 오늘날에는 그런 대립이 거의 사라졌다. 우파 포퓰리즘 정부조차 위험 회피를 선택한다. '우파'와 '좌파'는 이제 다양한 위험을 어떻게 평가하고 우선순위를 어떻게 매기느냐에 따라 갈린다.

보다 급진적인 정당들의 정치 개혁 요구 역시 이제는 더 온건한 주장에 바탕을 둔다. 여성, 빈곤층, 저임금 노동자, 사회복지 대상자 그리고 인지장애가 있는 사람까지(스웨덴에서는 1989년에 비로소 도입되었다) 포함하는 투표권의 점진적 확대는 모든 위험 계산에 맞서 시행된 개혁의 한 사례다. 투표권, 노동법, 사회복지가 확대될 때마다 이에 반대하는 보수주의자들은 정치적 부패와 부실 운영을 경고했다. 그럼에도 개혁은 이루어졌다. 다른 위험이 그 대척점으로 제시되어서가 아니라, 어떤 대가를 치르더라도 이런 개혁에 윤리적 가치가 있음을 인정했기 때문이다.[31]

시간이 지나면서, 유토피아라는 단어의 기원인 '존재하지 않는 미지의 장소'에 대한 갈망조차 파멸의 두려움에 적응해야 했다. 너무 적응한 나머지 이제 유토피아 갈망은 위험의 그림자에 가려졌고, (종종 유토피아 옹호자들로부터) 미래 위기를 막을 유일한 수단으로 여겨진다. 이런 경향은 일찍이 마르크스에게서 나타났다. 그는 특히 말년에 자본주의에 내재한 자기파괴에 거의 집착 수준으로 몰두했다. 마르크스는 공산주의를 단순한 유토피아가 아니라 그전의 자본주의가 그랬듯 "역사적 불가피성"이라고 보았다.[32]

나중에는 환경오염과 핵전쟁 위협 그리고 인간의 자멸이라는 위험 때문에, 유토피아는 불가피성의 빛을 띠게 되었다. 오늘날 유토피아적 사회 비전 대부분은 지구온난화의 수많은 결과 중 적어도 하나를 활용한다.

위험을 심각하게 받아들이는 것에 이의를 제기할 사람은 없다. 위험은 존재하고 대부분의 위험은 심각하게 받아들이는 편이 더 낫다. 이 책 역시 예를 들어 정신 건강 문제를 겪을 가능성 같은 몇몇 위험을 인정한다. 그러나 변화의 열망을 촉구하기보다 사람들의 불안에 주의를 기울이는 것이 더 효과적인 상황도 있다.[33]

사회 조직 방식에 영향을 미치는 위험들이 정말로 우리의 생존을 위협하는 경우는 드물다는 사실에도 주목할 필요가 있다. 지구가 점점 뜨거워지는데 이것을 막으려는 조치가 거의 이루어지지 않는다는 지적은 수천 개 보도와 과학 기사에서 분석되고 언급되었다. 이런 위험은 비밀이 아니다. 지구온난화는 효과적인 이미지(북극의 무너져내리는 빙산, 해안 범람, 가뭄, 기근)가 담긴 흥미진진한 이야기다. 그런데도 왜 지금까지 대중 운동으로 자리잡지 못했을까? 이는 사회학의 미스터리로 남았고 동시에 연구 분야는 점점 확장되었다. 그러나 우리가 위험 회피 정책에 기반을 둔다면, 적어도 세 가지 위험에 직면하게 된다.

첫번째 위험: 파멸이 매력적으로 보인다. 파멸에 대한 수많은 경고에는 파멸이 불안과 공포를 유발한다는 가정이 들어 있다. 이 가정에는 논란의 여지가 있다. 나는 자살을 진지하게 고려했던 사람들의 수를 포함해, 우울증과 불안장애의 전 세계 통계를 살펴보는 것으로 이 책을 시작했다. 불안과 공포를 조장할 수 있다는 것은 사람들이 온전히 만족하는 순간이 존재한다는 것을 암시한다.

그러나 그런 순간이 없는 사람은 어떡해야 할까? 오늘날 종말론은 수익성이 좋은 서사이고, 특히 가족 영화에서 종종 재밌는 소재로 사용된다. 인형극, 발레, 오페라 모두 세상의 종말을 얘기한다. 범죄와 테러는 공포를 불러일으킬 뿐이지만, 세상의 종말에는 매력이 있다. 여러 사회학자와 철학자는 파멸이 일종의 고대할 만한 대단원의 막이라고 추측하는 것 같다. 오랫동안 기다렸고 늘 전망했던 변화가 마침내 일어날 수 있도록, 성가신 반창고를 떼어내듯 걷어내야 할 최후의 장막이 파멸이라고 여기는 듯하다.[34]

두번째 위험: 윤리가 계산에 밀려난다. 위험이 확인되는 즉시 적절한 대응책을 찾기 위한 출발 신호가 떨어진다. 대응책이 반드시 정치적일 필요는 없고, 대대적인 사회 개혁이 아니어도 된다. 재생에너지뿐 아니라 원자력발전도 지구온난화를 막기 위한 기술적 해결책이 될 수 있다. 유일한 해결책이 완전히 새로운 사회뿐이라고 주장하는 사람은 무거운 입증 부담을 갖게 되고, 이때 어떤 기술 진보를 자본주의가 허용하고 어느 정도의 국가 개입이 도움이 될지도 밝혀야 한다. 토론은 오로지 기술적 토론에 머물러야 한다. 이것이 곧바로 세번째 위험으로 이어진다.[35]

세번째 위험: 위험과 위험이 대결한다. 임박한 재앙의 위험에 대처하는 방법을 계산할 때, 각각의 제안은 또다른 위험 계산을 생성한다. 보수주의 정치를 원치 않는 사람들에게는 다른 사람을 설

득하는 것이 어렵다. 중대한 구조적 변화는 언제나 미지의 세계로 한 걸음 내디딘다는 뜻이기 때문이다. 수학에서는 작은 척도가 더 잘 드러난다. 이는 국가경제학자 윌리엄 노드하우스가 개발한 모델로 설명할 수 있다. 노드하우스는 이 모델을 사용해, 지구온난화를 멈추기 위한 정치적 노력이 경제발전에 미치는 영향이 얼마나 큰지 평가한다. 2018년에 노드하우스에게 노벨경제학상을 안겨준 모델은 본질적으로 다양한 온도에서 발생하는 피해를 순전히 수치로만 분석해본 것이다. 그러나 이 시뮬레이션은 경제성장을 방해하는 것보다 해안 범람과 멸종이 더 낫다는 전제를 바탕으로 한다. 이렇듯 윤리 토론이 단순한 숫자 게임으로 축소되고, 이 게임에서는 현상 유지가 언제나 승리한다.

내가 이상한 사람일까?

헬레나는 치즈샌드위치를 먹었다. 우리가 앉아 있는 꽤 괜찮은 레스토랑의 주방에 특별히 부탁해 메뉴에 없는 걸 주문했다. 헬레나는 이런 식의 협상에 익숙했다. 그녀는 메뉴에 없는 것을 그냥 요구한다.

"이런 밀어붙이기에도 좋은 점이 있다는 걸 확인했어요. 너무 우울해서 다른 일에는 아무 관심도 없을 때 이러거든요." 그녀가 말했다.

위험으로 둘러싸인 삶에도 숨 돌릴 틈은 있다. 의사가 가슴을 청진하고 건강하다고 말하기 전까지, 여러 단계를 거쳐야 한다. 의사의 확언이 떨어지면 낙담이 해방으로 전환된다. 마치 모험과 같다.

때때로 헬레나는 해방감을 결코 느끼지 못하는 다른 부류의 질병도 걱정한다.

"최근 몇 년 동안 그 바보들이 재미로, 아니면 정신이 나갔는지, 나를 두 번이나 사이코패스라고 진단했어요. 아팠죠. 정말 고통스러웠어요. 깊이 생각할 수조차 없었어요."

일반적인 증상대로라면 사이코패스는 스스로 자신의 정신병을 의식하지 못하므로, 헬레나는 주변 사람들에게 물었다. "내가 감정이 없는 사람 같아? 냉혹한 일인 줄도 모르고 내가 뭔가 냉혹하게 군 적이 있어?"

사이코패스 검사는 폐암 검사와 다르다. 헬레나가 심리학자에게 가서 자신이 저지른 나쁜 일을 모두 얘기하면, 심리학자는 아마 헬레나가 사이코패스라고 확인해줄 것이다. 하지만 엑스레이나 혈액검사로 확인이 안 되는데 어떻게 사이코패스라고 확정할 수 있을까? 환자의 말에만 의존해야 하는데 말이다.

헬레나는 이전에 벌써 이런 일을 겪었다. 기르던 기니피그의 다리 사이를 살펴보기 위해 바닥에 눕혔을 때 비슷한 일이 벌어졌다.

"다리 사이가 어떻게 생겼을까 궁금하고 호기심이 생겨서 그랬던 거예요. 물론 내가 다리 사이를 살피는 동안 기니피그가 불편해하는 것 같긴 했어요."

헬레나는 기니피그의 불안한 표정을 흉내냈다.

"'지금 뭐 하는 거야?'라고 물어보는 것처럼 나를 빤히 보더라고요."

헬레나는 갑자기 기니피그에게 못된 짓을 저지른 것 같은 기분이 들었다. 이 사건을 비롯해 비슷한 다른 일들을 겪은 후 그녀는 여름 내내 자신이 변태라는 강박관념에 시달렸다. 불안감에 괴로워하다 결국 친구에게 털어놓은 후 비로소 걱정이 사라졌다.

그러나 조현병 때문에 찾아간 정신과 의사에게서는 이런 안도감을 얻지 못했다. 조현병이 맞았는지도 모르겠지만 말이다.

"상담 때마다 나는 맨 먼저 조현병이 맞느냐고 물어봤어요. 그러면 의사는 대답하죠. '아니에요, 조현병이 아니에요. 하지만 혼란스러운 상태이긴 해요.' 상담은 늘 그렇게 시작되었어요."

시간은 흘러갔고, 헬레나는 한 걸음도 나아가지 못했다. 의사가 조현병이 아니라고 아무리 열심히 설득하고 노력해도 헬레나는 자신이 조현병이라는 강박적 확신을 버릴 수가 없었다. 신체질병은 그녀를 조종할 수 없었다. 그러나 정신에 자리잡은 질병은 물질적인 것부터 그녀의 모든 생각과 감정에 이르기까지 영역을 확장해갔다.

6개월 후 헬레나는 늘 하던 것처럼 물었다. "내가 조현병인가요?"

정신과 의사가 체념한 얼굴로 그녀를 바라보았다.

"모르겠어요. 모르겠어요."

미친 사람이 될지도 모른다는 불안이 그녀를 미치게 했던 것 같다.

전쟁터가 된 머릿속

"사랑 같은 건 없어요. 오이디푸스콤플렉스만 있을 뿐이죠. 거세. 유인. 충동. 강박."

애니의 목소리에서 슬픔이 묻어났다. 그녀는 이런 생각을 진리로 믿으며 40년을 살아왔다.

"사랑, 특히 이타적 사랑 같은 건 없다는 걸 그냥 알게 되었어요. 억압하고 조종하고 해치려는 마음이 없고 성욕만 채우려는 의도가 없는 진정한 사랑, 그런 건 없어요."

어렸을 때 애니는 외톨이였다. 다른 아이들과 뭔가를 하는 것보다 집에서 부모와 지내는 걸 더 좋아할 만큼 외톨이였다. 애니가 혼자 있는 걸 더 좋아하는 데는 이유가 있었다. 복잡한 이유는 아니었다. 그저 아무에게도 말하고 싶지 않은 이유였다.

애니의 부모는 오랫동안 걱정한 끝에 열두 살 된 딸을 정신병원에 보냈다. 올바른 결정이었다고, 애니는 회상했다.

"부모님은 해야 할 일을 했어요." 애니는 내가 알아들을 수 있게 프랑스어로 천천히 말했다. "내 걱정을 덜어주려고 심리치료사와 상담할 수 있게 해주셨죠. 하지만 안타깝게도 당시에는 거의 정신분석학자뿐이었어요."

여기서 당시는 1980년대 파리를 뜻한다. 첫 상담 때 애니 앞에 세 사람이 앉았다. 애니는 그들이 다르게 말한다는 것을 즉시 알아차렸다.

"암호로 대화하는 것 같았어요. 그들이 말하는 모든 것, 내가 말하는 모든 것이 사실은 다른 의미였어요."

애니는 정신분석가에게 보내졌다. 어렸기 때문에 일주일에 2회 상담이면 충분했다.

애니는 상담이 고통스럽고 당혹스러웠다고 회고했다. 그녀가 만난 정신분석가는 삼십대 중반쯤의 아름다운 여성이었다. 날씬한 몸매, 윤기가 흐르는 찰랑대는 머릿결. 애니는 여자가 대화를 시작하거나 적어도 어떻게 지냈는지 물어보기를 헛되이 기다렸다. 여자는 한마디도 하지 않았다.

침묵이 길어지자 애니는 갑갑했다. 목이 메고 손에 땀이 났다.

어색하게 몇 달이 지난 후, 애니는 무슨 말을 해야 할지 알게 되었다. 만날 때마다 애니는 잘 준비해갔다. 학교에서 관찰한 것들을 기록하고 교실에서 일어난 일들을 얘기했다. 분석가가 의견을 낼 수 있도록, 얘기 사이에 자주 간격을 두었다. 점차 애니는 정신분석 상담을 기대하게 되었다. 정신분석이 지성을 훈련하는 것 같았다. 애니는 성찰하고 자기 자신에게 질문하고 다른 사람의 행동을 이해하는 법을 배우는 것이 좋았다. 나이가 들어 좀더 어려운 책들을 읽기 시작하면서 애니는 자신의 정신분석가가 훌륭한 대화 상대였음을 알게 되었다. 프로이트의 책을 몇 권 빌려 읽으며 고개를 끄덕였다. 물론 전부 다 이해하지는 못했지만, 이 모든 것을 상담에 적용한 정신분석가가 정말 대단하다는 생각이 들었다.

"그 당시에는 정신분석이라는 렌즈를 통해 세상을 보는 것이 당연했어요. 심리치료 이외의 분야에서도 그랬죠. 오늘날에도 여전히 일상 언어에 그 흔적이 있어요. 우리는 오이디푸스콤플렉스와 거세 콤플렉스에 대해 이야기하고 아이들이 변태라는 얘기를 합니다. 구강기와 항문기 등이 있어서 아이들은 변태적이고 다형적이라는 것을 학교에서 배웠던 기억이 나요."

이제 애니는 모든 미스터리를 풀 수 있는 근원에 다다랐다. 그러나 자신의 외로움에 대해서는 아무 말도 하지 않았다. 대신 그것이 점점 더 심해지는 것을 지켜보았다. 애니는 걱정거리와 공포로 발전시킬 만한 것을 언제나 새로이 찾아냈다. 특히 대인기피증이 심했다. 반 친구들과 놀 수 없었을 뿐 아니라 그들의 눈조차 똑바로 보지 못했다.

정신분석가는 이중 어떤 것에도 관심이 없었다. 애니의 상태에
관해서는 여전히 묻지 않았다. 이 아름다운 여성은 전반적으로 자
기 환자에게 점점 더 흥미를 잃어가는 것 같았다. 그녀의 시선엔
초점이 없었다. 담배를 입에 물 때마다 방안은 점점 더 연기로 자
욱해졌다.

애니는 문득 자신이 도움을 얻으려고 그곳을 찾아갔다는 걸 깨
달았다. 이 기회를 붙잡아야 하지 않을까?

3년간의 치료 끝에 애니는 용기를 내 자신의 진짜 문제인 혈액
공포에 관해 얘기했다. 애니는 피가 너무 무서워서, 체육 수업은
물론이고 운동장에서 하는 어떤 놀이에도 참여하지 않았다. 3학
년 때 생물 선생님이 심장이식에 관한 한 시간짜리 다큐멘터리를
보여주었다. 애니의 공황 상태는 몇 분 동안 지속되었고, 그 몇 분
이 마치 몇 시간처럼 느껴졌다. 실신 직전이었다. 그후로 생물 수
업 시간마다 애니는 불안했다.

애니는 이 얘기로도 정신분석가의 관심을 끌지 못했다. 정신분
석가는 대개 짜증이 나 보였다. 그러나 애니의 고백에 대한 의견을
말해야 했을 때, 그녀는 갑자기 전에 없이 활기가 넘쳤다. 애니는
당시 정신분석가가 선고하듯 내뱉은 모든 말을 아직도 생생히 기
억한다.

"너는 피를 왜 무서워하게 되었는지 아주 정확히 알고 있어. 무

엇이 너를 괴롭히는지 아직도 이해를 못했니? 아주 간단한데 말이야."

그녀는 애니에게 거울로 성기를 살펴본 적이 없느냐고 물었다. 애니가 그런 적이 없다고 대답하자, 정신분석가는 그 나이에 아직 그런 적이 없다는 건 아주 이례적이라면서 두려워서 그런 거라고 말했다. 그러나 뭘 두려워한다는 걸까?

"너는 동맥과 정맥이 두드러질 정도로 남자의 성기가 부푸는 걸 두려워하고 있어. 너도 그걸 잘 알고 있고 말이야. 너의 경우 외음순이 피로 채워져 있으니 살짝 부풀 거야. 혈액 공포증은 섹스에 대한 두려움이 억제된 결과야."

애니는 열다섯 살이었고 그때까지 발기된 남성 성기를 본 적이 없었다. 뺨이 붉게 달아올랐다. 애니는 너무 부끄러워서 감히 고개를 들지 못했고, 혼란 속에 말문이 막힌 채 남은 상담을 마쳤다.

그렇게 혈액 공포증 얘기는 끝났다. 애니는 프로이트의 책을 읽으며 꿈의 중요성을 이해했기 때문에, 꿈꾼 내용을 말하기 시작했다. 처음에는 비교적 안정적인 대화 주제를 찾은 것처럼 보였지만, 정신분석가는 이제 자신의 결론을 뒷받침할 확실한 증거를 찾았기 때문에 애니에 대한 분석이 끝났다고 확신했다.

예를 들어, 애니는 병원에 관한 꿈 얘기를 했다. 병원에서 애니는 여러 사람에게 둘러싸여 있었는데, 그중에 아는 사람은 단 한 명, 1년에 몇 번 만나는 정신과 의사뿐이었다. 그는 우유를 가득

채운 양동이 두 개를 들고 돌아다니며 애니에게 우유를 좀 마시 겠냐고 물었다. 꿈은 그게 다였다.

정신분석가는 이 꿈에 깊은 인상을 받았다.

"양동이에 우유가 담겨 있었다고 했는데, 만약에 우유가 아니 라 다른 거였다면 어떡할래?"

애니는 무슨 말인지 이해하지 못했다.

"우유 말고 하얀색 액체가 뭐가 있어요?" 애니가 항변했다.

애니는 정신분석가가 말하는 것이 무엇인지 몰랐기 때문에, 남 자의 성에 관해 더 공부했고 한 가지를 더 배웠다. 또다른 하얀색 액체란 정액이었고, 이런 점을 고려하면 이보다 더 명백한 꿈은 없 었다. 애니는, 당연히 무의식적으로, 정신과 의사의 정액을 원했 다. 그러니까 애니는 그와 자고 싶었다.

"모든 것을 부정적으로 바꾸는 필터 같아요. 특히 연애 관계에 서요." 애니가 인터뷰에서 내게 말했다.

애니가 무슨 얘기를 하든 상관없었다. 모든 이야기가 남근으로 이어졌다.

정신분석가가 '증상'에 불가하다고 일축했던 애니의 더 명확한 문제는 갈수록 심각해져서 이제 집밖으로도 감히 나갈 수 없게 되었다. 그러다보니 첫 2년간 애니의 대학생활은 형편없었다. 애 니는 더이상 버스와 전철을 타지 않았고, 그래서 상담치료에 못 가는 일이 점점 잦아지자 정신분석가는 자전거를 타면 되지 않느냐고 제안했다.

애니는 교통수단이 문제가 아니라 자신이 공황발작을 일으키면 다른 사람들이 미친 사람 취급할 테고, 또 교통수단에 갇힐 위험도 있어서 그냥 집밖으로 나가는 것이 불안하다고 정신분석가에게 설명하려 애썼다. 애니는 어렸을 때 자전거를 즐겨 탔고 지금도 자전거를 간절히 타고 싶었지만, 탈 수가 없었다.

정신분석가는 애니가 자전거를 타지 않으려 하는 다른 이유를 댔다. 자전거에는 안장이 있고, 안장 아래에는 막대가 있다. 그리고 이 막대가 세워진 위치나 모양에서 짐작되듯이, 애니를 그토록 흥분시키는 것이 바로 이 막대였을까?

7년간의 정신분석 끝에 애니는 수면장애를 얻었다. 빠르게 뛰는 심장과 끔찍한 생각 때문에 잠에서 깼다. 애니가 청춘기를 이렇게 보내도 될까? 또래 친구들은 인생을 만끽하고 세계를 정복하는 시기다. 애니는 부모의 도움을 받아 도서관에 갔고 그곳에서 다른 치료법에 관한 책들을 빌려 왔다. 정신분석가에게 이 사실을 말하자, 그녀는 화를 냈다. 정신분석만이 유일하게 효과적인 치료법이고 다른 건 다 헛소리라고 했다.

얼마 후 정신분석가는 애니가 집밖으로 나가지 않으려 하는 이유를 설명했다.

"외출이 두려운 건, 단지 너의 성적 취향과 남자에게 다가가는 것에 대한 두려움 때문만은 아니야. 어머니가 이제 다시 직장에 나가니까 네가 아버지와 더 가까워져 어머니를 대신하려는 거야."

이때부터 애니의 인생에서 가장 어두운 암흑기가 시작되었다. 애니는 자기혐오에 빠졌다. 아버지의 눈을 더는 똑바로 볼 수 없었다. 연필을 만지는 것도 피했고 복도에 붙은 우주로켓 포스터 역시 더는 볼 수 없었다. 어디를 보든 남자의 성기를 연상시키는 사물이 있었고, 애니는 두려움을 느꼈다.

정신분석가의 말이 처음부터 맞았던 것처럼 느껴졌다.[1]

사람의 몸과 정신

러시아 심리학자 알렉산더 루리야는 1930년대 우즈베키스탄 산간 마을 탐험에서 전근대적 생활조건이 어떻게 반사실적 사고 경향을 조장하는지 조사하는 한편, 50여 차례 설문을 통해 농민들이 자기 자신을 어떻게 보는지, 다시 말해 그들의 '자기분석' 능력이 어떤지 알아보려 애썼다.

글을 아는 사람들과의 인터뷰는 예상대로 진행되었다. 그들은 기분이 좋은지, 성실한지, 걱정이 많은지, 화를 잘 내는 편인지 얘기할 수 있었다. 그러나 글을 읽을 줄 모르는 사람들의 경우, 이 주제에 관해 거의 얘기할 수가 없었다. 그들은 긍정적이거나 부정적인 자신의 성격을 언급하지 않고 삶의 구체적이고 물질적인 측

면을 상세히 말했다.[2]

18세 여자 농부 누르마트와의 대화는 다음과 같이 진행되었다.

루리야: 당신의 약점은 무엇이고, 바꾸고 싶은 점은 무엇인가요?

누르마트: (…) 나는 전통의상이 하나뿐이고 원피스는 2개뿐이에
요. 그게 내 약점이에요.

루리야: 아니, 그걸 물은 게 아니에요. 당신이 어떤 사람이고, 어떤
사람이면 좋겠는지 내게 말해줘요. 둘 사이에 차이가 있나요?

누르마트: 나는 좋아지고 싶어요, 지금은 나쁘거든요. 원피스가 너
무 적어서 다른 마을에 갈 수가 없어요.

루리야: '좋아지고 싶다'는 게 무슨 뜻이죠?

누르마트: 원피스가 많은 거죠.[3]

그들은 자신의 성격을 경제 상황이나 행동에 기반해 설명했다.
55세 남자 농부 쉬랄과의 대화는 다음과 같이 진행되었다.

루리야: 모든 사람이 똑같다고 생각하나요? 아니면 차이가 있나요?

쉬랄: 사람들은 똑같지 않아요. 차이가 있어요. [손가락을 높이 들
고] 여기에 땅 주인이 있고 여기에 일꾼이 있어요.

루리야: 개인적인 차이가 있나요? 그러니까 당신이 아는 사람들
사이에 차이가 있나요?

쉬랄: 그건 그들 자신만이 알죠.

루리야: 당신은 어떤 사람인 것 같나요? 당신의 성격은 어떤가요?

쉬랄: 나는 성격이 아주 좋아요. 젊은이에게도 정중하게 말을 걸어요. 나는 예의바르고. (…)

루리야: 이 마을은 주민 수가 몇 안 되는데 그들과 당신은 비슷한가요, 다른가요?

쉬랄: 그들은 자기만의 생각을 가졌고 사용하는 단어도 다릅니다.

루리야: 그렇다면 그들과 비교해서 당신의 성격을 설명해보세요.

쉬랄: 나는 성격이 아주 좋아요. 큰 사람과는 큰 사람처럼 얘기하고, 작은 사람과는 작은 사람처럼 얘기하고, 중간 크기의 사람과는 중간 크기의 사람처럼…… 더는 할말이 없어요, 이게 전부예요.[4]

쉬랄과 누르마트에게는 명확하게 자아 개념이 있었다. 하지만 루리야가 물었을 때, 그들은 자신의 성격을 상황이나 행동을 통해 설명했다. 어떤 식으로든 자신의 내면을 설명하는 것이 그들에게는 완전히 낯선 일이었다. 이와 관련해 오늘날에도 여전히 문화적 차이가 존재한다. 여러 사회심리학 실험이 보여주듯이, 예를 들어 미국인은 개인이 어떤 사람인지 주로 단정적으로 생각하는 반면, 중국인과 일본인, 한국인은 자기 자신과 타인을 상황과 행동을 고려해 인식한다.[5]

이는 매우 중대한 차이다. 19세기 사람은 자위가 초래할 모든 위험 때문에 자신이 자위를 했다는 사실을 걱정했다. 성적으로 변태가 되는 걱정은 한참 뒤에야 생겼다.

(뭔가를 했다는 사실 대신) 특정한 어떤 것이 되는 것에 대한 걱정은 어디에서 왔을까?

거의 300년 전에 유럽 의사들이 경고한 것은 금세 전염병으로 여겨졌다. 그냥 불안 전염병이라 불러도 무방했겠지만, 다양한 유형의 걱정과 불안을 설명하기 위해 그 이후로도 계속해서 새로운 이름이 고안되었다. 1733년 영국 의사 조지 체인이 책 『영국의 질병The English Malady』에서 신경과민이라는 진단명과 함께 모든 파생 질병을 설명한 뒤로는 신경과민이라는 말이 지배적으로 사용되었다.[6]

당시 대다수 의사처럼 체인 역시 데카르트의 기계론적 인간상의 영향을 받았다. 데카르트의 이원론에서 정신은 신성하므로 인간은 정신질환에 관해 얘기할 수 없었다. 체인 이후 정신질환이 신경 문제라는 가정이 확산했다. 이 가정은 오늘날에도 여전히 '신경과민'과 '노이로제' 같은 용어에 남아 있다.

체인은 일반 대중에게 걱정을 하게 되는 의학적 근거도 제시했다.

인간에게 닥칠 수 있는 신체의 깊은 고통과 연관된 모든 고난 중에서 가장 극단적이고 가장 심한 증상을 보이는 신경 장애는 의

심의 여지 없이 가장 괴롭고 가장 끔찍하다.[7]

체인의 분석에는 신경 이상의 것이 포함되었다. 신경질환은 인간 기계의 우연한 마모로 발생하지 않았다. 부의 확대, 사치스러운 생활방식, 소비 증가, 과도한 정신노동 같은 사회적 조건으로 인해 특히 영국 상류층에서 신경질환이 폭발적으로 증가한 것으로 나타났다.

체인의 말을 인용하면, 신경과민의 확산은 전염병과 같았다. 이런 유형의 신경질환이 영국의 전체 환자 중 거의 3분의 1을 차지했다. 심리적 질병이 전염병으로 불린 것은 아마 이때가 처음일 것이다.[8]

18세기에 여러 의사가 신경 전염병을 연구했다. 네덜란드 위트레흐트에서는 심지어 '신경질환 증가의 원인'을 다룬 논문들이 명시적으로 요청되었다. 얼마 후 한 의사가 썼다. "19세기 초에 신경질환이 발열성 감염만큼 흔해졌다는 사실은 이제 명백하다."[9]

다양한 유형의 불안장애가 전염병처럼 확산하면서, 인간의 정신생활을 새로운 시각으로 보게 되었다. 광기는 주요 관료들, 특히 상류층에게도 닥쳐 그들의 예민한 신경을 취약하게 만드는 것으로 보아 사람이 **통째로** 미치는 일은 없는 듯했다. 신경질적인 사람, 편집광, 공포증이나 신경증을 앓는 사람들이 그럼에도 여전히 멀쩡히 살아가니 말이다. 그들은 평범하게 집에서 지내며, 종종 직업도 갖고, 때로는 심지어 역사에 업적도 남긴다. 그러므로 그 시대의 의사들은 광기가 인간 기계의 한 부분에만 닥친다고 강조했다.

정신분석학의 획기적 발전에 이런 가정이 이론적 기초를 마련했다. 정신분석은 신체적인 것에 중점을 두는 데카르트의 관점을 버리고 (프로이트가 탁월한 해석으로 유행시키기 오래전에 이미 심리학에서 사용했던 용어인) '무의식'에 중점을 두는 더 역동적인 시각을 취했다. 그러나 신체에서 출발하든 정신에서 출발하든 상관없이, 둘 다 인간이 두 부분으로 구성되어 있다고 본다. 프랑스 의사 필립 피넬이 표현한 것처럼 개인은 "부분적으로 미친" 것이고, 자신의 건강한 자아로 병든 자아를 깊이 생각할 수 있는 것이 무엇보다 중요했다.

또한, 개인이 처한 환경이 건강이나 질병에 아무런 영향도 미치지 않는다는 견해가 우세했다. 아주 짧은 시간에 유사한 질환이 아주 많이 발생했으므로, 사회적으로 분석할 필요성이 대두되었다. 그러나 심리학에서 의식 수준, 성격 해부, 인지 도식, 신경 전달물질을 토대로 환자들을 살피기 시작했을 때는 이미 내면 우주가 너무 넓어진 상태라 환경적·사회적 분석이 끼어들 틈이 없었다(환경은 '스트레스 요인'으로만 취급되었다). 그들은 금세 반사적 사고의 연쇄 작용, 즉 생각에 생각이, 감정에 감정이 꼬리를 무는 어려운 영역에서 길을 잃고 헤맸고 그 과정에서 내면의 위험은 경계하게 되었지만, 필연적으로 일부 남아 있는 외부와의 관계는 그들의 안위에서 차지하는 중요성을 점점 더 잃어갔다.

다 같이 홀로

지금까지도 애니는 정신분석가가 어째서 가장 두드러진 문제, 즉 외톨이 생활에 관해 묻지 않았는지 이해할 수가 없다.

"사실 그렇게 복잡한 문제도 아니었어요. 나는 외톨이였어요. 정신분석가는 그걸 알면서도 그 이유를 전혀 궁금해하지 않았죠."

당시 그 이유를 설명하는 건 어렵지 않았다. 애니는 부모를 좋아했다. 부모와 집에 같이 있으면 마음이 편안했다. 그들보다 더 가까운 사람은 없었고 애니는 외동딸이었다. 그러나 집은 겨우 12평 남짓이었다. 그래서 애니는 친구들을 집에 초대하지 않았다. 그녀는 자신이 어떻게 사는지 누구에게도 보여주고 싶지 않았고, 부모님이 왜 일을 하지 않느냐는 질문을 받는 것도 싫었다.

애니의 부모는 그다지 잘 지내지 못했다. 그들은 우울증을 앓았고 종종 너무 불안해서 며칠씩 문밖으로 감히 나가지 못했다. 그로 인해 발생하는 슬픔은 고스란히 애니 몫이었다. 다른 부모들이 자녀와 함께 와 있는 정신과 대기실에 애니는 종종 혼자 있어야 했고, 그래서 매우 슬펐다. 게다가 부모가 낮에 무슨 일을 하느냐는 질문에 납득할 만한 대답을 찾는 것이 너무나 어려웠다.

다섯 살 때 애니는 자기 자신과 약속했다. 세상이 부모를 힘들게 하는 것 같아, 그런 세상으로부터 부모를 보호하고 싶었다. 애니는 부모가 수치심을 느끼거나 불필요한 지출을 하지 않도록 막아주고 싶었다. 영화관이나 서커스에 가지 않았고, 친구의 생일 파티 초대에도 응하지 않았다. 그러면 자신도 생일 파티를 열어 친구들을 초대해야 하는데, 부모에게 그런 부담을 지우고 싶지 않았기 때문이다.

자신과의 약속을 지키기 위해 애니는 더 외톨이가 되었다. 그리고 정신분석을 받으면서 유일한 사회적 유대마저 끊어졌다. 애니가 '엘렉트라콤플렉스(프로이트식으로 설명하면 "아버지에게 성적으로 집착하는 딸")'를 갖고 있다는 정신분석가의 의견을 듣고 부모와의 관계마저 손상된 것이다.

"사이비 종교에서 이와 아주 유사한 과정이 진행돼요. 사람들을 고립시키죠. 심지어 가족과도 떨어뜨려요. 내 경우에는 아버지였죠. 아버지를 바라보기가 주저되었을 때, 나는 그만두고 싶었어요. 사이비 종교는 그들의 환상 속으로, 그들의 왜곡된 세상 안으로 당신을 끌어들여요. 그리고 당신이 그것을 받아들이기를 바라죠."

애니만 외톨이인 건 아니다. 개인을 고립된 존재로 보는 관점은 우리가 점점 더 고립되어 살게 되는 것과 역사적으로 일치한다. 그러나 이것은 느린 과정이다. 가까운 주변 사람이 서서히 줄어든다. 유목민 집단, 마을 및 신앙 공동체, 대가족은 계속해서 해체된다. 오늘날에는 직장과 핵가족 안에서만 사람들 간 접촉이 겨우 남아 있다.

산업화 이전 사회에서는 혼자 사는 것이 아주 드문 일이었지만 20세기에는 점차 일반화되었다. 이런 변화는 20세기 후반에 더욱 가속화되어, 오늘날 독일은 1인 가구가 42퍼센트를 차지하고, 스톡홀름과 파리는 심지어 60퍼센트가 넘는다.[10]

물론 혼자 산다고 해서 집밖과 사회적 접촉을 전혀 하지 않는다는 뜻은 아니다. 미국 사회학자 로버트 퍼트넘은 1인 가구 확산이 동호회, 사회운동, 정당 활동, 모임 장소가 줄어든 데서 비롯되었음을 밝혀냈다. 가족 안에서조차 고립이 확산했다. 퍼트넘은 "20세기 말에는 가족이 함께 시간을 보내는 일이 점점 더 드물어졌다"라고 썼다. 식사시간, 방학, 부활절이나 크리스마스 같은 휴일을 함께 보내는 일이 점점 줄어들었다. 그냥 한자리에 모여 얘기를 나누거나 TV를 보는 일도 점점 더 드물어졌다.[11]

1960년대 이후 고임금 국가의 국민 30~50퍼센트가 외로움을 느낀다고 응답했고, 10~30퍼센트는 심지어 극심한 외로움에 괴롭다고 답했다. 미국의 한 연구는 사람들에게 절친한 친구가 몇 명이나 있는지 조사했다. 1985년에는 가장 일반적인 대답이 3명이었다. 그리고 20년 뒤에는 0명이었다.[12]

우리의 생활방식과 행복이 상호 영향을 얼마나 많이 미치는지 가장 잘 보여주는 증거가 바로 외로움과 정신질환의 연관성이다. 장기 연구에서 드러나듯이, 정신 건강 문제는 대부분 외로움에서 싹튼다. 외로움 때문에 낙담하고, 불안과 우울이 그뒤를 따른다. 결과는 심각하다. 친구가 없거나 배우자의 지지를 받지 못하는 사람은 우울증에 걸릴 확률이 매우 높다.[13]

인터넷 의존성 측면에서 이를 살펴보면, 오늘날 소셜미디어는 너무 자극적이라 사용자를 오래 잡아두고, 사용자들은 거기에 사로잡혀 직접 사람을 만나지 않는다고 생각하는 사람이 아주 많다. 그러나 연구를 보면 소셜미디어와 사용자 사이의 상호작용이 드러난다. 대개는 외로운 사람들이 인터넷에서 기분을 전환하고 그곳에서 다른 사람들과 연결되고자 한다는 것이다. 그래서 소셜미디어에 빠지면 실제로 다른 사람을 만나려는 노력을 안 하고, 그로 인해 외로움은 더 커진다.[14]

그러나 모든 발전이 나쁜 건 아니다. 역사적으로도 억압의 시대가 많았지만, 근대화를 통해 점차 해소되었다. 하지만 외로움이 증가하면 우리는 새로운 문제에 직면한다. 상황이 더 나빠지고, 우리는 더 취약해진다. 내면을 치유해(때로는 적절한 향정신성 약물을 사용해) 정신적 고통을 완화할 수 있다는 믿음이 만연한 탓에 외로운 사람은 다른 사람의 지적을 예민하게 받아들이고, **실제로** 자신의 내면에 무엇이 잘못되었나 살핀다. 사회적 접촉이 단절되는 동안 새로운 심리학 전문가들이 등장했다.

무의식적 욕망

이론적으로는 내면에서 뭔가를 찾아내지 못하면, 그것이 망가졌다고 생각하는 편이 쉽다. 무의식적으로 망가졌으므로 우리는 손상 규모가 얼마나 큰지 스스로 알 수 없다. 오직 한 사람만이 어둠에 감춰진 것을 발견해낼 수 있다. 바로 심리학 전문가다.

이렇게 심리학 전문가를 믿는 것이 실제로 얼마나 특이한 일인지는 그들을 믿지 않는 사람을 만났을 때 비로소 드러난다. 2004년 쓰나미가 스리랑카를 휩쓸고 간 이후 벌어진 일들이 좋은 사례다. 작은 섬의 해안이 파괴되고 수많은 사람이 목숨을 잃은 뒤에, 국제구호단체는 재해 지역에 심리치료사 군단을 파견했다. 구호단체의 목적은 분명했다. 경험을 체계적으로 이야기하는 이른바 디브리핑Debriefing을 통해 외상 후 스트레스 장애를 예방하는 것이었다.

스리랑카계 미국인 심리학자 가이트리 페르난도는 이런 접근 방식에 의문을 제기한 몇 안 되는 사람 중 한 명이었다. 페르난도는 쓰나미가 발생하기 전부터, 오랜 스리랑카 내전으로 인한 폭력과 상실에 스리랑카 어린이들이 어떻게 대처하는지 연구했다. 그는 비록 서양 정신의학에서 외상 후 스트레스 장애 진단의 보편성을 인정하더라도, 이 진단이 어디에서나 통용될 수는 없다는 사실을 알고 있었다.

쓰나미 이후 페르난도는 계속해서 스리랑카 사람들과 그들의 경험에 관해 얘기했다. 그리고 가족이 죽거나 다친 사람들은 회상이나 애도 같은 '내면'의 과정에 골몰하지 않는다는 것을 발견했다. 그 대신에 그들은 재난이 지역 내 분위기에 어떤 영향을 미쳤고 어떤 갈등을 일으켰는지 강조했다. 사회적 불균형을 가장 우려했고, 행여나 가족이나 이웃 안에서 자신의 의무를 다하지 못할까봐 걱정했다. 그들은 분명 루리야가 만난 농부들처럼 '내면'보다 '외부'에 더 관심을 두었다.

이런 반응은 서양의 트라우마 대처 모델에 맞지 않았으므로 파견단 사이에 큰 혼란이 일었다.

"쓰나미가 닥치고 2주가 지나는 동안, 수백 명에 달하는 우리 심리치료사는 아무것도 하지 않았을 뿐 아니라 사실 방해만 되었어요." WHO 소속 의사가 말했다. 여러 트라우마 치료사들은 너무 심한 재난이라 섬 주민들이 여전히 충격에서 헤어나오지 못했다고 분석했다. BBC 인터뷰에서 한 치료사는 아이들이 고통스러운 경험을 말하기보다 언제 다시 학교에 갈 수 있는지를 더 알고 싶어한다며 우려를 표했다. 치료사는 이것이 명백한 억제의 징후라며, 아이들은 나중에야 비로소 "자신이 겪은 모든 감정적 공포를 인식하게" 될 것이라고 말했다.[15]

이런 해석은 오늘날 너무 일반화되어 놀라워하는 사람이 거의 없다. 고통스러운 경험을 억누르고, 불의에 눈을 감고, 부당한 욕망을 부정하는 것은 낯선 사고구조가 아니다. 우리는 이런 사고구조를 다른 사람은 물론이고 우리 자신에게도 기꺼이 자주 적용한다. 이때 우리는 **실제 지식**을 토대로 한다. 우리는 스스로 인정하고 싶지 않은 뭔가를 **실제로** 알고 있다. 그것은 단순한 실수나 순간적인 부주의를 넘어서는 무언가다. 내면에 뭔가가 있지만, 우리는 그것이 무엇인지 알고 싶지 않다.

  잠깐 조금 더 자세히 살펴보자. 심리치료사가 옳았을 수도 있다. 억제하는 사람은 그것을 더는 의식하지 않는다. 뭔가 모호하고 기만적인 것이 억제된다. 억제하면 우리는 그것에 관해 전혀 모른다. 하지만 본인 스스로 전혀 모른다면, 다른 사람이 그것을 알 필요가 있을까?

  이것을 (실제 있었던) 다른 이야기와 비교해보자. 프로이트는 자신의 가장 유망한 제자 칼 융과 함께 기차를 타고 어딘가로 가고 있었다. 융은 최근에 브레멘 근처에서 발견된 선사시대 유물에 대해 열광적으로 얘기했다. 융이 스스로 정신분석학계 왕위 계승자라고 생각한다는 것을 아는 프로이트는 이를 자신을 암살하려는 융의 오이디푸스적 욕망의 표현으로 해석했다. 그리고 기절했다.

  선사시대의 유물이 프로이트의 죽음을 무의식적으로 연상시키기 때문에 융이 그토록 뜨겁게 열광하는 것이라고, 프로이트는 생각했다. 한편 융은 프로이트의 기절이 오이디푸스 콤플렉스의

전도된 상태를 보여준다고 해석했다. 융은 프로이트가 모든 남자
는 아버지를 살해하고 싶어한다는 생각에 사로잡혀 있다고 믿었
다. 그러니까 프로이트는 이 생각을 융에게 투사했지만, 사실 융
은 오로지 고고학 유물에 매료되었을 뿐이다.[16]

누가 옳을까?

둘 다 옳을 수는 없다. 프로이트의 말처럼 융이 무의식적으로
프로이트의 죽음을 원했기 때문에 유물에 흥미를 느꼈거나, 아니
면 융의 말처럼 프로이트가 상상의 위협을 융에게 투사했다. 두
이론 모두 상대방의 이론이 틀렸음을 암시한다.

이 문제는 미국 사회학자 존 레비 마틴의 1인칭 설명과 3인칭 설
명의 차이점을 보여준다.[17] 고고학 유물에 대해 열광적으로 얘기한
이유에 대해, 융은 흥미를 느꼈기 때문이라고 답했다. 이 대답은
1인칭 설명, 즉 '나'를 주어로 하는 설명이다. 융은 자신의 경험을
토대로 말한다. 융에게 이 경험은 가장 직접적인 접근이다. 물론
융은 주의를 더욱 예민하게 기울여 왜 자신이 고고학 유물에 그
토록 흥미를 느끼는지 깊이 생각할 수 있겠지만, 융 자신보다 융
의 의식에 더 잘 접근할 수 있는 사람은 없다.

3인칭 설명은 자신의 경험을 가둬두고, 어떤 무의식적 요인이
행동을 조종하는지를 3인칭 시점으로 설명하는 것을 말한다. 융
은 아마도 유물이 흥미롭다고 **생각했을 테지만**, 실제로는 무의식적
으로 프로이트가 선사시대 유물로 변하기를 바랐고 그래서 그 애

기를 했을지도 모른다. 융이 인정하지 않는다면 이것은 '억제'의
한 형태다.

3인칭 설명은 트라우마나 본능에 기인할 수도 있으나, 사회적
요인의 영향을 받을 수도 있다. 예를 들어, 많은 사회학자는 광고
와 기업문화가 무의식적으로 우리에게 영향을 미친다고 설명한다.
나를 포함한 일부 사회학자는 그 대신 1인칭 설명을 사용해, 이런
영향이 어떻게 인식되고 우리의 생각에 어떻게 반영되는지 연구
한다.[18]

예를 들어 부분적인 뇌 손상으로 신경질적이 된다는 조지 체인
의 이론처럼 생물학적 요인조차 3인칭 설명으로 이해될 수 있다.
그러면 행동은 행위자 자신도 알지 못하는 신체적 **실제 상태**로 해
석된다.

왜 그렇게 행동하는지 실제 이유를 전문가가 설명해주면, 사람
들은 대부분 아주 고마워한다. 설명은 위안을 준다. 그러나 3인
칭 설명은 오로지 권위에만 뿌리를 두기에, 우리는 반박할 수도
없고 의문을 제기할 수도 없다. 그렇게 권력 불균형이 생긴다. 우
리는 프로이트와 융처럼 3인칭 설명을 다룰 줄 아는 동등한 힘을
가진 두 진영보다는 권력 불균형 상태에 놓일 때가 더 많다.

'잠재적 동성애자'라는 진단

정신분석은 이제 학문과 치료에 거의 영향을 미치지 않으므로, 지금 여기서 하필이면 이런 3인칭 설명에 주목하는 이유가 궁금할 것이다.

한 가지 이유는 설령 정신분석이 학문에서 거의 완전히 자취를 감췄더라도 우리 생활과 언어에는 여전히 강하게 남아 있기 때문이다. 아이러니하게 또는 직설적으로 '억제'를 암시하거나 '투사' '승화' '프로이트의 말실수' 같은 용어를 사용하는 것이 그 예다. 더 중요한 이유는 정신분석이 역사상 가장 재미있는 3인칭 설명 몇 개를 만들어냈기 때문이다.

프로이트의 3인칭 설명은 역사책에 남아 우리의 호기심을 자극한다. 쥐 인간 그리고 아버지와 항문성교를 원하는 그의 무의식적 욕구, 부모의 친구와 구강성교를 원하는 욕구 때문에 기침을 한 도라처럼 말이다. 프로이트는 이 모든 '사례'를 기술하고 출판했음에도, 그의 분석이 환자에게 장기적으로 어떤 영향을 미쳤는지는 추적되지 않았다.

잘 알려지지 않은 예외적인 사례로, 미국인 호러스 프링크가 있다. 그는 엄밀히 말하면 환자로 프로이트를 찾아간 것이 아니었다. 그 역시 성공한 정신분석가였다. 권위 있는 뉴욕 정신분석학회의 공동 창립자로서 그는 회장직을 두 번 역임했다. 젊은 나이에 벌써 공포증과 강박증에 관한 책을 썼고, 프로이트를 처음 만났을 때 프로이트가 미국의 칼 융을 보고 있다고 생각할 만큼 깊은 인상을 남겼다.

1921년 2월에 프링크는 빈으로 갔다. 프로이트와 함께 5개월 짜리 '분석 수련'을 하기 위해서였다. 당시 프링크는 38세였고, 결혼한 지 10년째였으며, 미국에서 가장 유망한 정신분석가였다.

집으로 돌아왔을 때 그는 다른 사람이 되어 있었다.

무엇보다 프링크가 '잠재적 동성애자'라는 분석 결과가 나왔다. 프링크 자신은 동성애 욕구를 전혀 느끼지 않았지만, 프로이트는 그럼에도 그에게서 잠재된 동성애를 발견해냈다. 프링크가 의식적으로 인식한 문제는, 당시 다른 여러 정신분석가와 융처럼, 환자와 사랑에 빠졌다는 사실이었다.

프로이트는 제자들에게 정신분석가로서 너무 적극적으로 조언을 해주어선 안 된다고 단호하게 가르쳤음에도 불구하고, 정작 스스로는 프링크에게 그렇게 했다. 프로이트는 당황한 프링크에게 즉시 아내와 이혼하고 사랑에 빠진 그 환자와 결혼해야 한다고 조언했다.

프로이트는 심지어 적극적으로 행동에 나섰다. 그는 프링크의 환자를 파리로 불러 상황을 설명했다. 그 환자의 이름은 안젤리카 비주르였는데, 그녀는 나중에 프로이트가 아주 명확하게 말했다고 회상했다. 프로이트의 말대로라면, 그녀가 할 수 있는 최선은 당장 이혼하고 프링크와 결혼하는 것이었다. 그녀 자신뿐 아니라 특히 프링크를 위한 일이었는데, 그러지 않으면 그는 "평범한 일상으로 돌아가 아마도 은밀하게라도 동성애자가 될 것"이라고 했기 때문이다.[19]

프로이트의 말은 무시하기에는 너무 심각했다. 그래서 두 사람은 각자 이혼 후 부부가 되었다.

비록 프로이트가 한 편지에서 프링크의 '억제된 욕구' 관점에서, 그러니까 도덕적으로 행동했다고 설명했더라도, 프링크는 재혼생활에서 행복을 찾지 못했다. 그는 프로이트와 함께 다시 정신분석을 해야 했고, 안젤리카가 아름다움을 모두 잃었다고 불평했다. 눈부시게 아름다웠던 여인이 이제 "동성애자, 남자, 돼지를 닮은 존재"가 되어 있었다.[20]

그러나 프링크를 가장 괴롭히는 것은 죄책감이었다. 그는 첫번째 아내와 두 아이를 떠난 것이 정말로 옳은 일이었는지 확신이 서지 않았다. 이혼한 이유에 대해 의심이 생겼고, 아주 부유한 상속자인 안젤리카가 혹여 '정신분석 기금'에 돈을 기부할 의사가 있는지 프로이트가 그에게 물은 것이 석연치 않았다.[21]

전처가 사망하자 프링크는 심한 우울증에 빠졌다. 여러 번의 자살 시도 끝에 그는 존스 홉킨스 병원 정신병동에 입원했다. 그가 안젤리카를 학대했다는 사실이 알려지자 사람들은 그에게 뉴욕 정신분석학회에서 물러날 것을 요구했다. 나중에 둘은 결국 이혼했고, 그후 프링크는 오랫동안 정신병원에 입원했다. 그는 우울증이 다소 완화된 상태로 10년 더 살다가 53세에 정신병 에피소드에 따른 심장마비로 사망했다.

프링크는 자신의 생애를 광범위한 문헌에 남긴 유일한 프로이트 환자다. 따라서 우리는 결말을 알고 있으므로 그의 분석을 보다 구체적으로 평가할 수 있다. 프로이트가 주변 사람 여럿에게 내렸던 '잠재적 동성애자'라는 진단을 자세히 살피지 않더라도, 프링크가 남은 인생 동안 전처와의 이혼을 후회하며 보냈다는 사실은 간과할 수 없다. 당시 여러 친구들이 나쁜 생각이라며 이혼을 만류했다. 프로이트와 분석 수련을 했고 프링크와 그의 환자를 알았던 미국인 친구가 두 사람은 달라도 너무 다르기 때문에 결혼생활을 오래 지속할 수 없을 것이라고 프로이트에게 말하기도 했다. 그러나 프로이트는 "두 사람이 서로에게 성적으로 매우 끌리기 때문에" 훌륭한 결혼생활을 할 것이라고 반박했다.[22]

프로이트의 사례에서 가장 놀라운 것은 바로 자기 확신이다. 이런 깊은 확신이 분석의 정확성을 강화했다. 반면 환자의 불안은 저항, 즉 억제된 진실의 방어를 뜻했다.

'저항'과 '억제'라는 용어는 정신분석학의 가장 강력한 잔재로 현대인의 걱정과 불안에 영향을 미친다. 이런 용어는 모든 형태의 불안이나 양가감정을 질병으로 만들 수 있다. 아주 사소한 만약에 …이면, 어떡하지?라는 질문이 이상한 나라의 앨리스의 토끼

굴이 되고, 이런 질문을 그냥 내버려두거나 불안을 삶의 일부로 받아들이는 것은 저항의 한 형태로 일축된다. 따라서 정신분석의 접근 방식은 명상하듯 거리를 두고 생각과 감정을 관찰하는 것과 완전히 대조된다. 생각은 결코 그저 하나의 생각에 불과하지 않다. 모든 생각은 자아의 억제된 부분에서 솟아오르는 경험으로 가득차 있다.[23]

나중에 안젤리카는 자신이 경험한 정신분석가들의 위기에 대해 말했는데, 그녀가 만난 정신분석가들은 모두 명확히 신경증을 앓았고, 자신의 이론에서 완전히 길을 잃었으며, 자기 삶을 지배할 능력이 없었다. 그녀의 관찰이 정신분석학의 선구자들 사이에 자살률이 그토록 높은 이유를 설명해줄 수 있을 것 같다. 빈 정신분석협회 회원 149명 중에서 9명이 1902년부터 1938년 사이에 자살했다. 그러니까 17명 중 한 명꼴이다(현재 국제적으로 자살률은 1만 명 중 한 명이다). 그들 중 한 명인 빅토르 타우스크는 빈 협회에서 제명된 후 프로이트에게 직접 유서를 보냈다. 융의 조수 한 명이 자살했을 때, 프로이트는 한 편지에서 자살 문제에 대해 언급하면서, 회원 감소율이 상당히 높을 것이라 예상한다고 썼다.[24]

만약에 내가 누군가를 살해했다면 어떡하지?

유명한 정신분석학자 자크 라캉의 딸인 시빌 라캉은 『아버지Un père』라는 책에 자신이 태어난 직후 아버지가 가족을 버렸고 죽을 때까지 가족을 저버렸다고 썼다. 시빌 라캉은 자신을 "절망에서 태어난 존재"로 묘사했는데, 그녀가 잉태되기도 전에 아버지가 이혼을 결정했기 때문이다.

시빌 라캉은 책이 출판되고 몇 년 후 스스로 목숨을 끊었다. 프랑스 역사학자이자 정신분석학자인 엘리자베스 루디네스코는 이 책을 "이제껏 본 적 없는 라캉에 대한 가장 아름다운 묘사가 담긴 책"이라고 상찬했다. 그리고 "시빌 라캉이 절망의 딸이라는 사실 때문에, 삶을 너무나 사랑하여 스스로 삶을 버릴 수밖에 없는 비극이 일어날 수밖에 없었다"라고 썼다.[25]

루디네스코의 이 말은 정신분석학이 실제로 얼마나 제멋대로 해석될 수 있는지 보여주는 수많은 사례 중 하나다. 자전거 안장이 남근으로 해석되는 것처럼, 자살이 삶에 대한 사랑 고백으로 설명된다.

정신분석학 외부에도 환상적인 3인칭 설명이 존재하고, 해리 스택 설리번 같은 몇몇 정신분석학자들조차 '잠재된 것'보다 '명확한 것', 즉 환자들이 실제로 말한 것에 더 의존했다는 사실을 잊어선 안 된다.

신경생물학 차원에서 무의식은 아직 경험적으로 입증될 수 없는 신경학적 손상에 해당하므로, 일단은 추측에 기반한다. 검진을 받으면 그가 보이는 행동이 정신의학의 유일한 잣대이겠으나, 뇌에 숨겨진 비정상을 추측하면 때때로 의료진은 정신분석가만큼 자유롭게 해석할 수 있다.[26]

예를 들어, (무엇보다 편도체와 복내측 피질의 활동 부족으로 설명되는) 사이코패스 진단은 종종 환자들을 무한한 정신적 순환에 빠뜨린다. 그들이 공격적으로 행동하면, 그것은 사이코패스라는 증거다. 그들이 친절하고 사람들을 기꺼이 돕는다면, 그렇게 주변 사람들을 조종할 수 있으므로 역시 사이코패스라는 증거다.[27]

미국 사회학자 어빙 고프먼은 이것을 루핑looping이라고 불렀다. 의심을 떨쳐낼 수 없는 해석의 현주소를 잘 보여주는 명칭이다. 이런 무한한 정신적 순환은 수치심 때문에 주로 감춰지므로 제삼자가 눈치채기 어렵다. 그러나 드물긴 해도 가끔은 일반인조차 쉽게 눈치채기도 한다. 그리고 때로는 전 세계를 경악에 빠뜨린다.

역사에 기록된 이런 사례 중 하나는 토마스 퀵으로도 알려진 '스웨덴 최초 연쇄살인범' 스투레 베리발일 것이다. 베리발은 치료를 통해 억제되었던 기억에 접근할 수 있게 되었다. 그중 일부는 부모의 학대와 관련된 기억이었지만, 살해 기억이 훨씬 더 큰 관심을 불러일으켰다. 치료사의 도움으로 그는 30건이 넘는 살인을 자백했고, 그중 8건으로 나중에 유죄판결을 받았다.

유죄판결을 받은 지 10년 후에 그는 모든 살인에 대해 무죄판결을 받았다. 베리발은 자신이 살인을 저지르지 않았고 학대도 당하지 않았음을 깨달았다. 그의 기억은 진짜 기억이 아니었다. 불안을 일관되게 '저항'으로 분석한 3인칭 설명이 가져온 혼돈과 강력한 향정신성 약물이 만들어낸 환상이었다.

무수한 분석 자료와 책 그리고 국가위원회 활동에도 불구하고 수많은 연구자가 3인칭 설명의 힘과 역학을 조사하기 위해 분명 토마스 퀵 사건을 파고들 것이다. 이 사건에서 가장 놀라운 점은 베리발의 병적인 자백을 뒷받침할 수 있는 증인도 현장 감식도 없었다는 것이다. 당시 경찰은 증거를 찾기 위해 최선을 다했다. 노르웨이 외르예스코겐에서 발생한 것으로 알려진 소녀 살해 사건을 조사할 때 베리발은 여러 차례 숲으로 끌려갔고, 그러는 동안 노르웨이 경찰은 그 지역 출입을 제한하고 심지어 외르예스코겐 상공 비행도 금지했다. 베리발은 갑자기 자신이 연못가에서 소녀의 시체를 토막 낸 다음 알몸으로 연못 한복판으로 헤엄쳐들어가 소녀의 토막 난 시체를 바닥에 가라앉히는 장면을 떠올렸다. 이 진술은 제2차세계대전 이후 노르웨이에서 일어난 최대 규모의 범죄 현장조사로 이어졌다. 연못의 물을 모두 퍼냈다. 총 3500만 리터의 물이 퍼올려졌다. 연못 바닥의 거의 1만 년 된 진흙 역시 파헤쳐졌다. 퍼올린 물을 두 번이나 걸러봤지만 소녀의 흔적은 전혀 발견되지 않았다. 그럼에도 베리발은 1998년에 살인죄로 유죄판결을 받았다.[28]

베리발이 진술을 얼마나 자주 바꿨는지, 얼마나 자주 틀리고 주저했는지를 고려하면 이 판결은 대단히 충격적이다. 사실 이것은 스웨덴 최초의 연쇄살인범을 밝혀냈다고 역사에 기록되기를 바란 심리치료사, 수사관, 검사, 변호사, 기억전문가로 구성된 팀의 성공 욕구로밖에 설명할 수 없다. 비판적 질문의 여지를 두지 않는 '집단 사고방식'이 만연했다.[29]

그러나 사상사 측면에서 흥미로운 질문은 베리발이 그동안 의식하지 못했던 일을 기억해냈다는 주장을 법체계와 대중이 어떻게 받아들일 수 있었는가다.[30]

토마스 퀵 논쟁은 표면적으로 억제된 기억을 중심으로 전개되었지만, 동시에 내면의 저항 이론도 연루되어 있었다. 베리발의 진술이 과학적으로 타당하다고 설명했던 기억전문가는 바로 심리학 교수 스벤 오케 크리스티안손이다. 그는 정신분석학자가 아니었지만 다양한 이론의 영향을 받았다. 연쇄살인범에 관한 자신의 책에서 그는 상세한 설명 없이 "일부 연쇄살인범의 경우" 무엇보다 "뇌 손상" 가능성이 있다고 썼다. 그러나 잠재적 범죄 현장의 긴 조사와 수많은 신문을 가능하게 한 것은 크리스티안손이 그토록 받들어 마지않은 '심리적 저항' 이론이었다.

살인 같은 무거운 기억은 "다른 정보와 분리되어" 접근하기 어려운 곳에 저장될 수 있으므로, 살인 용의자를 오랫동안 반복적으로 신문해야 한다고, 그는 주장했다. 크리스티안손은 (총 31회 신문 끝에) 두 아이가 어린이 한 명을 살해했다고 자백한 것으로 알려진 '케빈 사건'과 (총 18회 신문 끝에) 12세 소년이 호브세에서 가위로 11세 어린이를 살해했다고 자백해 유죄판결을 받은 사건에서 고문으로 활동했다. 이 두 사건 역시 한참 뒤에 판결이 뒤집혔다.[31]

베리발은 자서전에서 자신이 어떻게 그렇게 많은 살인을 자백하게 되었는지 직접 설명했다. 사람들 대다수가 이해할 수 없는 설명이었다.

베리발이 확실히 강박적 거짓말쟁이처럼 행동했을 가능성도 있지만, 그는 기본적으로 자신의 경험을 의심했다. 그가 정신과 환자로서 그곳의 치료와 치료가 밝혀내고자 하는 끔찍한 일들에 관해 다른 환자와 얘기를 나눌 때, 처음에는 **만약에 …이면, 어떡하지?** 하는 질문으로 살인에 관한 상상이 시작되었다.

베리발은 자서전에 이렇게 썼다. "'만약에 내가 누군가를 살해했다면, 어떡하지?' 이런 물음이 떠올라 나 자신도 놀랐고, 치료사가 '당신이 스스로 그런 질문을 했다는 것만으로도 나는 당신이 그 일을 저질렀다고 추측할 수 있어요'라고 답했을 때는 불안해졌다."[32]

베리발은 치료를 받기 전부터 이미 자기 생각을 주의깊게 관찰했다. 한 인터뷰에서 말한 것처럼 그는 "정신분석학에 열광했고" 정신병원에 입원한 직후 스위스 정신분석학자 앨리스 밀러의 책을 읽었다. 첫날부터 베리발과 그의 치료사는 정해진 서사와 설명 모델이 있는 패턴을 따랐다. 끔찍한 세부 사항이 내용의 진실성을 확인해주었다. "평범한 사람은 그렇게 끔찍한 일을 생각해 낼 수 없을 테니까" 말이다.

그러나 아무도 진공상태에서 생각하지 않는다. 베리발의 풍부한 세부 사항에 영감을 준 두 작품은 브렛 이스턴 엘리스의 『아메리칸 사이코』와 소설을 각색한 조너선 드미의 영화 〈양들의 침묵〉이었다. 그는 크리스티안손의 추천으로 이 영화를 보았다.[33]

"나는 사실과 허구를 더는 구별할 수 없었다." 베리발은 자서전에서 반복적으로 밝혔다. 의심, 불안 등 온갖 부정적인 감정 반응은 저항으로 해석되었고, 그렇게 최악의 일이 사실로 판명났다.[34]

"나는 눈물을 닦으며 내가 말하는 것이 틀림없는 진실이라는 생각이 들었다. 결국, 눈물과 불안은 억제되었던 기억이 떠올랐다는 증거였다." 베리발은 소위 범죄 현장이라는 곳에 갔던 일을 이렇게 설명했다.[35]

베리발 자신도 무시무시할 정도로 세세한 자백에 놀랐다. 그의 생각과 환상이 내면에 숨겨진 잔혹한 일을 가리킨다는 이론에 이의를 제기할 수 없었다.

"나는 한 마디 한 마디 이야기를 풀어나갔고, 어울리는 장면으로 생각한 것들을 하나하나 묘사했다. 사실이라고 여겼지만 억제된 사실이므로 실제로 나는 그것을 기억할 수 없었다."[36]

베리발은 분석과 전문지식의 산물이었고, 자신의 경험을 3인칭 설명에 넘겨준 사람이었다. 정신병이든 아니든 상관없이 인간은 스스로 언제나 자신의 의식에 가장 직접적으로 접근할 수 있다는 사실이 어쩌다보니 잊히고 말았다. 그의 자서전 제목은 그가 비싼 대가를 치르고 얻은 교훈을 요약한다. 내가 누구인지 아는 사람은 오직 나뿐이다.

해석의 소용돌이

허위 자백은 이제 범죄심리학에서 별도의 연구 분야다. 이른바 린드버그 자백은 생각보다 흔하고, 종종 경찰 수사를 어렵게 한다. 린드버그 자백이라는 용어는 찰스 린드버그의 아들이 사라졌을 때 생겨났다. 200명이 넘는 무고한 사람들이 자신이 유명한 조종사의 아들을 납치했다고 자백했다. 이런 허위 자백 현상으로 올로프 팔메 살해 사건*도 조사가 복잡해졌다. 이 사건의 경우 130명

---

*   스웨덴 총리 올로프 팔메가 1986년에 도심에서 권총에 피격당해 암살당한 사건으로, 범인이 잡히지 않아 장기 미제 사건으로 남았다.

이나 자신이 범인이라고 자백했다.[37]

자신을 의심하는 사람들 대다수는 자신이 무의식적으로 범죄를 저질렀고, 자신의 의식이 그것을 기억하지 못하게 막는다고 생각한다. 여동생이 칼에 찔려 14세인 마이클 크로가 아주 오랫동안 신문을 받았을 때, 그는 어느 순간부터 자신이 인격장애를 앓고 있다고 확신하게 되었다. '악한 마이클'이 질투가 심해 여동생을 살해했고, '착한 마이클'이 그 행위를 기억에서 지운 것이다.

"어떻게 했는지는 몰라요." 크로가 말했다. "내가 했다는 것만 알아요."[38]

다른 용의자의 옷에서 여동생의 피가 발견되었을 때에야 비로소 크로는 풀려났고 더는 의심받지 않았다. 지킬 박사의 내면에 하이드가 숨어 있다는 상상이 너무 강렬해, 크로는 저지르지도 않은 범죄로 유죄판결을 받을 뻔했다. 이와 유사한 상황을 겪은 사람들이 아주 많다. 그들은 현장 감식이 진술과 모순된다는 사실이 밝혀진 뒤에야 비로소 무죄판결을 받았다. 자신의 경험을 그토록 깊이 의심하는 것은 역사적으로 볼 때 특이한 일이 아니다. 이것의 뿌리는 19세기에야 문화로 확립된 자아 왜곡에 있다.

오늘날 위험 계산에는 우리가 한 일만 포함되지 않는다. 우리가 누구냐도 똑같이 중요하고, 심지어 더 중요할 때도 있다. 이는 다양한 패턴으로 나타난다. 프로이트 전문가 호러스 프링크의 사례에서처럼, 우리는 이혼을 고민할 수 있고 다음 단계에서 이런 고민을 하는 것 자체가 질병으로 부풀려질 수 있다. 해석의 소용돌이 속에서는 어떤 질문이나 걱정도 단순한 질문이나 걱정으로 여겨지지 않는다. 질문과 걱정이 존재하는 것만으로도 우리는 벌써 세상이든 우리든 뭔가 잘못되었다고 해석한다. 프로이트가 환자들을 초자아에서 해방하고자 했던 것과 마찬가지로, (실제로 바라는 것과 실제로 느끼는 것이 무엇인지 영원히 고민하는) 자기 의심은 강박처럼 나타난다.

애니는 언젠가부터 정신분석에 집착하게 되었다고 말했다.

"치료가 끝나갈 무렵에는 문손잡이도 잡을 수가 없었어요. 음경처럼 보였기 때문이죠." 애니가 설명했다.

애니의 정신분석가가 쓰고 있던 '음경 판별 안경'을 이제 애니가 쓰고 있었고, 애니와 안경은 한몸이 되었다.

25년간 상담과 대체요법을 받은 후, 현재 애니는 시가를 다시 시가로 볼 수 있게 되었다. 불안장애 환자를 위한 파리 협회 창립자로서, 애니는 자신과 비슷한 경험을 한 사람들을 만난다. 이제 애니는 자신의 정신분석에 관해 글을 쓰고 정신분석학자들과 공개적으로 토론한다. 프랑스에서는 정신분석학의 존폐가 활발히 토론되지만, 정신분석가와 환자가 대립하는 경우는 매우 드물다. 또한 설령 애니의 비판이 매우 설득력 있게 들리더라도(무엇보다 그녀가 조종당하고 잘못된 치료를 받았다는 사실이 인정되었다), 환자가 자신이 받은 치료에 대해 용기 내어 불평하면 분석가와 대중 모두 황당해한다.

"그들은 환자가 반박할 수 있고 그들의 접근 방식을 객관적으로 비판할 수 있다는 생각을 하지 않아요. 환자에게는 그럴 권리가 없다고 생각해요. 환자들은 아프고 분석가는 건강하니까요."

자기 의심 속에서

점점 인기를 끄는 자서전 형식의 책들에서 우리는 자기 강화적 걱정의 여러 형태를 읽을 수 있다. 칼 오베 크나우스고르의 자전적 소설 『나의 투쟁』에는 다양한 불안이 묘사되는데, 한동안은 다음과 같은 불안이 지배적이다. 그는 누군가가, 특히 어머니가 그를 동성애자라고 믿을까봐 불안해했다. 크나우스고르는 남성에게 매력을 느끼지 않았고, 누군가가 그에 대해, 사실이 아니지만 그렇다고 반박하기는 어려운 뭔가를 생각하는 것이 싫었다.

이런 불안이 또다른 불안들을 만들어냈다. 예를 들어 TV에서 어쩌다 동성애에 관한 이야기가 나오면 그는 자신이 이상하게 반응할까봐 불안했고, 바로 그런 이유 때문에 실제로 이상하게 반응하기도 했다.

"우리가 시청했던 영국 드라마의 연기자 한 명이 동성애자였는데, 그의 이름이 언급될 때마다 나는 얼굴이 붉어졌다. 내가 동성애자이고 그 사실을 어머니에게 말할 수 없었기 때문이 아니라 어머니가 나를 동성애자로 생각할까봐 불안해서였다. 한심하게도 호모라는 단어가 나올 때마다 내 얼굴이 붉어졌으니 어머니는 분명 내가 동성애자라고 생각했을 테고, 그 생각을 하면 내 얼굴은 더욱 붉어졌다."[1]

자기 강화적 불안은 서구 문화에서 대체로 주요하게 다루지 않는 증상이라서, 크나우스고르는 얼굴이 붉어질 때마다 프로이트의 분석 틀에 자신이 딱 맞을까봐 점점 더 불안해졌다. "최악의 상황에서는 정말로 내가 게이일 수도 있다는 생각이 들었다."[2]

레이철 커스크의 자전적 소설 『인생 과제: 엄마 되기 A Life's Work: On Becoming a Mother』에도 비슷한 걱정이 등장한다. 커스크는 딸의 탄생을 이따금 후회하게 될까봐 걱정한다. 갓난아기를 안고 집에 돌아왔을 때 그녀는 벌써 자신에게 비극이 덮친 것 같은 기분이 들었다. 모든 가구와 방이, 이제는 잃어버린 옛 삶을 상기시켰다. 그녀의 생각이 그녀를 불안하게 했다. 일종의 갇힌 삶이 두려웠고, 아이 없는 삶이 그녀를 배신하고 떠난 것처럼 느껴졌고, 이전의 삶이 그리웠다.

실수를 저질렀다는 두려움 때문에 더욱 불안해졌다. 그러나 크나우스고르와 달리 커스크의 걱정은 외부로 향했다. 그녀는 뭔가 잘못되었음을 감지한 아기가 엄마를 좋아하지 않고 아빠를 원할까봐 불안했다. 딸이 배탈이 났을 때 커스크는 자신의 모성애 부족이 원인이라고 생각했다.

그녀의 내적 결함이 딸에게 미칠 악영향을 중심으로, 온갖 만약에 …이면, 어떡하지? 질문이 생겨났다. "젖을 먹일 때 나의 불결한 자아 때문에 젖이 오염될까? 그것이 뭔가 은밀한 메시지를 아기에게 전달할까? 비명 같은 아이의 울음이 내 감정의 어두운 혼돈을 고발하는 걸까?"³ 아주 사소한 일마저도, 아기가 그저 인내심을 잃고 잠깐 우는 것조차도, 그녀에게는 자신의 양가감정이 나쁜 엄마라는 증거가 되었다.

만약에 …이면, 어떡하지? 질문이 승기를 잡는 순간, 불안이 저절로 재확인된다. '내가 동성애자면 어떡하지?' '내가 나쁜 엄마면 어떡하지?' 이런 생각은 자신을 의심할 때만 사실이 된다.

자신이 무엇을 생각하는지 곰곰이 생각하는 사람은 자기 자신에 대해서도 생각한다. 생각에 대해 생각하는 것은 사르트르가 말한 것처럼 "사전 성찰에서 성찰로 넘어가는" 또는 대다수가 묘사하는 것처럼 "인지에서 메타인지로 넘어가는" 전환을 뜻한다. '아기가 끊임없이 우는 게 정말 질릴 정도야' 하는 생각 뒤에 '만약에 내가 나쁜 엄마여서 이런 생각을 하는 거라면 어떡하지?'라는 질문이 이어진다면, 원래 생각에 새로운 의미가 부여된다.

이런 생각이 반드시 자기 의심으로 이어지는 건 아니다. 우리는 '내가 나쁜 엄마면 어떡하지?'라고 자문하더라도 거기서 생각을 멈출 수 있다. 무엇을 자기 의심으로 평가하느냐는 문화적 배경에 따라 다르다. 냉소적 질문을 잘못된 양육의 증거로 생각하는 것은 (역사적으로 볼 때 아주 최근에 생겨난 견해인데) 신생아를 우주의 중심으로 보고 삶의 절대적 의미로 여기는 태도가 전제되지 않으면 이해하기 어렵다.[4]

우리가 걱정하는 방식뿐 아니라 걱정하는 대상 또한 상황에 따라 달라진다. 17세기 사람들에게는 마법에 걸리거나 마녀라고 고발당하는 것에 대한 걱정이 자연스러웠다. 또한 20세기에서 21세기로 넘어갈 때는 수많은 사람이 주변의 모든 사람이 캐스팅된 배우일까봐 불안해하며 마음수련에 휩쓸렸다. 망상으로까지 발전되기도 했던 이런 불안은 주인공이 그런 조건에 놓였던 영화 〈트루먼 쇼〉가 1998년에 개봉된 이후 널리 퍼졌다.[5]

이러한 사례를 보면 병적인 걱정과 불안이 어떻게 문화에 유입되는지 쉽게 이해할 수 있다. 그러나 때로는 걱정과 불안이 너무 이색적이고 비현실적이어서 마치 병든 정신에서 생겨난 것처럼 보일 때도 있다. 문화와 가장 널리 퍼진 **만약에 …이면, 어떡하지?** 형식, 즉 강박관념으로 생긴 걱정과 불안 사이의 연관성은 특별하다. 강박관념은 종종 너무 터무니없어서 유전적 요인과 화학적 불균형이 만나 발생한다고, 이런 생각은 절대 사회적 근거가 아닌 반사회적 근거로만 생긴다고 가정하기 쉽다.

자기 아기를 질식시키는 상상을 멈출 수 없는 여자 혹은 아내를 칼로 찌를까 두려워 부엌에 들어가지 않는 남자, 이들은 뇌의 특정한 부위가 녹아 없어졌기 때문에 그러는 걸까? 아니면 영혼이 시대정신의 영향을 받은 탓일까?

우리가 위험하다고 여기는 것

불안장애가 있는 사람은 그런 장애가 없는 사람보다 대체로 위험을 더 심하게 두려워한다. 그러나 불안장애는 언제나 역사적으로 만연했던 걱정을 반영했다. 이는 강박장애를 자세히 살펴보면 더 분명해진다.

오늘날 매우 흔한 강박장애는 바이러스나 박테리아 감염 가능성을 예방하는 것과 관련이 있고, 이는 과도한 손 씻기로 이어진다. 19세기 이전에는 이런 유형의 강박을 상상할 수조차 없었는데, 의료진이 손을 씻으면 산욕열 감염 위험이 급격히 줄어든다는 사실을 헝가리 의사 이그나즈 제멜바이스가 처음 발견한 때가 19세기에 들어선 뒤이기 때문이다. 그리고 얼마 후 루이 파스퇴르가 어쩌면 박테리아 같은 것이 있을 수도 있다는 생각을 하게 되었다.[6]

새로운 의학 연구가 밝히기를, 1970년대에는 석면이 강박적 사고를 유발했지만 1980년대와 1990년대에는 주로 HIV가 강박적 사고를 일으켰다. 미국 정신과 의사 주디스 라포포트는 『언제나 몸을 씻어야만 했던 소년The Boy Who Couldn't Stop Washing』에서, 1989년 강박장애 환자의 3분의 1이 HIV 생각에 시달렸다고 썼다. 대체로 걱정과 불안이 증가했지만 표면적으로는 강박적 사고로 나타났다.[7]

강박이 특정한 부위에만 발생할 때도 있다. 한 예가 **코로**koro인데, 자신의 성기가 수축하거나 복부로 들어갈까봐 두려워하는 증상이다. 여성보다 남성에게 더 흔하고, 남중국해의 하이난 다오 섬에 많이 퍼져 있기도 했던 이런 강박관념은 성기의 길이를 반복해서 측정하게 만들었다. 이와 같은 강박의 근본적인 위험은 신체 기관(가슴, 코, 혀 등)이 수축해 생명을 위협할 수 있다는 가정에서 비롯된다. 오늘날에도 중국 남부에서 여전히 찾아볼 수 있는 이런 상상은 성에 관해 이야기하는 것을 꺼리는 일반적인 거부감과 관련이 있다.[8]

문화권마다 걱정과 불안이 유독 많이 나타나는 영역이 따로 있다. 나는 이를 위험 영역이라고 부르고, 우리의 '내면'이 문화적으로 특히 중요한 역할을 하는 네 영역, **종교, 성, 공격성, 관계**에 대해 이야기해보려 한다. 주의깊은 독자들은 내가 지금까지 이미여러 차례 종교와 성이라는 주제를 다루었다는 사실을 눈치챘을 것이다. 종교와 성이 근본적으로 위험과 위기를 가져오기 때문이 아니다. 둘은 그냥 역사적 이유로 우리의 걱정과 불안을 자주 촉발하는 영역일 뿐이다(통계적으로 욕조가 테러보다 훨씬 더 많은 사람을 죽게 했더라도 테러를 더 두려워하는 것과 비슷하다). 이를 이해하려면, 사회적 맥락에서 개인의 걱정과 불안을 더 자세히 살펴야 할뿐만 아니라 개인의 걱정과 불안이 사회에 대해 무엇을 말하는지도 깊이 살펴야 한다.

종교: 멈출 수 없는 자책

프랑스 정신과 의사 앙리 르그랑 뒤 사울이 최초로 강박장애에 관한 의학 논문을 썼다. 그는 1875년에 『의심의 광기La folie du doute』에서 자신이 의심병이라고 명명한 것에 대해 설명했다. 그는 이 병을 앓는 환자들이 망상에 시달리지 않음을 명확히 지적했다. 그들은 자기들이 있을 법하지 않은 일을 불안해한다는 것을 알고 있었다. 그런데도 걱정을 떨쳐버릴 수가 없었다.

"이 종잡을 수 없는 불행한 환자들은 자신의 상태를 제대로 파악하고 있다. 그들은 자신의 상황을 매우 명확하게 알고 있어서 더욱 괴로워하며 한탄한다. (…) 그들은 종종 자신의 걱정이 터무니없음을 인정하면서 이렇게 말한다. '말이 안 된다는 걸 알지만, 그럼에도 괴롭고 걱정을 멈출 수가 없어요.'"⁹

이후 많은 사람이 '의심병'이라는 용어가 오해를 불러일으킨다고 보았는데, 뒤 사울의 환자들조차 의심을 버리고자 했기 때문이다. 그들은 뒤 사울의 안심시키는 말을 끊임없이 갈구했기 때문에 차라리 '안심병'이라고 불러야 정확했다. 그들의 걱정과 곤경은 거의 전적으로 그들이 충분히 기도하지 않고 믿음이 약하다고 생각했기 때문에 생겨났다.

뒤 사울이 les scrupules religieux라고 불렀던 것, 즉 종교적 양심의 가책은 여러 특이한 방식으로 나타났다. 한 젊은 여성은 미사에 처음 참석했을 때 웃음을 터뜨렸고, 그래서 은총을 받지 못했고, 고해신부에게 죄를 숨겼기 때문에 계속 괴로워했다. 그녀는 정확히 무엇이 신성모독으로 통하는지, 혹여 자신이 그런 죄를 저지른 건 아닌지 계속 고민했다. 그녀는 스스로 형벌을 내렸고 그중 하나가 기름기 없는 퍽퍽한 고기만 먹는 것이었다.

죄를 지은 게 아니라고 뒤 사울이 확실히 말해주었음에도 그녀는 계속 의심했다. 그녀는 마지막 숨이 멎기 전에 회개하지 못할까봐 너무 불안했던 나머지 자다가 죽지 않기 위해 밤마다 깨어 있었다.

뒤 사울의 환자들이 설명한 내용에는 고해 때 깜빡 잊고 말하지 못했던 죄가 고해를 마친 직후에 기억이 나서 생긴 걱정과 죄책감이 다수 포함되어 있었다. 그보다 더 큰 걱정이라고는 하느님께 기도를 충분히 드리지 못했다는 생각이 유일했다.[10]

45세인 한 남자가 편지에서 설명하기를, 그는 어렸을 때부터 이미 자신의 기도가 부족하다고 느꼈다. "나는 세 번, 때로는 네 번씩 다시 기도를 시작했어요. 종종 밤에 무릎을 꿇은 채 잠이 들어 그대로 아침을 맞곤 했죠. 고해 때마다 항상 아주 솔직하게 죄를 고백한 건 아니었으니까 내가 지은 죄를 모두 설명하지 못했다는 생각이 들었고, 이어 내가 전혀 하지 않은 일까지 자책하곤 했어요." 이런 감정 때문에 다양한 강박적 사고가 생겨났고, 뒤 사울은 이 증상을 브롬, 교대욕, 체조를 통해 치료했다고 직접 밝혔다.[11]

정신과 의사 장에티엔 에스키롤과 마찬가지로, 뒤 사울은 '의심병'을 '지능과 관련된 질병'으로 이해했다. 의심병을 앓는 사람은 어리석지 않았다. 오히려 그 반대였다. 그러나 여느 정신과 의사들처럼 그 역시 기독교 제도의 무엇이 사람들을 그런 의심에 빠뜨리는지는 분석하지 않았다. 아마도 뒤 사울은 신학에 정통한 사람들도 비슷한 걱정을 할 수 있다는 것을 몰랐을 테다.

가장 많이 거론된 사례는 자신의 기도가 타당한지 의심하며 괴로워했던 젊은 마르틴 루터다. 나중에 정신과 의사들이 알아낸 바에 따르면, 그는 강박적으로 사탄을 생각했고 하느님과 예수님을 화나게 할까봐 불안해했다. 주변의 고해신부들은 루터의 지칠 줄 모르는 고해에 당혹스러웠을뿐더러 그가 고백하는 죄는 사실 죄로 보기도 어려운 행동이었다. 하지만 그의 자책은 멈추지 않았다.[12]

성공회 주교 존 무어는 종교적 자기 의심을 거의 심리학자처럼 기록한 최초의 기독교인인데, 1691년에 이미 자신이 '종교적 우울'이라고 이름 붙인 것에 대해 짧은 글을 썼다. 무어는 "불행한 사람들은 미사중에 상스럽고 때로는 신성모독적인 생각에 사로잡히고, 그렇게 성령을 욕되게 했다는 이유로 스스로에게 벌을 내린다"라고 지적했다.[13]

그러나 무어는 이런 생각이 신을 모독하는 것과 전혀 무관하다고 여겼다. "그런 생각에 빠지는 사람들은 대개 착한 사람들이고, 나쁜 사람들은 (…) 그런 생각이 문제가 있다는 걸 애초에 알지도 못한다." 그러므로 무어는 그런 생각을 허용하라고 조언했다. "그런 생각이 엄습해오면 낙심하지 말고 (…) 그것에 맞서 싸우지 말라. 그런 경험을 통해 우리는 필사적 저항이 오히려 생각을 더 키우고 더 강하게 할 뿐임을 배우게 되기 때문이다."[14]

(영어로 scrupulosity라고 표현되는) 종교적 강박관념은 기독교뿐 아니라 세계 모든 종교에서 발견된다. 일반적으로 신앙심이 아주 깊은 사람들이 이런 강박관념에 빠진다. 신앙심이 깊은 사람일수록 이 같은 생각을 허용하는 것이 더 힘들다. 그들은 이런 생각을

언제나 자기 자신과 관련지어 보기 때문에(출발점이 전혀 다르긴 하지만 이런 태도는 불교에서도 볼 수 있다) 이에 맞서 뭔가를 해야만 한다. 그러나 무어가 이미 확인했듯이, 그것은 생각을 더 끈질기게 만들 뿐이다. 종교가 없어서 생각의 순수성에 가치를 크게 두지 않는 사람은 "신을 미워한다" 같은 문장을 더 쉽게 용납할 수 있다. 그 말이 그에게 아무런 결과도 가져오지 않을 것이기 때문이다.

종교적인 국가일수록 종교적 강박관념이 있을 확률이 당연히 더 높다. 미국의 연구들을 보면, 강박장애의 5~10퍼센트가 종교와 관련이 있다. 사우디아라비아나 이집트처럼 더 종교적인 국가에서 이루어진 연구에서는 그 수치가 50~60퍼센트에 이른다. 아마도 실제 수치는 심지어 더 높을 텐데, 종교적인 사람들은 대부분 도움을 얻기 위해 병원에 가는 일이 거의 없기 때문이다. 예를 들어 무슬림은 강박적 사고가 '악마의 속삭임(아랍어로 al-waswas)' 때문에 생길 수 있다고 믿는다. 이런 종교적 설명이 서양의 진단과 치료법을 대체하는 것이다.[15]

걱정은 모두 문화적 두려움에 기초한다. 그러나 종교가 반드시 개인의 위험 영역인 건 아니다. 예를 들어 힌두교도 사이에서 종교적 강박관념은 비교적 드문 일이다. 그러니까 죄, 부도덕, 불결함, 신성모독에 눈길을 주더라도 강박적 사고로 이어지지 않을 수 있다. 아주 작은 일탈이, 설령 머릿속에서만 일어나는 일탈이라도, 지금의(그리고 나중의) 삶에 악영향을 미칠 거라 개인이 확신할 때만 문제가 된다.

특정 가르침을 잘못 해석해 이런 강박적 사고가 생기기도 하지만, 때로는 종교가 다양한 강도의 처벌을 이용해 강박적 사고를 조장하기도 한다. 예정설을 통해 의심을 조장했던 칼빈주의에 대한 막스 베버의 분석에서도 이를 확인할 수 있다. 예정설에 따르면 버려진 자와 선택받은 자 사이에는 아주 가는 선만 그어져 있는 게 아니다. 신은 이미 누가 어디에 속할지 정해놓았고, 의심을 잠재우는 방법은 '부단한 노력' '내적 금욕주의' '성실성' 등등인데 대부분이 강박장애 진단 목록에서나 볼 수 있을 법한 방법이다.[16]

신앙심이 깊은 개신교 신자들이 강박장애에 걸릴 확률이 더 높은지에 대해서는 오늘날에도 여전히 의견이 분분한데, 무엇보다 개신교가 'sola fide', 즉 '오직 믿음만으로'를 강조해 합리적 설명으로 반박할 수 없는 불확실성을 조장하기 때문이다.[17]

성: 수치스럽거나 혐오스럽거나

이 위험 영역이 세속 사회에 미치는 영향력은 아마도 종교가 종교 사회 내부에 미치는 영향력과 가장 비슷할 것이다. 이 영역만큼 불결하다는 비난을 받거나 단죄되거나 저주받는 영역도 없다.

당연히 걱정과 불안이 반드시 수치심과 연관되지는 않는다. 이는 배척당하는 것에 대한 두려움, 스스로에게 진실하지 못한 거짓된 삶을 살고 있는지도 모른다는 두려움에 그 뿌리를 둔다. (우리가 앞에서 다니엘을 통해 만났던 불안이기도 한) 자신이 어쩌면 동성애자일지 모른다는 크나우스고르의 발언에는 성적 욕망이 의식되지 않을 정도로 강한 심리적 저항이 있을 수 있다는 프로이트의 견해가 반영되어 있다. 그러나 이런 식의 강박적 사고는 다른 방향으로도 나타날 수 있다. 이를테면 동성애자는 그들이 **실제로** 이성애자일까봐 두려울 수 있다. **실제로는** 또 다른 무엇일까봐 불안할 수 있다. 배우자를 매우, 그리고 의식적으로 사랑하더라도 실제로는 사랑하지 않을까봐 불안할 수 있다.

여기에는 진정성 없는 삶, 자기 자신을 부정하는 불안이 반영되어 있다. 그러나 때로는 다른 요인, 다시 말해 자신의 성적 취향이 어쩌면 나쁘거나 심지어 해로울 수 있다는 생각이 걱정을 불러오기도 한다. **변태를 끔찍하게 여기기 때문에, 변태일지 모른다는 불안은 더욱 커진다.**[18]

청소년 시절에 아이작은 동성애자가 되는 것을 가장 끔찍한 일로 여겼다. 크나우스고르와는 대조적으로 그를 괴롭히는 것은 혐오감과 수치심이었고, 그에 더해 학급 친구들에게 놀림을 받을까봐 두려웠다. 그러니까 그의 걱정에는 동성애 혐오가 각인되어 있었다. 그는 진정성 없는 삶을 살게 될까봐 불안했을 뿐만 아니라 동성애를 변태적인 것으로 여겼다.

같은 반 여학생이 매력적으로 보이면, 그는 실제로는 옆자리에 앉은 남학생에게 끌리진 않는지 확신할 수가 없었다. 체육 시간에 매력적인 남학생을 보면 그는 자신이 흥분했는지 점검했다. 조금이라도 발기의 조짐이 있었나? 자신의 아랫도리에 완전히 집중했으므로 그곳에 어떤 반응을 유발하는 것은 어려운 일이 아니었다. 다만 그는 이 반응이 정말로 성적 매력 때문인지 확신하지 못했다.

몇 년 동안 아이작은 우울증을 앓았다. 그는 집에 돌아와 침대에 누워 진지하게 자살을 생각했다. 친구들이 진실을 알아내고 게이인 사실을 숨겼다며 그를 놀리는 공포 시나리오가 머릿속을 맴돌았다. 그러다 아이작의 몇몇 친구가 게이라는 사실이 밝혀지면서 상황이 완전히 바뀌었다. 이제 놀림받을까봐 크게 불안하지 않았다. 아이작은 자신이 동성애를 더는 '최악의 일'로 여기지 않았기 때문에 자신의 강박적 사고가 사라졌다고 믿었다.

아이작의 이야기는 걱정을 내려놓기가 얼마나 간단한지 명확히 보여준다. 그러나 걱정이 생기는 과정도 아주 간단하다. 위험 회피가 심할수록 그와 관련한 위협적 재앙이 금세 떠오르기 때문이다. 때로는 전혀 예상하지 못했던 일이 재앙이 되기도 한다.

아이작이 한동안 동성애에 대한 불안에 사로잡혀 있었던 이유는 그것을 '최악의 일'로 여겼기 때문이다. 그가 기억하기로 자신은 동물을 사랑했고, 누군가 동물을 학대하는 상상만 해도 구역질이 났다.

고양이나 개를 보자마자 그는 걱정에 휩싸였다. 꼬리를 흔드는 모습만 봐도 의문이 생겼다. 동물을 보고 내가 흥분했나? 그는 일부러 동물의 항문을 노려보며 성기를 삽입하는 상상을 했다. 흥분했나? 하지만 그가 방금 그런 상상을 스스로 했다는 것 자체가 흥분했다는 증거였다! 대체 왜 개나 고양이를 보면 곧바로 성기를 떠올리고 그들과 성교하는 장면을 상상하게 될까? 실제로 원하기 때문일까?[19]

성적인 내용이나 폭력적인 내용이 포함된 원치 않는 생각이 요즘 가장 흔한 강박적 사고에 속한다. 손 씻기 강박보다도 더 흔하다. 한 설문조사에서는 거의 모든 응답자(정확히 94퍼센트)가 때때로 원치 않는 생각을 하게 된다고 답했다. 반드시 동성애와 관련되진 않았지만, 응답자가 역겹거나 끔찍하거나 무섭다고 생각하는 주제였다. 그러므로 강박은 생각만으로 생기는 것이 아니라 그것을 없애려는 욕구에서 생긴다.[20]

로즈 브레테셰의 책 『퓨어Pure』에 이 문제가 매우 생생하게 묘사된다. 이 책의 제목은 강박장애가 정신적 강박으로만 발생하므로 어느 정도 순수하게 유지됨을 암시한다. 처음 "그런 장면이 날 아들었을 때" 그녀는 겨우 열네 살이었다. 이 생각은 곧바로 단단히 뿌리를 내렸다.

"나는 그 단어를 조용히 발음해보았다. 그리고 얼른 손으로 입을 막았다. '만약에 내가 소아성애자라면…… 어떡하지?'"[21]

비록 겉으로는 즐겁게 또래 친구들과 어울리며 꽤 평범한 십대를 보냈더라도, 브레테셰는 10년 가까이 아침부터 저녁까지 이 질문에 골몰했다. '내가 소아성애자일까? 내가 소아성애자일까? 내가 소아성애자일까?' 언젠가부터 그녀는 심지어 자신이 애써 억제했으나 자기 심문을 통해 다시 의식의 수면 위로 떠오르려고 하는 어떤 사건을 이미 한 아이에게 저질렀을까봐 불안해지기 시작했다.

"내가 어렸을 때 어린아이를 성추행했던 걸까?

또 그런 짓을 저지르게 될까?

어린아이가 그 일을 기억하고 경찰에 신고할까?

나는 가족과 격리되어 갇히게 될까?

신문에 내 사진이 실릴까?

내가 어떻게 그런 짓을 저지를 수 있었을까?

(…)

아니야.

아니야.

아니야.

역겨워.

차라리 죽고 싶다.

내가 그랬을 리가 없어.

나는 그런 일을 저지르지 않을 거야.

나는 그런 일을 저지른 적이 없어."[22]

브레테셰의 자기 심문은 어찌 보면 이중 처벌이었는데, 이런 생각을 떨쳐내지 못하고 고민하는 것도 벌을 받을 만한 죄였기 때문이다.

"이런 생각을 내가 좋아하나?

아니야.

아니야.

아니야.

그렇다면 왜 나는 이런 생각을 멈추지 못하지?

이것은 무엇을 의미할까?

분명 뭔가 의미가 있을 거야."[23]

브레테셰는 이런 생각을 정신분석학적으로 이해했다. "나는 항상 생각이 내 안의 깊은 무의식에서 나오고, 의식의 수면 위로 떠오르고자 하는 프로이트식 욕망을 나타내는 것이라고 믿었어요. 늘 내 생각이라고 믿었죠."[24]

그러나 현대의 위험 영역인 성은 프로이트식으로만 설명할 수 없다. 사회학은 이미 오래전부터 성이 우리의 정체성을 설명해주는 요소로 승격된 사실을 연구해왔다. 우리는 성적 취향을 음악 취향처럼 발견하지 않는다. 새로운 스포츠를 시도하듯이 성행위를 시도하지 않는다. 성은 우리의 본질, 자아의 핵심에 자리한다. 강박장애가 있든 없든 모두 자신의 성적 취향을 특정 방식으로 정확히 점검하고 표현해야 한다.[25]

사회는 더이상 성을 통제하지 않는다. 그러나 아무리 자유분방한 문화라도 사회적 규제는 존재한다. 새롭게 발견된 사실은 이런 사회적 규제가 자아를 통해 행해진다는 것이다.

산업화 이전 유럽에는 죄악으로 여겨지는 광범위한 성행위에 대한 금지 목록이 있었다. 그러나 죄가 되는 것은 당신이 **누구냐**가 아니라 **무엇을 했느냐**. 특정 '성(19세기에 비로소 현재의 의미를 띠기 시작했다)'에 대한 견해가 변화를 불러왔다. 이런 변화는 성과학의 출현에서 비롯되었다. 국가가 유전학, 매춘, 성병 관리에 관심을 가지기 시작하면서 성과학이 생겨났다. 성과학은 다양한 성적 징후를 신체적 질병과 정신적 질병(페티시, 사도마조히즘, 시체성애, 동물성애 등)으로 나눴다. 그러나 이들 가운데 대다수가 오늘날에는 질병으로 분류되지 않는다. 영국 사회학자 제프리 위크스는 이런 변화를 다음과 같이 요약한다. "성과학이 해낸 발견과 연구로, '성적인 것'이 새로운 의미를 부여받았다."[26]

푸코는 서양의 성을 역사적으로 분석하면서, 지금까지 그렇게 짧은 기간에 그렇게 많은 새로운 범주를 창안해낸 적이 없었다고 말했다. 성과학의 출현 이후 성은 더는 억제되지 않았고, 심지어 푸코가 추측하기로 우리는 다른 무엇보다도 성에 대해 가장 많이 이야기한다. 리하르트 폰크라프트에빙이 새로운 용어를 창안하지 않았고 1886년에 『광기와 성』이라는 영향력 있는 책의 출판으로 이 용어가 퍼지지 않았더라면, 분명 아이작은 자신이 동물성애자일까 걱정할 필요가 전혀 없었을 것이다. 크라프트에빙의 또다른 진단, 즉 소아성애증이라는 진단이 없었더라면 브레테셰의 자기 심문 역시 근거가 부족했을 것이다.[27]

소아성애가 예를 들어 동물성애보다 강박관념의 더 일반적인 주제인 이유는(소아성애는 '소아성애를 주제로 한 강박장애, P-OCD'라는 별도의 항목이 있을 정도로 널리 퍼져 있다), 소아성애가 심각한 범죄라는 사실로 어느 정도 설명될 수 있다. 또한 소아성애는 문화적으로도 특별한 역할을 수행한다. 1980년대 이후로 소아성애는 특히 문학과 영화에서 순수 악을 상징했다. 어린이 성폭행은 뉴스 가치가 높고, 연관성(소아성애 네트워크, 사탄 의식, 유명인사)이 자극적이고 잔인할수록 더 많이 보도된다. 그러다보니 사회학자 프랭크 푸레디가 쓴 것처럼 소아성애의 **보편화**라는 역설적 결과가 나왔다.[28]

한 연구에서 실험 참여자들에게 어떤 남자가 아이를 안고 있는 사진을 보여주며 남자에 대해 어떤 생각이 드는지 물었다. 대다수가 남자를 자상한 아버지가 아니라 소아성애자에 가깝다고 평가했다. 푸레디가 주장했듯이, 소아성애를 막기 위한 경고와 규칙이 오히려 소아성애를 더욱 보편화한다. 널리 논의되는 현상 중 하나가 영국에서 시작된 **노터치 규칙**인데, 유치원과 초등학교에서 체육 시간에 교사가 아이들을 만지지 못하게 하는 규칙이다. 이 규칙 때문에 따뜻한 위로의 포옹뿐 아니라 체조 자세를 교정해줄 수도 없다. 그래서 한심한 상황이 벌어지곤 한다. 한여름에 영국 교사는 아이들에게 자외선 차단제를 발라주라는 요청을 받았지만, 전문가들은 자칫 잘못된 의심을 받을 수 있으니 하지 않는 게 좋겠다고 조언했다.[29]

교사들이 이런 신뢰 상실에 어떻게 대처하는지를 조사한 연구는 그 결과를 다음과 같이 요약했다. "응답자 대다수는 성범죄자로 인식될까봐 불안해하고 마치 서로를 불신하는 것처럼 행동하며, (…) 어른 아이 할 것 없이 다른 사람들이 자신의 행동을 결백하고 적절하다고 해석할지 확신하지 못한다고 답했다."[30]

푸레디는 어른들이 마치 신뢰받을 자격이 없는 것처럼 행동하도록 강요받고 있다고 썼다. 가장 기괴하고 '상상할 수 없는 일'이 갑자기 다른 사람이 충분히 저지를 수 있는 일이 되는 동시에 스스로도 다른 사람이 자신을 그런 사람으로 볼까봐 불안에 떤다.

타인을 신뢰하기보다는 반대 증거가 나올 때까지 유죄로 본다. 여기에 프로이트식 자기 의심까지 더하면, 브레테셰의 강박적 사고는 그렇게 특이한 일도 아닌 것 같다.[31]

공격성: 내가 사이코패스인 걸까?

성이 억제될 수 있는 것처럼 공격성 역시 감정 캐비닛의 깊은 구석에 눌려 있을 수 있음을 (『지킬 박사와 하이드』를 통해, 그리고 '잔잔한 물이 깊다'는 속담도 있는 만큼) 우리는 안다. 이것이 밖으로 드러나면 대개 기괴한 형태를 띠는데, 예를 들어 잠든 상태에서도 살인을 저지를 수 있다.

마리아는 이와 관련해 할말이 아주 많았다. 내가 마리아를 만났을 때, 그녀의 손은 거칠고 붉었다. 그녀는 손을 자주 씻었고, 특히 뜨거운 물에 씻었다.

"설거지와 똑같다고 생각했기 때문에 뜨거운 물을 내게 부을 때도 있었어요. 물이 뜨거울수록 더 깨끗해지죠. 한동안 물건들을 자주 떨어뜨렸어요. 너무 자주 뜨거운 물을 부어서 신경이 그렇게 반응했던 것 같아요."

마리아는 HIV나 간염 같은 병을 다른 사람한테서 옮을까봐보다 자신이 다른 사람에게 옮길까봐 더 불안해했다. 그녀는 일상적으로 다른 사람에게 해를 끼칠까봐 불안해했다. 그녀에게는 작은 위험이란 게 없었다. 최근에 그녀는 걷지 못하는 여성을 돕는 보호사로 일했다. 온갖 위험이 산재했다. 만약에 …이면, 어떡하지? 질문이 꼬리에 꼬리를 물었다.

만약에 내가 비밀 유지 의무를 저버리고 환자에 관해 뭔가를 발설하면 어떡하지?

만약에 내가 깜빡하고 환자에게 필요한 약을 주지 않으면 어떡하지?

만약에 내가 환자를 침대에 눕히다 실수로 질식시키면 어떡하지?

만약에 내가 깜빡하고 침대 난간 바를 올리지 않아 환자가 침대에서 떨어져 뼈가 부러지면 어떡하지?

만약에 내가 깜빡하고 휠체어의 안전띠를 채우지 않아 환자가 떨어져 머리를 다치면 어떡하지?

만약에 내가 환자의 물병에 독을 채우면 어떡하지?

만약에 내가 환자를 씻기다가 부적절한 곳을 만지기라도 하면 어떡하지?

만약에 머리를 감다 환자가 샴푸를 삼켜 탈이 나면 어떡하지?

어느 순간 마리아는 자신이 사이코패스가 아닐까 의심하게 되었다.

그러다 정말로 사건이 벌어졌다. 샤워중에 비눗물이 환자의 입으로 흘러, 환자가 혀로 핥아 삼켰다. 그 순간 가슴이 덜컥 내려앉았다. 마리아는 기절했다.

다시 정신을 차렸을 때, 그녀는 욕실 바닥에 누워 있었다. 환자는 여전히 샤워 의자에 멀쩡하게 앉아 어찌할 바를 모르고 있었다. 이때 마리아가 가장 먼저 한 생각은 다음과 같았다. '만약에 내가 정신을 잃었을 때 환자를 살해하려 했으면 어떡하지?'

이 일을 겪으며 마리아는 전보다 더 불안해졌다.

"나는 의식이 없는 상태가 두려웠어요. 정신병자가 될까봐도 불안했죠. 다른 사람으로 변하는 것이야말로 인간이 겪을 수 있는 가장 끔찍한 일인 것 같아요."

현재 마리아에게 가장 큰 문제는 조카들과의 관계다. 언니네 집에 가기 전에 항상 그녀는 조카들을 보고 싶은 마음과 그들을 죽게 했을 때 느낄 죄책감의 무게를 비교해본다.

"내가 실수로 베개로 조카를 질식시킬 수도 있어요. 아니면 그냥 칼을 가져와 찌를 수도 있죠. 당연히 잠든 상태에서요. 내가 의식하지 못한 채로."

"언니한테 그 얘기를 한 적이 있나요?" 내가 물었다.

"조카들을 죽일 수도 있을까봐 불안하다는 얘기를 한 적은 없어요. 그런 말은 앞으로도 절대 못할 거예요."

조카들이 전혀 모르고 있더라도, 마리아는 자신의 강박적 사고 때문에 조카들과의 관계가 나빠질까 불안해했다.

"열네 살부터 치료를 받고 있지만 도움이 안 되었어요."

"생각 자체는 전혀 위험하지 않다는 걸 모르세요?" 내가 물었다.

"당연히 알죠. 하지만 문제는 내가 걱정하는 일이 이론적으로 충분히 일어날 수 있다는 거예요. 어떤 생각이든 실현될 수 있으니까요."

마리아는 자신이 상상하는 일이 정말로 **발생할 확률**이 높지 않다는 걸 안다. 하지만 그런 일이 **일어날 수도 있다는** 걸 안다. 심지어 그녀가 무의식 상태로 누군가를 차로 치고 잊어버릴 수도 있다.

"한번은 근처 마트 앞에서 누군가 차에 치였다는 뉴스를 봤어요. 나는 내가 범인이라고 생각했죠. 아주 현실적인 생각이었어요. 근처에서 그런 사고가 일어났으니 그렇게 상상할 수밖에요. 경찰에 전화해서 자수할 뻔했던 일이 자주 있었어요."

"정말로 그런 일을 저질렀다고 믿었기 때문인가요?"

"아니요, 사실은 아니에요. 내가 그런 게 아니라고 경찰이 말해주기를 희망하는 마음이 더 컸죠. 나는 확신할 수 있는 게 없었어요. 경찰이 내게 저녁 일곱시에 어디에 있었냐고 물으면 나는 모른다고 답할 수밖에 없었을 거예요. 그러면 내가 정말로 범인일 수도 있잖아요."

마리아가 웃음을 터뜨렸다.

"자수하는 건 역시 좋은 생각이 아니네요."

강박장애가 깊은 수치심과 연결되어 있다는 사실에 주목할 필요가 있다. 우리는 소아성애자, 아동살해자, 사이코패스에 관해서는 자주 읽지만, 이것과 관련된 강박적 사고 때문에 괴로워하는 사람들의 이야기는 전혀 듣지 못한다.

우리는 다른 사람을 해친 몇 안 되는 사람들의 뉴스를 듣고 충격을 받지만 자기 자신을 해친 사람들의 이름은 알지 못한다.

강박적 사고는 그저 생각일 뿐이므로 위험하지 않다는 견해는 절반만 진실이다. 공식적으로 '건강한' 사람이 자신의 생각에 환상을 섞어 해석할 수 있음을 이해하기 위해 굳이 '연쇄살인범' 토마스 퀵을 둘러싼 전문가 중 한 명이 될 필요는 없다.

"내가 정말로 아들의 목을 졸라 죽이고 싶은지 끊임없이 생각합니다." 이 진술을 들은 사람은 괴로움에 빠진다. 무엇이 더 안전할까? 발언자에게 내용의 진위를 다시 확인하기? 아니면 천천히 문 쪽으로 뒷걸음쳐나와 몰래 긴급 전화번호로 신고하기?

우리는 여기서, 폭력에 관한 강박적 사고를 잠재적 재앙으로 만드는 위험 회피 문화를 확인한다. 믿을 수 있는 누군가에게 자신의 문제를 털어놓는 것은 일반적으로 좋은 일이지만, 이 경우에는 불행한 결과를 맞을 수 있다.

아동 강박장애 전문 심리치료사 빌 블런델은 한 인터뷰에서 십대 후반 청소년이 친구들에게 자신의 강박적 사고를 털어놓으면 때때로 일이 잘못될 수 있다고 설명했다. 주변의 모든 친구가 "충격을 받고, 소문이 들불처럼 퍼져 당사자가 따돌림을 당하는 일"
이 벌어질 수 있다는 것이다.[32]

작가 올리비아 러빙은 이런 문제를 잘 알았다. 러빙은 성 관련 강박장애가 가장 만연한데도 거의 알려지지 않는 이유를 오래전부터 궁금해했다. 러빙 자신도 어머니를 찌를까봐 불안해 수년 동안 칼을 피했다. 13세에 벌써 그녀는 아이를 성추행할 수도 있다는 불안을 반복적으로 느꼈다. 고등학생 때 그녀는 학교신문에 익명으로 편지를 보내 자신의 문제를 털어놓았는데, 그녀의 담임교사가 이 사실을 교장과 학생 상담사에게 알렸다. 학생 상담사는 러빙의 생각에서 강박증을 발견하지 못했고, 학교는 '다른 학생들을 위험하게 할 수 있다'는 이유로 러빙을 퇴학시켰다.[33]

러빙은 이것을 "강박의 어두운 면"이라고 불렀다. 우리는 강박적으로 떠오르는 생각을 입 밖으로 내는 것이 금기시되는 문화에서 살아가고, 이런 문화에서는 뭔가 의심스러운 순간 즉시 경보를 울린다. 그러다보니 강박증 환자들은 가능한 한 빨리 전문가의 도움을 받으라는 심리치료사들의 일반적인 권유를 따르지 않는다.

사무엘은 아내와 함께 잔혹한 영화 〈시티 오브 갓〉을 본 후로 아내의 배를 칼로 가르는 장면이 자꾸 떠올랐다. 이때 그가 가장 먼저 한 일은 침실로 가서 태아 자세로 웅크리고 눕는 것이었다. 그는 그렇게 누워 잔혹한 장면을 머릿속에서 지우려 애썼지만, 오히려 점점 더 선명해지고 끈질겨졌다. 오랫동안 불안과 혼란에 시달린 끝에 그는 심리치료사를 찾아갔다. 그러나 전문가의 도움도 소용없었다. 사무엘의 심리치료사는 프로이트 추종자였고 사무엘의 생각에 겁을 먹은 것 같았다.

"내 생각에 치료사는 내가 상상하는 장면, 그러니까 살인, 폭행, 시체 훼손 등을 아주 두려워하는 것 같았어요. 아마 나를 위험한 인물로 여겼던 것 같아요."

4회차 상담을 끝으로 심리치료사는 다니엘의 전화를 더는 받지 않았다.[34]

미국 임상심리학 연구자 프레드 펜젤은 출산한 지 얼마 안 되어 어려움을 겪는 여성들을 소개했다. 그가 소개한 한 여성은 아기에게 나쁜 일을 저지를까봐 불안하다고 치료사에게 설명했기 때문에 청소년복지부에 신고되었다. 또 어떤 환자는 청소년복지부에서 펜젤에게 전화를 걸어야 했다. 환자가 청소년복지부 직원에게 강박적 사고를 설명하자 분만 직후 그들이 아기를 데려갔기 때문이다.[35]

아기를 해치려는 생각은 이제 진단 목록에 포함될 정도로 산후우울증의 전형적 증상이다. 한 연구에서는 일주일 동안 산후 우울증을 앓은 산모의 41퍼센트가 아기를 해치고 싶은 생각과 싸웠다고 응답했다. 그럼에도 이런 사실을 아는 사람은 놀랍게도 거의 없다. 그래서 초기에 떠오른 생각 뒤에 이어진 (아이를 빼앗기고 사진이 신문에 실리는 일 같은) 시나리오들은 더욱 현실성을 얻는다.[36]

이 모든 일은 선한 의도에서 일어난다. 생각이 내면의 욕망을 나타낸다고 해석하는 것은 현대사회에서 일반적이다. 그럼에도 지나치게 공격적인 사람과 지나치게 양심적인 사람을 구별하는 것은 어렵지 않다. 심리치료에서는 보통 환자들이 무슨 생각을 하는지뿐만 아니라 그들이 무엇을 느끼고 혹여 예전에 이미 폭력을 행사한 적이 있는지도 묻는다. 감정이 우리를 정의하지는 않지만, 생각보다는 감정에서 내면에서 일어나는 일을 더 잘 읽을 수 있다.[37]

특별한 발전은 아니다. 이런 오해는 그저 유례없이 폭력에 집착하는 문화에 살면서도 폭력의 실제 모습을 전혀 모를 수도 있다는 것을 보여줄 뿐이다. 이전 세대는 아마 견디지 못했을 생생한 폭력 묘사가 오늘날에는 그 어떤 장르보다도 많은 독자와 시청자를 끌어당긴다.

문학에서는 예나 지금이나 추리물이 지배적이다. 이 장르가 사회의 어두운 면을 조명해 사회 비판적 기능을 수행한다는 주장이 종종 제기된다. 그러나 몇몇 연구가 이런 가정을 강력히 반박한다. 우리가 문학에서 읽거나 영화에서 보는 살인자들은 현실의 살인자들과 거의 완전히 딴판이고 살인 자체가 주로 극적 도구로 사용되기 때문에, 이야기는 현실과 점점 더 멀어지고 점점 더 스펙터클해진다.[38]

연예산업이 사람들을 더 공격적으로 만든다고 주장하기는 어렵지만, 미디어 연구에서는 연예산업이 소위 '비열한 세계 증후군'

을 조장한다는 데 상당히 큰 공감대가 형성되어 있다. 우리는 세상이 실제보다 더 폭력적이라고 여기고, 모든 사람에게 폭력성이 잠재해 있다고 여기는 거의 편집증적 견해를 갖게 된다. 추리물에서 끊임없이 반복되는 "그게 누구였죠?"라는 질문 때문에 불안한 이중생활을 하게 된다. 이런 조건에서는 폭력적으로 보이는 사소한 징후만으로도 초기 의심 또는 자기 의심이 시작되기 쉽다.[39]

사실 누구나 폭력적인 생각을 할 때가 있고, 때로는 심지어 감정도 싣는다. 출퇴근 시간에 도로로 나가기만 해도, 금세 '살인 충동'이 생길 수 있다. 아기를 죽일까봐 불안해하는 공황 공포가 실제로 그렇게 하도록 유도할 수도 있다. 임상심리학자 리 베어는 자녀를 죽이는 강박적 사고에 시달리는 환자들을 종종 치료하는데, 그는 이런 환자들에게 부모가 실제로 자녀를 죽이면 어떤 일이 일어나는지 매우 자세히 설명한다. 골칫덩이가 된 한 생명체에게서 벗어나기 위해 냉혹하게 살해를 단행하려는 게 아니라면 통제할 수 없는 분노, 약물로 인한 공격성 또는 특정 형태의 환각은 그런 강박적 사고를 심각하게 여기라는 명확한 경고 신호일 수 있다. 예를 들어, 산후 정신병을 앓고 있는 한 여성은 아기의 콧구멍에서 나오는 노란 연기를 보고 아기가 악마의 자식이라고 확신했다. 그녀는 아기를 쓰레기통에 버리는 것이 최선이라고 결정했고, 나중에 남편이 아기를 구했다.[40]

이런 증상은 식별하기가 쉽다. 그런 면에서 이는 거의 사소한 일에 가깝다. 그러나 연예산업은 폭력에 신비한 오라를 씌워 미화한다. 지킬 박사와 하이드를 보라. 둘은 이른바 의식과 무의식 또는 살인자와 환경 사이의 숨바꼭질을 보여주는 원형이다.

공격성이 선천적이라는 견해는 성 정체성을 선천적으로 보는 견해보다 훨씬 더 오래되었다. 타고난 공격성을 식별하는 방법이 연구된 지는 250년이 넘었다. 18세기 독일 의사 프란츠 요제프 갈은 영혼의 모든 특성을 두개골에서 확인할 수 있다고 생각했다. 그의 골상학 이론은 19세기에 범죄학 창시자이자 인종 생물학의 선구자인 체사레 롬브로소에 의해 더욱 발전했다. 롬브로소는 두개골의 모양과 크기에 집중했지만, 타고난 범죄자delinquente nato는 문명인을 원시인보다 우월하게 만드는 신경망이 덜 발달했다는 것도 보여주었다. 폭력적인 사람은 법을 준수하는 사람보다 더 원시적이므로 인간보다는 오히려 동물에 가깝다고 주장했다.[41]

비록 두개골 모양보다는 뇌와 유전자와 더 관련이 깊지만, 아무튼 이런 연구의 수많은 결과가 오늘날에도 여전히 영향을 미치고 있다. 심리학자 에이드리언 레인은 유명한 책『폭력의 해부』에서 모든 남성이 18세에 MRI를 찍어 살인자의 뇌를 가졌는지 확인하는 '롬브로소 프로그램'을 제안했다.

레인은 롬브로소가 후세에 부당한 대우를 받았다고, 경쾌하면서도 솔직하게 평가했다. 그는 과학이 지금까지 공격성의 생물학적 지표 증거를 거의 발견하지 못했음을 인정하면서도, 자신의 연구 분야를 방어하는 사람이 다 그렇듯 이 연구에 자금이 계속 지원되기만 하면 증거를 발견하는 일은 시간문제일 뿐이라고 확신했다. 레인은 어떤 어린이가 폭력적으로 변할 위험이 있는지 예측하는 것이 이미 가능하다고 말했다.[42]

생물학적으로 입증된 공격성을 연구하는 사람들과 레인은 폭력이 '미리 결정'되는 게 아니라 그런 '성향'이 있을 뿐이라고 보는 성향 모델을 가정한다. 그들은 어떤 사람을 다른 사람보다 더 폭력적으로 만드는 환경적 '촉발' 요인이 있다고 믿는다. 이 이론은 '성향과 환경' 사이에 연관성이 있다는 가정을 적어도 부분적으로 약화시켰다. 반면 사회적인 것보다 앞서는 뭔가가 내면에 있다는 가정을 강화했다. 이는 '본성 + 환경 = 개인'이라는 기계론적 모델에 가까운데, 이 모델에서 사람은 운명에 순응할지 거부할지 선택할 수 있는 약간의 자유를 갖고 있다. 자신의 본성을 따르라고 (당연히) 장대하게 노래한 마르키 드 사드에게서부터 이런 생각을 확인할 수 있다. 몇 세기 후 요제프 프리츨은 딸을 24년 동안 가둬둔 채 강간하고 학대한 다음, 자신이 기본적으로 억제했음에도 (성향 모델로 잘 알려져 있듯이) 자신은 "강간 성향을 타고났기 때문"에 이 모든 일이 벌어졌다고 설명했다.[43]

악한 사람들이 저지르는 온갖 잔혹한 행위의 근원이 선천적 폭력 성향이라는 가정을 반박하기 위해, 레인은 자신이 연쇄살인범의 비정상적인 뇌 구조를 가졌지만 매우 안정적인 심박수를 보인다고 보고했다. 언론의 관심을 끈 비슷한 고백은 또 있었다. 신경과학자 제임스 팰런이 자신의 뇌 스캔 결과가 사이코패스와 똑같다는 것을 우연히 발견했다고 책에 설명했다. 팰런은 이 발견을 아주 기뻐했는데, 덕분에 자신이 실제로 얼마나 사이코패스처럼 행동했는지 상기할 수 있었기 때문이다. 복수의 열망, 은밀한 외도, 악랄한 거짓말, 가족에 대한 오랜 냉담 등이 모두 해당되었다. 팰런은 자신의 연구 방향을 방어해야 했으나 불행하게도 그가 제시한 근거는 연관성이 매우 약했다.[44]

다른 곳에서 이미 언급했듯이, 나는 선천적 사이코패스 가정 자체가 사이코패스적이라고 생각한다. 이 가정의 전제조건이 바로 사이코패스의 기계론적 인간상이기 때문이다. 우리는 사이코패스를 고쳐 쓸 수 없는 망가진 기계로 여기고(사이코패스는 모든 치료법에 완전히 면역된 상태라고 설명된다), 사이코패스가 주변 환경을 인식하는 것과 마찬가지로 그들을 냉담하게 대한다. 또한 '과잉된 자존감' '죄책감 부족' '무책임' '짧게 끝난 수많은 연애' 등 사이코패스를 판단하는 기준은 사람마다 다 다르다. 그리고 아주 약간의 사이코패스적 특성을 가진 사람들이 분명 자신이 실제로 내면 깊은 곳에서 사이코패스일까봐 제일 심하게 걱정할 것이다.[45]

관계: 정말로 사랑에 빠진 걸까?

"뇌는 불행한 날을 나의 강박적 사고가 사실이라는 증거로 삼을 수 있다. 행복한 날도 마찬가지다. 내 경험으로 볼 때, 단순한 웃음만으로도 '나는 정말로 행복한가?'라는 강박적 질문을 촉발할 수 있다." 로즈 브레테셰는 이렇게 썼다.

이렇게 자신의 행복을 고심하는 것은 성적 성향에 대한 자책과는 아주 다르다. 그에 비하면 정말로 행복한지를 걱정하는 것은 사치스러운 고민처럼 보인다. "지금 나는 정말로, 정말로 행복한가?" 이런 질문은 거의 도발적으로 들린다.

그러나 걱정이 얼마나 깊고 큰지를 결정하는 것은 걱정의 내용이 아니다. 자신의 행복을 평가하는 것은 자기 자신과 주변 환경으로부터 멀어지고 불행해지기 딱 좋은 방법이다. 이 주제에서 특히 까다로운 질문은 다음과 같다. 나는 정말로 올바른 관계를 맺고 있나?

이 질문은 이제 강박장애 연구에서 별도의 분야가 생길 정도로 아주 일반화되었다. 영어로는 Relationship Obsessive Compulsive Disorder, 줄여서 R-OCD라고 한다. 대략 관계 강박장애라는 뜻이다. '만약에 이것이 옳은 관계가 아니면 어떡하지?' 이런 질문이 계속 반복된다. 이 주제를 처음 다룬 한 논문에 두 가지 사례가 매우 자세히 묘사되어 있다. 상담사로 일하는 32세 데이비드는 자신의 문제를 다음과 같이 설명했다.

"지금 여자친구와 만난 지 1년 가까이 되었지만, 이 관계가 괜찮은지 계속 고민하게 되고 고민을 멈출 수가 없어요. 페이스북이나 주변에서 다른 여자들을 보면 혹시 저 여자와 사귀면 더 행복해질 수 있을까 끊임없이 생각해요. 친구들에게 이런 나를 어떻게 생각하는지 물어보기도 해요. 그리고 내가 여자친구를 어떻게 생각하는지, 여자친구를 잘 떠올리는지, 여자친구 생각을 충분히 자주 하는지 끊임없이 자문해보고요. 내가 여자친구를 사랑하는 걸 알면서도 계속해서 확인해야만 한다는 게 우울해요."[46]

연구원으로 일하는 28세 제인은 훨씬 더 구체적으로 고민했다.

"나는 남자친구를 사랑해요. 그 없이는 살 수 없다는 걸 잘 알지만, 그의 몸에 관해서 자꾸 생각하게 되고 고민을 멈출 수가 없어요. 그 사람은 신체 비율이 좀 안 맞아요. 내가 그를 사랑한다는 걸 알고, 이런 생각이 합리적이지 않다는 것도 알아요. 그는 잘생겼어요. 연애에서 외모는 중요하지 않다고 생각하기 때문에 이런 생각을 하는 내가 너무 싫지만, 그냥 멈출 수가 없어요. 게다가 다른 남자들까지 자꾸 곁눈질하게 되어서 미치겠어요. 이런 상태로는 그와 결혼할 수 없을 것 같아요."[47]

이런 고민을 질병으로 분류하기란 쉽지 않다. 그러나 이런 고민이 얼마나 심각한지, 얼마나 머릿속을 가득 채우고 있는지를 생각하면 깊이 살펴볼 필요가 있어 보인다.

치료사가 동성애자인 라우라에게 하루 동안 하는 생각을 기록해보라는 숙제를 줬을 때, 라우라는 이미 세 시간 넘게 자신의 연애에 관해 고심하느라 완전히 지쳐 있었다. 그녀가 작성한 기록의 발췌문을 보면, 자신이 '실제로는' 이성애자가 아닌지 의심하는 질문이 계속 반복된다. 우리가 지금까지 이미 여러 번 봤던 문제다. 그러나 모든 것을 덮어버리는 다른 질문이 하나 더 있었다.

"나는 누구와 살고 싶은 걸까? 만약에 그녀가 나의 올바른 짝이 아니라면 어떡하지? 만약에 내가 실제로는 남자를 만나야 하는 거라면 어떡하지? 아니, 잠깐, 나는 이미 남자들을 만나봤잖아. (…) 그때 어땠지? 그때 남자랑 같이 사는 상상이 가능했었나? 지금과는 달랐나? 다시 시도해봐야 할까? 그래야 할 것 같아. 하지만 이번에는 무엇을 느껴야 할까? 만약에 확신이 생기지 않는다면 어떡하지? 이게 맞는 걸까? 여자를 만나는 것이 나를 성적으로 흥분하게 하나? 물론 내게는 감정이 더 중요하지만 (…) 이제 성적인 부분에도 의심이 생긴다. 과연 어떨까? (…) 무엇이 나를 행복하게 만들지? 이사를 해야 할까, 아니면 더 자주 외출해야 할까? 아니야, 나는 절대 그런 사람이 아니야. 나는 누구지? 하지만, 잠깐, 나는 확실히 그녀와 함께 살고 싶어. 다만 최종적으로 결정하기 전에 조금 더 시험해봐야 한다면 어떡하지? 내가 이성애자인지 동성애자인지를 어떻게 알 수 있을까? 나는 그녀와 함께 살고 싶어. 내가 그녀에게서 느끼는 것을 다른 누군가에게서 느꼈던 적이 없어. 그녀와 함께 있으면 시간 가는 줄 모르고, 일곱 시간도 한 시간처럼 느껴져. 지금까지 누구와도 그렇게 많은 것을 공유한 적이 없어. 그런데도 내 머릿속에서는 싸우고 있어! 나는 이런 감정들에 익숙하지 않아. 평온함, 친밀감 그리고, 아, 사랑. (…) 아니, 그런 감정을 느껴본 적이 없네! 여자와의 사랑. (…) 정말 그런가? 내가 정말 여자에게 사랑을 느끼나? 만약에 내가 착각한 거라면 어떡하지?"[48]

라우라는 이런 생각이 하루의 95퍼센트를 차지하는 것 같았다.

그런데 우리 모두 주기적으로 이와 비슷한 생각에 빠지지 않는지 묻고 싶다. 자녀를 질식시키고 싶은가 또는 어쩌면 내가 소아성애자가 아닐까 하는 내면 깊은 곳의 고통스러운 질문과 이런 생각들 사이에 무슨 공통점이 있다는 걸까? 앞서 이야기한 것과 같은 고민을 하는 사람을 위한 조언은 별로 없지만, 자신의 연애가 '올바른 관계'인지 고민하는 사람을 위한 조언은 많아도 너무 많다.

자신이 애인을 정말로 사랑하는지 고민하는 건 그리 특이한 일이 아니다. 그렇다고 자연스럽거나 심지어 불가피하다고 말할 수도 없다. 불과 몇 세기 전만 해도 이런 질문은 대부분 이해받기 어려웠을 테다. 파트너 선택이 개인의 결정이 아니라 집단적으로 협상되었기 때문이다.

관계를 끝내는 결정조차도 비교적 새로운 일이다. 스웨덴에서는 19세기를 통틀어 약 1500건의 이혼이 허용되었는데, 이는 오늘날 1년 동안 평균적으로 이뤄지는 이혼보다도 약간 적은 수치다. 1915년 이후에야 비로소 '지속적인 오랜 싸움' 이외의 사유로도 이혼이 가능해졌다. 독일과 프랑스에서는 1970년대에 들어서야 법률이 비슷하게 완화되었고, 예컨대 인도 같은 여러 국가에서는 여전히 법률과 규범이 이혼을 고려하는 사람들에게 큰 걸림돌이 되고 있다.[49]

감정은 늘 존재했지만 우리는 오랫동안 그것에 큰 비중을 두지 않았다. 물론 배우자들이 서로를 어떻게 생각하는지 중요하긴 했지만, 19세기까지 부부는 사랑이 없는 공동체였던 것 같다. 사랑이 넘치는 부부를 꿈꾸는 것이 새로운 일이라는 뜻이 아니라 당시에는 부부가 서로 다른 역할, 특히 경제적으로 다른 역할을 도맡았기 때문이다.[50]

실제 감정과 환상 속 감정 사이의 정신적 분리도 새롭게 나타났다. 바로 이 부분이 '억제된 욕구'에 대한 걱정과 유사한 점이다. 그러나 수 세기에 걸쳐 이어진 종교와 문화의 영향으로 더는 금지된 쾌락이 핵심이 아니며, 성 해방 및 소비문화 시대로 오면서는 불충분한 쾌락에 대한 걱정이 더 커지고 있다.

매츠는 감정을 충분히 느끼지 못해 불안했다. 파란 눈동자, 날렵한 턱선, 금발 곱슬머리. 그의 매력적인 외모라면 데이팅 사이트에 사진을 올리는 순간 모든 기회가 그를 위해 열릴 것이다. 그러나 매츠에게는 이미 애인이 있고, 그는 이 관계를 맺기로 한 게 올바른 결정이었는지에 대한 질문에 아직 답을 찾지 못했다. 이런 질문을 하면 할수록 끝없는 열정이라는 반사실적 가능성이 줄어들기 때문이다.

어릴 때는 강박적 사고가 더 심했다. 생각과 공간을 연결하기 시작하면서부터였다. 가족이 불의의 사고로 죽을 수도 있다는 생각을 하면서 문을 통과했으면, 뒷걸음질로 원래 자리로 돌아가 "생각을 다른 생각으로 고쳐야 했다". 항상 쉽지는 않았다. 그러느라 그는 때때로 학교에서도 집에서도 오랫동안 문 앞에 서 있어야만 했다.

고등학생이 되자 강박적 사고가 더 심해졌고, 특히 주변에 널려 있는 주사기에 찔릴지도 모른다는 불안이 점점 더 커졌다. 벤치에 앉아 있을 때면, 공원 전체를 수색해 마약중독자의 주사기를 찾아내고 싶은 강한 충동을 느꼈다. 주사기를 두려워하면서 점차 그는 자기 자신을 두려워하게 되었다. 그의 어머니는 뭔가 잘못되었음을 눈치채고, 아들에게 노출치료를 받게 했다. 그는 서서히 자신의 걱정과 불안에 직면하는 법을 배웠다.

　이런 강박적 사고는 당연히 관계에도 영향을 미쳤다. 매츠는 어릴 때부터 자신이 로맨티스트라는 걸 알고 있었고, 일부일처제를 다른 또래 친구들이 생각하는 것보다 훨씬 더 중요하게 여겼다. 친구들이 훈련캠프나 함께 모여 게임하기를 기대할 때, 매츠는 얼른 어른이 되어 인생의 사랑을 찾기를 고대했다.

　그러나 그가 상상했던 것과는 사뭇 달랐다.

　"나는 지금의 여자친구를 만나기 오래전부터 남녀관계에 대해 생각을 많이 했어요. 지금 이 기분이 맞는 걸까? 나는 정말로 사랑에 빠졌나? 아니면 사실은 그저 사랑에 빠지고 싶은 걸까? 이렇게 의심하면서 계속 관계를 유지하는 것이 과연 도덕적으로 용납될까?"

　일부 사회학자는 이것의 기원을 진정한 삶을 숭배하는 포스트모더니즘에서 찾는다. 그러나 진정성에는 여러 의미가 있다. 이런 맥락에서 진정성 있는 사람이란, 마르틴 하이데거가 말하는 자신의 유한성을 완전히 의식하고 있는 사람도 아니고, 장폴 사르트르가 말하는 자신에게 주어진 자유를 알기 때문에 실수를 절대 '본성'에 미루지 않는 투사도 아니다. 여기서 진정성이란, 내면의 본성을 따른다는 뜻이다. 결정할 때 그리고 남은 인생을 계획할 때 기준이 되는 내면의 본성. 가장 깊은 내면에 있는 감정의 '핵심(내가 정말로 사랑에 빠졌나?)'이 드러날 때 비로소 삶이 제 길을 찾아

갈 수 있다.[51]

매츠 스스로 말했듯이, 이것은 쾌락을 좇는 자기 점검이 아니다. 그는 의심 자체만으로도 벌써 여자친구를 속인 것 같은 죄책감을 느낀다. 그녀에게도 확신에 찬 사람과 사귈 권리가 있지 않을까?

"이 얘기를 여자친구에게 살짝 꺼냈는데, 별로 좋지 않았어요. 서로 불편해지기만 했거든요. 관계는 전반적으로 내게 어려운 주제예요. 오직 이 생각에만 빠져 다른 생각을 할 수 없게 되었을 때, 뭔가 대책을 세워야만 했죠. 그래서 치료를 받기 시작했지만 내 문제가 정말로 강박인지 금세 의심이 들었어요. 주로 고민하는 질문이 '나는 누구인가'였거든요."

얼마 후 매츠의 여자친구가 임신했다.

"그것은 아주 특이한 치료 효과를 냈어요. 처음에는 우리의 관계가 의심의 대상이었는데, 여자친구의 임신을 알게 되면서 갑자기…… 갑자기 훨씬 더 심각한 문제가 되었고, 우리 관계는 사소한 문제로 바뀌었어요. 아이가 있으면 평생 책임져야 하는 가족이 생기는 거니까요. 몇 달 같이 사는 것과 차원이 다른 문제죠."

연애 상담사라면 아마도 대다수가 매츠에게 차라리 헤어지라고 조언할 것이다. 강박이든 아니든 의심과 로맨스는 그냥 서로 안 맞다. 그렇더라도 위대한 사랑이 부부 테러단으로 변하는 모습을 자주 관찰하면, 의심이 생길 수밖에 없지 않을까?

불안장애 환자들은 치료를 받으면서 종종 정신이 건강한 사람들이 느끼는 안정감은 대개 망상에 불과하다는 것을 배운다. 누구도 불안감에서 완전히 벗어날 수 없기 때문이다. 프로이트가 맞았고 우리는 모두 각자의 변태성을 억제하는 것일 수 있다. 우리는 정신병에 걸려 사랑하는 사람을 죽일 수도 있다. 언젠가 우리가 이혼하고 양육권 다툼을 벌이고 초기의 위대한 사랑이 엄청난 혐오로 변하는 것을 지켜볼 확률은 아주 높다.

이런 가능성을 부인한다면 세상에 관한 우리의 지식이 항상 불완전하다는 사실도 부인하는 것이다. 그럼에도 불구하고 사랑 노래와 로맨틱한 영화들은 두 사람이 함께 있을 때 초자연적 안정이 지켜진다고 믿게 만든다. 이미지와 이야기로 꾸며진 화려한 불꽃놀이는 우리가 정점에 이를 수 있다고 가르친다. 그리고 그것이 바로 탈주술화의 기초가 된다. 소외, 불안, 우울, 이것들은 무엇으로도 무찌를 수 없는 강적이라 제아무리 '올바른 짝'을 만나더라도 사라지지 않는다.[52]

더욱 혼란스럽게도 '올바른 짝'을 만나는 데 활용하는 우리의 수단들은 연애가 그저 약간의 자유만을 허용하는 합리화된 과정에 불과함을 드러낸다. 그게 아니라면 그토록 무한하고 신비로워 보이는 한결같은 '사랑'이 부자와 가난한 사람, 교육수준이 낮은 사람과 높은 사람, 탄탄한 근육을 자랑하는 사람과 뚱뚱한 사람을 맺어주는 능력이 그토록 형편없는 이유를 어떻게 설명할 수 있겠는가?

독일 정신분석학자 에리히 프롬은 1950년대에 이미 배우자 선택에 자본시장의 합리성이 반영되어 있다고 설명했다. 우리는 자신과 어울리거나 심지어 더 우월한 짝을 찾기 위해 외모, 성공, 매력 같은 '자본'을 투자한다. 이 과정은 이익 극대화라는 목표를 둔 비즈니스와 유사하고, 사랑에 빠지는 것은 종종 잭팟이 터졌을 때의 기분으로 묘사된다.[53]

온라인 데이트가 이런 분류 메커니즘을 더욱 강화하기 50년 전에 프롬은 이미 사람들이 사랑에서까지 수동적으로 바뀌고 있다고 경고했다.

이는 무의식적 과정을 밝히지 않아도 알 수 있는 여러 현상 중 두 가지에 불과하다. 많은 사람이 연애와 쾌락을 더는 사랑과 연결 짓지 않는다고 솔직하게 인정한다. 매우 도덕적인 사랑 전문가라는 이미지에도 불구하고 프롬 자신은 늘 바람을 피웠다고 한다.[54]

매츠는 연애를 이기적인 자아의 죽음이자 완전한 융합으로 기대한다. 플라톤과 스피노자를 비롯해 서양 철학자 대부분이 깨달은 사람에게는 합당하지 않다고 여겼던 사랑의 열정이 매츠에게는 최고의 감정이다. 그런 사랑의 열정을 다시 느낄 기회를 이제 곧 갓난아기의 부모가 된다는 전망 때문에 빼앗기는 것은 두려운 일이고, 그로 인한 불안이 영원한 불행에 대한 강박적 사고를 더 현실적으로 만든다.

"이제 내 의심에 근거가 생겼고, 모든 것이 달라졌어요. 사용한 주사기를 두려워하거나 손 씻기 강박의 경우엔 그게 비합리적이라는 걸 알아요. 그냥 알아요. 그러나 관계 문제라면 복잡해집니다. 관계는 아주 복합적인 영역이기 때문이죠. 고등학교 시절처럼 격렬하고 깊은 사랑에 빠지는 일은 내게 다시는 일어나지 않을 거예요. 나는 알아요."

배우자를 선택할 때 성적 매력이 결정적 기준인 것은 그리 놀라운 일이 아니다. 사회학자 에바 일루즈가 입증한 것처럼 이는 상당히 최근에 나타난 현상이다. 19세기에 비로소 아름다움에 신체와 정신이 모두 포함되었다. 시인 부부 로버트 브라우닝과 엘리자베스 배럿의 사랑 이야기가 좋은 사례다. 로버트가 엘리자베스를 처음 봤을 때 그녀는 마비 증세로 침대에 누워 있었다. 그러나 로버트는 엘리자베스의 시에서 보았던 그녀의 아름다운 내면에 반해 사랑에 빠졌다. 엘리자베스의 신체적 건강 상태는 로버트의 사랑에 아무런 영향도 미치지 못한 것 같다. 신체적 특성이 다른 관계에는 영향을 주었을지도 모르지만 성적 매력이 결혼의 이유는 아니었던 것으로 보인다. 설문조사 결과를 보면 오늘날에는 신체적 매력이 학력이나 지능보다 더 높은 순위를 차지하고, 미국에서 실시한 한 장기연구에 따르면 이 기준은 지난 50년 동안 꾸준히 점점 더 중요해졌다.[55]

이런 경향은 남녀 모두에게서 관찰되지만, 이성애자 남성이냐 여성이냐에 따라 기준이 다르다. 데이팅 사이트 '오케이큐피드

OkCupid'의 공동 창립자 크리스티안 러더는 자신의 책『인사이드 빅 데이터Inside big data』에서 엄청난 양의 사용자 데이터를 분석했다. 러더의 분석을 보면 외모는 여성보다 남성에게 훨씬 더 중요하다. 대부분이 아주 특정한 외모를 선호했다. 이성애자 여성은 대부분 비슷한 또래의 남성을 찾았지만, 이성애자 남성은 자신이 서른 살이든 쉰 살이든 상관없이 스무 살에서 스물세 살 사이의 여성을 원했다.[56]

남자들이 그토록 외모에 집착하는 것은 좋지 않은 결과를 가져올 수 있다. 나는 온라인 데이트에서 사람들이 보이는 태도에 관한 소규모 연구를 진행하면서, '뚱뚱하다'고 평가될 수 있는 여자들이 받는 모욕과 푸대접에 충격을 받았다. 이 여자들은 남자들로부터 계속 연락을 받았다. 그러나 남자들은 처음에 교양 있는 척 접근한 다음 그들을 모욕하고 욕설을 퍼부었다. 어떤 사람들은 이 여자들에게 프로필을 삭제하고 온라인 데이트 세계에서 사라지는 게 좋겠다고 매우 냉철하게 조언하는 걸 자신의 의무로 느끼는 것처럼 보였다.

여자들에게 그렇게 심한 대우를 받는 남자를 나는 만나본 적이 없다.

"남자들은 자기보다 덩치가 큰 여자와 사귀는 걸 부끄러워해요." 한 여자가 내게 설명했다. "하지만 섹스라면 괜찮은 것 같아요."[57]

나는 이런 말을 자주 들었다. 남자들은 뚱뚱한 여자들에게 성적 흥미를 느끼고 풍만한 가슴에 대한 욕구를 분명하게 밝혔지만, 공공장소에서 손을 잡는 것에는 거의 두려움을 느꼈다. 그러므로 미의 개념이 얼마나 '성적으로' 영향을 받는지 이야기해볼 필요가 있다. 여기에도 더 나은 결과를 얻으려는 사회적 압박이 존재한다. 베버가 설명했던 개신교 노동윤리와 매우 유사한데, 다만 헌신이 신체로, 고대하는 구원이 연애로 바뀌었을 뿐이다.

"아들이 태어난 이후 육아휴직을 냈고, 그때부터 나는 특정한 사람들을 만나기를 피합니다." 매츠가 설명했다. "내가 하는 의심이 너무 부끄럽기 때문이에요."

그러나 배우자를 향한 그의 죄책감은 털어놓고 나자 줄어들었다.

"임신 기간에 문제가 아주 많았어요. 불확실한 것도 아주 많았고요. 나는 실업 상태였고 내가 뭘 하고 싶은지 몰랐어요. 여자친구는 대학생이었어요. 우리는 주변에 방치되어 있던 이 집에서 살다가, 결국 커플 치료사를 찾아갔죠. 그리고 어마어마한 도움을 받았어요. 그곳에서는 강박보다는 주로 양가감정에 관해 얘기했어요. 나는 그제서야 다 이해가 되었습니다. 내가 우리 관계에서 느꼈던 감정을 말로 표현해주는 것 같았어요. 지금 이 관계가 올바른가? 더 나은 길이 있을까? 나중에는 심지어 여자친구에게도, 내가 그녀에 대해 양가감정을 가지고 있다고 말할 수 있었죠."

이제 그는 올바른 관계인지 아닌지 하는 고민 때문에 더는 괴로워하지 않는다. 터놓고 말하면서 상황이 보다 간단해졌고, 그런 말을 해서 여자친구를 슬프게 한 것이 미안하긴 하지만 그녀에게 중요한 사실을 숨기고 있다는 기분은 사라졌다.

내면의 비판가

걱정과 불안은 기본적으로 우리가 중요하게 여기는 것과 관련이 있다. 치료 안내서에는 다음과 같이 적혀 있다.

"온화한 사람이 폭력적인 내용을 강박적으로 생각하고 매우 도덕적인 사람이 성적인 내용을, 매우 꼼꼼한 사람이 실수를 계속 생각하는 것은 우연이 아니다. 중요하게 여기는 것일수록 그것을 부정하는 생각이 더욱 심하다."[58]

그러나 강박적이든 아니든, 우리는 왜 우리의 생각에 그토록 큰 의미를 부여할까?

이 질문은 어떤 형태의 불안을 겪든 매우 중요하다. 불안장애에 관한 한 인지과학 논문은 문제의 근원을 "재앙에 가까운 잘못된 해석"으로 보았다. 공황장애는 발작 형태로 드러난다. 신체 반응이 죽음에 대한 불안감으로 이어져, 공황발작으로 나타난다. 강박장애는 지속적이다. 생각이 떠오르고 죄책감이 생기며, 맞서 싸워야 할수록 그 생각은 점점 더 위험해 보인다. 그러나 이런 잘못된 과도한 해석을 과연 역사적 영향과 떼어놓고 볼 수 있을까?[59]

나는 첫번째 장에서 이미 1970년대에는 전 세계적으로 강박장애를 앓는 사람이 극히 일부였으나 오늘날에는 2~3퍼센트에 달한다고 언급한 바 있다. 설문 방식이 달라졌을 수 있으므로, 이런 수치를 단순 비교하기는 어렵다. 그러나 이 모든 질문과 숫구치는 자기 의심에는 분명 문화적 배경이 있다. 문화적 배경을 시간의 틀로 제한하기는 어렵지만, 그것이 항상 존재했던 건 아니라고 자신 있게 말할 수 있다.

이는 내가 소개한 위험 영역에도 적용된다. 물론 다른 강박이나 불안장애와 연결된 또다른 문제도 있지만, 가장 핵심적인 문제는 위험 자체가 아니라 '내면의 비판가'다. 장애 및 인간 발달 전문가 레너드 데이비스는 강박의 출현을 역사적으로 총괄하며 다음과 같이 썼다. "예전에도 이와 유사한 감정과 경험이 있었겠지만, 이런 장황한 자기 비난은 매우 최근의 현상이다."[60]

몇몇 역학 연구가 국가 간 차이를 지적하더라도, 임상학은 기본적으로 이런 형태의 걱정과 불안에 유전적 요인이 있다고 믿는다. 때때로 연구자들이 이런저런 불안장애의 요인이 되는 유전자 조합을 발견했다고 보고한다. 그러나 이 같은 변이가 어떻게 발생하는지 그리고 그런 유전자 조합을 갖지 않았는데도 불안장애를 앓는 이유는 무엇인지에 대해서는 설명하지 못한다.[61]

심리학 교과서에 나오는 역사적 총괄에는 이런 유전적 요인 가정을 아무 근거도 없이 사실로 확립하려는 시도가 더러 보인다. 강박장애가 선사시대부터 있었던 질병으로 설명된다.

데이비스는 이와 관련해 다음과 같이 말했다.

"그런 책들은 10세기 페르시아인, 파라셀수스, 중세와 르네상스 의사들, 레이디 맥베스, 새뮤얼 존슨, 가톨릭교회와 신앙심 같은 개별 사례들만 간략하게 다룬다. 이런 빈약한 증거에도 불구하고 강박장애가 모든 문화권에서 늘 존재했다는 주장이 여전히 존재한다. 치료를 돕는 안내서든 과학 논문이든 새로운 출판물은 모두 이 짧은 목록을 증거로 인용하지만, 강박장애가 질병임을 증명하는 실질적 증거는 빈약해서 기초 역사 강좌의 전제조건도 충족하지 못하는 것 같다."[62]

임상 심리치료사들조차 "어느 정도의 강박장애가 모든 문화권에서 유의미하고 유효한 질병 범주에 속하는지" 의문을 제기한다. 이 의문은 걱정과 불안을 사회적 맥락에서 이해하고자 할 때만 중요한 게 아니다.[63]

문제가 뇌에서 발생한다고 믿는다면 치료해야 하는 것 역시 뇌다. 뇌수술은 특히 '심각한' 강박장애를 치료하는 데 사용되었고, 이 분야의 연구를 선도하는 나라가 바로 스웨덴이다. 스웨덴에서는 1950년대부터 이런 수술이 이루어졌다.

스웨덴에서 개발된 수술은 피막절개술Capsulotomy이라고 불린다. 뇌엽절리술Lobotomy과 이름이 매우 유사한 것은 우연이 아니다. 피막절개술은 뇌에서 가장 깊고 큰 신경섬유 집합체인 내부피막을 절개한다. 의학계는 이 방법의 효과를 즐겨 강조한다. 몇 년 전 카롤린스카연구소는 '환자의 절반이 뇌수술 후 강박장애에서 벗어났다'라는 제목의 보도자료를 발표했다. 그러나 보도자료에 언급된 논문은 다른 결과를 보여주었다. 1988년과 2000년 사이에 수술을 받은 25명 중에서 12명은 증상이 적어도 35퍼센트 완화된 것으로 나타났다. 강박장애에서 벗어났다고 말하기는 어려운 수치다. 수술 후 환자들 상당수가 자살을 시도했고, 한 명은 정말로 목숨을 잃었다. 그 밖에도 '부작용'으로 급격한 체중 증가, 요실금, 무기력증, 기억력 장애 등이 있었다.[64]

2007년부터는 스웨덴에서 피막절개술이 더이상 이루어지지 않는다. 오늘날 우리는 뇌에 삽입한 전극을 통해 전기 자극을 발생시켜 이른바 뇌심부에 자극을 준다. 이런 과감한 방법에도 불구하고 외과 의사 대부분은 강박장애가 실제로 왜 생기는지 모른다고 아주 솔직하게 인정한다. 뇌심부 자극에 관한 기사에서 한 신경외과 의사는 강박장애의 원인이 뭐라고 생각하느냐는 질문을 받자, 다음과 같이 답한다.

"그건 잘 모르지만, 뇌의 어느 부위가 관련되어 있고 강박을 유발하는 신호가 어디에서 발생하는지 그리고 이를 약하게 하려면 어떻게 해야 하는지는 아주 잘 알고 있습니다."[65]

이런 실험적인 작업과는 거리가 멀지만, 가장 깊은 존경심을 가질 수밖에 없는 치료법이 있다. 강박장애 분야에서 가장 흥미로운 치료 방법은 환자들을 불안에 직면시키는 것이다. 두 가지 사례를 보자.

지하철 승강장에서 누군가를 선로로 밀치게 될까 불안해 지하철을 타지 않던 여성은 습관화를 통해 이 불안을 안고 살아가는 법을 배웠다. 먼저 이 여성은 승강장까지만 가서 잠시 그곳에 머물며 잠재 살해 피해자들을 관찰해야 했다. 마지막 훈련은 승강장 가장자리에 선 치료사 바로 뒤에 서는 것이었다. 열차가 진입할 때, 원하기만 하면 손쉽게 치료사를 앞으로 밀칠 수 있을 정도로 아주 가까이 서 있었다.[66]

가장 가까운 사람을 칼로 찌르게 될까봐 불안에 떨던 한 남성은 같은 원리로 치료 마지막 단계에 마체테처럼 생긴 매우 날카로운 칼을 치료사의 목에 대고 있어야 했다.[67]

이 치료사들은 환자가 자기를 죽이지 않을 것을 어떻게 알았을까? 완전히 확신하기는 불가능했겠지만 불신보다 신뢰가 더 컸고, 바로 이 신뢰가 치유력이었다.

제3부

우리 시대의 대책:
우리는 무엇을
할 수 있는가

걱정 억제하기

"나는 지적인 생각을 너무 많이 해서 문제예요. 나는 스위치를 끄지 못하고 끊임없이 생각하고 해석해요."

사미라만 이런 문제를 가진 게 아니다. 하지만 사미라는 생각을 통해 생각을 없애려 노력하지 않았다. 걱정을 멈추기 위해 좀 더 급진적인 방법을 시도했다. 그녀는 지적인 생각을 멈추고 "뇌의 스위치를 끄는" 것이 가능하다는 걸 알고 있었다. 그녀는 이미 여러 번 그렇게 했다.

사미라는 가부좌를 틀고 자신의 신경쇠약 이야기를 들려주었다. 돌이켜보면 그녀의 삶은 오늘날 완전히 달라졌다. 당시에 그녀는 스웨덴 북부 노를란드에 살았고 어렸을 때부터 꿈꾸던 일상을 보냈다. 결혼했고, 수년 전부터 의사로 일하고 있었다. 그 일을 하기 위해 많은 것을 포기했다. 그녀와 남편은 층고가 5미터나 되는 석조 주택을 발견했다. 사미라가 추가 연수를 받는 동안 그들은 그 집에서 살기로 했다. 도시를 벗어나 오직 둘만 있는 곳에서 조용히 지내고 싶었다.

3년 뒤, 두 사람은 이혼했다.

삼십대 중반에 사미라는 스톡홀름으로 돌아왔다. 마치 유령 도시로 돌아온 기분이었다. 낯설고 소외감마저 느껴졌다. 건강 상태도 나빴다. 옛 친구들은 이사를 갔거나 가정생활에 완전히 빠져 있었다. 그녀가 모든 희망을 걸었던 노를란드의 안전한 삶은 더는 존재하지 않았다. 그녀는 불행했다.

"나는 늘 우울감과 싸워야 했어요. 어렸을 때부터 그랬죠." 사미라가 말했다.

그러나 이번에는 달랐다. 항우울제 용량을 늘리거나 상담치료를 몇 번 받는 것으로는 부족했다.

"뭔가를 해야만 할 것 같았죠. 안 그러면 스스로 목숨을 끊을 것 같았거든요."

그러던 중 지인이 구원의 아이디어를 주었다. 그는 그녀에게 인생을 바꾸는 음료를 추천했다. 일종의 차였다. 환각으로 이끄는 주술 차.

"자신의 사탄을 만나려면 이 차를 마셔야 한다고 했어요. 완벽한 차 같았어요. 나는 사탄을 반드시 만나고 싶었죠."

"어떤 사탄을 말하는 거죠?" 내가 물었다.

사미라가 곰곰이 생각했다.

"전쟁을 겪으면서 아주 힘들었어요. 먹을 것이 없어서가 아니에요. 다른 문제가 더 심각했으니까요. 아버지는 어머니와 형제들을 마구 때렸어요."

사미라의 아버지는 당시 알코올중독자에 아편중독자였다. 사미라가 일곱 살 때 그들은 레바논에서 탈출해 스웨덴으로 왔고, 아버지는 마약을 끊었다. 이제 위협은 다른 곳에, 스웨덴 사회에 있었다.

그녀는 가족이 모범적으로 행동하지 않으면 추방될 것이라는 끊임없는 불안에 시달렸다. 처음에는 실질적인 위협이었다. 모든 책임이 사미라에게 지워졌다. 거주 허가 여부가 그녀에게 달려 있었다. 어떤 실수도 저질러선 안 되었다.

가족이 거주 허가를 취득한 뒤에도 사미라는 죄책감과 소위 그녀의 어깨에 지워진 책임에서 벗어나지 못했다. 그녀는 그것과 함께 성장했다. 부모가 스웨덴어를 제대로 배우지 못했기 때문에, 그녀가 부모와 바깥세상의 연결고리였다. 사회보장국이나 병원 진료와 관련된 일을 처리할 때면 그녀가 가족을 위해 통역을 맡아야 했다.

죄책감은 창피함으로 바뀌었다. 부모가 실업자고, 자식을 돌보지 못하고, 너무 늙어서 창피했다. 학부모 상담이 있을 때마다 사미라는 새로운 핑계를 대며 부모가 학교에 오지 못하게 막았다.

돈이 부족하고 국가보조금을 받는다는 사실보다 창피함과 죄책감 같은 감정 때문에 훨씬 더 괴로웠다. 그녀가 부모를 미워했다면 차라리 쉬웠을 테다. 그러나 그녀는 언제나 부모를 사랑했다.

그들이 그녀를 아프게 할 때조차 사랑했다. 예를 들어 아버지가 공공장소에서 때렸을 때도 그녀는 아버지를 사랑했다. 수영장 입구에서 일어난 일이었다. 사미라가 자판기에서 사이다를 사기로 했었다. 돈이 거의 없었기 때문에 매우 특별한 일이었다. 그런데 상품 나오는 곳의 덮개가 열리지 않아, 사이다를 꺼낼 수가 없었다. 그러자 아버지가 사미라를 때렸다.

"나는 참지 못하고 울음을 터뜨렸어요. 맞은 곳이 아파서가 아니라 수치심 때문에요. 다른 사람들이 우리를 보았고, 그들은 틀림없이 우리를 이상하게 여겼을 테고, 이주민은 자식을 때린다는 편견을 확인했을 테니까요. 그래서 울었어요."

아버지가 사미라의 사탄이었을까? 아니면 아무 이유 없이 갑자기 그녀를 투명인간 취급한 고등학교 동창들? 아니면 감당할 수 없을 정도로 그녀를 통제하고 비판했던 전남편? 사미라 자신도 몰랐다. 그러나 사탄이 누구든 그녀는 만나고 싶었다. 그녀는 자신의 밑바닥까지 파헤치고 싶었다.

사미라는 소개받은 환각 음료를 검색해보았다. 일단 몸에 해롭지 않았고, 과다복용이나 중독될 가능성도 거의 없었다. 이 음료의 복용으로 불안감이 생길 수도 있었지만, 이미 어마어마한 불안에 시달리는 상태라 그건 문제가 되지 않았다. 그녀는 스페인의 수상해 보이는 은퇴한 판매상과 연락이 닿았고, 항우울제 복용을 중단하고 그곳으로 갔다.

공항에서 약속 장소로 이동하는 중에 의심에 휩싸이기 시작했다. '내가 지금 여기서 뭘 하는 거지? 나는 어쩌다 이런 상황에 놓였을까?' 사미라는 한 헛간에서 사탄을 만나기로 되어 있었다. 그곳에는 아름다운 제단이 세워져 있었고 벽에는 화려한 천이 걸려 있었다. 그녀가 누울 매트리스 옆에는 두루마리 휴지와 토할 수 있게 마련해둔 양동이가 놓여 있었다. 사미라 외에도 30명 정도가 더 있었다. 다른 사람들과 마찬가지로 그녀 역시 지시에 따라 의식 전에 온통 하얀색 옷으로 갈아입었다. 자신의 모습을 보자 등골이 오싹해졌다.

"'젠장, 사이비 종교 집단에 와 있는 건가?' 그런 생각밖에 안 들었어요."

사미라는 토끼 인형을 꼭 껴안았다. 가져가도 좋다고 허락받은 유일한 개인 물품으로, 다리가 없는 토끼였다. 참가자들이 돌아가며 이 의식에 참가한 의도를 말하고 자기소개까지 마친 후 음료가 전달되었다. 쓴맛이 났고, 효모와 쇠맛도 살짝 났다. 좋지 않았다. 음료를 마신 후 사미라는 매트리스에 누워 눈을 감았다.

구토가 일었다. 격렬하고 잔혹하게. 머리가 깨질 것 같아서 눈을 떴다. 토끼 인형의 표면이 갑자기 뱀처럼 보였다(실제로는 아무것도 바뀌지 않았다). 존재하지 않는 환상이 아니라 새로운 디테일이 보였다. 눈 같기도 했다. 수없이 많은 눈.

조용히 해야 한다는 지시를 받았음에도 사미라는 공포에 휩싸여 큰 소리로 비명을 질렀다. 조수 한 명이 왔고, 사미라는 참을 수가 없다고 설명했다. 그녀는 틀림없이 음료를 너무 많이 마셨고 음료의 효과는 예상했던 것보다 훨씬 더 강력했다.

사미라는 헛간을 나왔다. 조수가 손으로 풀을 쓰다듬으라고 권했다. 손으로 풀을 만지면 흙이 에너지를 조금 빨아들일 거라고 했다. 사미라는 조수의 조언을 따르기 위해 진땀을 흘리며 허리를 숙였다.

상태가 나아지자 사미라는 곧 다시 매트리스에 누웠다. 음료가 그녀의 정신 상태를 바꿨다. 그녀는 의식에 동참하려 애썼고 '순응'하려 노력했지만 방법을 몰랐다. 전환점에서 그녀가 생각할 수 있는 것은 오직 '지금 이대로 죽으면 죽는 거지'였다. 그다음 유체이탈을 겪었다.

정적, 굉음을 내는 침묵, 광년의 슬픔. 마치 우주에 있는 것 같았다.

이제 그녀는 목표 지점에 도착했다. 사탄과 마주할 준비가 되었다.

기억들이 스쳐지나갈 때, 그녀는 공포를 느끼지 않았다. 기억들을 차례차례 관찰했다. 가장 끔찍한 기억조차 그녀를 온기로 감쌌다. 한 남자가 그녀 앞에 나타났다. 스웨덴으로 탈출하기 전에 살았던 레바논 도시의 가게 주인 아들이었다. 어렸을 때 사미라를 성폭행했던 남자.

"내가 보게 되리라 기대했던 목록에 그 남자는 없었어요." 사미라가 말했다.

사미라가 이 남자를 잊어버린 것이 아니다. 그는 늘 그녀의 잠재의식에 존재했다. 그저 사미라가 이 남자에게 더는 관심을 기울이지 않았을 뿐이다. 아주 혐오스럽고 수치스러운 일이었는데, 어쩌면 무엇보다 그 가게에 가면 무슨 일이 기다리고 있는지 잘 알았음에도 그녀가 계속 그곳에 갔기 때문일 것이다. 그녀는 늘 이런 식이 아니었을까? 그런 일을 계속 당하다니 믿을 수 없을 정도로 멍청했다고, 그녀는 생각했다.

이제 사미라는 이 모든 것을 다른 눈으로 관찰했다. 그녀는 그 당시의 사미라를 볼 수 있었다. 그녀는 어린 사미라의 몸 안에 들어가 어린 사미라의 슬픔과 공포를 느꼈고, 어린 사미라가 자기를 봐주기를 얼마나 바랐는지 알 수 있었다. 그러나 그녀가 가해자도 볼 수 있었던 것은 정말로 이해할 수 없는 일이었다. 그의 삶이 마치 지도처럼 그녀 앞에 펼쳐졌다. 그의 삶은 그녀의 삶 옆에 놓였고, 그녀의 삶과 겹쳐졌고, 그녀의 삶의 일부였다.

이때의 감정을 표현하기에 연민은 너무 약한 단어다. 그가 그녀를 성폭행할 때 그의 삶이 어땠는지, 사미라는 그가 어디에서 왔고, 그가 저지른 일이 어떻게 두 사람의 삶에 계속 남아 있었는지를 보았다.

"이 경험 말고는 달리 설명할 수가 없어요. 하지만 당시에 나는 그에게 연민을 느꼈어요." 사미라가 말했다.

세 시간 뒤에 사미라는 일어나 앉았다. 정신이 돌아왔다. 모든 것이 그대로였지만, 완전히 달랐다. 헛간에 모인 낯선 사람들이 동지로 변했다. 이런 화해가 그들에게도 사미라에게도 일어났다. 그들은 전율과 확신으로 크게 울려퍼지는 합창에 합류했고, 헛간에서 벌어지는 일은 수많은 경이로운 기적에 숨겨져 있는 신비였다. 사미라는 과거 여행을 마치고 돌아오는 사람들을 감탄하며 관찰했다.

모든 것이 명확해졌다. 생각이 안정을 찾았다. 머릿속이 조용해졌다.

침묵의 순간

우리가 이미 여러 사례에서 보았듯이, 특정 주제에 관해 생각하지 않으려 애쓸수록 더 힘들다. 우리가 원하든 원치 않든 다시 생각이 난다.

"우리는 늘 생각하지 않나?" 내가 이 책의 집필에 관해 설명하면 이런 질문을 가장 많이 듣는데, 아니다, 그렇지 않다.

생각에 잠겨 있는 것은 인간의 유일한 의식 상태가 아니다. 우리는 삶의 대부분을 곰곰이 생각하는 일 없이 보낸다. 우리는 밤

대부분을 생각이 없는 의식 상태로 보낸다. 이를테면 깊이 잠들거나 꿈을 꾸고, 때로는 꿈결에 돌아다니고, 자각몽을 꾼다. 힌두교와 불교 전통에는 오래전부터 다양한 유형의 '깨어 있는 상태에서의 무념' 상태를 나타내는 용어들이 전해져내려온다. 두 전통모두 삼매samadhi라는 용어를 사용하는데, 이는 주로 '침묵의 기도상태'를 일컫는다. 명상할 때 삼매는 초월 효과를 내며 오래 유지될 수 있지만, 단 몇 초에 그치는 절대적 집중일 수도 있다. 다른신비주의 전통에도 비슷한 용어가 등장한다. 수피교에서는 이런상태를 파나fana라고 부르고, 기독교 신비주의에서는 탈혼 상태라고 말한다.[1]

세속적 맥락에서 보면, 깨어 있는 상태에서의 무념은 주로 예술과 스포츠 활동을 할 때 훈련된다. 그런데 이 두 분야에서는 부정적이든 긍정적이든, 또는 논평이든 분석이든 모든 유형의 생각이 종종 파괴적 영향을 미친다. 우리는 작가의 구겨진 원고지, 테니스에서의 의도치 않은 실수, 체스에서의 분석 마비 등을 통해 생각의 방해를 목격한다. 오페라, 댄스, 축구, 장대높이뛰기 같은 활동을 하는 사람들은 모두 동일한 방법을 쓴다. 그들은 기술을 몸에 익혀 무념 상태에서 무조건반사를 보일 수 있도록 훈련한다.

이런 경우 생각이 끼어들면 파괴적 결과를 불러온다. 그러나생각의 간섭을 완전히 막을 수는 없기에, 특히 결승전에서 선수들이 평소 하지 않던 실수를 저지르는 일이 자주 발생한다. 이런 현상을 '압박에 의한 실수'라고 부른다. 다트 경기 3만 개를 분석한 결과, 선수들은 결정적인 순간에 확실히 더 형편없이 던졌다. 사회적 압박이 생각을 통해 팔동작에 영향을 미치는 게 분명했다.[2]

일상생활에서도 생각의 간섭이 문제를 일으킨다. 우리는 파티를 즐기는 데 자기비판이 도움이 되지 않는다는 것을 잘 안다. 깊이 생각하는 것이 데이트에서 로맨틱한 불꽃을 일으키지 않는다는 것도 알고, 곰곰이 생각하는 것이 수면을 방해한다는 것도 알고 있다.

그럼에도 생각이 계속 떠오르면 어떻게 해야 할까?

지금까지 나는 우리를 가장 힘들게 하는 생각에서 벗어나려는 헛된 시도에 관해 얘기했다. 그러나 다른 방법들을 시도해볼 수도 있다. 예를 들면 심리치료를 받으며 자신의 경험을 얘기해볼 수 있다. 스포츠로 몸을 피곤하게 할 수도 있다. 술을 마실 수도 있다. TV나 명상, 독서도 방법이다.

자신의 생각이 아니라 뭔가 다른 것에 주의를 집중하기 위해 인간은 많은 에너지를 소비했다. 이런 활동들을 모두 주의 환기라고 말하기에는 성급할 듯하다. 그럼에도 오늘날 그 어느 때보다 머리를 식힐 필요가 있다는 것은 부정할 수 없는 사실이다.

1980년대 이후 정보량이 5배로 늘었다. 한 세기 전만 해도, 책을 평생 50권 읽는 것이 매우 이례적이었다. 오늘날에는 아이가 영화를 200편 이상 보는 것이 보통이다. 미국 청소년의 약 절반이 '거의 항상' 온라인 상태다.[3]

심리학에서 '인터넷 의존'을 새로운 질병으로 인정할 정도로 우리는 많은 시간을 온라인에서 보낸다. 전 세계적으로 컴퓨터 사용 시간이 토론되고, 심지어 WHO는 5세 미만 어린이가 하루 한 시간 이상 컴퓨터를 해선 안 된다는 지침까지 발표했다.[4]

중독을 조장하는 힘은 강력하고 실질적이다. 우리의 주의를 묶어두기 위해 특별히 만들어진 것이 게임과 소셜미디어만은 아니다. 뉴스 사이트, 스트리밍 서비스, 온라인 숍, 인터넷 포럼도 모두 같은 목표를 추구한다. 가능한 한 많은 시간을 쓰게 만드는 것이 그들의 공통된 목표다.

이로 인해 점점 더 많은 청소년이 병에 걸린다고 주장하는 학자들이 아주 많다. 그들은 2010년대에 청소년들의 불안장애와 우울증이 막대하게 증가한 이유가 그 시기에 청소년들 사이에 휴대전화 사용이 폭발적으로 증가했고 소셜미디어가 수십억 명의 신규 사용자를 끌어들였기 때문이라고 주장한다. 심리학자 진 트웬지는 명확한 연관성을 발견했다. 트웬지가 보기에 모니터는 새로운 형태의 중독을 만들어냄으로써 젊은이들을 모니터 밖 세상에서 고립시켰다.[5]

이미 언급했듯이, 행복과 관련해서는 $y=x$ 함수처럼 무언가와 직접적 연관성을 증명하기가 어렵다. 어떤 것이 우리를 행복하게 할 수도 있지만, 다른 수많은 것 역시 우리의 행복에 영향을 미친다. 『네이처』에 실린 한 논문에서, 트웬지가 사용했던 데이터베이스를 기반으로 컴퓨터 사용 시간을 다른 변수와 비교했다. 행복하지 않은 것과 긴 컴퓨터 사용 시간의 상관관계는 감자를 먹는 것과 불행 사이의 상관관계만큼이나 낮았다. 통계로만 보면 심지어 안경을 쓴 사람이 더 자주 불행했다.[6]

그럼에도 여전히 질문은 남는다. 왜 그토록 많은 사람이 컴퓨터에 몰두할까? 온라인에 오래 머물러서 행복하지 않은 걸까, 아니면 행복하지 않아서 온라인에 오래 머무는 걸까?

중독 연구는 이런 질문을 다양한 방식으로 수도 없이 파고들었다. 어떤 중독이든 이런 질문을 던질 수 있다. '사람들은 왜 자신과 주변 사람들에게 부정적인 영향을 미치는 활동에 그토록 몰두할까?'

피신처가 컴퓨터 세계만 있는 건 아니다. 전에 없이 많은 사람이 온갖 것에 중독되어 있다. 코카인 세계, 알코올 세계, 게임 세계, 스포츠 세계 등등. 그리고 중독 연구자들은 이 모든 중독 세계에 대해 열심히 토론한다. 특정 마약에 접근하지 못하게 막는 것으로 충분한지, 중독이 사실은 마약 자체와 관련이 없는 사회적

현상인지, 그들은 아직 합의하지 못했다.[7]

허전한 마음을 달래다

사미라가 마셨던 음료의 이름은 '아야와스카'다. 향정신성 성분인 DMT가 함유된 식물로 만든 일종의 환각제다. 순수 DMT를 담배처럼 피울 수도 있다. 그러면 보통 십오 분 정도 강렬한 환각 체험을 하게 된다. 아야와스카 체험은 약 네 시간 동안 지속되는데, 다소 느리게 진행되어 제어하기가 더 쉽다. 아야와스카는 LSD, 메스칼린, 실로시빈과 더불어 오늘날 가장 일반적으로 사용되는 환각제에 속한다. 특히 페루와 브라질 같은 국가에서는 이 약물 사용이 합법이고 수천 년 전부터 무속 의식에 사용되어왔다. 아마존 열대우림에서는 인기 있는 관광상품이다. 아야와스카를 복용한 많은 사람이 그 경험을 일종의 환생 같았다고 설명한다.[8]

사미라는 스페인 여행 동안 5일 연속 아야와스카를 복용했다. 집에 돌아왔을 때, 그녀는 다른 사람이 된 기분이었다. 환희에 찼다거나 이제 주변에서 일어나는 모든 일을 인지하고 이해했다는 말이 아니다. 그러나 끊임없는 생각의 쳇바퀴는 멈췄다. 만약에 … 이면, 어떡하지? 질문이 더는 그녀를 크게 괴롭히지 않았다. 나이가 들어 과거를 후회하는 아버지와도 다시 연락했다. 그녀는 예전보다 더 많은 슬픔을 느꼈다. 하지만 그녀는 그 사실을 기뻐했고, 자신을 관통하는 감정들을 느끼며 안도했다.

그러나 여행에서 돌아와 다시 출근한 첫날에 벌써 마음이 불안해지는 게 느껴졌다.

"점점 더 괴로워졌어요. 어딜 가든 스트레스, 정치, 경쟁, 무의미한 행정 업무들이 따라다녔죠. 나는 이 모든 것을 지켜보면서, 저들끼리 게임을 하게 내버려두자고 생각했어요."

며칠 근무를 하며 적응한 후, 그녀는 다시 이 게임에 참여했다.

그러나 환각 체험 이후 한 달이 지났을 무렵, 자신이 외톨이라는 사실 같은 해결되지 않은 수많은 삶의 문제들이 다시 상기되었다. 도대체 왜 이런 걸까?

"마치 부정적인 생각이 예전에 내 뇌에 파놓았던 고랑이 다시 모습을 드러내는 것 같았어요." 사미라가 설명했다.

선명했던 일들이 다시 흐려졌다. 곧 '정서적 전기충격'처럼 불안이 엄습했다. 다시 원점으로 돌아왔지만, 이제 그녀는 생각의 소음 너머에 뭔가가 있다는 것을 알았다. 아야와스카 여행을 떠나면, 그곳에는 천국이 있었다.

2010년대에 컴퓨터 사용 시간이 폭발적으로 증가하는 동안 여러 국가에서 동시에 소위 아편유사제 위기가 발생했는데, 미국과 영국 등에서는 평균 기대수명이 수년 연속 감소할 정도로 심각했

다. 이는 강력한 아편유사제가 진통제로 출시되었기 때문이라고 만은 설명하기 어렵다.[9]

아편유사제는 모르핀과 유사한 효과를 내고, 특히 통증을 마비시키는 데 적합하다. 많이 인용된 1960년대 쥐 실험 사례가 아편유사제의 효과가 얼마나 강력한지 보여준다. 실험에서는 쥐에게 카테터를 이식했다. 쥐가 우리 안에 설치된 스위치를 누르면 약물이 혈류에 주입되었다. 너무 열심히 스위치를 누른 쥐들이 결국 죽기도 했다.

이 실험은 오늘날에도 여전히 단 한 번만 사용해도 죽음에 이를 수 있는 마약이 있다는 명확한 증거로 제시된다. 중독성이 강한 마약, 행복하고 건강한 개인을 중독자로 만드는 마약.

그러나 이 실험이 스키너 상자에서 수행되었다는 사실은 거의 언급되지 않는다. 이 실험 상자는 너무 작아서 쥐가 거의 몸을 돌릴 수조차 없었다. 한 고전적 연구는 이 실험을 재현하되 새로운 조건에서 수행했다. 몇몇 쥐들을 더 큰 상자, 소위 쥐들의 공원에서 지내게 했다. 쥐들은 그 안에서 돌아다닐 수 있었고 다른 쥐들과 접촉할 수 있었으며 달콤한 모르핀과 물을 선택하는 스위치는 걸어서 갈 수 있을 정도로 떨어져 있었다. 나머지 쥐들은 스키너 상자에서 같은 선택 스위치 앞에 있었다.

실험 결과를 비교해보니, 스키너 상자의 쥐들이 공원의 쥐들보다 많게는 19배 더 많이 모르핀을 소비했다. 이 실험은 다양하게 변형되어 수행되었다. 한 실험에서는 두 달 동안 모르핀 용액을 마셔야만 했던 쥐들을 공원에서 생활하게 했다. 그러자 이 쥐들도 모르핀보다 물을 선호했다.[10]

실험의 여파로 열띤 토론이 벌어졌다. 중독의 원인이 뭘까? 약물일까, 상황일까?

미국의 아편유사제 위기가 확대되고 스마트폰이 눈총을 받기 직전에, 미국에서 중독자를 대상으로 한 약 100건의 역학 연구를 메타분석했다. 가장 빈번한 중독 형태는 다음과 같았다.

담배	인구의 15퍼센트
술	10퍼센트
일	10퍼센트
쇼핑	6퍼센트
불법 마약	5퍼센트
스포츠	3퍼센트
음식	2퍼센트
게임	2퍼센트
인터넷	2퍼센트
섹스	2퍼센트

한 가지 이상에 중독된 사람이 아주 많으므로, 단순히 퍼센트

수치를 더하여 중독자 수를 계산할 수는 없다. 하지만 중복을 고려하더라도 인구의 47퍼센트가 적어도 한 가지에 중독된 상태로 추정된다.[11]

한 사람의 삶이 특정 활동에 너무 집중되어 본인과 주변 사람에게 해를 끼치는 것을 중독으로 이해한다면, 오늘날 사회적 논쟁을 불러일으키는 약물이 등장하기 훨씬 전부터 많은 사람이 이미 중독 상태였다고 봐야 마땅하다. 게다가 중독 문제는 불법 약물과도 어느 정도 관련이 있는 것 같다.

우리가 일, 스포츠, 섹스에 중독될 수 있다는 사실을 고려하면, 중독 대상이 실제로 얼마나 중요할지 의문이 생긴다. 술을 마시는 사람들 대부분은 술에 중독되지 않는다. 진통제를 복용하는 사람들 대부분은 진통제에 중독되지 않는다. 심리학 교수 하워드 샤퍼는 하버드대학에서 도박 중독에 관해 연구한다. 그는 "중독성 있는 주사위는 없다"고 말한다. 그에 따르면 "약물에 그렇게 강력한 힘이 있다는 생각은 환상"이다. 그렇다면 어째서 중독 문제가 그렇게 빨리 약물 문제로 축소될까?[12]

약물마다 중독성이 다른 것은 사실이다. 하지만 헤로인조차 그것이 치명적 마약인 이유가 물질 자체 때문인지 아니면 상대적으로 가격이 저렴하고 쉽게 구할 수 있기 때문인지 혼란스럽다. 하버드대학 임상심리학자 2명이 놀라운 연구 결과를 발표했다. 그들은 장기간(2년에서 23년 사이) 헤로인 주사를 맞았음에도 중독 패턴을 보이지 않은 54개 사례를 제시했다. 중독되지 않은 사람들은 약물을 정기적으로 사용했지만 자기파괴적으로 사용하지 않았다. 즉, 업무와 사회생활보다 약물을 우선시하지 않았다. 이들과 다른 중독자들의 차이점은 헤로인에 얼마나 쉽게 접근할 수 있었느냐가 아니라 헤로인을 사용하는 상황이었다.[13]

이런 연구들은 헤로인이 해롭지 않은 마약임을 입증하기 위해서가 아니라(해롭지 않은 마약은 없다) 약물의 '약리학적 효과'가 최대 어느 정도에서 중독을 일으키는지 조사하기 위해서 이루어진다. (앞에서 언급한 '쥐의 공원 실험' 설계에 참여했던) 캐나다 심리학자 브루스 알렉산더의 견해에 따르면, 옛날 중독 연구는 약물과 개인에 초점을 맞추고 사회적 맥락의 중요성을 무시했기 때문에 문제가 있다. 알렉산더는 소외감, 공허감, 억압 같은 감정을 느끼는 사람이 줄어들면 중독은 확산하지 않을 것이라고 분석한다. 그러나 이런 감정을 느끼는 사람이 점점 더 가파르게 늘어나고 있기 때문에 전 세계적으로 중독이 증가할 수밖에 없다.[14]

그토록 많은 사람이 어떻게 중독에 빠지지 않고 스포츠를 즐기고 성관계를 갖고 먹고 마실 수 있냐고 옛날 과학자에게 물으면, 선천적으로 다른 사람들보다 더 쉽게 중독되는 사람들이 있다고 대답할 것이다. 수십 년 동안 인간 게놈을 연구하고 기록했음에도, 어떤 유전자가 이런 취약성을 갖고 있는지 아직 명확하지 않다. 그럼에도 사람들은 언젠가 찾아낼 수 있으리라 확신한다.

　오늘날까지도 유효한 중독 연구의 한 분야는 예컨대 알코올중독에 대한 아메리카 원주민의 소위 유전적 취약성을 다룬다. 아메리카 원주민은 통계적으로 알코올중독 빈도가 과하게 높으므로, 그들의 유전자에 문제가 있는 것이 틀림없다고 가정하는 것이다. 그러나 알렉산더는 아메리카 원주민에게는 거의 모든 유형의 중독이 유사한 빈도로 나타난다고 주장했다. 그렇다면 그들이 모든 약물에 유전적으로 취약하다고 결론 내려야 할까?

　역사는 다른 방향을 가리킨다. 유럽 식민지 개척자들이 와서 원주민 사회를 파괴하기 전까지는 아메리카 원주민 사이에 중독 문제가 없었던 것으로 보인다. 그때까지는 황금시대를 누렸기 때문이 아니다. 평균 수명이 짧았고, 잔혹한 전쟁과 고문이 있었으며, 사람들이 서로를 죽였다는 사실을 보여주는 역사적 유물이 아주 많다. 그러나 중독이 널리 퍼진 현상이었음을 입증하는 역사적 유물은 찾아볼 수 없다.

　약물이 부족했기 때문이 아니다. 캐나다 퀘벡주 북부의 이누족은 수 세기 동안 유럽과 위스키를 거래했다. 그들은 순록과 함께 유목민처럼 살았고, 필요한 것을 살 수 있는 자원이 충분했다. 그럼에도 그들은 중독에 빠지지 않았다. 또한 남미 원주민은 식민지화되기 오래전부터 알코올 음료를 생산했음에도 식민지 이전에는 알코올 문제가 있었다는 증거가 없다.[15]

유럽 역사에서도 시간을 더 거슬러올라가면, 알코올중독의 흔적을 거의 찾아볼 수 없다. 물론 술이 좋으냐 나쁘냐를 두고 철학과 종교가 종종 토론했고, 중세시대에는 주량 내기와 과음으로 발생하는 사회적 난동이 큰 비난을 받았다. 하지만 과음은 주로 도덕적 문제로 통했다. 술에 취해 뭔가 비난받아 마땅한 일을 저질렀기 때문이다.

18세기 산업화시대에 영국에서 진 소비가 과도하게 늘어나자, 중독 문제가 점점 더 많이 발생했다. 동시에 영국 의사들은 놀랍도록 빠르게 퍼지는 신경과민을 경고했다.[16]

아마도 유전적 요인뿐 아니라 약물의 매혹 역시 우리가 중독되느냐 마느냐에 영향을 미쳤을 것이다. 이는 논쟁의 여지가 없다. 그러나 그 외 다른 요인까지 고려하지 않으면 안 된다.

우리는 오늘날 중독 물질로 '허전한 마음을 달랜다'는 관용적 표현을 사용한다. 이 표현은 핵심을 정확히 건드린다. 그런데 이런 허전함은 어떻게 생겨날까? 약물 때문에 허전함이 생기는 게 아니라면, 약물을 사용하지 않는다고 문제가 해결될 확률도 그리 높지 않다.

40년 넘게 마약중독자를 치료해온 알렉산더는 중독 치료소에 막대한 자원을 쏟아붓고도 중독 문제를 해결하지 못할 수 있다고 지적한다. 상황을 개선하는 데 큰 도움이 되지 않는 치료법이 만연하다. 치료 효과가 너무 적어서 오히려 놀라울 지경이다.

"도덕치료, 과학치료, 정신분석, 익명의 알코올중독자 모임, 상담, 자애, 격렬한 사랑, 행동치료, 침술, 사례 관리, 치료 환경, 민간요법, 아시아 명상수련, 행동유전학, 신경과학, 표적 광고, 약리학적 길항제, 환각제, 동기부여 상담, 지역사회 강화 접근법, 치료 매칭, 피해 감소 또는 이런 기술들의 조합뿐 아니라 법적 금지조차도 알코올중독이나 여타 중독을 통제하는 데 전혀 효과가 없었다."[17]

이런 방법들이 어떤 사람에게는 분명 도움이 되었겠지만, 어떤 방법이 누구에게 적합한지 말하기 어렵다. 모든 정신과 치료도 마찬가지다.[18]

새로운 발견

이혼 후 사미라는 지푸라기라도 잡으려고 온갖 방법을 시도해보았다. (비록 자신보다 어렸지만) 진지해 보이는 인지행동 치료사를 찾아갔다.

사미라가 아야와스카 여행에 관해 얘기했을 때, 이 젊은 여성은 아무런 반응도 보이지 않았다. 여행 후 사미라가 느낀 좋은 감정들에도 별다른 관심을 보이지 않았다. 파란 두 눈만 기계적으로 깜빡였다. 걱정 때문에 찌푸린 이맛살을 제외하고는 무표정이었다. 사미라는 이것을 화난 얼굴로 해석했다.

"그게 그렇게 좋았다면, 왜 계속하지 않으시죠?"치료사가 물었다.

아마도 신랄한 비판이었거나 냉소 섞인 질문이었을 테다. 사미라는 이전에 자신의 어린 시절, 스웨덴으로의 탈출, 빈곤, 죄책감과 수치심에 관해 이야기했었다. 그 이야기 역시 치료사에게 아무런 인상을 주지 않았다. 그도 그럴 것이, 가장 중요한 것은 사미라가 자신의 행동을 바꾸는 것이기 때문이다. 좌절감이 이만저만이 아니었다. 사미라는 숙제를 잊어버렸고, 일기를 작성할 때도 치료사가 지시한 방식을 따르지 않았다. 그러나 불안이 어떤 모습이고 어떻게 생겨났으며 그것에 어떻게 반응했는지 기록하지 않고 어떻게 생각을 정리할 수 있겠나?

"이런 식이면 도움을 드릴 수가 없어요."치료사가 말했다.

"무슨 말씀이시죠?"사미라가 물었다.

"여기서 끝내는 게 좋겠습니다."

치료사와 작별하고 나올 때, 환각 여행을 계속하라는 치료사의 말을 진담으로 받아들인 것인지는 확실히 알 수 없지만, 사미라는 집으로 가는 기차에서 스마트폰을 꺼내 '페루'를 검색했다.

현재 임상심리학과를 덮친 환각 파도는 심리치료의 실패를 암시한다. 심지어 심리치료 위기설까지 나오고 있다.

이런 분위기가 아직 널리 퍼지지는 않았는데, 높은 수요에도 불구하고 심리치료를 받을 수 있는 장소가 여전히 너무 적기 때문이다. 정신과 의사들은 압박을 느끼고 있고, 임상심리 치료사들은 종종 급한 불을 끄는 데만 급급하다. 이런 긴박한 상황에서, 심리치료가 실제로 효과가 있는지를 따지는 방법론적 질문이 부적절해 보일 수도 있다.

그럼에도 학계는 이 문제에 대해 논의중이다. 2015년에는 이른바 '재현성 위기'가 심리학계를 뒤흔들었다. 한 메타 연구에서 과학자 270명이 가장 많이 인용된 심리학 실험 1000건을 재현성 측면에서 분석했다. 실험의 기본은 똑같은 실험을 반복했을 때 비슷한 결과가 나오는 것이다. 하지만 정말 그런지는 확인된 적이 없었다. 이를 확인하자 충격적 결과가 나왔다. 단 40퍼센트만이 통계적으로 유의미한 재현성을 보였다.[19]

메타 연구의 대상이 된 실험들은 임상심리학이 아니라 사회심리학에 속했지만, 임상심리학 분야에서도 내부적으로 다음과 같은 방법론적 결함이 격렬하게 토론되었다. 실험군이 너무 작다, 피험자 구성이 불균형하다, 실험을 중단한 피험자를 충분히 통제하지 못한다, 피험자를 충분히 무작위로 배정하지 않는다, 장기 효과를 충분히 고려하지 않는다, 같은 것들이었다.[20]

효능 평가와 관련한 또다른 문제도 격렬한 논쟁을 불러일으켰다. 긍정적 결과를 내지 못한 연구들은 대개 '아카이브'에 보관되고, 출판되지 않는다. 그 결과 '출판 편향'이 생긴다. 즉, 우리는 치료가 효과적임을 보여주는 연구만 읽게 된다.

임상심리학에서는 최근에야 이 문제가 인식되기 시작했다. 미국국립보건원의 지원을 받아 55개 연구에 대한 메타 연구가 진행되었는데, 과학자들은 여기에 출판되지 않은 13개 연구의 데이터를 추가했다. 그러자 심리치료 효과가 25퍼센트나 떨어졌다. 의사의 진료보다 심리치료로 더 나은 결과를 얻을 확률이 갑자기 거의 0으로 떨어졌다.[21]

폴 몰로니 같은 심리학자들은 이런 연구를 통해, 남아 있는 약간의 효과는 착각으로 봐야 한다고 결론 내렸다. "주장되는 심리치료 효과가 플라세보 효과 이상이라고 믿을 만한 근거가 거의 없다."[22]

불투명한 실험 세계의 뒷면을 보면, 놀랍게도 정신질환 치료에 막대한 투자를 하는 서양 국가들에서 정신질환 환자가 가장 흔하다. 신체 건강 측면에서 보면, 저임금 국가와 고임금 국가의 평균 기대수명이 20년 넘게 차이가 난다. 그러나 정신 건강에는 국가의 지원이 아무런 영향을 미치지 않는 것 같다.[23]

어떤 사람들은 심지어 심리치료가 행복에 부정적 영향을 미칠 수 있다고 주장하는데, 이것은 실험으로 밝혀질 수 없는 효과다.

실험에 사용된 치료법은 정신과에서 실제로 행하는 치료법과 다를 수 있다. 더 대중화되어 있는 일반적인 치료법의 효과를 측정한다면 어떤 결과가 나올까?

독일의 한 연구에서는 서로 다른 시기에 수행된 두 설문조사 결과를 비교했다. 응답자의 행복감이 어떻게 변했는지를 보기 위해서였다. 응답자 중에서 '우울' 키워드에 높은 점수를 표시하고 '삶의 만족도' 키워드에 낮은 점수를 표시한 약 5천 명을 선정했다. 이들은 4년 후에 다시 설문지를 작성해야 했다. 그다음 지난 4년 동안 심리치료를 받은 사람과 받지 않은 사람을 비교했다. 그러자 심리치료를 받은 사람들의 행복감이 더 낮은 것으로 나타났다. 심리치료에 관한 대다수 실험에서 긍정적 결과가 나왔다는 점을 고려하면 놀라운 일이다. 이에 대해서는 여러 가지 설명이 가능하다. 연구자들은 실제로 시행되는 심리치료가 실험에서 조사된 것보다 더 나쁠 거라는 가설을 세운다.[24]

심리치료의 효과를 둘러싼 논쟁과 점점 더 많은 사람이 점점 더 불행해진다는 사실이 새로운 치료법의 길을 열었다. 현재 가장 많이 논의되는 치료 방법은 환각 약물을 이용한 심리치료다. 환각 연구는 1960년대의 과격한 실험 이후 쏟아지는 비난과 치욕을 견디며 40년 동안 이목을 끌지 않았다. 그런데 이제 환각 연구에 점점 더 많은 투자가 이루어지고 있다.

지금까지 환각과 상담치료의 조합이 특히 불안장애, 강박장애,

우울증, 알코올 및 담배 중독에서 긍정적 결과를 냈다. 앞에서 언급한 방법론적 문제가 이런 실험에는 없다고 말할 수는 없다. 그러나 환각 약물의 사용은 단순히 증상만 치료하는 것을 목표로 하지 않는다는 점에서 탁월하다. 이 치료법은 재주술화, 종교적 계시, 자아의 경계를 넘어서는 의식의 확장을 약속한다.[25]

환각 약물은 때때로 환각제라고 불리지만, 이 약물에 취해본 사람들은 대개 그 반대를 주장한다. 환각 체험중에 세상이 훨씬 더 현실적으로 느껴졌다는 것이다. 보고서에는 종종 일종의 초자연적 접촉과 알 수 없는 존재에 이끌리는 느낌이 적혀 있다.[26]

환각 체험이 우리에게 어떤 영향을 미칠지는 명확하지 않다. 어떤 연구자들은 혈류의 가속, 전기 활동의 활성화, 뇌의 유연성 같은 신경학적 변화를 강조하고, 또 어떤 연구자들은 신비로운 요소들을 강조한다. 존스 홉킨스 병원에서 죽어가는 암환자를 대상으로 일찍이 실로시빈 실험을 수행했던 미국 정신과 의사 롤런드 그리피스는 여러 인터뷰에서 환각제가 단순히 뇌의 리셋 버튼 이상의 역할을 할 수 있다고 말했다. 어쩌면 이 약물이 사후 세계를 미리 접해보게 할 수도 있다는 것이다.

"서양의 물질주의는 '죽으면 그것으로 끝이다'라는 가설에 기반을 둔다. 하지만 죽음에 대한 설명은 그것 외에도 무수히 많다. 죽음이 새로운 시작일 수도 있다."[27]

이 지점에서 그리피스는 순수한 과학적 용어만을 사용하려 노력한 다른 동료들보다 훨씬 직설적으로 말한다. 그러나 환각 체험을 이 세계보다 훨씬 큰 세계에 잠시 다녀온 것으로 이해하는 수많은 경험담이 그리피스의 관점을 재확인해준다.

마이클 폴란은 이런 현상이 너무나 심오하고 변화무쌍하고 설득력이 있어서, 우리가 이해하지 못하는 신비가 여기에 있을 거라고 믿고 싶다고 말했다.[28]

당연히 이런 신비로 인해 (비록 잠시라 해도) 우리의 생각이 고요해질 수 있다.

느끼고 싶은 소망

페루에서 사미라는 아야와스카 의식을 총 아홉 번 거행했다. 집으로 돌아왔을 때, 그녀는 다른 사람이 되어 있었다. 그리고 이번에는 이 상태가 더 오래 유지되어 무려 몇 주 동안 지속되었다. 다시 예전 일과로 돌아가자, 그녀의 생각은 또 다른 사람들 눈에 자신이 어떻게 비칠지, 어떻게 살고 싶은지 하는 고민으로 끊임없이 쳇바퀴를 돌았다. 그에 따른 낭패감과 불안감이 다시 찾아왔다.

환각 지지자들은 중독성을 인정하지 않는다. 그러나 죽음에 대한 불안감과 공황발작을 동반하는 공포 여행이 될 위험이 자주 언급된다. 그저 재미로 하는 일이 아니다. 이 '여행'은 1년에 한두

번 이상은 불가능할 정도로 체력적 부담이 크다.

사미라는 확실히 그보다 더 자주 여행했다. 지리학적으로도 정신적으로도. 세 번에서 다섯 번 정도 아야와스카 여행을 단행했던 스페인에 스무번째 다녀온 이후부터는 횟수 헤아리기를 그만두었다.

항상 같은 패턴을 따랐다고 한다.

"떠날 때마다 나는 지쳐 있었고 사람들에게 분노했어요. 다시 돌아오면 사랑을 느꼈죠. 아야와스카는 사고 패턴을 깨는 데 도움이 되었어요."

"그 여행에 중독되었다고 생각하나요?" 내가 물었다.

"어떤 상태를 중독이라고 이해하느냐에 달렸죠. 고립되거나 일을 할 수 없는 그런 상태가 아니에요. 신체적으로 금단현상을 겪지도 않아요. 하지만 때때로 내가 아야와스카 여행으로 도망친다는 기분이 들어요. 다만 나는 다른 사람들과는 달리, 환각에 취하는 것 자체도 좋아하지만 그보다는 그뒤에 찾아오는 고요함과 깨달음을 더 좋아합니다."

사미라는 자신의 여행을 다른 사람들이 추구하는 것과 같은 현실도피로 여기지 않는다. 의사 업무와 정기적 여행을 병행한다는 사실이 밝혀지면, 아마도 그녀는 직장을 잃게 될 것이다. 사미라가 진지하게 여기는 위험 요소다. 동료들 사이에 사미라는 성실한 사람으로 통하는데, 무엇보다 술을 마시지 않고 소셜미디어를 멀리하기 때문이다. 그녀는 술이나 소셜미디어 같은 유형의 현실도 피는 생각을 마비시키는 것에 불과하다고 생각한다. 아야와스카 여행 때마다 그녀는 새로운 것을 배운다. 이 약물을 발견하지 못했더라면, 그녀는 분명 계속 일할 수 없었을 테다.

환각 체험을 하는 동안, 그녀는 영적 우회Spiritual Bypassing의 몇 가지 사례를 접했다. 이를테면 문제는 그대로지만 '깨달은 자'라는 새로운 정체성을 획득하는 것이다. 그러나 이는 명상가들과 의사들 사이에서도 관찰되는 현상이라고, 그녀가 말했다.

"다시 여기로 돌아오면, 그때부터는 스스로에게 달렸어요. 약 1~3주 동안은 깨달음 단계인데, 이때 변화가 얼마나 중요한지와 그 변화를 스스로 만들어야 한다는 것을 깨닫게 됩니다."

"당신은 어땠나요?"

"잘하지 못했어요. 업무 관리나 식단 관리 같은 몇 가지는 쉽게 해냈죠. 그리고 사람들도 더 잘 이해하고요. 쉽게 화를 내지도 않아요. 이런 변화가 있긴 하지만 내가 해야 할 것을 모두 했다고 생각하진 않아요."

사미라의 야망은 보통 사람보다 훨씬 컸다. 인생이 어떻게 펼쳐졌는지 생각해보면, 그녀는 성공한 사람의 전형이다. 인정받는 직업, 사회에 소속되어 열심히 일하는 사람. 그러나 삶에서 가장 중요한 것이 그녀에게는 없었다. 그것이 뭘까?

"가끔은 누군가 나를 세게 때려서 내가 무언가를 느낄 수밖에 없도록 해주면 좋겠어요. 그냥 느끼고 이해하고 싶어요. 나는 생각을 꺼야만 해요. 그게 내 문제예요. 나는 이보가인이라는 약물을 써보고 싶어요. 이보가인을 복용하면 통제력을 완전히 잃기 때문이죠."

불안과 우울을 치료하는 일이 그렇게 어렵지 않다는 것 그리고 같은 사람이라도 언제나 새로운 방법으로 질병을 '치유'할 수 있다는 것을, 어쩌면 환각 연구가 보여줄 수 있을 것이다.

영국 정신과 의사 로빈 카하트해리스는 실로시빈 약물 실험을 통해 이를 여러 번 확인했다. 한 사례에서는 접수원으로 일하는 한 여성이 강렬한 각성 경험을 했다. 갑자기 물질적인 것들이 하등 중요하지 않게 느껴지면서, 모든 사람은 평등하므로 지위란 그저 빈 껍질에 불과하다는 생각이 들었다. 하지만 직장으로 돌아오자 다시 물질적인 것만이 중요하고 인간은 평등하지 않으며 지위가 중요하게 여겨지는 그곳 원칙에 굴복해야만 했다. 금세 우울증이 재발했다.[29]

실로시빈과 DMT 복용과 관련해 알려진 부작용이나 신체 질환이 없다는 점을 고려하면, 힘겨운 운명을 견디는 것보다 이러한 물질을 가끔 복용하고 환각 여행을 떠나는 것이 더 나을 것 같다. 환각 약물이 얼마나 좋은 치료법이냐는 질문보다 이 현상이 무엇을 명확히 보여주느냐가 더 중요하다. 이것은 특히 사미라의 표현대로 생각을 '끄는 것'이 얼마나 어려운지를 보여준다.

저널리스트 마이클 폴란은 환각 세계에 관한 보고서에서,[30] 대다수가 수십 년 동안 환각제를 소비한 후에도 치료가 안 된 것 같고, 여전히 다음 여행, 이런저런 약물 또는 복용량에 관해 얘기한다고 설명했다. 이 설명은 항우울제 프로작Prozac이 출시되었을 때의 슬로건("약을 드세요, 그러면 기분이 나아질 거예요")을 연상시키는 한편, 씁쓸하면서도 달콤한 뉴에이지 분위기를 풍긴다.

폴란은 환각제의 치료적 유용성이 강력한 반대에 부딪히는 이유가 환각제 지지자 중 일부가 이것을 마약 합법화로 가는 첫 단계로 보기 때문이라고 생각한다. 그들은 대략 캐나다와 미국 몇몇 주에서 대마초를 합법화했을 때처럼 먼저 의료적 필요를 강조하는 전략을 따르는 것 같다.

그러나 이렇게 치료에 초점을 두면, 조화로운 사회 적응이라는 목표가 희미해지는 문제가 발생한다.

샤머니즘을 활용하는 목적은 직장과 가정만 오가는 삶을 견딜 수 있게 하는 것이 아니다. 1950년대와 1960년대의 첫 환각 물결 때도 그것이 주요 목적은 아니었다. 1960년대 저항 문화에서 LSD가 그토록 중요해진 이유는 오늘날 사미라와 다른 사람들이 경험하는 명료함과 우려의 교환 때문이다. 산업자본주의는 사람들이 환각제를 통해 보았던 현실과 모든 면에서 대립했다. 하버드대학에서 최초로 실로시빈 실험을 수행한 임상심리학자 티모시 리리는 자신의 발견을 통해 매우 급진적으로 변했고, 리처드 닉슨은 그 이후로 리리를 "미국에서 가장 위험한 사람"이라고 불렀다.

Turn on, tune in, drop out(취하고, 더불어 즐기고, 이탈하자)! 이것이 리리가 세상에 전하는 메시지였다. 람 다스와 앨런 긴즈버그 그리고 1960년대 저항 문화의 또다른 '환각 여행자'들은 그저 환각에 취하고 싶었던 것이 아니라 더 많은 것을 성취하고자 했다. 환각에 취하면, 환각 여행이 사회 전체에 절실히 필요하다는 단 하나의 논리적 결론에 도달할 수 있었기 때문이다.

그대로 남아 있는 걱정

자신의 생각이 아닌 다른 것에 주의를 돌리는 것이 반드시 나쁜 일은 아니다. 많은 상황에서 같은 걱정을 계속해서 되새김질하는 것보다 주의를 분산하는 것이 더 나을 수 있다. 그러나 아무리 대단한 계시라도, 우리가 위험과 무수한 선택지로 가득한 미래와 마주하도록 강요하는 사회에 살고 있다는 사실을 바꿀 수는 없다. 우리가 아무리 멀리 떠나도 걱정은 기본값으로 계속 남아 있다. 지금까지는 이런 걱정을 억제하기 위한 다양한 방법을 다루었다. 이제 걱정과 더불어 사는 방법을 살펴보자.

걱정과 더불어 살기

나는 한 교회에서 아방가르드한 오르간 연주회가 진행되는 동안, 이 책을 위해 계획한 인터뷰 중 하나를 진행했다. 사람들이 자신의 괴로운 생각을 털어놓을 때 보통 기본 전제로 요구하는 별도의 공간을 이번에는 마련할 수가 없었다. 그런데 산네는 나를 교회에서 만나고자 했다. 곧 70세가 되는 그녀는 안경 너머 온화한 표정으로 나를 맞이했다. 우리는 천장 높이 음악이 울려퍼지는 교회로 들어갔고, 목청을 높이지 않고 대화할 수 있는 다소 한적한 자리를 회랑 끝에서 찾을 수 있었다.

내가 산네에 대해 아는 것은 그녀가 범불안장애 진단을 받았다는 사실뿐이었다. 잔잔한 오르간 연주는 산네의 이야기를 위한 배경음악으로 놀랍도록 잘 어울렸다.

불안은 학창시절부터 시작되었다. 자신의 성과를 평가받고 성적으로 등급이 매겨지는 압박감이 너무 컸다. 발각이 두려웠다. 무엇을 들킬까봐 불안한 건지는 그녀도 몰랐다. 언제든 실체가 폭로될 수 있다는 막연한 불안이었다. 그녀는 사람들 앞에서 말하는 것을 끔찍하게 두려워했다. 발표하기 한참 전부터 어지러워 기절할지도 모른다는 상상에 빠져들었다. 그리고 반 친구들의 검열하는 듯한 시선 앞에 서면, 그녀가 두려워하는 일들이 실제로 일어날 것만 같았다. 평가받는 데 대한 두려움은 성인이 되어서도 그대로였고, 결국 학업과 직장을 포기할 수밖에 없었다. 그러고는 공상에 빠졌다.

"같은 생각을 되새김질하며 고민하지 않을 때는 온갖 공상에 빠지고, 눈앞에 일어나는 일들을 관찰하면서 패턴을 찾아봐요. 반나절이나 때로는 일요일 내내 그냥 앉아서 공상에 잠겨 있어요. 그러다가 정신을 차리고 주위를 둘러보면서 벌써 시간이 이렇게 지났나, 하며 깜짝 놀라곤 해요."

산네는 줄을 서서 오래 기다리는 일이 아무렇지 않다. 그녀는 순식간에 생각에 빠져들고, 그러면 시간이 아주 빨리 지나간다. 단점은 멈출 수가 없다는 것이다.

"대부분은 후회되는 일들을 다시 생각해보거나 실제로 일어난 일들을 성찰해봅니다. 나는 현실을 거의 잊을 정도로 비현실 세계에 완전히 빠져들 수 있어요. 꿈을 꾸는 걸까요? 모든 것이 느려지고, 아무것도 할 수 없어요. 아무것도 중요하지 않아져요. 생각이 나를 완전히 삼켜버려요. 생각하지 않는 나는 누구일까요? 생각하지 않으면 어떻게 될까요? 생각하지 않는데 과연 내가 존재할 수 있을까요?"

산네는 멀리 줄지어 선 빈 의자들을 바라보며 이야기를 이어갔다. 그녀는 중증 자폐증 보호시설에서 일할 때, 범불안장애 진단을 받았다. 성인이 된 아들 중 한 명이 아팠다. 그녀는 지쳐갔다. 걱정이 많았고, 이는 범불안장애의 흔한 특징으로 얘기되는 '과도한 걱정'이었으므로 심리치료사는 범불안장애를 적절한 진단이라 여겼다. 그런데 그녀의 걱정이 정말로 과도했을까?

얼마 지나지 않아 그녀의 아들은 심각한 우울증을 앓아 치료를 시작했다. 산네는 과잉보호하는 어머니로 변했다. 그녀는 아들이 정신과 의사를 만나도록 도왔고, 항상 아들 곁에 있고자 했다. 아들이 잘 지내는지 확인하기 위해서만이 아니었다. 두 사람은 심지어 만남을 즐겼고 함께 철학을 논했다.

"사람들은 아이가 생기면 무슨 일이 일어날지 알고 있고, 모든 것을 통제하고 있다고 생각해요." 그녀가 말했다. "사람들은 아마도 사랑이 해결해줄 것이라고 믿겠죠. 하지만 생각대로 되지 않을 때가 훨씬 많아요. 사랑이 부족해서 누군가가 불행해지는 게 아니에요. 물론 그럴 수도 있겠죠. 하지만 다른 요소들도 중요한 역할을 합니다."

아들이 사라졌을 때, 그녀는 바로 그날 저녁에 실종 신고를 했다. 그가 자발적으로 사라진 것 같았기 때문에 경찰은 할 수 있는 일이 별로 없다는 결론을 내렸다. 산네는 어떻게 해야 할지 몰랐다.

"건초더미에서 바늘을 찾는 식으로는 아들을 찾을 수 없다는 걸 잘 알아요. 하지만 꿈꿀 수는 있고, 꿈에서는 대부분 찾아내요."

마침 오르간이 반대편에서 위협적인 불협화음을 크게 냈다. 마치 오르간 연주자가 우리 얘기를 듣고 짜증을 내는 것처럼 들렸다. 어쩌면 역시 교회는 인터뷰하기에 좋은 장소가 아니었던 것 같다. 하지만 산네는 공격적인 배경 소음을 거의 인식하지 않는 것처럼 보였다.

"나는 최악의 상황을 생각하고 싶지 않았고, 문 두드리는 소리가 났을 때 아이가 왔다고 생각했어요. 그러면서도 동시에 나는 이미 알고 있었어요. 몽상에 빠진 상태로 복도를 지나 현관문으로 발걸음을 옮겼죠. 한 걸음 한 걸음 다가갔고, 세상이 송두리째 바뀌었어요."

산네의 아들이 죽기 위해 약물을 과다 복용했는지, 아니면 사고였는지 현재까지 아무도 모른다. 그녀의 친구들은 사고라고 믿었다.

세상이 사라졌다. 한동안 그녀의 불안한 생각 외에는 아무것도 존재하지 않았다. 지금도 그녀는 가끔 쇼핑하다가 멈춰 서서 주변을 돌아보고, 아무것도 변한 것이 없어 놀라곤 한다.

"저기 바깥세상은 그냥 계속 돌아가나요? 어떻게 그럴 수 있죠? 깜깜한 꿈속에 사는 것 같아요."

처음에는 아들의 죽음이 그녀가 오랫동안 안고 산 걱정을 덜어주었다. 최악의 상황이 발생했을 때, 그녀는 슬픔에 잠겨 불안할 겨를도 없었다. 그러다가 다시 생각이 시작되었다. 그러나 미래에 일어날지도 모르는 일에 대한 반사실적 사고가 아니었다. 이제 그녀의 생각은 다른 종류의 반사실적 사고에 빠져 있었다. 만약 다르게 행동했더라면 어땠을까?

"강박과도 같아요. 나는 아이에 대한 생각을 멈출 수가 없어요. 생각을 멈춘다면, 아이를 버리는 것일 테니까요. 파괴적인 것을 붙잡고 있으면 이상하게도 안정감이 들어요. 사람들은 익숙한 것에 의존하기 마련이죠."

오르간이 조용해졌다. 갑자기 교회에 우리 둘만 있는 것처럼 느껴졌다. 나는 생각할 것이 정말로 아주 많을 수밖에 없는 그녀의 상황을 이해할 수 있을 것 같다고 말했다.

산네는 멀리 줄지어 선 빈 의자들을 계속 바라보았고, 나는 그녀가 이미 오랫동안 공허한 위로의 말을 충분히 많이 들었을 거라는 인상을 받았다.

"같은 생각을 되새김질하며 고민하는 내용이 단지 아들에 관한 것만은 아니에요." 그녀가 말했다. "내게도 좋은 추억이 있지만, 일어난 일들에 가려졌어요. 그리고 내가 걱정을 더 많이 한다고 해서 나나 다른 사람에게 도움이 되지 않는다는 것도 잘 알아요."

최근 산네의 둘째 아들은 해외 시위에 참여해 인간 방패를 자처하기로 했다. 끔찍한 상상이 군대처럼 진군했다. 머리가 지끈거렸고 거의 잠을 이룰 수 없었다. 그럼에도 그녀는 아들의 결정을 존중했다. 만류하고 싶은 욕구를 온 힘을 다해 참고, 아들을 보내주었다. 아들은 그곳에서 죽을 수도 있다. 위험은 항상 존재하고, 그녀도 그 사실을 안다.

"나는 그것이 사랑의 대가라고 생각해요."

정신이 병든 것과 문제가 있는 것

산네는 상실을 겪었다. 먼저 미묘하면서도 가장 넓은 의미에서 평범한 상실을 겪었고, 그다음 아들을 잃는 논란의 여지가 없는 큰 상실을 겪었다. 산네가 걱정하는 것이 놀랄 일인가? 과도한 걱정과 불안감이라는 진단이 과연 적절할까?

산네 자신도 걱정이 스스로에게 도움이 안 되었다고 말했고, 현실에 더 집중하고 생각에 덜 사로잡히기를 바랐다. 그렇게 보면 산네의 걱정은 '과도'했던 게 맞다. 그러나 아들이 뭔가 나쁜 일을 겪을 수 있다는 재앙에 관한 생각은 미친 생각이 아니었다. 근거가 있었고 생각한 그대로 실현되었다.

정신의학은 더 심각한 형태의 걱정에 대해서도 계속해서 다음과 같은 질문에 몰두했다. 개인 대신 상황을 평가하는 것이 더 낫지 않을까?[1]

산네의 경우 걱정은 자신의 머릿속에만 있지 않고 적어도 한 사람, 그녀의 우울한 아들에게도 영향을 미쳤다. 게다가 두 사람은 사회적 맥락 안에 있었다. 그들의 상황을 폭넓게 분석하려면 그들이 살았던 역사적 맥락을 고려해야만 한다. 그뿐 아니라 보편적 가족 모델, 부모의 책임에 적용되는 규범, 약물중독을 치료하는 방법, 정신 건강 문제를 치료하는 방법, 피험자를 대하는 방법도 고려해야 하고, 시간 감각의 오랜 발달 과정과 탈주술화 그리고 내가 이 책에서 설명한 위험성 계산은 두말할 것도 없다.

이러한 상황을 분석해보면 '범불안장애'는 큰 걱정을 만들어낸 여러 요소의 복합적 상호작용을 나타내는 표현일 것이다. 일부 정신과 의사는 모든 진단은 상황을 설명하는 것이고, 정신질환은 진공에서 발생하지 않으며, '정신질환'이라는 개념 자체를 버려야 한다고 주장한다.

정신질환을 하나의 유효한 범주로 볼 수 있느냐는 질문은 오늘날까지 정신의학 비판의 핵심이다. 헝가리계 미국인 정신과 의사 토머스 자즈가 처음으로 이런 가정에 반대 주장을 제기한 1950년 대부터 쭉 그랬다. 자즈가 죽기 1년 전에 나는 그를 만났는데, 그때 그는 91세였고 아주 건강했다. 그는 다섯 번 넘게 자신의 주장을 반복해서 말했다. "정신질환 같은 것은 없습니다."

그의 주장 가운데 하나는 정신의 기능에 관한 것이다. 우리는 건강한 심장이나 갑상샘 또는 소장이 어떻게 작동하는지 알고 있다. 그러나 인간의 정신에는 그 논리가 적용되지 않는다. 기능이 고장난 것으로 여겨지는 행동은 상황 및 사회적 환경과 별개일 수 없다. 단지 사회구조에 적응한 것을 정상 기능으로 이해한다면, 이런 적응이 과연 모든 상황에서 긍정적인지 의문이 든다.

이런 커다란 의문을 가지고 살펴보면, 우리는 사람들에게 정신질환이 있다고 설득해 그들을 괴롭히는 것이나 마찬가지라고 자즈는 말한다. 정신질환이라는 개념 자체가 벌써 정신질환을 촉발하기 때문이다. 우울증이 우리를 우울하게 만들고, 강박장애를 강박적으로 생각하도록, 불안장애를 불안해하도록, 공황장애를 겁내도록 만든다. 자즈에 따르면, 정신과 의사는 그들이 원래 싸워 무찔러야 할 수많은 문제를 오히려 만들어낸다.[2]

이렇게 비판하지만 자즈 자신도 정신분석가로 일했다. 그는 소위 반정신의학에 가담하지 않았는데, 사람들이 도움을 받는 것이 그에게는 가장 중요했기 때문이다. 그러나 어떻게 도움을 받을 수 있을까? 정신질환이라는 것이 존재하지 않는다면, 치료사는 도대체 어떻게 도움을 줄 수 있단 말인가?

이와 관련한 나의 질문에 그는 다음과 같이 답했다. "나는 문제가 있는 사람들을 돕습니다."[3]

정신 건강 문제는 내가 이 책에서 고수하려 애썼던 용어이기도 하다. 정신이 병든 것과 문제가 있는 것은 다르다. 정신병에 걸렸고 건강해지려면 내면의 무언가를 고쳐야 한다고 믿는 것은 백곰을 생각하지 않으려는 노력만큼 전망이 어둡다. 질병과 연결된 단 하나의 생각, 단 하나의 감정이 우리의 의식을 파고드는 순간 처음부터 다시 시작해야 한다. 우리는 여전히 '아프다'. 질병 모델은 걱정에 대한 걱정과 절망감 때문에 생긴 절망의 하향 나선을 더욱 강화한다. 이 하향 나선을 멈추려면 정신질환이라는 개념과 작별해야 한다.[4]

그렇게 '장애' '증후군' '질병' '신경증' 같은 모든 언어적 변형과 작별하는 데 성공하면 급진적 결과를 얻게 된다. 정신질환이라는 개념이 없으면 환자 치료라는 말도 쓸 수가 없다. 그저 문제가 있을 뿐인 사람을 치료하지는 않는다. 그러나 수 세기 동안 그래왔듯이, 문제가 있는 사람이 좋은 삶을 살 수 있도록 도울 수는 있다. 어떻게 도울 수 있는지는 몇 가지 역사적 사례를 보면 쉽게 이해할 수 있다.

벨기에의 겔이라는 도시에서는 13세기부터 고난에 빠진 사람들을 돌봤다. 모델은 간단하다. 정신 건강 문제가 있는 사람들은 가족과 지내고, 가족들은 이 사람이 어떤 정신과 진단을 받았는지 알지 못한다. 이렇게 하는 이유는 가족이 이 사람을 환자로 대하지 않고 다른 가족 구성원과 똑같이 대하며 살게 하기 위함이다. 겔 모델은 오랫동안 주목을 받아왔다. 1845년에 프랑스 정신과 의사 자크조제프 모로는 이렇게 썼다. "겔은 일반적으로 격리되어 갇히게 될 사람들이 인간의 존엄성을 완전히 잃지 않고 살 수 있는 몇 안 되는 장소 중 하나였다."[5]

정신의학 역사에는 치료가 아니라 도움을 주려는 더욱 혁명적인 시도도 있었다. 1960년대에 스코틀랜드 정신과 의사 로널드 랭은 런던의 킹슬리 홀에 치료 시설을 열어 조현병 환자들이 치료소 직원들과 한 지붕 아래 거주하게 했다. 이 치료소를 다룬 다큐멘터리 영화를 보면 누가 조현병 환자이고 누가 아닌지 거의 구별할 수 없다. 이 치료소의 목표는 정신의학의 역할 구별을 없애고 모든 치료법, 특히 약물치료와 전기충격 요법을 중단하고 그 대신 함께 LSD를 복용하는 것이었다.[6]

이 시기에 독일 정신과 의사 볼프강 후버는 독일에서 훨씬 더 공격적인 실험을 수행했다. 그는 하이델베르크대학에서 한동안 정신의학자로 일하며 '사회주의 환자단'을 설립했다. 후버의 기본 생각은 조현병 진단을 받은 사람들이 고난의 원흉인 자본주의에 반대하게 하는 것이었다.

"질병을 무기로 바꾸자"가 모토였고, 이것은 이 단체가 낸 책 제목이기도 하다. 이 책의 서문에서 장폴 사르트르조차 "정신질환이라는 개념은 필연적으로 자본주의체제와 연결되고, 자본주의체제는 모든 것을 상품화하고 그 결과 임금노동자를 사물화한다"고 증언했다.[7]

그러나 '질병'을 무기로 바꾸는 것이 정확히 무엇을 의미하는지는 불명확했다. 단체는 규모가 커지며 급진화되었다. 이 단체는 하이델베르크대학 캠퍼스에서 추방되었고, 후버는 실험을 시작한 지 1년 만에 체포되었다. 사회주의 환자단의 몇몇 회원들은 적군파에 동조하기 시작했고, 1975년 서독에 있던 스웨덴 대사관 점거에 참여했다. 실수로 발생한 폭탄 사고로 사망한 지크프리트 하우스너는 사회주의 환자단 창단 회원이었다.[8]

한 가지 패턴이 보인다. 정신적 고통을 질병으로 보는 생각이 저항에 부딪히자, 행동의 문제가 발생했다. '우리는 무엇을 해야 하는가?' 이 질문에 대한 답은 여전히 찾지 못했다.

1960년대의 대담한 실험 이후, 논쟁은 다소 잦아들었다. 현재의 환각제 연구처럼 집중적으로 연구되는 정신의학 분야에서도 사회적 적응과 효능에 초점을 둔다. 즉, 환자가 빨리 회복되거나 적어도 일할 수 있을 만큼 회복되게 하는 것이 중요하다.

그러나 몇 년 전부터 논쟁이 다시 불거졌다. 여러 심리학자가 다시 한번 "건강한 의사가 아픈 환자를 치료하는" 모델이 여전히 가치가 있는지 의문을 제기하고 있다. 이번에는 자본주의체제 전복을 목표로 하는 사회주의자들이 아니라, 불교 철학과 명상에 관심이 있는 인지행동 치료사들이 비판의 목소리를 냈다. 무엇을 할 수 있느냐는 질문에 그들이 내놓은 대답은 훨씬 더 복잡하다.

있는 그대로 받아들이기

스티븐 헤이즈는 임상심리학 강사 자격을 갓 취득한 30세에 처음으로 공황발작을 겪었다. 그가 인터뷰에서 자주 언급했던 공황발작은 연구소 회의 때 발언권을 얻기 위해 손을 들었을 때 발생했다. 말을 하려 했지만, 아무 소리도 나오지 않았다. 15초간 침묵이 흘렀고 모두가 어리둥절한 표정을 지었다. 그는 아무 말도 하지 못했고, 충격 속에 회의실을 나갔다. 공황장애의 시작이었다.[9]

헤이즈는 심리학자였으므로 공황장애 치료에 관해 많은 것을 알고 있었고, 치료를 위해 할 수 있는 모든 것을 시도했다. 그러나 그후 2년 동안 공황장애는 점점 더 심해졌다. 그는 불안을 유발할 수 있는 상황들을 피했다. 예를 들어, 박사 지망생들에게 강의를 대신 시키거나 그냥 영화를 틀어주고 강의실을 나갔다. 한동안 강박적 사고도 이어졌다. 갓 태어난 아들을 "프리스비처럼 창문 밖으로 던져 아기가 얼마나 멀리까지 날아가는지 보는" 상상을 했다. 이완요법, 안정제, 음주, 유머, 노출치료 아무것도 도움이 되지 않았다.[10]

"문제는 내 이성이 전달한 기본 메시지, 즉 불안을 싸워 이겨야 하는 적으로 생각한 것이 독이 되었다는 사실이죠." 그가 말했다.[11]

오늘날 헤이즈는 점점 보편화되는 ACT 치료법의 창시자로 알려져 있다. ACT는 Acceptance Commitment Therapy, 수용전념치료의 약자다. 인지행동 치료의 세번째 물결로, 누군가를 치료하는 것이 목표가 아니다.

헤이즈는 직접 공황장애를 겪으며 우리가 불안에서 벗어나려 애쓸수록 불안이 더욱 커진다는 사실을 확인했다. 행동치료와 마찬가지로, 우리가 불안에 직면하더라도 결국 목표는 불안을 없애는 것이므로 백곰 효과가 나타난다. 그러므로 진정한 직면은 불안과 더불어 살아가는 법을 배우는 것이다.

헤이즈의 접근 방식은 자즈의 방식보다 논란의 여지가 적다. 그는 다른 행동 치료사와 마찬가지로 통제된 실험으로 자신의 치료법을 점검했고 증거 기반 심리학 연구를 이어나갔다. 그렇더라도 다음과 같은 글에 나타난 그의 관점은 자즈를 연상시킨다. "정신 건강에 관한 진실을 말할 것 같으면, 우리가 이야기하는 소위 정신질환의 원인은 알려지지 않았고, 인간의 고통 뒤에 '질병이 숨어 있다'는 생각은 절대적 오류다."[12]

이런 관점은 오늘날 예전보다 자연스럽게 받아들여진다. 이는 행동치료의 핵심, 즉 우리가 알 수 있는 것은 오직 행동과 생각뿐이라는 견해와 일부 관련이 있다. 정신질환의 원인일 수 있는 생물학적 과정의 신경정신의학 연구와 유전자 이해 측면이 지금까지 큰 진전을 보이지 않아 비판의 무게가 더욱 가중되었다. 헤이즈를 비롯한 많은 연구자들, 특히 미국의 정신장애 진단 및 통계 편람 제4판 공동 저자인 앨런 프랜시스는 연구 산업이 100년 동안 풍족한 재정 지원을 받았고 과학기술이 점점 더 발전함에도 불구하고, 의학은 오직 정신질환 단 하나를 발견했을 뿐이라고 비판한다. 일부 명백한 신경학적 장애를 제외하면, 모든 정신의학적 진단은 다양한 행동방식의 기술에 머물러 있다. 지금까지 혈액 검사도 뇌 영상도 누가 무엇 때문에 정신적 고통을 받는지 대략적인 정보조차 제공하지 못한다.[13]

고통스러운 경험은 누구나 겪을 수밖에 없고 삶의 일부라는 관점을 기반으로, 헤이즈는 환자들에게 수용을 권고한다. 고통스러운 경험은 피할 수 없기 때문에 수용만이 적합한 행동방식이라는 것이다.

그런데 수용이란 무엇일까? 우리에게 닥친 모든 고난을 받아들여야만 한다는 뜻일까?

수용은 사회적 적응의 급진적 행위로 해석될 수 있다. 헤이즈는 사람들을 불행하게 하는 사회적 요인들, 그중에서도 특히 자신이 활동하는 분야인 정신의학을 비판하지만 그렇다고 특별히 날카롭게 사회 분석을 하지는 않는다. 이런 수용 개념은 사람들이 자신의 불만을 표현하지 못하게 막을 수 있다. 한 연구가 입증했듯이, 예를 들어 영국 의료계 종사자를 위한 ACT 워크숍은 수용 불가의 근무조건을 수용하게 하는 이념적 행사로 변질되었다.[14]

수용 설교자들이 대부분 강조하는 것처럼 '세상이 다 그렇다'는 식의 체념으로 수용을 이해해선 안 된다. 수용은 생각, 감정, 인상을 있는 그대로 받아들이는 것이다. 그것들을 희석시키지 않는다. 불교의 기본명제처럼, 생각과 감정은 우리의 자아가 아니고 우리의 정신은 우리가 통제할 수 없는 인상과 경험에 따라 작용한다. 우리가 통제할 수 있는 것은 오직 우리의 행동뿐이다. 그러므로 '가치 있는 목표'에 따라 행동하는 능력, 하고 싶은 일을 하는 능력이 가장 중요하다.

이를테면 산네는 아직 살아 있는 둘째 아들이 시위에 참여하지 못하게 막을 수도 있었다. 아들에게 죄책감을 느끼게 할 수도 있었고, 자식을 또 잃을까 노심초사하며 살 수는 없다고 말할 수도 있었다. 그럼에도 아들이 떠났다면, 산네는 자신이 할 수 있는 일은 했다고 스스로 위안할 수 있었으리라. 자신의 걱정을 방지할 수 있었으리라. 그러나 그녀는 그렇게 하는 대신에 걱정을 수용했다. 그녀는 아들의 결정에 간섭하지 않았다. 그녀에게 가치 있는 목표는 아들의 자율성을 지켜주는 것이었고, 그녀는 자신의 평안보다 이 목표를 우위에 두었다.

"매일 당신의 자아를 죽이세요." 헤이즈의 날카로운 조언이다. 이런 시도를 충분히 하면, 우리가 아주 쉽게 자아라고 착각하는 목소리가 포기를 선언할 것이다. 걱정과 맞서 싸우지 않으면, 걱정이 멈춘다. 그것이 헤이즈의 이론이다. 우리의 감정 상태를 수용하면 우리는 불행에서 벗어날 수 있다. 거기에 희망이 있다.[15]

진실에 다가가기

그러나 걱정을 수용하면 걱정에서 벗어나리라는 희망으로 걱정을 수용한다면, 그것이 정말로 걱정을 수용하는 것일까?

불확실성을 수용하는 것은 모든 세계 종교가 이미 오래전부터 실천해온 관습이다. 이런 관습을 심리치료에 적용하면, 그것을 새로운 맥락에 강제로 집어넣는 것이다. 치료의 목적은 치료하고자 하는 병을 없애는 데 있다. 이는 헤이즈를 비롯한 많은 연구자가 고전적 행동치료의 문제점으로 보았던 것과 같은 종류의 문제점을 낳는다.

산네가 일반적인 행동치료를 받았고 둘째 아들을 사고로 잃을까 걱정된다고 말했다면, 치료는 두 가지 측면에 집중했을 것이다. 한편으로는 어떤 상황이 그녀를 불안하게 하는지 기록해야 하고, 다른 한편으로는 점차 불안에 직면하며 아들에게 일어날 수 있는 위험을 적극적으로 생각해야 했으리라.

직면의 목적은 특정 위험을 생각하는 데 익숙해져서 그런 생각을 덜 위협적으로 인식하게 하는 것이다. 이런 형태의 습관화는 불안에 적극적으로 자신을 노출시켜 불안을 줄이려는 것이다.

노출치료 비판자들과 헤이즈는 불안에서 벗어나려는 목표가 불안에 직면하는 일을 방해한다고 주장했다. 산네가 불안에서 벗어나기 위해 자신을 불안에 노출시킨다면, 불안이 적이라는 생각이 마음 한구석에 남을 것이다. 이는 결국 그녀가 정말로 자신을 불안에 노출시키는 일을 방해할 것이다.[16]

그러나 수용치료에 대해서도 같은 이의가 제기될 수 있다. 산네가 불안에서 벗어나기 위해 자신의 불안을 수용하고자 애쓴다면, 그것은 진정한 의미에서 불안을 수용하는 것이 아니다. '나는 나의 생각과 불안을 포함해 내가 느끼는 모든 것을 수용한다'라고 생각하고 다양한 사고 훈련을 할 수는 있다. 그러나 특정한 방식으로 생각하는 것은 수용이 아니다. 수용은 생각과 거리를 두고, 인상과 감정, 생각의 흐름이 우리의 자아에 아무런 영향을 미치지 않음을 보는 것이다.

불안을 줄이려는 심리치료의 목표가 불안의 수용을 방해한다. 첫번째 상담에서 벌써 불안 없애기를 목표로 치료 방향이 정해진다. 그리고 '치료 증거'를 확보하기 위해 이 목표를 기준으로 심리치료를 평가한다.

불확실성을 긍정하는 종교와 철학에서 수용은 불안을 최소화하고 치료하기 위함이 아니다. 우리가 세상을 있는 그대로, 그러니까 근본적으로 불확실하게 보게 하기 위함이다.

우리는 걱정하고 불안해할 때, 존재의 불확실성에 가닿는다. 불확실성은 단지 무한히 많은 위험과 뭔가 잘못될 가능성에만 있지 않다. 불확실성은 인간 존재의 근원이고, 우리 자신과 환경에 대한 뿌리깊은 이해의 일부다. 불확실성의 수용이 가치 있는 이유는 우리가 불확실성 속에서 진실에 더 가까이 다가가기 때문이다.

이런 기본 태도는 불교에서 특히 잘 드러난다. 불교는 불확실성뿐 아니라 고통 전반의 수용을 긍정한다. 불교에서 수용은 부처가 첫 설법에서 설명한 다음과 같은 깨달음의 실천이다. "출생이 고통이고, 나이드는 것이 고통이고, 질병이 고통이고, 죽음이 고통이고, 사랑하지 않는 사람과 같이 사는 것이 고통이고, 사랑하는 사람과 헤어지는 것이 고통이고, 원하고 추구하는 것을 갖지 못하는 것 역시 고통이다." 한마디로, 삶이 고통이다.[17]

같은 설법에서 부처는 사람들의 걱정과 관련된 삶의 두 가지 다른 특징도 강조했다. 하나는 무아, 즉 고정적이고 불변적인 자아는 존재하지 않는다는 것이다. 그리고 또다른 하나는 무상, 사물의 변화무쌍함이다.

무상은 생각 너머에 있다. 이것은 대부분 아주 잠깐 알아차릴 뿐 이해할 수 없는 특징이다. 우리가 관심을 갖는 모든 것이 덧없다는 뜻이 아니다. 그보다는 모든 것이 끊임없이 변하기 때문에 덧없다는 뜻이다. 촛불은 끊임없이 깜박이면서 커지고 작아지지만, 생각의 추상화로 인해 우리에게는 항상 같은 것처럼 보인다. 생각에서 벗어나고 세상에 대해 안다는 착각을 내려놓을 때 비로소 우리는 세상의 덧없음을 이해할 수 있다.

이런 관점은 심오한 영적 목표로서 여러 철학과 신비주의 전통을 관통한다. 서양철학에서는 같은 강에 두 번 발을 담글 수 없다는 헤라클레이토스의 비유에서부터 드러난다. 플라톤은 그의 첫 번째 대화편으로 알려진 『소크라테스의 변명』에서, 소크라테스가 불확실성 철학으로 법정에서 어떻게 자신을 변호했는지 설명한다. 소크라테스는 인간존재의 불확실성을 확신했고, 인간이 이성을 통해 이런 불확실성을 강화할 수 있다고 믿었다.

소크라테스는 우리가 오늘날 학교에서 배우는 다음의 내용도 언급했다. 지혜는 일련의 사실과 의견을 암기하는 데 있지 않고, 자신의 무지를 깨닫는 데 있다. 이런 깨달음은 무의미하지 않고, 그 자체만으로도 앎이다. 예를 들어, 이런 깨달음으로 무장한 사람은 소크라테스가 플라톤의 대화편에서 보여주었듯이 다른 사람의 무지를 일깨워줄 수 있다.[18]

플라톤과 아리스토텔레스 이후 등장한 네 학파(피론 회의주의, 스토아주의, 쾌락주의, 냉소주의)는 확실한 것은 아무것도 없다는 소크라테스의 깨달음을 다양한 측면에서 강조한다. 냉소주의자들은 이런 사고방식을 확대 해석해 국경에서 일상의 신체 위생에 이르기까지 관습적으로 안전하고 옳다고 여겨진 모든 것을 거부했다.[19]

신의 존재에 관한 불확실성을 수용하는 데도 그들이 가장 큰 역할을 했다. 불가지론, 즉 우리가 신에 대해 아무것도 모른다는 견해는 생물학자 토머스 헉슬리가 1869년에 만든 용어보다 훨씬 오래되었다. 의심을 믿음의 전제조건으로 본 쇠렌 키르케고르를 포함해 많은 기독교인이 불가지론적 사고를 가졌다. 키르케고르는 의심이 개인의 내면에 믿음이 생기도록 보장한다고 생각했다.

일부 기독교인은 우리가 신을 생각의 범주로 이해할 수 없고, 신이 아닌 것을 이해할 때만 신에게 다가갈 수 있다고 주장했다. 런 부정의 신학*에는 12세기 기독교 신비주의자 마이스터 에크하르트의 목소리도 있었다. 에크하르트는 신의 모든 이미지는 신으로부터 한 걸음 멀어지게 하고, 신을 사랑하는 유일한 길은 "신을 따르는 것도 영을 따르는 것도 사람을 따르는 것도 이미지를 따르는 것도 아니"라고 여겼다.[20]

에크하르트는 종교를 이용해 사람들을 숨겨진 사고구조에서 해방하려 노력한 신비주의자였다. 충분히 예상할 수 있듯이, 그는 이단 혐의로 종교재판에 넘겨졌다.

몇몇 종교 교리는 불확실성을 긍정하는 데 너무 무게를 두어 신앙심보다 불확실성을 더 중요하게 여겼다. 선불교 승려 임제 의현은 9세기에 이미 우리가 진실이라고 공경하는 모든 것, 심지어 부처조차도 (은유적 의미로) '죽이는' 법을 배워야 한다고 썼다. "뭔가를 만나면 즉시 죽이십시오. 부처를 만나면 부처를 죽이고, 족장을 만나면 족장을 죽이고, 아라한을 만나면 아라한을 죽이고, 부모를 만나면 부모를 죽이고, 친척을 만나면 친척을 죽이십시오. 그러면 여러분은 처음으로 해방을 얻고, 더는 사물에 얽매이지 않고 모든 것을 자유롭게 관통할 수 있습니다."[21]

불확실성을 긍정하면, 우리를 신비에 가둬게 하고 우리가 아는 것이 얼마나 적은지 깨닫게 해주는 진실이 걱정과 얼마나 관련이 없는지 알 수 있다. 우리가 상황을 통제할 수 있다고 믿는 것은 그

---

*   Apophatic theology. 신이 무엇인지가 아니라 신이 무엇이 아닌지를 서술해 신을 이해하려는 신학.

야말로 미친 생각임을 알게 된다.

두렵다는 사실을 인정하면서 구명보트에 오르기

고통과 괴로움을 최초로 구별한 사람은 부처인 듯하다. 그는 비유를 통해 그 차이를 다음과 같이 설명했다. 화살을 맞아 고통스러울 때, 우리는 그 고통을 부정하는 반사실적 태도로 또다른 화살을 자신에게 쏘는 경향이 있다. 이 두번째 화살이 괴로움을 가져온다.

임박한 위협적 재앙의 경우 걱정을 수용하면 삶의 불확실성을 이해하는 데 도움이 된다는 말이 별로 위안이 되지 않는다. 수용은 바로 이 두번째 화살로부터 우리를 보호할 수 있다. 그러나 우리가 이미 화살을 맞았다는 사실은 변하지 않는다.

이 차이가 핵심이다. 우리가 느끼고 생각하고 경험하는 것을 수용한다는 것은 우리가 처한 상황을 받아들여야만 한다는 의미가 아니다. 우리는 '삶을' 수용할 수 있다. 그러니까 우리가 살고 있는 조건, '삶의 상황'을 받아들일 필요 없이 지금 이 순간 경험하는 것을 수용할 수 있다. 침몰하는 배에 타고 있다면, 우리는 죽음에 대한 당연한 두려움을 수용할 수 있다. 그러나 아무것도 하지 않고 그저 이 상황을 받아들일 필요는 없다. 우리는 두렵다는 사실을 받아들이면서도 구명보트에 오르려 애쓸 수 있다.

이런 구별이 종종 무시된다. 완전한 수용을 목표로, 무슨 일이 일어나든 그것을 받아들이라고 강요한다. 예를 들면 불교의 신자유주의적 변이에서 이런 현상이 나타난다. 착취, 혼돈, 굴욕을 그냥 "호흡과 함께 뱉어내게 하기 위해" 실업자와 직장인에게 마음챙김 훈련을 강요한다. 사회 비판을 윤리적 실천의 일부로 여기는 불교도들은 이미 오래전부터 이런 수련에 의문을 제기해왔다. 그들은 사회 변화가 명상 수준으로 축소될 수 있다고 비판한다. 베트남전쟁중에는 심지어 승려들이 불교 수행이 사회와 동떨어져 있다고 목소리를 높였다. 선불교 승려 틱낫한은 당시 불교의 '사회참여'를 주장했다. 그러나 정작 틱낫한 자신은 나중에 너무 보수적이라는 비판을 들었다. 사회참여적 불교가 실제로 어떤 모습이냐를 둘러싼 논쟁은 여전히 사라지지 않았다.[22]

자연과학 역시 수용의 철학과 관련해 행동 문제에 대한 대답을 주지 못한다. 우리가 걱정을 수용하는 동안 무엇을 해야 할지에 대한 질문은 여전히 남아 있다. 윤리적이고 '가치 있는 목표'를 정해 그것을 고수하는 일은 크게 도움이 되지 않는 것 같다. 그런 목표를 어떻게 정하는지 생각해보라. 노력이 가치가 있으려면, 평생을 바칠 목표는 순수한 자발성 이상의 무언가에 기반을 두어야 하지 않을까? 자발성 이외에 또 무엇을 기반으로 삼을 수 있을까?

여기서 지식은 도움이 되지 못한다. 효과를 내는 행동을 찾으려면, 관점이 필요하다. 우리가 뭔가를 할 수 있는 곳은 어디이고 살아가는 법을 배워야 할 곳은 어디인지를 알려면 현재의 사회적 상황을 분석하고 이해해야 한다. 오늘날 사람들이 왜 불행한지를 이해하는 데서 시작하는 것이 좋겠다.

치료를 넘어서

나는 어렸을 때, 다른 사람들의 불안을 별로 눈치채지 못했다. 알아차리더라도 아주 잠깐이었다. 그럴 때마다 나는 감춰진 어떤 것이 이렇게 거대할 수 있다는 사실이 놀라워 현기증이 났다. 이해가 되지 않았다. 아이들이 잠드는 늦은 밤이면 어른들은 자유롭게 걱정을 꺼내놓았다. 그들은 의심, 불확실성, 양가감정, 죄책감을 털어놓았다. 그러면 나는 방에서 나가 얘기를 엿들었다.

학급 친구 한 명이 안정제를 먹고 있다는 얘기를 들었을 때, 처음으로 또래 친구들의 불안을 알 수 있었다. 단은 초등학교 때 학교생활에 잘 적응했다. 그는 언제나 다른 학생들보다 한발 앞서 있는 학생이었다. 그런데 중학교에 들어가면서 뒤처지기 시작했다. 교실 뒤쪽에 앉았고, 수업을 빼먹었고, 백지 답안지를 냈다.

단은 동공이 아주 컸다. 나는 그의 홍채가 가늘게 수축되던 장면을 기억한다. 그에게 SSRI, MAO 억제제, 삼환계 항우울제 등 가능한 온갖 약물이 투여되었다. 단은 SSRI를 쥐약이라고 불렀다. 소위 발병 단계에서 그는 이전과는 전혀 다른 불안을 경험했다. 아무것도 도움이 되지 않았다. 의사가 실험중이던 항알레르기 약물인 리튬이나 아타락스도 도움이 되지 않았다. 반면에 '벤조'는 머리를 비워주었다.

단이 느꼈던 불안감을 나 역시 잘 알았다. 그가 백지 답안지를 내는 것은 학업에 무관심해서가 아니었다. 그냥 그렇게 앉아서 답을 적는 상황을 도저히 견딜 수 없어서였다. 내면에 뭔가가 "갇혀 있었다"고, 그가 말했다. 마치 나쁜 꿈을 꾸는 것 같았다. 악몽이었다. 시험지 문항 아래 빈 공간이 폭력으로 느껴졌고, 말로 표현할 수 없는 근심으로 머리가 불타오르는 것 같았다. 학교가 우리에게 요구하는 온갖 묘기를 배울 때마다 미래에 그림자가 드리워졌다. 나는 학교가 요구하는 모든 것을 해냈다. 단은 거의 아무것도 하지 않았다.

우리는 고등학교를 졸업하고 성인이 되어서도 다양한 창구를 통해 계속 연락하며 지냈다. 단은 대인기피증, 양극성 장애, 공황장애 등의 진단을 받았다. 그는 행동치료와 상담치료를 받았다. 한 심리학자는 단이 "정신병이 살짝 있다"고 여겼고, 같이 잘 수 있는 여자를 찾으라고 권했다. 그러면서 단의 나이였을 때 자신이 잔 여자들의 이야기를 모두 들려주었다.

나는 단의 걱정이, 승자와 패자로 분류되는 세상에서 자신이 배제되고 패자 편에 설까봐 생긴 것이라고 생각했다. 그는 성인이 되어서도 부모와 계속 같이 살았다. 그리고 몇 차례 정신병원에 입원했다. 동창생들이 주택담보대출을 받고 아이를 키우는 동안, 단과 나는 LSD 치료법, 치료 때 나타나는 환자의 감정 폭발, 라캉의 정신분석에 대해 이야기했다. 또한 벤조와 SSRI에 관해서도 얘기했고, 약물을 점진적으로 줄이도록 돕지 않고 수많은 약물을 주입하기만 하는 의료 시스템에 개탄했다.

단은 인터넷에서 벤조를 끊는 방법을 읽었다. 그는 알약을 빻아 물에 타서 복용했다. 해마다 알약의 양을 늘렸고, 모두 물에 타서 복용했다. 정신의학의 안전한 보호를 받으며 15년을 보낸 끝에, 단의 삶은 불안과 벤조라는 두 극을 중심으로 전개되었다.

우리 둘 다 서른이 넘어, 나는 그가 십대 때 썼던 방을 보게 되었다. 그의 어머니가 평소처럼 무표정한 얼굴로 연립주택 반지하 현관문을 열었다. 그녀는 친절했다. 단을 찾아오는 손님이 가끔씩 있어서 아주 기쁘다고 말한 적도 있다. 나는 TV가 있는 방으로 고개만 들이밀어 단의 아버지에게 인사했다. 그는 스도쿠에서 눈을 떼지 않은 채, 입만 움직여 대답했다. 그의 입은 한쪽 눈과 마찬가지로 퍼렇게 부어 있었다.

이번 방문에서 가장 눈에 띈 것은 이젤 위에 올려진 단의 그림이었다. 방의 절반을 차지할 정도로 아주 컸다. 침대와 책상이 놓인 자리를 빼면 공간이 별로 없었다. 나는 침대에 걸터앉아 그림을 관찰했다. 최근에 단은 내가 이해할 수 없는 마크 로스코풍 흑백 그림을 주로 그렸는데, 이 그림은 뭔가 메시지를 담고 있는 것 같았다. 나는 사람 모양의 빛줄기와 붉게 타오르는 나무들을 보았다. 전체적으로 두꺼운 기름층으로 칠해져 세부 사항이 색에 가려졌다.

따뜻함, 위안, 신뢰가 가득한 그림이었다. 그림을 보고 있는 동안, 뭔가가 내 눈앞에서 자라났다. 내가 잊고 있던 원초적 감정, 이름 모를 실망감과 기쁨이었다.

단은 자신의 삶이 붕괴되는 동안 그것을 그렸다.

전날 저녁에도 경찰이 왔었다고 했다. 그의 아버지는 만취 상태였고 단과 어머니는 비명을 질렀다. 단은 자신의 게임 콘솔로 아버지의 머리를 내리쳤다. 그다음 자기 방에 들어가 문을 잠그고 119에 전화했다.

아버지를 때린 것은 이번이 처음이 아니라고, 단이 내게 말했다. 그리고 분명 이번이 마지막도 아닐 것이다. 그뒤에는 늘 똑같은 일이 반복되었다. 단의 아버지가 싱크대에 와인병을 비우고 자살하겠다고 위협했다. 그의 어머니는 남편의 굴욕감을 생각하여 남편을 위로했다.

그저 목격자로 이 모든 것을 지켜볼 수밖에 없었던 단이 결국

'끼어들기 시작한 이후로' 그의 아버지는 더는 어머니를 때리지 않았다. 그러나 그로 인해 단은 어떤 의미에서 집에 갇히게 되었다.

경찰이 왔을 때, 그의 부모는 단의 정신 건강 핑계를 댔다.

17년간 우정을 쌓은 지금에서야 나는 단의 상황을 이해하게 되었다.

그를 치료한 심리학자 중에 그가 학대를 받으며 자랐다는 것을 아는 사람이 있느냐고 물었다. 그들은 분명 알지 못했다. 그들에게 단은 치료에 불응하는, 그래서 치료할 수 없는 수많은 불안장애 환자 중 한 명이었다.

나는 그에게 굳이 부모님과 같이 살지 않아도 된다는 걸 알고 있느냐고 물었다. 그는 알고 있었다. 나는 그에게 아버지를 신고하고 부모의 운명을 법에 맡길 권리가 충분히 있다고 말했다. 그것도 그는 알고 있었다. 그에게는 부모를 신고하지 않을 권리 역시 있었다. 그들은 분명 자신들의 비참함으로 단을 고통스럽게 했으니, 그들도 고통을 당해야 하지 않을까?

단은 그림을 바라보며 붓으로 그림을 가리켰다.

"나도 알아." 그가 말했다.

하지만 무엇보다 중요한 것은 그가 약 복용량을 점차 줄이고 자기 자신을 조금 더 돌보는 것이었다. 그때까지는 자신이 할 수 있는 일이 많지 않을 거라고, 그가 말했다.

우리는 한동안 말없이 있었다. 나의 시선은 다시 훨씬 더 큰 현실을 표현하는 것처럼 보이는 단의 그림에 붙박였다. 내가 무슨 말을 꺼내든, 단도 이미 생각했었다는 걸 알았다. 억제된 트라우마도, 검사해야 할 뇌의 불균형도 없었다. 상황은 단순했고, 대안은 열악했다.

단은 자신의 권리를 지키거나 확고한 도덕을 따르는 데 관심이 없었다. 그는 그저 늙은 부모가 별도의 집에 격리되어 따로 살게 하고 싶지 않았다. 그러나 두 사람이 계속 같이 살아 어머니가 결국 무너지는 것도 원치 않았다. 그는 해결책을 원했다. 안타깝게도 치료중의 후련한 감정 폭발도, 환각의 유체이탈도, 깨달음의 열반도 그에게 그것을 제공할 수 없었다.

단과 같은 이야기에서, 우리가 관심을 가져야 할 유일한 것은 불안정에 대한 현대인의 편협함이 아니라 구체적 형태의 억압이라고 주장하면 차라리 쉬울 것이다. 그런 접근 방식에는 전략적으로 타당한 이유가 있을 수 있지만, 불안을 이해하는 데는 도움이 안 된다.

단의 경우, 설령 다른 것이 다 그대로였더라도 그가 자신의 걱정을 병으로 여기지 않았더라면 분명 달랐을 테다.

그는 걱정을 있는 그대로 받아들였어야 했다. 그것이 불편한 상황에 대처하는 적절한 반응이다. 이 상황이 그가 걱정할 거나 그의 개인적인 문제가 아니며, 그가 가족에게 그토록 큰 책임감을 갖는 것은 어떤 의미에서 존경할 만한 일이지만 오직 그만이 관련 상황을 이해하고 행동할 수 있는 유일한 사람은 아님을 깨닫도록 도왔어야 했다. 15년 넘게 단은 그 반대를 경험했다. 신뢰 관계를 맺는 데 실패한 정신과 의사가 막대한 자원을 쏟아부어 한 조각씩 차례차례 끄집어낸 것들은 결국 제각각인 판자 조각들뿐이었다.

이 과정에서 단은 무기력한 먹잇감이 아니었다. 그는 실제로 그를 도와야 마땅한 사람들에게 자신의 상황을 설명할 수 있었고, 치료를 거부할 수도 있었다. 그러나 그 대신에 단은 기막힌 방법을 택했다. 이 책을 집필하기 전 나는 그것이 단의 전형적인 모습이라고 여겼다. 그는 그리스도의 고난을 선택했다. 그러나 그리스도가 느꼈을 해방감은 없었다. (이 책에 등장하지만 내가 가명으로 처리했기 때문에) 그의 이야기는 세상에 알려지지 않았고, 유전적 요인, 세로토닌, 도파민, 스트레스 등과 관련된 거대한 추측의 산에 묻혀버렸다.

다양한 정신과 치료를 받는 동안 동시에 여러 진단 기준을 충족하는 별도의 불안 문제가 발생했다는 점은 주목할 만하다. 그러므로 그의 사례를 의료화의 결과라고 결론짓는 것은 사태를 해명하기보다 더 모호하게 한다. 어떤 면에서 그의 불안은 매우 구체적이기 때문에 그의 상황은 다른 사람들만큼 복잡하지 않다. 그러나 단의 정신 건강 문제는 실재했다. 그는 위험을 보고 그것을 없애려 노력하고, 그 과정에서 불안이 또다른 불안을 낳는다는 것을 확인한 수많은 사람 중 한 명이었다.

이런 위험 의식은 종종 인간의 진화와 생존 본능으로 설명된다. 나는 몇 가지 다른 설명을 제안한다.

다른 사회학자나 인류학자와 마찬가지로 나 역시 미래 지평선이 확장하리라 믿는다. 이렇게 믿는 데는 한 가지 단순한 이유가 있다. 내일을 생각하지 않는 사람은 걱정 역시 하지 않는 사람이다. 지금 여기에서 일어나는 일에 집중하는 불교의 만트라는 걱정을 끄는 효과적인 수련이다. 어떤 종교를 선택하든, 메시지는 다양한 형태로 반복된다. 예컨대 예수도 경고했다. "그러므로 무엇을 먹을까, 무엇을 마실까, 또 무엇을 입을까 하고 걱정하지 마라. 이런 것들은 모두 이방인들이 찾는 것이다. 하늘에 계신 아버지께서는 이 모든 것이 너희에게 있어야 할 것을 잘 알고 계신다."[1]

그러나 예수도 부처도 역사상 최초의 이교도들이 내일에 대한 이런 질문 없이도 매우 잘 지냈다는 사실은 언급하지 않았다. 우리에게 지금 같은 시간 감각이 생긴 지 얼마 안 되었다는 사실을 말해주는 역사도 절반이 채 안 된다. 더 중요한 것은 인간이 밭을 경작하고 미래의 수확을 계획할 때 생기는 변화다. 농업을 지배적인 생산 방식으로 발전시켜온 사회구조를 과소평가해서는 안 된다. 사냥하고 채집하는 사람들에게 주의 집중은 삶의 한 부분이었다. 따로 학습할 필요가 없었다. 그들은 위험과 고난으로 가득한 삶을 살았지만, 생각에 빠져 있는 삶을 살지는 않았다.

똑딱이는 시계가 우주의 모형이 되고, 식물과 동물이 유기체가 아니라 기계로 여겨졌을 때, 인간은 꼭두각시 인형을 조종하듯 수많은 인과관계의 줄을 손에 쥔 유일한 자율적 존재로 남았다. 자신의 이익을 위해 세상을 조작하는 것이 현대인의 프로젝트가 되었고, 이 과정에서 스스로 초래한 위험도 관리해야 했다. 사회는 본질적으로 위험성을 지닌 구성체고, 과학과 정치를 통해 이를 관리한다. 오랜 기간 감춰져 있던 위험들이 갑자기 정치인들이 선거에서 승리하기 위해 사용하는 무기로 바뀌었다.

위험에 대한 논리가 위험에만 국한된다면, 이에 초점을 맞춘 정책은 어렵지 않은 과제일 것이다. 집단적으로 느끼는 위험은 공유된 위험으로, 우리는 그것에 대해 이야기하거나 겁낼 수 있다. 그러나 무거운 걱정도 빼놓을 수 없다. 그것은 우리의 가장 깊은 내면으로 파고든다.

시간 감각과 기계론적 세계관의 발달을 대략 윤곽만 설명한 것처럼, 자의식을 가진 개인의 출현에 대한 설명 역시 아직 할말이 많이 남았다. 두말할 필요도 없이 개인은 어떤 식으로든 항상 존재해왔다. 사회학자들이 말하는 개인화란, 개인이 점점 더 자기 자신에 몰두한다는 뜻이다. 가족이나 마을 공동체, 종교나 계층, 성별이나 직업 등 개인의 중요성보다 우위에 있었던 틀은 이제 우리가 원하든 원하지 않든 점점 뒷전으로 밀려나고 있다. 그 대신에 우리는 개인이 자신의 행동에 책임을 져야 하는 노동시장, 복지 시스템, 교육 시스템, 법 시스템 속에 있다. 형식적 관점에서 볼 때, 개인이 어디에서 성공 또는 실패의 범주 안에 들어가느냐는 각자에게 달렸다.

이런 자율성은 양가성과 자기 성찰을 동반한다. 사회 시스템은 개인을 통합적이면서 독립적인 존재로 보는 반면, 과학은 오랫동안 개인을 대립적인 존재로 분류하는 데 몰두해왔다. 선천적 요인, 신경, 무의식적 충동, 억제된 트라우마, 이기적 유전자, 약한 전달 물질이 개인을 구성했고, 이것들은 마치 통제자 자아를 속이고 약화시킬 힘을 가진 낯선 존재와 같았다. 이들 중 어느 것이 기계를 움직이는지는 역사에 따라 다르게 받아들여졌지만, 모두 개인이 자신의 경험에서 멀어지게 하는 데 기여했다. 그 결과 이제 대처해야 할 온갖 종류의 위험으로 가득찬 외부 세계만 있는 것이 아니다. 우리의 내면, 즉 생각, 감정, 그리고 두 세계의 융합 역시 걱정거리를 풍성하게 제공한다.

우리는 걱정할 때 외부의 위험과 내면의 위험을 서로 연결한다. 불안은 위험의 발견이면서 동시에 불안이 초래한 내면의 긴장에서 벗어나고자 하는 소망의 표현이기도 하다. 우리가 어떤 불안을 느끼는지는 매우 다양하지만, 유사한 패턴을 확인할 수 있다.

여러 **위험** 이론에 따르면, 개인은 특히 자기 자신을 점검하는 데 몰두한다. 이런 위험 영역은 역사에 따라 다르고, 수명이 때로는 짧고 때로는 길다. 예를 들어, 신앙인이 자신이 얼마나 올바른 방식으로 '믿는지' 점검하는 것은 자연스럽지 않다. 자신이 올바른 성적 취향을 가졌거나 올바른 방식으로 사랑하는지 의문을 품는 것 역시 자연스럽지 못하다. 위험 영역은 오늘날 우리가 17세기의 마녀 사냥을 이해하지 못하는 것처럼 이전 세대는 이해할 수 없었던 견해와 관행에 기반한다.

위험 영역의 불확실성은 합리성과 확실성을 바라는 우리의 기대를 통해서도 발생한다. 우리가 직면할 수밖에 없는 수많은 삶의 결정을 합리적으로 이해할 수 없으면서도 우리는 다른 사람과 우리 자신에게 그러기를 기대한다.

불확실성을 안고 산다는 것이 방어를 포기한다는 뜻은 아니다. '생각 없는' 행동을 했다는 비난을 받을 수 있음에도, 재앙이 닥칠 위험을 감수한다는 뜻이다.

내가 단의 침대에 앉아 그의 그림을 관찰했을 때, 나는 이런 생각을 전혀 하지 않았다. 그 대신 나는 단과 나 사이에, 그리고 우리와 주변 환경 사이에 놓인 몇 광년 떨어진 침묵의 거리를 생각했다. 그 순간에는 지구 종말이 임박했다는 발표가 우리에게 매우 도움이 되었을 것 같다. 외로움이라는 생각의 나선을 끊고 운명

공동체에 합류하는 것이 찰나일지라도 우리를 구원했을 것이다.

불안은 일관성이 전혀 없다. 내면에는 무한한 책임감이 있지만 외부에는 거의 완전히 무관심하고, 반사실적 사고 세계에서는 과대망상이 있지만 사실적 행동 세계에서는 수동적이다. 희생적이지만 자기중심적이다. 합리적이지만 터무니없다.

불안을 없애기 위해 불안에 담긴 모순을 파고드는 것은 불행히도 불안이 가장 좋아하는 생각놀이다.

머릿속에서 불안과 걱정을 지우려 애써본 사람이라면 누구나 그것의 확장성과 막강한 힘을 경험했을 테다. 이론적으로도 탈출구를 찾기는 어렵다. 불평등이나 컴퓨터 사용 시간 같은 개별 변수의 분석에 초점을 두면, 한쪽에서 나쁜 것을 제거해 다른 쪽을 개선하는 장면을 기계적으로 떠올릴 수 있다. 그러나 불안이 현대화 자체에 뿌리를 두고 있다면, 우리는 무엇을 해야 할까?

명상, 수용, 약물 복용?

개인이 더불어 살아가는 방식의 **축소판**인 사회가 수많은 걱정의 뿌리라면, 이 사회를 바꾸기 위해 우리가 할 수 있는 일은 아무것도 없는 걸까?

우리가 살아가는 시대는 종종 냉소의 시대로 불린다. 우리는 신도 유토피아도 믿지 않는다. 우리는 진실을 직시하고 환상을 만들지 않는다. 그러나 냉소주의를 더 자세히 살펴보면, 주로 사회적 진보 가능성을 냉소하는 것일 뿐 개인의 행복에 관한 한 우리는 결코 냉소적이지 않다. 사회는 구제불능이지만, 나라는 개인은 여전히 행복으로 가는 나만의 길을 찾을 수 있다고 생각한다. 만약에 그 반대라면 어떻게 될까? 만약에 우리가 나의 행복은 구제불능이지만 이 사회는 계속 진보할 수 있다고 믿는다면 어떨까?

이 책에서 주로 소개했던 것과는 달리, 나는 존재하지 않지만 존재할 수도 있는 세계에 관해 반사실적 질문을 던지는 것으로 이 책을 마무리하고자 한다. 내가 제안하는 것은 선택이다. 깨지기 쉽고 비현실적이며 있을 법하지 않은 새로운 방식으로 다른 무언가에 접근하는 것이다. 시간을 되돌리는 것은 선택지에 없다. 오늘날 우리가 직면한 수많은 결정과 위험은 계속해서 존재할 테지만, 그것에 대처하는 방식은 논의할 수 있다. 내가 염두에 둔 것은 안전한 세상이 아니다.

만약에 우리가 마음의 평화를 중시하지 않으면, 어떻게 될까? 사회가 모두의 행복에 관심을 두지 않더라도 개인은 행복해야 한다는 사회적 계명이 무거운 맷돌처럼 내 목에 걸려 있다.

불상의 행복한 미소, 주말 신문의 매혹적인 사진들, 잡지에 실린 뭉클한 기사에서 우리는 항상 같은 메시지를 본다. '당신은 행복해야 한다!'

이런 이념적 공세에 맞설 수 있는 효과적인 해독제는 현재 상태를 받아들이는 것이다. 그러나 걱정과 여타 '부정적 감정'을 없애기 위해 억지로 그것을 받아들인다면, 그런 수용은 거짓일 뿐이다. 영원한 마음의 평화를 보장한다는 허황된 약속을 믿고 현재 상태를 수용하는 것은 생각의 힘으로 생각을 없애려는 시도에 지나지 않는다. 수용을 통한 초월 경험은 기대하지 않는 순간에 비로소 얻게 되는 역설적 보상이 아니다. 감정 대신 진실을 선택할 때 얻어지는 것이다.

모든 걱정에는 세상이 안전하지 않다는 진실이 담겨 있다. 이런 진실은 가장 평판이 나쁜 강박적 사고에도 깃들어 있다. 불확실성은 결코 사라지지 않는다는 것을 명확히 보여주는 것이 바로 강박적 사고의 특징이다. 얼마나 많은 위험에 대처할 수 있느냐는 각자의 상상력에 달렸다. 그러므로 걱정은 통찰력이 모자라서 생기기도 한다. 우리는 통찰력이 부족해서 온 세상이 불확실하다는 사실과 우리가 무엇을 하든 다른 사람과 대립할 수밖에 없음을 이해하지 못한다. 그러나 우리는 자신의 불안에 다가감으로써 비로소 세상의 본질에 깊이 가닿는다. 그런 점에서 용기는 감정도 아니고 미덕도 아니다. 용기는 행동이다. 그것은 세상을 특정 방식으로 경험하는 게 아니라 세상에 더 가까이 다가가는 것이다.

만약에 나쁜 일에 대한 불안이 좋은 일에 대한 갈망으로 바뀐다면, 어떻게 될까? 위험 회피는 역사적으로 사회 발전에 거의 도움이 되지 않았다. 의미 있는 개혁에 기여하지도 않았다. 오히려 노예

제 폐지 요구, 여성참정권 투쟁, 최초 건강보험 및 실업보험을 위한 스웨덴 노동조합 운동에서는 정반대로 다음의 원칙이 적용되었다. "더 높은 목표를 위해 위험을 감수하라."

합리적 계산에 대한 요구는 위험 정치의 비합리성을 명확히 보여준다. 위험 정치로 유권자를 얻을 확률은 높지 않고 효과도 크지 않다. 녹고 있는 빙하, 6500만 년 만에 가장 빠른 대량 멸종 같은 사건이 재앙이 될 것이라는 점이 이미 분명함에도, 지금까지 지구온난화에 맞서 싸우겠다는 공약으로 선거에서 승리한 사람은 아무도 없다. 그와는 대조적으로, 소위 폭력적이고 성적 일탈을 일삼는다고 의심되는 이민자 집단에 더 강력한 조치를 취하겠다는 약속으로 선거에서 승리한 사례는 이미 여럿이다.[2]

가능성과 실제 상실이 아닌 이미지와 이야기가 위험 정치의 기본 화폐고, 이들이 가장 강조하는 메시지는 언제나 무효화다. 우리를 불안하게 하는 것을 무해하게 만들어야 한다는 주장이다. 위험 관리는 현대 과학기술에 내장되어 있어 불가피하다. 교량, 발전소, 댐이 미래를 위해 유지 관리되는 것은 좋은 일이다. 그러나 같은 논리를 사회에 적용하면, '사회는 지금 이대로 좋다'고 주장하는 보수주의가 승리한다.

위험 정치와 결별한다는 것은 하향식 대응책을 상향식 대응책으로 바꾸고, 더 좋은 일에 대한 갈망으로 걱정에 맞서는 것을 의미한다. 또한 외부적 필요성을 정치적 주장으로 활용하지 않는 것, 즉 거짓말을 멈추는 것을 의미한다. 군비 경쟁도 국제 테러도 지구온난화도 사회를 강제하는 기능은 없다. 언제든지 위험 감소 대신 위험 감수를 선택할 수 있다. 이는 종종 윤리적으로 더 책임 있는 대안이기도 하다. 물론 우리는 우리가 직면한 위험을 바탕으로 어떤 비전을 정치 기반으로 삼을지 결정할 수 있다. 하지만 지구온난화와 관련해, 영원한 성장을 지향하는 경제를 포기할지 아니면 **지구공학**, 전기자동차, 원자력에너지 확장을 해결책으로 볼지에는 차이가 있다. 도심 밀집지역 변두리의 갱단 폭력과 관련해, 불평등 감소 정책을 추구할지 아니면 국경을 더 엄격하게 통제하고 경찰력을 더 많이 투입할지에는 차이가 있다. 위험에 초점을 맞추면 양자택일이 안 된다. 우열이 가려지고, 우리가 무엇을 하든 걱정은 그대로 남는다. 우리는 걱정이냐 마음의 평화냐 둘 중 하나를 선택하는 것이 아니라 우리의 정책이 기반으로 삼을 원칙을 선택해야 한다.

만약에 시간 감각이 바뀔 수 있다면, 어떻게 될까? 우리가 아직 보지 못한 미래로 또는 다시는 돌아오지 않을 과거의 시간으로 정신적 시간여행을 하는 것은 인간의 자연스러운 능력이다. 하지만 너무 자주 시간여행을 하는 바람에 눈앞에 놓인 세상이 낯설어진다면, 그것은 자연스러운 일이 아니다.

개인으로서 우리는 온갖 방법으로 마음챙김을 수련할 수 있다.

그러나 마음챙김 수련이 불필요한 시대도 있었다. 그때는 마음챙김이 귀로 듣고 눈으로 보는 것만큼이나 자연스러운 능력이었다. 자연의 풍요라는 전제조건이 이를 가능하게 했다. 땅이 식량을 풍부하게 제공했으므로 미래를 계획하고 재앙이 일어날 확률을 계산할 필요가 없었다.

이런 자연의 풍요는 다시 오지 않는다. 우리는 공짜로 제공되는 수많은 열매를 찾아다니기 위해 도시를 떠날 수 없다. 그렇다고 우리가 궁핍하다는 뜻은 아니다. 20세기에 산업국가들의 생산성은 평균 10배나 향상되었다. 오늘날 우리는 점점 더 적은 인력으로 점점 더 많이 생산하고, 1970년대의 '풍요로운 사회'가 지속가능성 비판을 받은 이후 OECD 국가의 생산성은 2배 증가했다. 유엔식량농업기구에 따르면, 우리는 현재 전 세계 인구를 충분히 먹이고도 절반이 남을 만큼 많은 식량을 생산하고 있다. 식량뿐 아니라 모든 측면에서 풍요로운 생산성을 보이는 것은 맞지만 고르게 분배되지 못하고 있다.[3]

우리는 계속해서 더 많이 생산할 수 있다. 물론 영원히 그럴 수는 없겠지만, 적어도 어느 정도 내다볼 수 있는 미래까지는 계속해서 생산량을 늘릴 수 있다. 우리는 해수면을 높이고 사막화 현상을 심화시킬 수 있으며 어쩌면 다른 행성에서 광석을 캐 올 수도 있을 것이다. 자연은 우리에게 멈추라고 강요하지 않는다.

하지만 우리는 다른 길을 택할 수도 있다. 근무시간 줄이기, 기본소득 보장, 필요한 물품 대부분을 3D 프린터로 직접 제작하는 생산의 민주화 등 다른 길을 택하는 구체적인 방법은 중요하지 않다. 가장 중요한 것은 이 주제가 단지 사회 정의나 생태적 지속가능성에 관한 것만은 아니라는 점이다. 보다 중요하게 방점을 찍어야 하는 것은 새로운 삶의 원칙을 선택한다는 점이다. 존 메이너드 케인스가 설명했던 '경제적 딜레마(생존하려면 일을 해야 한다)'를 해결하려면 인간의 존재 방식이 바뀌어야 하는데, 이는 인류가 농업을 시작한 이래로 가장 큰 변화일 것이다.[4]

만약에 생각이 점점 더 효력을 잃게 된다면, 어떻게 될까? 인간은 이웃을 죽이고 싶다고 생각하면서 실제로는 이웃을 도울 수 있다. 반대로 이웃을 사랑한다고 생각하면서 실제로는 이웃을 죽일 수도 있다. 생각은 세상을 추상화하고 이해하는 수단이다. 생각 자체는 계산기의 숫자처럼 현존한다. 그러나 생각에 매몰되지 않으면서 생각을 관찰한다면, 우리는 생각의 비현실성을 발견할 수 있다. 이는 모든 생각에 적용된다. 불쾌하거나 '부정적인' 생각뿐 아니라 즐거운 생각, 지적인 생각, 구태의연한 생각, 좋은 의도를 지닌 생각도 모두 비현실적이다.

이런 반박 불가의 조건 외에도 전달된 생각, 즉 침묵의 의식을 떠나 입 밖으로 뱉어진 생각은 마치 인플레이션으로 가치를 상실한 화폐처럼 중요성을 잃는다는 것이 역사적으로 확인되었다.

반박문을 성당 입구에 게시하거나 소셜미디어, 신문, 책에 발표하는 것은 기껏해야 군중의 생각을 분산시킬 뿐이다. 과학 지식 역시 논문이 발표될 때마다 점점 감소한다. 오늘날 약 20초마다 새로운 과학 논문이 발표되고 매년 200~300개씩 새로운 과학 저널이 나온다. 개인이 하는 다른 생각들과 비슷하게, 가장 급진적인 아이디어와 가장 심오한 분석 역시 제시되었다가 사회에 아무 반향도 일으키지 않은 채 금세 반박되는 의견의 소용돌이를 만들어낸다.[5]

만약에 집단 소요를 부추기고 사회를 끊임없이 채찍질하는 사회 비판이 현실과 동떨어진 가정을 기반으로 한다면, 어떻게 될까? 한 연구진이 중국의 소셜미디어에 포스팅된 1100만 개 게시물을 조사해, 어떤 유형의 게시물이 정부 검열로 삭제되었는지 알아냈다. 결과는 충격적이었다. 조지 오웰의 독재적 사상경찰과 반대였다. 예를 들어, 정부는 "부끄러울 정도로 탐욕스럽다" "존엄성을 권력과 맞바꿨다" "도덕적 경계를 모른다" "장관들에게 놀잇감을 제공한다" 같은 정부 비난 글은 삭제하지 않았다. 당이 마오쩌둥의 유산을 저버린 이유에 관한 지적 논쟁도 검열 대상이 아니었다.

검열은 다른 것, 즉 행동에 초점이 맞춰졌다. 집단행동 또는 그것을 장려하는 모든 내용이 즉시 삭제되었다. 검열은 놀라울 정도로 효과적이었다. 이런 유형의 게시물은 일반적으로 하루 안에 거의 완전히 삭제되었다. 항의와 저항을 명확히 요구하는 게시물 뿐 아니라 시위와 테러 공격을 언급하는 댓글도 사라졌고, 심지어 친정부 성향의 게시물도 사라졌다.

연구는 다음과 같이 결론지었다. "결과는 명확하다. 집단행동의 위험이 있는 주제를 언급한 게시물들은 검열되었지만 그렇지 않은 경우는 검열되지 않았다. 게시물이 정부, 정부 지도자, 정부 정책에 호의적이냐 아니냐는 검열에 유의미한 영향을 미치지 않았다."[6]

마치 중국 정부의 누군가가, 생각만으로는 그것이 얼마나 공허한지 깨닫고 국민들이 맘껏 생각하도록 놔두는 것이 좋겠다고 결론 내린 것 같다. 아무것도 하지 않는다는 전제만 있다면, 국민들은 "시스템을 꿰뚫는" 비판적 생각과 견해로 스스로를 위로할 수 있다. 이 연구 논문의 저자 중 한 명이 다음과 같이 설명했다. "중국 정부는 국민이 그들에 대해 무슨 생각을 하고 무엇을 말하든 상관하지 않습니다. 그들은 국민이 어떤 행동을 할 수 있느냐에만 관심이 있습니다."[7]

전혀 놀랍지 않다. 모든 힘은 행동에서 나온다. 우리가 생각하는 것은 어쩌면 우리 자신 말고는 아무에게도 영향을 미치지 않는다. 의미 있는 삶을 산다는 것은 독재 정권의 사상에 반대해 행동한다는 뜻이다. 사회학적으로 스스로를 도울 수 있으려면 내면에 대한 관심을 외부에 대한 관심으로 돌리는 것을 최우선 목표로 삼아야 한다.

만약에 재앙이 이미 닥쳤다면, 어떻게 해야 할까? 역사는 다른 삶의 모델이 분명 존재한다는 것을 보여주지만, 지금 같은 사회를 영원히 지속해야 한다는 견해가 끈질기게 유지된다. 너무 끈질겨서 비평가와 학계는 이런 견해를 종종 가치중립적이라고 본다. 이런 견해가 시험대에 오르고, 우리가 이런저런 위기에 대처하기 위해 집단적 절박함으로 급진적이고 지속적인 사회 변화를 요구하더라도, 행동으로 이어지기까지는 오랜 시간이 걸린다. 뭔가를 해야 한다는 데 거의 광적으로 동의하지만, 우리는 자신의 무능 앞에 무기력해진다. 뭔가를 하는 것이야말로 우리가 할 수 없는 유일한 것이기 때문이다.

'이제 정말로 뭔가를 해야 할 때다!' 이런 새로운 위기 선언으로 소망이 깨어난다. 우리 스스로의 힘으로는 분명 이끌어낼 수 없는 행동을, 어마어마한 위기가 닥쳐 할 수밖에 없게 되기를 바란다.

그러나 위기는 그저 반응만 이끌어낼 뿐이다. 행동은 자발적 동기에서 나오고 그 자체로 설명된다. 걱정이나 희망 등 다른 감정에서 태어나는 것이 아니다. 저절로 일어나는 것이다.

행동한다는 것은 재앙이 일어날 위험을 감수한다는 뜻이다. 행동하지 않는다는 것 역시 재앙이 일어날 위험을 감수한다는 뜻이다. 우리가 지금 위험을 감수하든 회피하든, 재앙이 일어날 위험

은 그대로다. 하지만 모든 재앙이 미래의 일은 아니다. 이 책에서
나는 위험 회피가 불러오는 재앙을 설명했다. 그런 재앙이 지금
이 순간에도 일어나고 있다.

감사의 말

자신의 불안을 제게 공유해준 모든 분께 감사드립니다. 여기에 언급되지 않은 분들까지, 여러분 모두 제게 많은 것을 가르쳐주었습니다. 저는 여러분이 무엇을 견뎌냈고 무엇을 여전히 홀로 견디고 있는지 잘 알기에 감탄과 경이로움을 느낍니다. 여러분이 자신의 취약한 부분을 저 같은 낯선 사람에게 털어놓기로 결심해준 것에 감사합니다. 여러분은 제 숨은 영웅입니다. 여러분은 그 누구보다 행복하고 용감한 사람입니다.

제 원고 초안을 읽은 그날부터 줄곧, 제가 모든 것을 고쳐쓰느라 수없이 유턴을 반복했음에도 불구하고 저를 격려하고 지지해준 알베르트 보니어스 출판사의 사라 니스트룀에게 감사합니다. 날카로운 안목과 남다른 언어감각으로 이 책을 편집하는 데 귀중한 역할을 맡아주었을 뿐 아니라 다르덴 형제의 영화를 제게 소개해주기도 한 크리스티안 만프레드에게도 감사를 전합니다.

만능 천재(과장이 아닙니다) 프레드리크 벤젤은 표지를 디자인했을 뿐 아니라 명확한 안목으로 이 책의 여러 버전에 도움을 주었습니다. 프레드리크! 당신의 모든 도움과 우정에 감사드립니다. 또한 원고를 읽고 의견을 말해준 에리크 홀름스트룀, 카이 호칸손, 요세피네 파울센, 단 캐레만, 마츠 알베손, 칼 체더스트룀에게도 감사드립니다. 모두 감사합니다. 여러분의 격려가 없었다면 감히 이 책을 내지 못했을 겁니다.

이 책이 생각의 불확실성을 잘 묘사하고, 오류나 모호한 부분이 없다면, 이는 분명히 제 강박적 통제와 점검 때문만은 아닙니다. 많은 분들이 도와주신 덕분입니다. 만약 오류가 있다면 그건 전적으로 제 잘못입니다. 그러나 책임을 나눠 져도 될 만큼 이 원고를 많이 읽고 의견을 준 사람이 있습니다. 15년 동안 꾸준히 저를 격려하고, 가장 비판적이며 가장 적극적인 독자가 되어준 안나 린드크비스트.

당신이 있어 감사합니다. 어린아이 같은 경쾌함으로 정해진 규칙을 무너뜨리며 삶이 제공하는 모험을 계속해서 기대하게 해줘서 고맙습니다.

우리는 살아 있으니까요!

1. David Foster Wallace, *Das hier ist Wasser*, in der Übersetzung von Ulrich Blumenbach. ©2012, Verlag Kiepenheuer & Witsch GmbH & Co. KG, Köln. (데이비드 포스터 월리스, 『이것은 물이다』, 김재희 옮김, 나무생각, 2012)

마음이 보이는 창

1. Laura Gibbs, *Aesop's fables*, Oxford: Oxford University Press, 2002, S. 518 (이솝, 『이솝우화전집』, 박문재 옮김, 현대지성, 2020)

2. 이와 관련된 요약본을 보려면, Alexander H. Jordan et al., »Misery has more company than people think: Underestimating the prevalence of others' negative emotions«, *Personality and social psychology bulletin*, Vol. 37, Nr. 1, 2011. 참조. 연구에 따르면, 우리는 다른 사람들과 함께 있으면서 그들이 어떻게 느끼는지 관찰할 수 있으면 부정적 감정을 덜 경험한다. Ed Diener, Randy J. Larsen und Robert A. Emmons, »Person situation interactions: Choice of situations and congruence response models«, *Journal of personality and social psychology*, Vol. 47, Nr. 3, 1984; Reed Larson, Mihaly Csikszentmihalyi and Ronald Graef, »Time alone in daily experience: Loneliness or renewal«, *Loneliness: A source-book of current theory, research and therapy*, 1982. 참조. 사람들이 주변 사람에게 부정적 감정보다 긍정적 감정을 더 많이 전달하는 것이 한 가지 요인인 것 같다. James J. Gross, Jane M. Richards und Oliver P. John, »Emotion regulation in everyday life«,

in *Emotion regulation in couples and families: Pathways to dysfunction and health*, Hrsg. Douglas K. Snyder, Jeffry A. Simpson und Jan N. Hughes, Washington DC: American Psychological Association, 2006. 참조.

3. 다니엘이라는 이름은 가명이다. 총 54명의 다른 인터뷰 대상자들의 이름 역시 가명이다. 또한, 거주지와 직장 같은 일부 세부 내용도 변경했다.

4. Vgl. zum Beispiel David Mataix-Cols und van den Heuvel Odile, »Neuroanatomy of obsessive compulsive and related disorders«, in *The Oxford handbook of obsessive compulsive and spectrum disorders*, Hrsg. Gail Steketee, Oxford: Oxford University Press, 2011.

5. Sigmund Freud, *Zwei Krankengeschichten*, Frankfurt a. M. 1996.

6. Vgl. Ella Koeze und Nathaniel Popper, »The virus has changed the way we internet«, *The New York Times*, 7/4, 2020.

7. Lee Baer und William E Minichiello, *Obsessive-compulsive disorders: Practical management*, New York: Mosby Incorporated, 1998, S. 4. 참조. 여기에서 이미 "이런 역사적 빈도를 오늘날의 빈도와 비교해도 될까?"라는 반대 의견이 제기될 수 있다. 표준화된 설문에서 나온 결과이므로 완전히 비교할 수는 없다. 분명 의료화와 진단에 대한 인식이 여기에 영향을 미칠 것이다. 그럼에도 이것은 Lennard J. Davis, *Obsession: A history*, Chicago: University of Chicago Press, 2009.에서 특히 220-229쪽에서 논의된 강박장애 유병률의 역사적 변화를 나타낸다. 이 책의 '자기 의심 속에서' 부분 참조. 일반적인 불안장애에 관한 비교 가능한 종단적 통계는 '우리는 어떻게 살고 있나'와 '생각의 손아귀에 잡혀' 부분 참조.

8. 사는 동안 2주 이상 같은 유형의 문제를 겪었던 모든 사람에게 강박장애 진단을 확장하면 거의 30퍼센트에 달한다는 점도 주목할 필요가 있다. Ayelet M. Ruscio et al., »The epidemiology of obsessive-compulsive disorder in the national comorbidity survey replication«, *Molecular psychiatry*, Vol. 15, Nr. 1, 2010. Ayelet N. Ruscio et al., »Cross-sectional comparison of the epidemiology of DSM-5 generalized anxiety disorder across the globe«, *JAMA psychiatry*, Vol. 74, Nr. 5, 2017. 참조.

9. 유럽인의 불안장애 비율: Borwin Bandelow und Sophie Michaelis, »Epidemiology of anxiety disorders in the 21st century«, *Dialogues in clinical neuroscience*, Vol. 17, Nr. 3, 2015. 가장 흔한 장애인 불안증후군: Dan J. Stein et al., »Epidemiology of anxiety disorders: From surveys to nosology and back«, *Dialogues in clinical neuroscience*, Vol. 19, Nr. 2, 2017. 불안장애로 분류되는 질병 목록이 시간이 지남에 따라 변경되었다. 예를 들어 DSM-5 이전에는 강박장애와 외상 후 스트레스 장애가 포함되었다.

10. Søren Kierkegaard, *Der Begriff der Angst*, Stuttgart 2016, S. 42. (쇠렌 키르케고르, 『불안의 개념』, 임규정 옮김, 한길사, 1999)

11. Morris Berman, *Wandering god: A study in nomadic spirituality*, New York: SUNY Press, 2000. 참조. 이 질문은 '시간의 지평선' 부분에서 더 자세히 다룰 것이다.

12. 매일 내려야 하는 음식 관련 결정 횟수: Brian Wansink und Jeffery Sobal, »Mindless eating: The 200 daily food decisions we overlook«, *Environment and behavior*, Vol. 39, Nr. 1, 2007. 현재 최고 임금: Hillary Hoffower, »We did the math to calculate how much money Jeff Bezos makes in a year, month, week, day, hour, minute, and second«, *Business insider*, 9/1, 2019.

우리는 어떻게 살고 있나

1. 이 인용구는 익명의 어떤 사람에게서 왔다. Cheryl L. Meyer et al., *Explaining suicide: Patterns, motivations, and what notes reveal*, London: Academic Press, 2017, S. 194. 원문에서는 대문자로 표기되었다.

2. Ibid., S. 45.

3. World Health Organization, »Suicide rate estimates, age-standardized: Estimates by country«, Global Health Observatory data repository, 2019-05-15, 2019.

4. Vgl. beispielsweise Katharine Olson, »10 dangers of the medieval period«, *BBC history magazine*, Vol. 5, 2015.

5. 살인 빈도: Manuel Eisner, »Long-term historical trends in violent crime«, *Crime and*

justice, Vol. 30, 2003. 질병의 확산: E. Norrby et al., »Polio närmar sig utrotning«, *Läkartidningen*, Vol. 114, 2017. 과체중이 기아보다 더 많다: World Health Organization, »Obesity and overweight«, 2018. 아동 사망률: Max Roser, »Child mortality«, *OurWorldInData.org*, 2018.

6. 스마트폰과 아폴로 11: Graham Kendall, »Would your mobile phone be powerful enough to get you to the moon?« *The conversation*, 1/6, 2019. 참조.

7. 로그함수로 소득을 측정해야 비로소 국가의 소득 수준과 행복의 지속적 연관성이 분명해진다. 다시 말해, 소득이 10만 크로네에서 100만 크로네로 증가하면 행복은 100만 크로네에서 1000만 크로네로 증가하는 것과 비슷한 수준으로 증가한다는 뜻 이다. 부유해질수록 행복하기 위해서는 더 많은 부가 필요하다. 경우에 따라서 성장 과 행복의 관계가 점점 약해지더라도, 영원히 비례한다고 해석할 수도 있다. John F. Helliwell, Jeffrey D. Sachs und Richard Layard, *World happiness report 2019*, 2019; World Development Indicators, The World Bank, 2019; Christer Sanne, *Keynes barnbarn: En bättre framtid med arbete och välfärd*, Stockholm: Formas, 2007, S. 40–45. 참조.

8. Vgl. Jeffrey D. Sachs, »America's health crisis and the Easterlin paradox«, in World happiness report 2018, Hrsg. Jeffrey D. Sachs, Richard Layard und John F Helliwell, 2018, und Richard Wilkinson und Kate Pickett, *The spirit level: Why equality is better for everyone*, New York: Bloomsbury Press, 2010.

9. Jennifer Glass, Robin W. Simon und Matthew A. Andersson, »Parenthood and happiness: Effects of work-family reconciliation policies in 22 OECD countries«, *American journal of sociology*, Vol. 122, Nr. 3, 2016. Daniel Kahneman et al., »A survey method for characterizing daily life experience: The day reconstruction method«, *Science*, Vol. 306, Nr. 5702, 2004.

10. 물론 이것은 평균에 해당한다. 삶의 의미를 덜 느끼는 부모도 있고, 자녀가 생기 면서 더 행복해진 부모도 있다. Shigehiro Oishi und Ed Diener, »Residents of poor nations have a greater sense of meaning in life than residents of wealthy nations«,

Psychological science, Vol. 25, Nr. 2, 2014; Glass et al., »Parenthood and happiness: Effects of work-family reconciliation policies in 22 OECD countries«. 참조.

11. Deloitte, »The 2017 Deloitte millennial survey: Apprehensive millennials: Seeking stability and opportunities in an uncertain world«, 2017, S. 5, Bruce Stokes, »A decade after the financial crisis, economic confidence rebounds in many countries«, Pew Research Center, 2018, S. 12.

12. Vgl. Carl Cederström, *The happiness fantasy*, Cambridge: Polity, 2018.

13. 이 질문은 영국, 네덜란드, 스웨덴에서 제기되었다. 스웨덴에서는 자신의 직업이 세상에 긍정적 영향을 미친다고 생각하는 사람이 겨우 30퍼센트에 그쳤다. David Graeber, *Bullshit Jobs. Vom wahren Sinn der Arbeit*, Stuttgart 2019. 그리고 Carl Johan von Seth, »DN/Ipsos: Två av tre anser att deras arbete gör världen bättre«, *Dagens Nyheter*, 28/12, 2018. 참조. 복권에 당첨된 후에도 계속 일하겠다고 응답한 사람들 목록은 Roland Paulsen, »Economically forced to work: A critical reconsideration of the lottery question«, *Basic income studies*, Vol. 3, Nr. 2, 2008. 참조.

14. Gallup, »State of the global workplace«, Gallup, 2013.

15. Oishi und Diener, »Residents of poor nations have a greater sense of meaning in life than residents of wealthy nations«.

16. Ibid.; vgl. auch Alison Brunier und Fadela Chaib, »Suicide: One person dies every 40 second«, *WHO news release*, 9/9, 2019.

17. OECD, »Pharmaceutical market«, 2019; Socialstyrelsen, »Statistik-databas för läkemedel«, 2019. 이와 관련된 향정신성 약물 소비 토론은 Isabelle Hedander, »1,6 miljoner svenskar äter läkemedel för att förbättra sin psykiska hälsa«, *Kurera*, 11/11, 2016. 참조. 미국 중년 여성의 항우울제 사용은 Laura A. Pratt, Debra J. Brody und Qiuping Gu, *Antidepressant use in persons aged 12 and over: United States, 2005–2008*, US Department of Health and Human Services, Centers for Disease Control, 2011. 참조. 미국의 전체 분포는 다음과 같다. 12퍼센트는 항우울제를, 8퍼센트는 진정제를, 약 2퍼센트는 신경이완제를 복용한다. 향정신성 약물 소비자 총수가 낮은

것은 아마도 다양한 종류를 소비하기 때문일 것이다. Thomas J. Moore und Donald R. Mattison, »Adult utilization of psychiatric drugs and differences by sex, age, and race, *JAMA internal medicine*, Vol. 177, Nr. 2, 2017. 참조.

18. Lew Tolstoi, *Anna Karenina*, neu übersetzt von Rosemarie Tietze, München 2011. (레프 톨스토이, 『안나 카레니나』, 박형규 옮김, 문학동네, 2009)

19. 사회적 바람직성 편향에 관한 토론은 XiaoChi Zhang et al., »Survey method matters: Online/offline questionnaires and face-to-face or telephone interviews differ«, *Computers in human behavior*, Vol. 71, 2017. 참조.

20. Gary Greenberg, *The book of woe: The DSM and the unmaking of psychiatry*, New York: Blue Rider Press, 2013.

21. 명백히 파괴적인 행동조차도 '임상적으로 심각한 고통'이 진단 기준으로 사용된다. 앞의 책 290-294쪽 참조.

22. David L. Rosenhan, »On being sane in insane places«, Science, Vol. 179,Nr. 4070, 1973. 이 연구에서 드러나는 몇 가지 단점에도 불구하고, 나는 신뢰성 요구 측면에서 이 연구가 정신의학적 진단과 큰 관련성이 있음을 강조하고 싶다.

23. Susanna N. Visser et al., »Trends in the parent-report of health care provider-diagnosed and medicated attention-deficit/hyperactivity disorder: United States, 2003–2011«, *Journal of the American academy of child & adolescent psychiatry*, Vol. 53, Nr. 1, 2014.

24. 세계정신건강조사의 방법론에 대해서는 Kate M. Scott et al., *Mental disorders around the world: Facts and figures from the WHO world mental health surveys*, Cambridge: Cambridge University Press, 2018, 3장 참조.

25. World Health Organization, »Depression and other common mental disorders«, Global health estimates, 2017. Vgl. auch Stephen Hayes, *Kurswechselim Kopf: Von der Kunst anzunehmen, was ist, und innerlich frei zu werden*, Weinheim 2020.

26. 총괄을 원하면, Richard Wilkinson und Kate Pickett, *The inner level: How more equal societies reduce stress, restore sanity and improve everyone's well-being*, New

York: Penguin Press, 2019, S. 35. 참조.

27. Ronald C Kessler et al., »The global burden of mental disorders: An update from the WHO world mental health (WMH) surveys«, *Epidemiology and psychiatric sciences*, Vol. 18, Nr. 1, 2009

28. Martin E. P. Seligman, »Why is there so much depression today? The waxing of the individual and the waning of the commons«, in *Contemporary psychological approaches to depression*, New York: Springer, 1990.

29. Jean M. Twenge, »The age of anxiety? The birth cohort change in anxiety and neuroticism, 1952–1993«, *Journal of personality and social psychology*, Vol. 79, Nr. 6, 2000.

30. Jean M. Twenge, *Me, My Selfie and I: Was Jugendliche heute wirklich bewegt*, München 2018.

31. Vgl. beispielsweise Owen Dyer, »US life expectancy falls for third year in a row«, *BMJ*, Vol. 363, 2018.

32. 아동권리보호단체 Bris: Anna Holmqvist, »Skola. Vård. Omsorg. Och den psykiska ohälsan«, Mölnlycke, 2018. Psychosomatische Probleme: Folkhälsomyndigheten, »Skolbarns hälsovanor i Sverige 2017/2018«, 2018.

33. 고임금 국가의 일반적 증가: Thomas Potrebny, Nora Wiium und Margrethe Moss-Iversen Lundegård, »Temporal trends in adolescents' self-reported psychosomatic health complaints from 1980–2016: A systematic review and meta-analysis«, *PLOS ONE*, Vol. 12, Nr. 11, 2017. 통계 자료: Statistiska Centralbyrån, »Hälsotillstånd, fysiska och psykiska besvär efter indikator, ålder och kön. Andelar i procent och skattat antal i tusental. År 2008/2009–2018«, 2019.

34. Scott et al., *Mental disorders around the world: Facts and figures from the WHO world mental health surveys*.

35. WHO 설문 같은 유병률 측정의 방법론적 문제는, 불안과 우울 같은 다양한 병증이 나타날 수 있는 기간이 힘겨운 몇 달에서 평생을 따라다니는 고통에 이르기까지 다

양하다는 것이다. 그래서 다른 측정 방법이 개발되었다. 특정 시점에 특정 진단을 받은 사람이 몇 명인지 묻는 대신 '기능이 제한된 기간'의 '질병 부담', 즉 얼마나 오랫동안 진단 기준을 충족하는지 측정한다. 글로벌질병부담연구는 이 데이터를 매년 WHO 설문, 역학 데이터, 환자 등록, 연구보고서를 기반으로 분석하고, 이때 가능한 한 대표성이 가장 높은 결과를 얻기 위해 통계적 방법으로 다양한 데이터 유형을 작업한다. 이 작업은 WHO 설문보다 더 복잡하고 덜 투명하지만, 이른바 연령 조정 형태로 여러 국가의 평균 기대수명을 고려한 경우라면 더 정확한 연구로 여겨진다. 여기서도 패턴이 반복된다. '불안'과 '우울' 모두 유럽과 호주, 북미에서 가장 높은 질병 부담이다. 이 두 가지 병증을 섭식장애, 양극성 장애, 약물 남용, 알코올 남용, 조현병과 합하여, 세계은행이 분류한 고임금, 중임금, 저임금 국가에 병증을 분배하면, 고임금 국가가 다른 국가들보다 월등히 두각을 나타낸다. 고임금 국가에서 기능이 제한된 기간의 질병 부담이 (연령을 조정했을 때) 10만 명당 거의 2500명에 가까운 반면, 다른 국가의 측정치는 약 1600명이다. Global Burden of Disease Collaborative Network, »Global burden of disease study 2017 (GBD 2016) incidence, prevalence, and years lived with disability 1990–2017«, Seattle, 2018. 참조.

36. 최빈국의 상황이 제일 나쁘다: Wilkinson und Pickett, *The inner level: How more equal societies reduce stress, restore sanity and improve everyone's well-being*, S. 40. 고임금 국가들에서 빈도가 가장 높았다: Scott et al., *Mental disorders around the world: Facts and figures from the WHO world mental health surveys*, S. 326.

37. Lynne Friedli und World Health Organization, »Mental health, resilience and inequalities«, 2009, s. v.

38. Dainius Puras, »Special rapporteur on the right of everyone to the enjoyment of the highest attainable standard of physical and mental health«, UN Human Rights, 2017, www.ohchr.org/EN/NewsEvents/Pages/DisplayNews. aspx?NewsID=21480&LangID=E, [2020-02-27].

39. 연구와 방법론의 총괄은 Matthew Nock et al., *Suicide: Global perspectives from the WHO world mental health surveys*, Cambridge: Cambridge University Press,

2012, S. 8. 참조. Ping-I Lin et al., »What have we learned from the time trend of mass shootings in the U.S.?« *PLOS ONE*, Vol. 13, Nr. 10, 2018. 그리고 Francesco Berardi, *Heroes: Mass murder and suicide*, London: Verso, 2015. 참조.

40. Nock et al., *Suicide: Global perspectives from the WHO world mental health surveys*, S. 1.

41. 사망 사건당 자살 시도 횟수: World Health Organization, »Preventing suicide: A global imperative«, World Health Organization, 2014, S. 9. 자살을 계획했던 사람의 수: John A. Chiles und Laura Weiss Roberts, *Clinical manual for assessment and treatment of suicidal patients*, Washington: American Psychiatric Pub, 2018. 비교할 만한 결과를 낸 스웨덴 연구에 관해서는 E. Salander Renberg, »Self-reported life-weariness, death-wishes, suicidal ideation, suicidal plans and suicide attempts in general population surveys in the north of Sweden 1986 and 1996«, *Social psychiatry and psychiatric epidemiology*, Vol. 36, Nr. 9, 2001. 참조.

42. Vgl. Meyer et al., *Explaining suicide: Patterns, motivations, and what notes reveal*, S. 25–26.

43. Ibid.

44. Ibid., S. 36.

45. Ibid., S. 37.

46. Ibid., S. 36.

47. Ibid., S. 38.

48. Ibid., S. 41.

49. Ibid., S. 48.

50. Ibid., S. 30.

51. Ibid., S. 104.

52. Ibid., S. 115.

53. Ibid., S. 47.

54. 자살 방법의 전 세계 분포에 관해서는 Vladeta Ajdacic-Gross et al., »Methods of

suicide: International suicide patterns derived from the WHO mortality database«, *Bulletin of the World Health Organization*, Vol. 86, 2008. 그리고 Airi Värnik et. al., »Suicide methods in Europe: A gender-specific analysis of countries participating in the European Alliance Against Depression«, *Journal of epidemiology & community health*, Vol. 62, Nr. 6, 2008. 참조. 머리에 총을 쏜 사람의 통계에 관해서는 Lisa B. E. Shields, Donna M. Hunsaker und John C. Hunsaker, »Suicide: A ten-year retrospective review of Kentucky medical examiner cases«, *Journal of forensic science*, Vol. 50, Nr. 3, 2005. 참조.

55. Meyer et al., *Explaining suicide: Patterns, motivations, and what notes reveal*, S. 172.

56. Ibid., S. 33.

57. Ibid., S. 103.

58. Ibid., S. 155.

걱정이란 무엇인가

1. Francis O'Gorman, *Worrying: A literary and cultural history*, New York: Bloomsbury Publishing USA, 2015, S. xi. (프랜시스 오고먼, 『걱정에 대하여』, 박중서 옮김, 문예출판사, 2017)

2. 더 세부적인 불안감 현상에 관해서는 Graham Davey und Frank Tallis, *Worrying: Perspectives on theory, assessment and treatment*, Chichester: Wiley, 1996. 참조.

3. 이 주제에 관한 안내는 Daniel Kahneman und Amos Tversky, »The simulation heuristic«, in *Judgment under uncertainty: Heuristics and biases*, Hrsg. Daniel Kahneman, Paul Slovic und Amos Tversky, New York: Cambridge University Press, 1982. 참조. 당시 저자들은 모의적 사고 개념에서 출발해 이것을 전사실적 사고와 반사실적 사고로 구분했다. 이 분야의 대다수와 마찬가지로 나 역시 단순화를 위해 반사실적 사고라는 용어만 사용할 예정이다.

4. Ruth M. J. Byrne, *The rational imagination: How people create alternatives to*

reality, Cambridge, Mass.: MIT Press, 2005; Roland Paulsen, »The counterfactual imagination«, in *Theorizing in social science*, Hrsg. Richard Swedberg, Stanford, Calif.: Stanford University Press, 2014.

5. Byrne, *The rational imagination: How people create alternatives to reality*, S. 8.

6. Vgl. David R. Mandel, Denis J. Hilton und Patrizia Ed Catellani, *The psychology of counterfactual thinking*, London: Routledge, 2005.

7. Aleksander Luria, *Cognitive development: Its cultural and social foundations*, Harvard: Harvard University Press, 1976, S. 110. 내가 루리야의 발언을 생략했고 루리야가 동료들과 함께 이 인터뷰를 진행했으므로, 인용문에서 인터뷰를 진행하는 사람이 루리야가 아닐 가능성도 있다.

8. Ibid., S. 108.

9. Ibid., S. 111.

10. 나중 답변의 차이점은 삼단논법이 경험과 맞지 않다는 의미에서 반사실적일수록 더 자주 정확한 답변을 들었다는 것이다. Sylvia Scribner und Michael Cole, »Unpackaging literacy«, *Writing: The nature, development, and teaching of written communication*, vol 1, 1981; Sylvia Scribner, »Modes of thinking and ways of speaking: Culture and logic reconsidered«, in *Thinking: Readings in cognitive science*, Hrsg. P N Johnson-Laird und P C Wason, Cambridge: Cambridge University Press, 1977. 참조.

11. Vgl. beispielsweise Russell T. Hurlburt, »Descriptive experience sampling«, in *The Blackwell companion to consciousness*, Hrsg. Susan Schneider und Max Velmans, New York: Wiley-Blackwell, 2017.

12. Leonard A. Jason et al., »Time orientation: Past, present, and future perceptions«, *Psychological reports*, Vol. 64, Nr. 3, 1989. Vgl. auch: Arnaud D'Argembeau, Olivier Renaud und Martial Van der Linden, »Frequency, characteristics and functions of future-oriented thoughts in daily life«, *Applied cognitive psychology*, Vol. 25, Nr. 1, 2011.

13. Vgl. Raymond A. Mar, Malia F. Mason und Aubrey Litvack, »How daydreaming relates to life satisfaction, loneliness, and social support: The importance of gender and

daydream content«, *Consciousness and cognition*, Vol. 21, Nr. 1, 2012.

14. James Lindesay et al., »Worry content across the lifespan: An analysis of 16- to 74-year-old participants in the British national survey of psychiatric morbidity 2000«, *Psychological medicine*, Vol. 36, Nr. 11, 2006.

15. Matthew A. Killingsworth und Daniel T. Gilbert, »A wandering mind is an unhappy mind«, *Science*, Vol. 330, Nr. 6006, 2010.

16. 관계, 돈, 일에 대한 걱정은 정신 건강 문제와 밀접한 관련이 있다: Lindesay et al., »Worry content across the lifespan: An analysis of 16- to 74-year-old participants in the British national survey of psychiatric morbidity 2000«, S. 1631. 몽상에 빠지는 아이들: Mar et al., »How daydreaming relates to life satisfaction, loneliness, and social support: The importance of gender and daydream content«, S. 403.

17. 도서 권수는 세계 최대 도서 데이터베이스인 Worldcat.org에서 가져왔다. 하지만 거기에 등록된 것보다 더 많은 도서가 있을 수 있다. 구글 엔그램 뷰어를 보면, 2012년에는 전체 텍스트 자료의 0.000003퍼센트에 달하지만 거의 20세기 내내 이것의 절반 정도였다.

18. Henri Troyat, *Tolstoy*, London: Grove Press, 2001.

19. Vgl. Fjodor Dostojewski, *Winterliche Aufzeichnungen über sommerliche Eindrücke*.

20. Daniel M. Wegner, »How to think, say, or do precisely the worst thing for any occasion«, *Science*, Vol. 325, Nr. 5936, 2009.

21. Daniel M. Wegner et al., »Paradoxical effects of thought suppression«, *Journal of personality and social psychology*, Vol. 53, Nr. 1, 1987.

22. Daniel M Wegner, »Setting free the bears: Escape from thought suppression«, *American psychologist*, Vol. 66, Nr. 8, 2011.

23. Arthur Schopenhauer, »*Parerga*« und »*Paralipomena*«, *kleine philosophische Schriften von Arthur Schopenhauer*, Bd. 2, Hrsg. Dr. Julius Frauenstädt Berlin 1862, S. 627.

24. Ibid.

25. Ibid., S. 639. Schopenhauer zitiert hier Juvenal (»Zehnte Satire«, in: Juvenal, *Satiren*, herausgegeben und übersetzt von Sven Lorenz. Berlin/Boston 2017, S. 287– 336).

26. Sören Kierkegaard, Entweder – oder. *Ein Lebensfragment*, Dresden 1909, S. 43. (쇠 렌 키르케고르, 『이것이냐 저것이냐』, 임춘갑 옮김, 도서출판 치우, 2012)

27. Jean-Paul Sartre, *Das Sein und das Nichts*, Traugott König 옮김, Reinbek 2001, S. 114 f. (장폴 사르트르, 『존재와 무』, 정소성 옮김, 동서문화사, 2009)

28. Jean-Paul Sartre und Benny Lévy, *Hope now: The 1980 interviews*, Chicago: University of Chicago Press, 2007, S. 54.

29. Hazel Rowley, *Tête-à-tête: Simone de Beauvoir and Jean-Paul Sartre*, New York: HarperCollins, 2005, S. 344.

30. Sartre und Lévy, Hope now: The 1980 interviews, S. 55.

31. 사르트르의 위스키 및 수면제 소비에 관해서는 Rowley, *Tête-à-tête: Simone de Beauvoir and Jean-Paul Sartre*, S. 205 그리고 324. 참조.

생각의 손아귀에 잡혀

1. 엄격히 말해, 몽테뉴의 예시에서는 철학자가 아니라 한 남자였다. Montaigne, Michel de, *Essais*, Hans Stilett 옮김, Frankfurt a. M. 1998, S. 296. (미셸 드 몽테뉴, 『에세』, 심민화·최권행 옮김, 민음사, 2022)

2. 지능의 인지적 개념에 대한 초기 비판에 관해서는 Stephen Jay Gould, *The mismeasure of man*, New York: Norton, 1981. 참조.

3. Rebecca Goldstein, Kurt Gödel: Jahrhundertmathematiker und großer Entdecker, München 2007.

4. John Dawson, *Kurt Gödel: Leben und Werk*, Wien, New York: Springer, 1999, S. 137.

5. Ibid., S. 97.

6. Ibid., S. 203.

7. Ibid., S. 220.

8. Ibid.

9. Ibid., S. 206.

10. Ibid., S. 221.

11. de Montaigne, Essais, S. 296.

12. Ibid., S. 296.

13. Jim Rasenberger, *High steel: The daring men who built the world's greatest skyline, 1881 to the present*, New York: HarperCollins e-books, 2009, S. 14.

14. David Weitzman, *Skywalkers: Mohawk ironworkers build the city*, New York: Roaring Brook Press, 2014, S. 100.

15. Stephen Nessen, »Sky walking: Raising steel, a Mohawk ironworker keeps tradition alive«, WNYC, 19/3, 2012.

16. Vgl. Weitzman, *Skywalkers: Mohawk ironworkers build the city*, S. 93.

17. Ibid., S. 101; Rasenberger, *High steel: The daring men who built the world's greatest skyline, 1881 to the present*, S. 25.

18. Rasenberger, *High steel: The daring men who built the world's greatest skyline, 1881 to the present*, 122-123.

19. Ibid., S. 160.

20. Weitzman, *Skywalkers: Mohawk ironworkers build the city*, S. 99.

21. William James, *Writings, 1902–1910*, New York: Literary Classics of the United States, 1987, S. 783.

22. Vgl. Ramana Maharshi, *Be as you are: The teachings of Sri Ramana Maharshi*, London: Arkana, 1985.

23. American Psychological Association, *Diagnostic and statistical manual of mental disorders (DSM-5)*, Washington: American Psychiatric Publishing, 2013, S. 8324.

24. Vikram Patel, *Culture and common mental disorders in Sub-Saharan Africa*, New

York: Taylor & Francis, 2013, S. 85.

25. Joyce Yaa Avotri, »*Thinking too much*« and »*worrying too much*«: *Ghanaian women's accounts of their health problems*, Hamilton: McMaster University, 1999, S. 135.

26. Edward Shorter, *How everyone became depressed: The rise and fall of the nervous breakdown*, Oxford: Oxford University Press, 2013, S. 52.에서 인용했다. 우울과 불안의 동반 질환에 대한 더 심층적인 토론을 보려면 쇼터의 책 참조. 불안과 우울의 심각한 동반 질환에 관한 임상 연구는 Robert M. A. Hirschfeld, »The comorbidity of major depression and anxiety disorders: Recognition and management in primary care«, *Primary care companion to the journal of clinical psychiatry*, Vol. 3, Nr. 6, 2001. 참조.

27. 총괄에 관해서는 Bonnie N Kaiser m.fl., »›Thinking too much‹: A systematic review of a common idiom of distress«, *Social science & medicine*, Vol. 147, 2015. 참조.

28. Ibid., S. 178.

29. Marjorie A. Muecke, »Worries and worriers in Thailand«, *Health care for women international*, Vol. 15, Nr. 6, 1994.

30. Kaiser et al., »›Thinking too much‹: A systematic review of a common idiom of distress«, S. 177.

31. Angeline Lillard, »Ethnopsychologies: Cultural variations in theories of mind«, *Psychological bulletin*, Vol. 123, Nr. 1, 1998, S. 22.

32. Klaas J. Wardenaar et al., »The cross-national epidemiology of specific phobia in the world mental health surveys«, *Psychological medicine*, Vol. 47, Nr. 10, 2017.

33. Weitzman, *Skywalkers: Mohawk ironworkers build the city*, S. 91.

34. Ruscio et al., »Cross-sectional comparison of the epidemiology of DSM-5 generalized anxiety disorder across the globe«, Peter De Jonge et al., »Cross-national epidemiology of panic disorder and panic attacks in the world mental health surveys«, *Depression and anxiety*, Vol. 33, Nr. 12, 2016; Wardenaar et al., »The cross-national epidemiology of specific phobia in the world mental health surveys«. 언급된 병증은 이른바 '하향

식' 반사실, 즉 재앙이 닥쳤을 때 삶이 얼마나 더 나빠질지에 관한 생각을 기반으로
하는 반면, 우울에서는 '상향식' 반사실, 즉 삶이 얼마나 더 좋아질지에 관한 생각
이 더 많은 부분을 차지한다. 우울증에는 하향식인 '만약에 …이면, 어떡하지?'의 두
려움이 담겨 있기 때문에, 주로 우울증이 사라지지 않을 것이라는 데 초점을 맞춘
다. (영어로 major depressive disorder라고 하는) 주요 우울장애의 경우에도 평생 유
병률에서 비슷한 패턴이 나타났다. 루마니아 2.9퍼센트, 나이지리아 3.2퍼센트, 네
덜란드 18퍼센트, 프랑스 20.4퍼센트였다. Anne Gene Broomhall et al., »Upward
counterfactual thinking and depression: A meta-analysis«, *Clinical psychology review*,
Vol. 55, 2017; Ronald C. Kessler et al., »Anxious and non-anxious major depressive
disorder in the world health organization world mental health surveys«, *Epidemiology
and psychiatric sciences*, Vol. 24, Nr. 3, 2015. 참조.

35. Alan Watts, »Bits of various seminars«, *Hermetic academy*, 20/8, 2019.

36. Jiddu Krishnamurti, *Facing a world in crisis: What life teaches us in challenging times*, Boston: Shambhala, 2005, S. 25.

37. D. T.Suzuki, *Selected works of D. T.Suzuki, volume ii: Pure land*, University of California Press, 2015, S. 237.

시간의 지평선

1. Vgl. Lorraine Ball und Michael Chandler, »Identity formation in suicidal and nonsuicidal youth: The role of self-continuity«, Development and psychopathology, Vol. 1, Nr. 3, 1989.

2. Deloitte, »The 2017 Deloitte millennial survey: Apprehensive millennials: Seeking stability and opportunities in an uncertain world«, S. 5; Stokes, »A decade after the financial crisis, economic confidence rebounds in many countries«, 2018, S. 12.

3. James Suzman, *Affluence without abundance: What we can learn from the world's most successful civilisation*, London: Bloomsbury Publishing, 2019, S. 114–128.

4. George Silberbauer, *Hunter and habitat in the central Kalahari Desert*, Cambridge: Cambridge University Press, 1980.

5. James C Scott, *Against the grain: A deep history of the earliest states*, New Haven: Yale University Press, 2017; James Woodburn, »Egalitarian societies«, *Man*, Vol. 17, Nr. 3, 1982.

6. Woodburn, »Egalitarian societies«.

7. Michael Gurven und Hillard Kaplan, »Longevity among hunter-gatherers: A cross-cultural examination«, *Population and development review*, Vol. 33, Nr. 2, 2007.

8. 근무시간 총괄: Roland Paulsen, Arbetssamhället: *Hur arbetet överlevde teknologin*, Stockholm: Atlas, 2017. 그리고 Richard Barry Lee und Irven DeVore, *Man the hunter*, London: Transaction Publishers, 1968, S. 30–49. 참조. 인류학자들은 평등 사회 건설에 신석기혁명이 어떤 의미인지를 오랫동안 토론해왔다. 이에 관해서는 David Graeber und David Wengrow, »How to change the course of human history«, *Eurozine*, 2/3, 2018; Scott, *Against the grain: A deep history of the earliest states*. 참조. 수렵과 채집을 하며 은둔하는 사람들에 관한 심층적 독서를 원한다면, Robert Layton, Sean O'Hara und Alan Bilsborough, »Antiquity and social functions of multilevel social organization among human huntergatherers«, *International journal of primatology*, Vol. 33, Nr. 5, 2012. 참조.

9. 토론에 관해서는 Anthony Giddens, *Social theory and modern sociology*, Stanford: Stanford University Press, 1987. 참조.

10. Vgl. Joseph Frank, *Dostoevsky, the years of ordeal, 1850–1859*, Princeton: Princeton University Press, 1990, S. 55–58.

11. 토론에 관해서는 Geir Oygarden, *Den brukne neses estetikk: En bok om boksing*, Uppsala: Uppsala Universitet, 2002. 참조.

12. Carl Gustav Jung, *Erinnerungen, Träume, Gedanken*, Zürich und Düsseldorf, 1984, S. 240. (칼 구스타프 융, 『카를 융, 기억 꿈 사상』, 조성기 옮김, 김영사, 2007)

13. Jean Gebser, *The ever-present origin*, Athens, Ohio: Ohio University Press, 1985.

14. 인류학 연구는 수렵 채집인의 신비주의 관습을 어느 정도 뒷받침해준다. 미국 인류학자 에리카 부르기뇽은 488개 소규모 부족의 민속학 분석에서 90퍼센트가 수명 연장을 목적으로 종교활동에 참여하고 있음을 발견했다. Erika Bourguignon, *Religion, altered states of consciousness, and social change*, Columbus, Ohio, The Ohio State University Press, 1973, S. 9–17. 참조. 동시에 우리는 문명 이전의 종교적 경험이 어땠는지에 관해 아는 바가 거의 없다. 구석기시대 동굴 벽화와 인류학 현장 연구의 다양한 해석에 관해 학제간 논쟁이 존재한다. 인류학자 펠리시타스 굿맨은 연구자들이 만든 신화적 모델을 "모호한 콜라주에 붙여넣은 온갖 종류의 종교 쪼가리"라고 설명했다. Felicitas Goodman, *Ecstasy, ritual, and alternate reality: Religion in a pluralistic world*, Bloomington: Indiana University Press, 1988. 참조.

15. Vgl. z.B. Berman, *Wandering god: A study in nomadic spirituality*.

16. 심화 독서를 원하면, Scott, *Against the grain: A deep history of the earliest states*. 참조.

17. Berman, *Wandering god: A study in nomadic spirituality*.

18. Colin M Turnbull, *The Mbuti pygmies: Change and adaptation*, New York: Holt Rinehart & Winston, 1983; Paul Radin, *The world of primitive man*, New York: H. Schuman, 1953; Hugh Brody, *Maps and dreams: Indians and the British Columbia frontier*, Vancouver: Douglas and McIntyre, 1981, S. 43; Walter J. Ong, »World as view and world as event«, American anthropologist, Vol. 71, Nr. 4, 1969.

19. 총괄을 원하면, Brandon H. Hidaka, »Depression as a disease of modernity: Explanations for increasing prevalence«, *Journal of affective disorders*, Vol. 140, Nr. 3, 2012. 참조. 칼룰리 부족 연구: Edward L. Schieffelin, *The cultural analysis of depressive affect: An example from New Guinea«, in Culture and depression: Studies in the anthropology and cross-cultural psychiatry of affect and disorder*, red. Arthur Kleinman und Byron Good, Los Angeles: University of California Press, 1985.

20. Siehe Scott, *Against the grain: A deep history of the earliest states*.

21. Edmund Ronald Leach, *Rethinking anthropology*, London: Athlone Press, 1961.

22. Edward Hall, *The dance of life: The other dimension of time*, Garden City, NY: oubleday, 1983.

23. Philip K Bock, »Social structure and language structure«, Journal of anthropological research, Vol. 42, Nr. 3, 1986.

24. Robert H Lauer, Temporal man: The meaning and uses of social time, New York: Praeger, 1981, S. 22.

25. Douglas Raybeck, »The coconut-shell clock: Time and cultural identity«, *Time & society*, Vol. 1, Nr. 3, 1992.

26. G. J. Whitrow, *Time in history: Views of time from prehistory to the present day*, Oxford: Oxford University Press, 1989. S. i.

27. Belinda Smith, »These atomic clocks are so precise they can measure the distortion of space-time«, *ABC News*, 28/11, 2018.

28. Siehe Jeremy Rifkin, *Time wars: The primary conflict in human history*, New York: H Holt, 1987, S. 145.

29. Vgl. Helmut Kahlert, Richard Mühe und Gisbert L. Brunner, *Wristwatches: History of a century's development*, Atglen: Schiffer Pub., 2005, S. 14.

30. Rifkin, *Time wars: The primary conflict in human history*, S. 46–57. John Edward Orme, *Time, experience and behaviour*, London: Iliffe Books, 1969.

31. Michel Siffre, *Beyond time*, New York: McGraw-Hill, 1964.

32. Jürgen Aschoff, »On the perception of time during prolonged temporal isolation«, *Human neurobiology*, Vol. 4, Nr. 1, 1985.

33. Scott, *Against the grain: A deep history of the earliest states*, S. 58–61. Siehe auch Claude Lévi-Strauss, The savage mind, Chicago: University of Chicago Press, 1966, S. 258. Zu Lévi-Strauss' Einteilung in »kalte« und »heiße Gesellschaften« siehe auch Giddens, Social theory and modern sociology.

34. Lee und DeVore, *Man the hunter*, S. 33.

35. Walter Isaacson, *A Benjamin Franklin reader*, New York: Simon & Schuster, 2005, S.

157.

36. Pierre Bourdieu, »Time perspectives of the Kabyle«, in *The sociology of time*, red. John Hassard, New York: Palgrave Macmillan, 1990, S. 226.

37. Ibid., S. 233.

38. Peter Englund, *Förflutenhetens landskap: Historiska essäer*, Stockholm: Atlantis, 1991, S. 189.

39. Max Weber, *Die protestantische Ethik und der »Geist« des Kapitalismus*. In: Archiv für Sozialwissenschaft und Sozialpolitik. 20, 1904, S. 24. (막스 베버, 『프로테스탄트 윤리와 자본주의 정신』, 박성수 옮김, 문예출판사, 2023)

40. Ibid., S. 21.

41. Ibid., S. 21.

탈주술화

1. Joachim Radkau, *Max Weber: Die Leidenschaft des Denkens*, München 2013, S. 84.

2. Ibid., S. 272.

3. Ibid., S. 260.

4. Ibid., S. 272.

5. Ibid., S. 192.

6. Ibid., S. 266, 267.

7. Ibid., S. 255.

8. Ibid., S. 254.

9. Ibid., S. 275.

10. Siehe Max Weber, *Max Weber's complete writings on academic and political vocations*, New York: Algora Publishing, 2008, S. 39.

11. Max Weber, *Wissenschaft als Beruf*, Duncker & Humblot, München und Leipzig 1919, S. 17. (막스 베버, 『직업으로서의 학문』, 전성우 옮김, 나남, 2017)

424

12. Ibid.

13. Ibid., S. 16.

14. Siehe Max Weber, *Max Weber's complete writings on academic and political vocations*, S. 36.

15. Ibid., S. 35.

16. Max Weber, *Wissenschaft als Beruf*, Duncker & Humblot, München und Leipzig 1919, S. 16. (막스 베버, 『직업으로서의 학문』, 전성우 옮김, 나남, 2017)

17. Karen Gloy: *Die Geschichte des wissenschaftlichen Denkens. In: Komet*, 1995, 4. Teil, Neuzeitliches Naturverständnis, S. 167.

18. R. G. Newton, *From clockwork to crapshoot: A history of physics*, Harvard: Harvard University Press, 2009, S. 74.

19. Siehe J. H. Brooke, *Science and religion: Some historical perspectives*, Cambridge: Cambridge University Press, 1991, S. 119.

20. David Hume, *Dialoge über natürliche Religion: Über Selbstmord und die Unsterblichkeit der Seele*, Leipzig 1905, S. 85. (데이비드 흄, 『자연종교에 관한 대화』, 이태하 옮김, 나남, 2008)

21. René Descartes, *The philosophical writings of Descartes*. Vol 2, Cambridge: Cambridge University Press, 1984, S. 242.

22. René Descartes, *The philosophical writings of Descartes*. Vol. 1, Cambridge: Cambridge University Press, 1985, S. 139.

23. 데카르트주의와 현대 유물론에 대한 비판의 예시는 Thomas Nagel, *Mind and cosmos: Why the materialist neo-Darwinian conception of nature is almost certainly false*, New York: Oxford University Press, 2012. 그리고 Raymond Tallis, *The explicit animal*, London: Palgrave Macmillan UK, 1999. 참조.

24. Charles Darwin, *The descent of man and selection in relation to sex*, Princeton, NJ: Princeton University Press, 1981, S. 105. (찰스 다윈, 『인간의 기원』, 추한호 옮김, 동서문화사, 2018)

25. Jacques Monod, *Zufall und Notwendigkeit: Philosophische Fragen der modernen Biologie*, München 1975, S. 106.

26. Karl Marx, *Das Kapital: Kritik der politischen Ökonomie*, 1. Band, Hg. v. Friedrich Engels, Hamburg 1890, S. 193. (칼 마르크스, 『자본론』, 김수행 옮김, 비봉출판사, 2015)

27. Karl Marx, *Economic and philosophic manuscripts of 1844*, Amherst: Prometheus Books, 1988 [1844], S. 74. (칼 마르크스, 『경제학-철학 수고』, 강유원 옮김, 이론과 실천, 2006)

28. Frans De Waal, *Are we smart enough to know how smart animals are?* New York: WW Norton & Company, 2016, S. 252.

29. Sylvain Alem et al., »Associative mechanisms allow for social learning and cultural transmission of string pulling in an insect«, *PLOS Biology*, Vol. 14, Nr. 10, 2016.

30. Andrew P. Smith, »An investigation of the mechanisms underlying nest construction in the mud wasp paralastor sp. (hymenoptera: Eumenidae)«, *Animal behaviour*, Vol. 26, 1978.

31. Vgl. Karsten Brensing, *What do animals think and feel?* London: Head of Zeus, 2019; De Waal, *Are we smart enough to know how smart animals are?*

32. Richard E. Nisbett, *The geography of thought: How Asians and Westerners think differently – and why*, London: Nicholas Brealey, 2011, S. 127–129. (리처드 니스벳, 『생각의 지도』, 최인철 옮김, 김영사, 2004)

33. Siehe auch Thomas Pink, *The psychology of freedom*, Cambridge: Cambridge University Press, 1996.

34. Vgl. Johannisson, *Melankoliska rum: Om ångest, leda och sårbarhet i förfluten tid och nutid*, S. 67.

35. Richard Dawkins, *Das egoistische Gen*, Berlin 2014. (리처드 도킨스, 『이기적 유전자』, 홍영남·이상임 옮김, 을유문화사, 2018)

36. Stefan Theil, »Trouble in mind«, *Scientific American*, Vol. 313, Nr. 4, 2015.

37. Pierre Janet, *Les obsessions et la psychasthénie*, Vol. 1, Paris: Éditions Flammarion, 1903, S. 279.

38. Max Weber, *Die protestantische Ethik und der »Geist« des Kapitalismus*, Stuttgart 2017. (막스 베버, 『프로테스탄트 윤리와 자본주의 정신』, 박성수 옮김, 문예출판사, 2023)

기계 부품으로 전락하다

1. 또다른 연구에 관한 토론과 총괄은 Paulsen, *Arbetssamhället: Hur arbetet överlevde teknologin*, S. 99–102. 참조.

2. Hugo Westerlund et al., »Self-rated health before and after retirement in France (GAZEL): A cohort study«, *The Lancet*, Vol. 374, Nr. 9705, 2009, S. 1891. 다양한 수치가 있는데, 예를 들어 은퇴 전의 생활이 특별히 만족스러웠던 사람은 은퇴 후 회춘 효과가 가장 적었다.

3. Sarah A. Burgard, Jennie E. Brand und James S. House, »Perceived job insecurity and worker health in the United States«, *Social science & medicine*, Vol. 69, Nr. 5, 2009.

4. José Tapia Granados und Ana V. Diez Roux, »Life and death during the great depression«, *Proceedings of the National Academy of Sciences*, 2009.

5. Cecilie Schou Andreassen et al., »The relationships between workaholism and symptoms of psychiatric disorders: A large-scale cross-sectional study«, *PLOS ONE*, Vol. 11, Nr. 5, 2016; Andreas Holtermann et al., »Long work hours and physical fitness: 30-year risk of ischaemic heart disease and all cause mortality among middle-aged caucasian men«, Heart, Vol. 96, Nr. 20, 2010; Mika Kivimäki et al., »Long working hours and risk of coronary heart disease and stroke: A systematic review and meta-analysis of published and unpublished data for 603 838 individuals«, The Lancet, Vol. 386, Nr. 10005, 2015.

6. Ain Haas, »Social inequality in aboriginal North America: A test of Lenski's theory«, *Social forces*, Vol. 72, Nr. 2, 1993. 잉여에는 나중을 위한 비축보다 더 중대한 기능이 있었을 수 있다. 하스의 설명을 보면, 농부나 수렵 채집인이 부유해졌다는 사실보다 잉여 생산의 규모가 더 큰 역할을 했다. 모두가 충분한 곡물을 비축하고, 가축을 키우고, 피난처를 지을 수 없었던 곳이 물질적으로 더 풍요로운 공동체보다 전반적으로 더 평등했다.

7. Walter Scheidel, *The great leveler: Violence and the history of inequality from the stone age to the twenty-first century*, Princeton: Princeton University Press, 2018, S. 307. Credit Suisse, »Global wealth report «, 2017, S. 17. (데이터의 양이 너무 많아 총괄이 어려운 탓에, 이 연구는 추정을 기반으로 한다.)

8. Siehe Herbert Applebaum, *The concept of work: Ancient, medieval, and modern*, Albany, NY: State University of New York Press, 1992; Jan Ch. Karlsson, *Begreppet arbete: Definitioner, ideologier och sociala former*, Lund: Arkiv, 1986; Paulsen, *Arbetssamhället: Hur arbetet överlevde teknologin*.

9. Das ärmste Fünftel (Beispiel aus England): Kate Pickett och Richard Wilkinson, »Inequality: An underacknowledged source of mental illness and distress«, *British journal of psychiatry*, Vol. 197, Nr. 6, 2010. Menschen mit passivem Einkommen (Beispiel aus den USA): Carl I Cohen und Sami Timimi, *Liberatory psychiatry: Philosophy, politics, and mental health*, Cambridge: Cambridge University Press, 2008, S. 133.

10. Michael Marmot, *The status syndrome*, New York: Henry Holt and Co., 2004, S. 1.

11. Wilkinson und Pickett, *The inner level: How more equal societies reduce stress, restore sanity and improve everyone's well-being*, S. 35. 하지만 이것은 OECD 회원국만 비교한 것이다.

12. 산업화 이전 인류가 얼마나 일했는지에 관한 역사적 총괄은 Juliet B Schor, *The overworked American: The unexpected decline of leisure*, New York: Basic Books, 1991. 그리고 Marshall Sahlins, *Stone age economics*, Chicago: Aldine-Atherton, 1972.

참조. 농업 공동체의 노동시간 총괄은 Raymond Hames, »Time, efficiency and fitness in the Amazonian protein quest«, *Research in economic anthropology*, Vol. 11, 1989. 참조. 이 분야의 인류학 연구에 관한 또다른 총괄은 Wanda Minge-Klevana et al., »Does labor time decrease with industrialization? A survey of time-allocation studies«, *Current anthropology*, Vol. 21, Nr. 3, 1980. 참조.

13. Vgl. Harry Braverman, *Labor and monopoly capital: The degradation of work in the twentieth century*, New York: Monthly Review P., 1998 [1974], S. 130–131.

14. Frederick Winslow Taylor, *The principles of scientific management*, New York; London: Harper & Brothers, 1919, S. 14. (프레더릭 윈즐로 테일러, 『과학적 관리의 원칙』, 박진우 옮김, 박영사, 2020)

15. Siehe André Gorz, *Kritik av det ekonomiska förnuftet*, Stockholm: Alfabeta, 1990, S. 31.

16. Adam Smith: *Untersuchung über Wesen und Ursachen des Reichtums der Völker*, Mohr Siebeck Tübingen 2005, S. 747 f.

17. Frederick Winslow Taylor, *The principles of scientific management*, Gutenberg: Project Gutenberg, 2004 [1911], S. 20. (프레더릭 윈즐로 테일러, 『과학적 관리의 원칙』, 박진우 옮김, 박영사, 2020)

18. Studs Terkel, *Working: People talk about what they do all day and how they feel about what they do*, New York: Ballantine Books, 1972, S. 5.

19. Ibid., S. 241.

20. Ibid., S. 59.

21. Ibid., S. xiv.

22. Charly Boyadjian, »Le temps en ›429x‹«, in *Travailler 2 heures par jour*, red. Collectif Adret, Paris: Seuil, 1977.

23. Ibid., S. 22.

24. Ibid., 2.

25. Siehe Robert Levine, *A geography of time*, Oxford: Oneworld, 2006, S. 71.

26. International Labour Organization, »Ilostat database«, abgerufen im September 2019.

27. Siehe Peter Fleming, Bill Harley und Graham Sewell, »A little knowledge is a dangerous thing: Getting below the surface of the growth of ›knowledge work‹ in Australia«, *Work employment society*, Vol. 18, Nr. 4, 2004; Paul Thompson, Chris Warhurst und George Callaghan, »Ignorant theory and knowledgeable workers: Interrogating the connections between knowledge, skills and services«, *Journal of management studies*, Vol. 38, Nr. 7, 2001.

28. Richard Sennett, *När karaktären krackelerar: Människan i den nya eko nomin*, Stockholm: Atlas, 2000, S. 93–96.

29. Siehe Roland Paulsen, *Empty labor: Workplace resistance and idleness*, Cambridge: Cambridge University Press, 2014.

30. Jack H. Kahn, Jean P. Nursten und Howard C. M.Carroll, *Unwillingly to school: School phobia or school refusal: A psychosocial problem*, New York: Elsevier, 2014; Gerard McShane, Garry Walter und Joseph M. Rey, »Characteristics of adolescents with school refusal«, *Australian and New Zealand journal of psychiatry*, Vol. 35, Nr. 6, 2001.

31. John L. Oliffe et al., »Masculinities, work, and retirement among older men who experience depression«, *Qualitative health research*, Vol. 23, Nr. 12, 2013, S. 1628.

32. André Gorz, *Farewell to the working class: An essay on post-industrial socialism*, London: Pluto Press, 1982. 이런 현상은 2008년 금융위기 때 반복되었는데, 당시 스웨덴의 여러 전문 협회가 위기 기간에 임금을 삭감하기로 합의했다. Paulsen, *Arbetssamhället: Hur arbetet överlevde teknologin*, S. 54–75. 참조.

33. Megan Leonhardt, »Only 28% of Americans plan to max out their vacation days this year«, CNBC, 27/4, 2019; Julie Brines und Brian Serafini, »Seasonal variation in divorce filings: The importance of family ritual in a postsentimental era«, 111th annual meeting of American Sociological Association (ASA). Seattle: American Sociological

Association, 2016.

34. Arlie Russell Hochschild, *The time bind:* When work becomes home and home becomes work, Henry Holt and Company, 2001, S. 201.

35. Ibid., S. 186.

36. Ibid., S. 63.

위험해진 세상

1. Gurven und Kaplan, »Longevity among hunter-gatherers: A cross-cultural examination«.

2. Jared Diamond, Guns, *germs, and steel*, New York: Norton, 1999, S. 175–177. (재레드 다이아몬드, 『총 균 쇠』, 강주헌 옮김, 김영사, 2023)

3. Gilles R. Dagenais et al., »Variations in common diseases, hospital admissions, and deaths in middle-aged adults in 21 countries from five continents (PURE): A prospective cohort study«, *The Lancet*, 2019.

4. Ibid.

5. 또다른 사례는 Daniel Kahneman, *Schnelles Denken, langsames Denken*, München 2016. 참조. (대니얼 카너먼, 『생각에 관한 생각』, 이창신 옮김, 김영사, 2018)

6. John E. Mueller und Mark G. Stewart, *Chasing ghosts: The policing of terrorism*, Oxford: Oxford University Press, 2016, S. 137–139.

7. Frank Furedi, »The phonics v whole-word battle has always been about politics, not pedagogy«, *Tes*, 6/8, 2015.

8. Jonathan D. Schoenfeld und John P. A. Ioannidis, »Is everything we eat associated with cancer? A systematic cookbook review«, *The American journal of clinical nutrition*, Vol. 97, Nr. 1, 2012. 점점 더 가속하는 위험 증가에 관해 더 심층적으로 읽고 싶다면, Ulrich Beck, *Risk society: Towards a new modernity*, London; Newbury Park, Calif.: Sage Publi cations, 1992. 참조. (울리히 벡, 『위험사회』, 홍성태 옮김, 새물결,

2006)

9. Frank Furedi, »It's time that we all ›interfered‹ more«, *The Telegraph*, 4/6, 2006.

10. Mark Warr, »Altruistic fear of victimization in households«, Social science quarterly, Vol. 1, Nr. 3, 1992; Ben Shaw et al., *Children's independent mobility: An international comparison and recommendations for action*, London: Policy Studies Institute, 2015.

11. 이 결과는 젊은 흑인 남성이 강도 사건의 가장 빈번한 피해자임에도 그런 사건을 가장 덜 두려워한다는 것을 보여주는 미국의 초기 연구부터, 55~74세의 스웨덴 사람이 강도 사건을 가장 두려워한다는 것을 보여주는 스웨덴 범죄예방협회의 최근 치안 연구 결과에 이르기까지, 수많은 설문을 통해 확인되었다. Eleanor Singer und Phyliss M. Endreny, *Reporting on risk: How the mass media portray accidents, diseases, other hazards*, Russell Sage Foundation, 1993; Brottsförebyggande rådet., »Nationella trygghetsundersökningen 2019: Om utsatthet, otrygghet och förtroende«, Stockholm, 2019.

12. Lars Svendsen, *Philosophy of fear,* London: Reaktion Books, 2008.

13. Ibid., S. 54.

14. Anders Bolling, *Dagens Nyheter*, 3/4, 2020.

15. Ralph Catalano et al., »The health effects of economic decline«, *Annual review of public health*, Vol. 32, Nr. 1, 2011; Ulf Gerdtham und Christopher J. Ruhm, »Deaths rise in good economic times: Evidence from the OECD«, *Economics & human biology*, Vol. 4, Nr. 3, 2006.

16. 자동차 사망 사고 사례는 Garrick Blalock, Vrinda Kadiyali und Daniel H Simon, »Driving fatalities after 9/11: A hidden cost of terrorism«, *Applied economics*, Vol. 41, Nr. 14, 2009. 참조. 페루의 사례는 Henry I. Miller und Gregory Conko, »Precaution without principle«, *Nature biotechnology*, Vol. 19, Nr. 4, 2001; Anderson, »Cholera epidemic traced to risk miscalculation«, *Nature*, Vol. 354, Nr. 6351, 1991. 참조. 콜레라 유행이 단지 염소를 사용하지 않아서 발생했는지, 아니면 다른 요인이 있었던

것인지, 나중에 의문이 제기되었다. 이에 관해서는 Joel Tickner und Tami Gouveia-Vigeant, »The 1991 cholera epidemic in Peru: Not a case of precaution gone awry«, Risk analysis: An international journal, Vol. 25, Nr. 3, 2005. 참조.

17. Siehe Susanne Brandheim, A systemic stigmatization of fat people, Karlstad: Karlstads universitet, 2017.

18. Inga-Carin Enström, »Koleran slog till gång på gång«, Släkthistoria, 30/6, 2017; Mats Karlsson, »Smittkopporna skonade ingen«, Släkthistoria, 9/3, 2018; Anna Larsdotter, »Livet för de fattigaste«, Släkthistoria, 10/6, 2017.

19. Wilhelm Wretlind, Mannens släktlif: I normalt och sjukligt tillstånd, Stockholm: G. C.Gustafsons Boktryckeri, 1905, S. 91.

20. German Lopez, »Alabama used the States' right argument to ban marriages before– for interracial couples«, Vox, 13/2, 2015.

21. Wretlind, Mannens släktlif: I normalt och sjukligt tillstånd, S. 85.

22. 전체 서신 교환은 위의 책 124-127쪽에서 읽을 수 있다.

23. Ibid., S. 69–70.

24. Martin Gregor-Dellin, Richard Wagner: His life, his work, his century, New York: Collins, 1983, S. 452.

25. Wretlind, Mannens släktlif: I normalt och sjukligt tillstånd, S. 80.

26. Roy J Levin, »Sexual activity, health and well-being– the beneficial roles of coitus and masturbation«, Sexual and relationship therapy, Vol. 22, Nr. 1, 2007; Philip Haake et al., »Effects of sexual arousal on lymphocyte subset circulation and cytokine production in man«, Neuroimmunomodulation, Vol. 11, Nr. 5, 2004; Jennifer R Rider et al., »Ejaculation frequency and risk of prostate cancer: Updated results with an additional decade of follow-up«, European urology, Vol. 70, Nr. 6, 2016.

27. Jean-Paul Sartre, »Paris alive: The republic of silence«, Atlantic monthly, Vol. 174, Nr. December, 1944.

28. Martin Kellner, Selective serotonin re-uptake inhibitors in the environment: Effects

of citalopram on fish behaviour, Huddinge: Södertörns högskola, 2017; T Brodin et al.,»Dilute concentrations of a psychiatric drug alter behavior of fish from natural populations«, *Science*, Vol. 339, Nr. 6121, 2013.

29. Siehe Marie Granmar,»Ny teknik renar avloppsvatten fran läkemedelsrester«, Sveriges radio P1, 25/4, 2019.

30. Herbert Marcuse, *One-dimensional man: Studies in the ideology of advanced industrial society*, Boston: Beacon Press, 1991[1964] 참조. (헤르베르트 마르쿠제, 『일차원적 인간』, 박병진 옮김, 한마음사, 2009); Jürgen Habermas, *Toward a rational society: Student protest, science, and politics*, London: Heinemann, 1971.

31. Siehe beispielsweise Linn Spross, *Ett välfärdsstatligt dilemma: Statens formuleringar av en arbetstidsfråga 1919–2002*, Uppsala: Uppsala universitet, 2016; Ulrika Holgersson und Lena Wä ngnerud, *Rösträttens århundrade: Kampen, utvecklingen och framtiden för demokratin i Sverige*, Göteborg: Makadam Förlag, 2018.

32. 더 깊은 내용을 원한다면, Donald C. Lee,»The concept of ›necessity‹: Marx and Marcuse«, *The Southwestern journal of philosophy*, Vol. 6, Nr. 1, 1975. 참조.

33. Hans Jonas, *The imperative of responsibility: In search of an ethics for the technological age*, Chicago (Ill.): The University of Chicago Press, 2000.

34. Siehe besonders Pascal Bruckner, *The fanaticism of the apocalypse*, Cambridge: Polity, 2013, und Frank Furedi, *How fear works: Culture of fear in the twenty-first century*, London: Bloomsbury Publishing, 2018.

35. 이런 이유로, 훨씬 더 급진적인 정치인들은 시스템 변화가 유일한 해결책이라고 경고한다. 재생에너지가 결코 화석연료를 대체하지 못할 것이라고 강력하게 주장하는 급진주의자의 예시는 Roy Scranton, *Learning to die in the anthropocene: Reflections on the end of a civilization*, San Francisco, Calif.: City Lights Books, 2015. 참조.

전쟁터가 된 머릿속

1. 2019년 9월 13일자 인터뷰 그리고 Annie Gruyer, »Sept ans de psychanalyse«, in *Le livre noir de la psychanalyse: Vivre, penser et aller mieux sans Freud*, red. Catherine Meyer, Paris: Les Arenes, 2005.

2. Luria, *Cognitive development: Its cultural and social foundations*, S. 147.

3. Ibid., S. 148.

4. Ibid., S. 148–149.

5. Nisbett, *The geography of thought: How Asians and Westerners think differently – and why*. (리처드 니스벳, 『생각의 지도』, 최인철 옮김, 김영사, 2004)

6. 사상사 요약, Allan V. Horwitz, *Anxiety: A short history*, Baltimore: Johns Hopkins University Press, 2013. 참조.

7. George Cheyne und Roy Porter: *The English malady*, New York: Taylor & Francis, 2013, S. 2.

8. Ibid., S. ii.

9. Siehe Horwitz, *Anxiety: A short history*, S. 53–54.

10. K. D. M. Snell, »The rise of living alone and loneliness in history«, *Social history*, Vol. 42, Nr. 1, 2017.

11. Robert D. Putnam, *Bowling alone: The collapse and revival of American community*, New York, NY: Simon & Schuster, 2007, S. 107. (로버트 D. 퍼트넘, 『나 홀로 볼링』, 정승현 옮김, 페이퍼로드, 2016)

12. Snell, »The rise of living alone and loneliness in history«; John T. Cacioppo und William Patrick, *Loneliness: Human nature and the need for social connection*, New York: Norton, 2009. 절친한 친구 수: Miller McPherson, Lynn Smith-Lovin und Matthew E. Brashears, »Social isolation in America: Changes in core discussion networks over two decades«, *American sociological review*, Vol. 71, Nr. 3, 2006.

13. Siehe George W. Brown und Tirril Harris, *Social origins of depression: A study of psychiatric disorder in women*, London: Routledge, 2012, S. 180. Siehe auch John T.

Cacioppo, Louise C. Hawkley und Ronald A Thisted, »Perceived social isolation makes me sad: 5-year cross-lagged analyses of loneliness and depressive symptomatology in the Chicago health, aging, and social relations study«, *Psychology a and aging*, Vol. 25, Nr. 2, 2010.

14. Siehe beispielsweise Junghyun Kim, Robert LaRose und Wei Peng, »Loneliness as the cause and the effect of problematic internet use: The relationship between internet use and psychological well-being«, *Cyberpsychology & behavior*, Vol. 12, Nr. 4, 2009; Yasin Demir und Mustafa Kutlu, »The relationship between loneliness and depression: Mediation role of internet addiction«, *Educational process: International journal*, Vol. 5, Nr. 2, 2016.

15. PTSD 진단의 민속지리학적 분석: Allan Young, *The harmony of illusions: Inventing post-traumatic stress disorder*, Princeton, NJ: Princeton University Press, 1997. 페르난도의 연구 요약: Gaithri A Fernando, »Assessing mental health and psychosocial status in communities exposed to traumatic events: Sri Lanka as an example«, *American journal of orthopsychiatry*, Vol. 78, Nr. 2, 2008. 스리랑카의 심리치료 지원 요약: Ethan Watters, *Crazy like us: The globalization of the American psyche*, New York: Free Press, 2011.

16. Peter Gay, *Freud. Eine Biographie für unsere Zeit*, Frankfurt 2006.

17. John Levi Martin, *The explanation of social action*, Oxford; New York: Oxford University Press, 2011.

18. Siehe beispielsweise Roland Paulsen, »In the mood for obedience: Despair, cynicism, and seduction among employment service employees«, *Culture and organization*, Vol. 24, Nr. 5, 2018; Roland Paulsen, »Slipping into functional stupidity– the bifocality of organizational compliance«, Human relations, Vol. 70, Nr. 2, 2017.

19. Lavinia Edmunds, »His master's choice«, *Johns Hopkins magazine*, Vol. 40, Nr. 2, 1988.

20. Ibid.

21. Silas L. Warner, »Freud's analysis of Horace Frink, MD: A previously unexplained therapeutic disaster«, *Journal of the American Academy of Psychoanalysis*, Vol. 22, Nr. 1, 1994, S. 142.

22. Ibid., S. 144.

23. Matthieu Ricard und Wolf Singer, »Neuroscience has a lot to learn from Buddhism«, *The Atlantic*, 17/12, 2017. 참조. 정신분석학과 불교의 통합 시도: Daisetz Teitaro Suzuki, Erich Fromm und Richard De Martino, *Zen Buddhism and psychoanalysis*, London: Souvenir Press, 1993.

24. Elke Mühlleitner und Johannes Reichmayr, *Biographisches Lexikon der Psychoanalyse: Die Mitglieder der Psychologischen Mittwoch-Gesellschaft und der Wiener Psychoanalytischen Vereinigung*, 1902–1938, Tübingen: Edition Diskord, 1992.

25. Sibylle Lacan, Ein Vater, München 1999.

26. 또다른 논쟁이 궁금하다면, Allen Frances, *Saving normal: An insider's revolt against out-of-control psychiatric diagnosis*, DSM-5, *Big Pharma, and the medicalization of ordinary life*, New York, NY: William Morrow, 2013. 참조. (앨런 프랜시스, 『정신병을 만드는 사람들』, 김명남 옮김, 사이언스북스, 2014)

27. Siehe Roland Paulsen, »Mediated psychopathy– a critical discourse analysis of newspaper representations of aggression«, Kritike, Vol. 4, Nr. 2, 2010; Jon Ronson, *The psychopath test: A journey through the madness industry*, New York: Riverhead Books, 2011.

28. Hannes Råstam, *Der Fall Thomas Quick: Die Erschaffung eines Serienkillers*, München 2013.

29. Siehe Dan Josefsson, *Der Serienkiller, der keiner war, und die Psychotherapeuten, die ihn schufen*, München 2017.

30. 정신분석학의 일반적인 유산과 토마스 퀵 사건에서 정신분석학의 의미: Frederick C. Crews, *Freud: The making of an illusion*, 2017, S. 509 ff. 그리고 Dan Josefsson, *Der Serienkiller, der keiner war, und die Psychotherapeuten, die ihn schufen*. 참조.

31. Sven-Ake Christianson, I huvudet på en seriemördare, Stockholm: Norstedts, 2010, S. 365, 434–435; Dan Josefsson, »Fallet Kevin. Avsnitt 1: Hemligheten, Avsnitt 2: Huvudvittnet, Avsnitt 3: Minnen«, *Dokument inifrån*, SVT, 2017; Juan Flo Flores, »Saxmordet i Hovsjö: ›gar inte att bevisa vem som gjort det‹«, *Dagens Nyheter*, 14/3, 2019.

32. Sture Bergwall, *Bara jag vet vem jag är*, Stockholm: Forum, 2016, S. 32.

33. Råstam, *Der Fall Thomas Quick: Die Erschaffung eines Serienkillers*.

34. Bergwall, *Bara jag vet vem jag är*, S. 122.

35. Ibid., S. 120.

36. Ibid., S. 375.

37. Saul M. Kassin und Gisli H. Gudjonsson, »True crimes, false confessions«, *Scientific American mind*, Vol. 16, Nr. 2, 2005; Ulf Kristiansson, »Palmemordet– det hopplösa uppdraget«, *Helsingborgs Dagblad*, 14/2, 2010.

38. Kassin und Gudjonsson, »True crimes, false confessions«, S. 249.

자기 의심 속에서

1. Karl Ove Knausgård, *Leben*, München 2016, S. 263.

2. Ibid., S. 263–264.

3. Rachel Cusk, *Lebenswerk. Über das Mutterwerden*, Berlin 2019, S. 113.

4. 이에 관해서는 Ulrich Beck und Elisabeth Beck-Gernsheim, *Das ganz normale Chaos der Liebe*, Frankfurt a. M. 1990. 참조. 자식이 인생 최고 목표라는 생각은 이제 지속성을 갖는 관계가 부모-자식 관계뿐이고, 다른 관계, 특히 연인 관계가 점점 더 수명이 짧아지는 데서 비롯된다.

5. Horwitz, *Anxiety: A short history*, S. 42–4.3; Joel Gold und Ian Gold, *Suspicious minds: How culture shapes madness*, New York: Free Press, 2014.

6. 코로나 펜데믹 기간의 강박장애에 관한 보고서: Katherine Rosman, »For those with

OCD, a threat that is both heigtend and familiar«, *New York times*, 3/4, 2020.

7. Padmal de Silva, »Culture and obsessive-compulsive disorder«, *Psychiatry*, Vol. 5, Nr. 11, 2006, S. 403; Judith L. Rapoport, *Der Junge, der sich immer waschen musste: Wenn Zwänge den Tag beherrschen*, München 1993.

8. L. Silva et al., »Koro syndrome in an obsessive-compulsive disorder patient «, European Psychiatry, Vol. 33, 2016; Sheung-Tak Cheng, »A critical review of Chinese koro«, Culture, medicine and psychiatry, Vol. 20, Nr. 1, 1996.

9. Henri Legrand du Saulle, *La folie du doute (avec délire du toucher)*, Paris: Adrien Delahaye, 1875, S. 11.

10. Ibid., S. 13.

11. Ibid., S. 30.

12. Siehe Lee Baer, *Der Kobold im Kopf: Die Zähmung der Zwangsgedanken*, Bern 2010.

13. R. A. Hunter und Ida Macalpine, *Three hundred years of psychiatry, 1535–1860*, Oxford: Oxford University Press, 1970, S. 252.

14. Ibid., S. 253.

15. Chris H. Miller und Dawson W. Hedges, »Scrupulosity disorder: An overview and introductory analysis«, *Journal of anxiety disorders*, Vol. 22, Nr.6, 2008.

16. Weber, *Die protestantische Ethik und der »Geist« des Kapitalismus.* (막스 베버, 『프로테스탄트 윤리와 자본주의 정신』, 박성수 옮김, 문예출판사, 2023)

17. Douglas Staley und R. Roxburgh Wand, »Obsessive-compulsive disorder: A review of the cross-cultural epidemiological literature«, *Transcultural psychiatric research review*, Vol. 32, Nr. 2, 1995; Jennifer L. Fleissner, »Obsessional modernity: The ›institutionalization of doubt‹«, Critical inquiry, Vol. 34, Nr. 1, 2007; Jonathan S. Abramowitz et al., »Association between Protestant religiosity and obsessive-compulsive symptoms and cognitions«, *Depression and anxiety*, Vol. 20, Nr. 2, 2004; Theodore F. Witzig Jr. und C. Alec Pollard, »Obsessional beliefs, religious beliefs, and scrupulosity

among fundamental Protestant Christians«, *Journal of obsessive-compulsive and related disorders*, Vol. 2, Nr. 3, 2013; Ian Osborn, *Can Christianity cure obsessive-compulsive disorder?: A psychiatrist explores the role of faith in treatment*, Grand Rapids: Brazos Press, 2008.

18. 이런 유형의 강박장애에 대한 가장 생생한 묘사: Rose Bretécher, *Pure*, London: Unbound, 2015. Vgl. Guy Doron, Danny S. Derby und Ohad Szepsenwol, »Relationship obsessive-compulsive disorder (ROCD): A conceptual framework«, *Journal of obsessive-compulsive and related disorders*, Vol. 3, Nr. 2, 2014.

19. Lee Baer, *Der Kobold im Kopf: Die Zähmung der Zwangsgedanken*, Bern 2010.

20. 앞의 책 그리고 David J. Castle, Alicia Deale und Isaac M. Marks, »Gender differences in obsessive-compulsive disorder«, *Australian & New Zealand journal of psychiatry*, Vol. 29, Nr. 1, 1995. 참조. 이 연구에서 94퍼센트가 반복되는 고통스러운 생각에 시달린다고 응답했는데, 이것은 어쩌면 아직 너무 적은 수일 것이다. Adam S. Radomsky et al., »Part 1 – you can run but you can't hide: Intrusive thoughts on six continents«, Journal of obsessive-compulsive and related disorders, Vol. 3, Nr. 3, 2014.

21. Bretécher, *Pure*, S. 22.

22. Ibid., S. 34.

23. Ibid., S. 46–47.

24. Ibid., S. 84.

25. Kenneth Plummer, *Telling sexual stories: Power, change and social worlds*, London: Routledge, 2004.

26. Jeffrey Weeks, *Sex, politics and society: The regulation of sexuality since 1800*, London: Routledge, 2018.

27. Michel Foucault, *Sexualität und Wahrheit. Erster Band: Der Wille zum Wissen*, Frankfurt 1987. (미셸 푸코, 『성의 역사』, 이규현 옮김, 나남, 2020); Richard von Krafft-Ebing, *Psychopathia sexualis. Eine klinisch-forensische Studie*, Stuttgart 1886.

(리하르트 폰 크라프트에빙, 『광기와 성』, 홍문우 옮김, 파람북, 2020)

28. Siehe beispielsweise Simone Leavell Bruce, Terence H. W. Ching und Monnica T. Williams, »Pedophilia-themed obsessive-compulsive disorder: Assessment, differential diagnosis, and treatment with exposure and response prevention«, *Archives of sexual behavior*, Vol. 47, Nr. 2, 2018; Ross E Cheit, Yael Shavit und Zachary Reiss-Davis, »Magazine coverage of child sexual abuse, 1992–2004«, Journal of child sexual abuse, Vol. 19, Nr. 1, 2010; Frank Furedi, *Culture of fear revisited*, London: A&C Black, 2006.

29. Frank Furedi, »Good, bad or none of our business«, *The Australian*, 9/4, 2011. Siehe auch Jacqui Gabb, »Embodying risk: Managing father-child intimacy and the display of nudity in families«, *Sociology*, Vol. 47, Nr. 4, 2013.

30. Heather Piper und Ian Stronach, *Don't touch! The educational story of a panic*, London: Routledge, 2008.

31. Frank Furedi, *Moral crusades in an age of mistrust: The Jimmy Savile scandal*, Basingstoke: Palgrave Macmillan, 2013, S. 51.

32. Olivia Loving, »Obsessive thoughts: A darker side of OCD«, *The Atlantic*, 8/11, 2013.

33. Ibid.

34. Alix Spiegel, »Dark thoughts«, NPR, 8/1, 2015.

35. Loving, »Obsessive thoughts: A darker side of OCD«.

36. Kay Donahue Jennings et al., »Thoughts of harming infants in depressed and nondepressed mothers«, *Journal of affective disorders*, Vol. 54, Nr. 1-2, 1999.

37. Baer, *Der Kobold im Kopf: Die Zähmung der Zwangsgedanken*.

38. Karl Berglund, *Mordens marknad: Litteratursociologiska studier i det tidiga 2000-talets svenska kriminallitteratur*, Uppsala: Uppsala universitet, Litteraturvetenskapliga institutionen, 2017; Karl Berglund, *Död och dagishämtningar: En kvantitativ analys av det tidiga 2000-talets svenska kriminallitteratur*, Skrifter

utgivna av Avdelningen för litteratursociologi vid Litteraturvetenskapliga institutionen i Uppsala (del 73): Uppsala universitet, 2017.

39. Jeffrey Jensen Arnett, »High hopes in a grim world: Emerging adults' views of their futures and ›Generation X‹«, *Youth & society*, Vol. 31, Nr. 3, 2000; Margaret Vandiver und David Giacopassi, »One million and counting: Students' estimates of the annual number of homicides in the US«, *Journal of criminal justice education*, Vol. 8, Nr. 2, 1997; Sven Jöckel und Hannah Früh, »›The world ain't all sunshine‹: Investigating the relationship between mean world beliefs, conservatism and crime TV exposure«, *Communications*, Vol. 41, Nr. 2, 2016.

40. Baer, *Der Kobold im Kopf: Die Zähmung der Zwangsgedanken*.

41. Siehe Paulsen, »Mediated psychopathy–a critical discourse analysis of newspaper representations of aggression«, für eine Zusammenfassung.

42. Adrian Raine, *Als Mörder geboren: Die biologischen Wurzeln von Gewalt und Verbrechen*, Stuttgart 2015. 스웨덴 일간지 〈스벤스카 다그블라데트Svenska Dagbladet〉가 에이드리언 레인과 함께 'Onskan sitter i pannloben(악은 전두엽에 있다)'라는 제목으로 진행한 인터뷰에서, 독자들은 자신이 가지고 있는 악의 골상학적 징후가 무엇인지 직접 확인할 수 있다. 손바닥을 가로지르는 손금, 혀에 나타나는 선명한 선, 눈보다 낮은 위치에 있는 귀 등이 그 예다. 이 기사는 스웨덴의 주요 신경학자들에게 신랄한 비판을 받았다. 신경학자들은 에이드리언 레인이 너무 극단적인 결론을 도출했다고 보았다. Henrik Ennart, »Ondskan sitter i pannloben«, *Svenska Dagbladet*, 4/5, 2013; Jenny Stiernstedt und Lena Hennel, »Hjärnscanning ifragasätts«, *Svenska Dagbladet*, 5/5, 2013.

43. Tony Paterson, »Fritzl describes himself as ›born rapist‹«, *Independent*, 22/9, 2008.

44. James H. Fallon, *The psychopath inside: A neuroscientist's personal journey into the dark side of the brain*, New York: Current, 2014. (제임스 팰런, 『사이코패스 뇌과학자』, 김미선 옮김, 더퀘스트, 2020)

45. Paulsen, »Mediated psychopathy–a critical discourse analysis of newspaper

representations of aggression«; Ronson, *The psychopath test: A journey through the madness industry.*

46. Doron et al., »Relationship obsessive compulsive disorder (ROCD): A conceptual framework«, S. 169.

47. Ibid., S. 169.

48. Laura, »Lessons learned from relationship focused OCD«, 2017, https://neutralizeblog. wordpress.com/2017/04/22/my-real-ocd-a-disorder-ofcatastrophic-overreaction-to-normal-thoughts/, [21.11.2019].

49. Marja Taussi Sjöberg, *Skiljas*, Stockholm: Författarförlaget, 1988.

50. Stephanie Coontz, *In schlechten wie in guten Tagen: Die Ehe–eine Liebesgeschichte*, Bergisch Gladbach 2006.

51. Eva Illouz, *Warum Liebe weh tut: Eine soziologische Erklärung*, Berlin 2016.(에바 일루즈, 『사랑은 왜 아픈가』, 김희상 옮김, 돌베개, 2013); Beck und Beck-Gernsheim, *Das ganz normale Chaos der Liebe.* (울리히 벡·엘리자베트 벡게른스하임, 『사랑은 지독한, 그러나 너무나 정상적인 혼란』, 강수영·권기돈·배은경 옮김, 새물결, 1999)

52. 이런 약속에 대한 분석: Zygmunt Bauman, *Liquid love: On the frailty of human bonds*, Cambridge, UK; Malden, Mass. USA: Polity Press, 2003. (지그문트 바우만, 『리퀴드 러브』, 권태우·조형준 옮김, 새물결, 2013); Beck und Beck-Gernsheim, *Das ganz normale Chaos der Liebe.* (울리히 벡·엘리자베트 벡게른스하임, 『사랑은 지독한, 그러나 너무나 정상적인 혼란』, 강수영·권기돈·배은경 옮김, 새물결, 1999)

53. Erich Fromm, *Die Kunst des Liebens*, Berlin 2005 [1956], S. 13–14. (에리히 프롬, 『사랑의 기술』, 황문수 옮김, 문예출판사, 2019)

54. Lawrence Jacob Friedman, *Was man gibt, verliert man nicht: Erich Fromm–die Biographie*, Bern 2013.

55. Julia Markus, *Dared and done: The marriage of Elizabeth Barrett and Robert Browning*, London: Bloomsbury, 1995; Illouz, *Warum Liebe weh tut: Eine soziologische Erklärung.*

56. Christian Rudder, *Inside big data: Unsere Daten zeigen, wer wir wirklich sind*, München 2016, S. 33–34.

57. Roland Paulsen, »Den kroppsliga differentieringens praktik: Övervikt och internetdejting på intimitetens marknad«, *Sociologisk forskning*, Nr. 1, 2010, S. 20.

58. V. E. Caballo, *International handbook of cognitive and behavioural treatments for psychological disorders*, Amsterdam: Elsevier, 2007, S. 141.

59. Stanley Rachman, *The treatment of obsessions*, Oxford: Oxford University Press, 2003, S. 14.

60. Davis, Obsession: *A history*, Chicago 2009, S. 15.

61. 국가 간 차이: M. M. Weisman et al., »The cross national epidemiology of obsessive-compulsive disorder«, *Journal of clinical psychiatry*, Vol. 55, Nr. 3 Suppl., 1994.

62. Davis, Obsession: *A history*, S. 27.

63. Staley und Wand, »Obsessive-compulsive disorder: A review of the crosscultural epidemiological literature«, S. 128.

64. Sabina Bossi, »Hälften befriades fran tvångssyndrom efter hjärnopera tion«, *Karolinska Institutet, pressmeddelande*. https://nyheter.ki.se/halften-befriades-fran-tvangssyndrom-efter-hjarnoperation, 26/11, 2013, [2019-11-21]; Christian Rück et al., »Capsulotomy for obsessive-compulsive disorder: Long-term follow-up of 25 patients«, *Archives of general psychiatry*, Vol. 65, Nr. 8, 2008; Sara Rörbecker, »Riskabel hjärnkirurgi i Umeå«, Expressen, 23/9, 2010.

65. Maria Carling, »Elektroder i hjärnan mildrar tvangstankarna«, *Svenska Dagbladet*, 18/3, 2013.

66. Mantosh J. Dewan, Brett N. Steenbarger und Roger P. Greenberg, *The art and science of brief psychotherapies: A practitioner's guide*, 2018, S. 76.

67. Spiegel, »Dark thoughts«.

걱정 억제하기

1. Paramahansa Yogananda, *Autobiography of a Yogi*, Washington: Ancient wisdom publication, 2019, S. 123. (파라마한사 요가난다, 『영혼의 자서전』, 김정우 옮김, 뜨란, 2014); Etzel Cardena und Michael Winkelman, *Altering consciousness. Multidisciplinary perspectives. Volume 1. History, culture, and the humanities*, Santa Barbara, Calif.: Praeger, 2011. 참조.

2. Roy F. Baumeister, »Choking under pressure: Self-consciousness and paradoxical effects of incentives on skillful performance«, *Journal of personality and social psychology*, Vol. 46, Nr. 3, 1984. Bez. der Dartergebnisse: Bouke Klein Teeselink et al., »Incentives, performance and choking in darts«, *Journal of economic behavior and organization*, Vol. 169, 2020.

3. Martin Hilbert, »How much information is there in the ›information society‹? «, *Significance*, Vol. 9, Nr. 4, 2012. Monica Anderson und Jingjing Jiang, »Teens, social media & technology 2018«, Pew Research Center, 2018.

4. World Health Organization, *Guidelines on physical activity, sedentary behaviour and sleep for children under 5 years of age*, World Health Organization, 2019.

5. Twenge: *Me, My Selfie and I: Was Jugendliche heute wirklich bewegt*. Vgl. auch Jean M. Twenge, »Stop debating whether too much smartphone time can hurt teens, and start protecting them«, TIME, 21/3, 2019.

6. Amy Orben och Andrew K Przybylski, »The association between adolescent well-being and digital technology use«, *Nature human behaviour*, Vol. 3, Nr. 2, 2019.

7. Bruce Alexander, *The globalization of addiction: A study in poverty of the spirit*, Oxford: Oxford University Press, 2010.

8. Vgl. Rick Strassman, *DMT: The spirit molecule*, Rochester, Vermont: Park Street Press, 2001.

9. Vgl. Sonia Sequiera, »Longer term influences driving lower life expectancy projections«, *Institute and faculty of actuaries*, 7/3, 2019 und Janet Adamy, »Life expectancy rises

in U.S. for first time in four years«, *The Wall Street journal*, 30/1, 2020.

10. Vgl. Patricia F. Hadaway et al., »The effect of housing and gender on preference for morphine-sucrose solutions in rats«, Psychopharmacology, Vol. 66, Nr. 1, 1979; Bruce K. Alexander et al., »Effect of early and later colony housing on oral ingestion of morphine in rats«, *Pharmacology biochemistry and behavior*, Vol. 15, Nr. 4, 1981.

11. Steve Sussman, Nadra Lisha und Mark Griffiths, »Prevalence of the addictions: A problem of the majority or the minority?« *Evaluation & the health professions*, Vol. 34, Nr. 1, 2011. 'addiction'은 '남용'과 '의존성'으로 모두 번역될 수 있음을 밝혀둔다. 이 책에서는 '의존성'으로 번역했는데, 이 연구가 주로 관련 약물과 행동을 중단하지 못하는 사람들을 다루기 때문이다.

12. Craig Lambert, »Deep cravings«, *Harvard magazine*, 1/3, 2000.

13. Norman E. Zinberg und Richard C. Jacobson, »The natural history of ›chipping‹.«, *The American journal of psychiatry*, Vol. 133, Nr. 1, 1976.

14. Alexander, *The globalization of addiction: A study in poverty of the spirit*.

15. Ibid., S. 11–20.

16. 1819년에 주기적인 음주에 '딥소마니아Dipsomania'라는 용어가 도입되었는데, 일상적으로는 주로 '분기 주정뱅이'라 불렸다. Friedrich-Wilhelm Kielhorn, »The history of alcoholism: Brühl-Cramer's concepts and observations«, *Addiction*, Vol. 91, Nr. 1, 1996. 그리고 Richard J. Rosenthal und Suzanne B. Faris, »The etymology and early history of ›addiction‹«, *Addiction research & theory*, Vol. 27, Nr. 5, 2019. 참조.

17. Alexander, *The globalization of addiction: A study in poverty of the spirit*, S. 11.

18. Paul Moloney, *The therapy industry: The irresistible rise of the talking cure, and why it doesn't work*, London: PlutoPress, 2013, S. 79–85.

19. OSC, »Estimating the reproducibility of psychological science«, *Science*, Vol. 349, Nr. 6251, 2015. 이 실험은 재평가되고 새로운 토론을 일으켰으며, 현재 스스로 분석해보기 전에 결과부터 등록하는 과학자들이 점점 많아지고 있는 점도 주목해야 한다. 이런 투명성 개혁 요구는 더 높은 신뢰성으로 이어질 수 있을 것이다.

20. Bez. Zusammenstellungen, vgl. William M. Epstein, *Psychotherapy as religion: The civil divine in America*, Reno: University of Nevada Press, 2006; Norbert Schwarz, »Self-reports: How the questions shape the answers«, *American psychologist*, Vol. 54, Nr. 2, 1999; Arthur C. Bohart, »The client is the most important common factor: Clients' self-healing capacities and psychotherapy«, *Journal of psychotherapy integration*, Vol. 10, Nr. 2, 2000.

21. Ellen Driessen et al., »Does publication bias inflate the apparent efficacy of psychological treatment for major depressive disorder? A systematic review and meta-analysis of US National Institutes of health-funded trials«, *PLOS ONE*, Vol. 10, Nr. 9, 2015.

22. Paul Moloney, *The therapy industry: The irresistible rise of the talking cure, and why it doesn't work*, 2013, S. 79.

23. John F. Helliwell, Richard Layard und Jeffrey Sachs, *World happiness report 2013*, New York: Sustainable Development Solutions Network, 2013, S. 42–46. 불안과 우울 치료를 가장 중시하는 나라들에 이런 문제가 가장 널리 퍼져 있다. 인과관계가 반드시 있는 것은 아니더라도, 수많은 치료법이 효과가 없는 것 같다는 씁쓸한 여운을 남긴다.

24. Philip I. Chow et al., »Therapy experience in naturalistic observational studies is associated with negative changes in personality«, *Journal of research in personality*, Vol. 68, 2017.

25. 총괄에 관해서는 Jeremy Daniel und Margaret Haberman, »Clinical potential of psilocybin as a treatment for mental health conditions«, *Mental health clinician*, Vol. 7, Nr. 1, 2017. 그리고 David Nutt, »Psychedelic drugs – a new era in psychiatry?« *Dialogues in clinical neuroscience*, Vol. 21, Nr. 2, 2019. 참조.

26. Rick Strassman, *DMT: The spirit molecule: A doctor's revolutionary research into the biology of near-death and mystical experiences*, Vermont: Park Street Press, 2001.

27. 이 분야의 신경 연구에 관해서는 Robin L. Carhart-Harris et al., »Neural correlates

of the LSD experience revealed by multimodal neuroimaging«, *Proceedings of the national academy of sciences*, Vol. 113, Nr. 17, 2016. 참조.

28. Michael Pollan, *Verändere dein Bewusstsein. Was uns die neue Psychedelik-Forschung über Sucht, Depression, Todesfurcht und Transzendenz lehrt*, München 2019. (마이클 폴란, 『마음을 바꾸는 방법』, 김지원 옮김, 소우주, 2021)

29. Interview in Johann Hari, *Lost connections: Why you're depressed and how to find hope*, London: Bloomsbury Publishing, 2019, S. 290.

30. Pollan, *Verändere dein Bewusstsein*. (마이클 폴란, 『마음을 바꾸는 방법』, 김지원 옮김, 소우주, 2021)

걱정과 더불어 살기

1. Vgl. George W. Brown, James L. T. Birley und John K. Wing, »Influence of family life on the course of schizophrenic disorders: A replication«, *The British journal of psychiatry*, Vol. 121, Nr. 562, 1972 und Gregory Bateson et al., »Toward a theory of schizophrenia«, *Behavioral science*, Vol. 1,Nr. 4, 1956.

2. Vgl. beispielsweise Thomas Szasz, *The medicalization of everyday life: Selected essays*, Syracuse: Syracuse University Press, 2007.

3. 나는 박사과정 교환학생으로 코넬대학에 있을 때, 세미나 수업 후에 그를 만났다. 세미나는 'The insanity defense: The case for abolition(광기 옹호: 폐지 사례)'라는 제목으로 2011년 4월 13일 맬럿홀에서 열렸다.

4. 수년에 걸쳐 제시되었던 다양한 정신질환 정의에 대한 분석은 Kaj Håkanson, *Psykisk sjukdom: Illusioner och realiteter*, Stockholm: Prisma; Verdandi, 1973. 참조.

5. Eugeen Roosens und Lieve van de Walle, *Geel revisited: After centuries of mental rehabilitation*, Antwerpen; Philadelphia, Penn.: Garant, 2007, S. 27.

6. R. D.Laing und Aaron Esterson, *Sanity, madness and the family: Families of schizophrenics*, New York: Routledge, 2017.

7. Sozialistisches Patientenkollektiv, *SPK– Aus der Krankheit eine Waffe machen. Eine Agitationsschrift des Sozialistischen Patientenkollektiv an der Universität Heidelberg*, München: Trikont Verlag, 1995.

8. Gianfranco Sanguinetti, Barker John und Scribner Charity, *Red army fraction. Red brigades, angry brigade. The spectacle of terror in post war Europe*, London: Bread and Circuses, 2015.

9. Steven C. Hayes, *Kurswechsel im Kopf: Von der Kunst anzunehmen, was ist, und innerlich frei zu werden*, Weinheim 2020, S. 31 f.

10. Stuart Ralph, »Dr Steven Hayes on ACT, OCD and living a meaningful life«, 2016, https://theocdstories.com/podcast/dr-steven-hayes-on-act-ocd-andliving-a-meaningful-life/, [2019-11-21].

11. Hayes, *Kurswechsel im Kopf: Von der Kunst anzunehmen, was ist, und innerlich frei zu werden*. S. 48.

12. Ibid., S. 14.

13. Frances, Saving normal: *An insider's revolt against out-of-control psychiatric diagnosis, DSM-5, Big Pharma, and the medicalization of ordinary life* (앨런 프랜시스, 『정신병을 만드는 사람들』, 김명남 옮김, 사이언스북스, 2014); Steven C. Hayes, *The ACT in context: The canonical papers of Steven C Hayes*, New York: Routledge, 2016, S. 172–173.

14. Moloney, *The therapy industry: The irresistible rise of the talking cure, and why it doesn't work*, S. 164.

15. Hayes, *The ACT in context: The canonical papers of Steven C Hayes*, S. 244–245.

16. Vgl. beispielsweise ibid., S. 227.

17. Erich Frauwallner, *Geschichte der indischen Philosophie, Bd. 1., Die Philosophie des Veda und des Epos; Der Buddha und der Jina; Das Sakhya und das klassische Yoga-System*, Aachen 2003, S. 119.

18. Platon, *Skrifter bok 1*, Stockholm: Atlantis, 2016. (플라톤, 『플라톤전집 1』, 천병

희 옮김, 도서출판 숲, 2012)

19. James Miller, *Examined lives: From Socrates to Nietzsche*, New York: Farrar, Straus and Giroux, 2011, S. 80.

20. Meister Eckharts mystische Schriften. Berlin 1903, S. 112– 126, www.google. com/ search?client=firefox-b-d&q=Meister+Eckharts+mystische+Schriften.+Berlin+1903% 2C+S.+112–126, [2020/12/19].

21. Linji, *Das Denken ist ein wilder Affe, Die Lehren des großen Zen-Meisters*, München 2015, S. 121.

22. 이 인터뷰를 다음의 책과 비교하시오. Bikkhu Bodhi, Joshua Eaton, »American Buddhism: Beyond the search for inner peace«, *Religion Dispatches, 20/2, 2013 och Vietnam: Lotus in a sea of fire*, New York: Hill and Wang, 1968.

치료를 넘어서

1. Lutherbibel, Matthäus 6, 31–32, www.bibleserver.com/LUT.ELB.HFA.EU/ Matth%C3%A4us6, [2020/12/8]. (공동번역성서,「마태오의 복음서」6:31–32)

2. ES Brondizio et al., »Global assessment report on biodiversity and ecosystem services of the intergovernmental science-policy platform on biodiversity and ecosystem services«, *The United Nations' Intergovernmental Science-Policy Platform on Biodiversity and Ecosystem Services (IPBES), 2019*.

3. Eric Holt-Giménez et al., »We already grow enough food for 10 billion people ... and still can't end hunger«, *Journal of sustainable agriculture*, Vol.36, Nr. 6, 2012.

4. John Maynard Keynes, *Essays in persuasion*, New York: W. W. Norton & Co., 1991 [1931]. (존 메이너드 케인스,『설득의 에세이』, 정명진 옮김, 부글북스, 2017)

5. Mats Alvesson, Yiannis Gabriel und Roland Paulsen, *Return to meaning: A social science with something to say*, Oxford: Oxford University Press, 2017, S. 4–5.

6. Gary King, Jennifer Pan und Margaret E. Roberts, »How censorship in China allows

government criticism but silences collective expression«, *American political science review*, Vol. 107, Nr. 2, 2013; Gary King, Jennifer Pan und Margaret E. Roberts, »Reverse-engineering censorship in China: Randomized experimentation and participant observation«, *Science*, Vol. 345, Nr. 6199, 2014; Gary King, Jennifer Pan und Margaret E. Roberts, »How the Chinese government fabricates social media posts for strategic distraction, not engaged argument«, *American political science review*, Vol. 111, Nr. 3, 2017.

7. Gary King, »Information control by authoritarian governments«, 2020, https://gking.harvard.edu/category/research-interests/applications/information-control-by-authoritarian-governments [2020/04/14].

걱정 중독

초판 인쇄 2024년 4월 16일
초판 발행 2024년 4월 30일

지은이 롤란드 파울센
옮긴이 배명자

펴낸곳 복복서가(주)
출판등록 2019년 11월 12일 제2019-000101호
주소 03720 서울특별시 서대문구 연희로 28길 3
홈페이지 www.bokbokseoga.co.kr
전자우편 edit@bokbokseoga.com
마케팅 문의 031) 955-2689

ISBN 979-11-91114-58-4 03300

잘못된 책은 구입하신 서점에서 교환해드립니다.
기타 교환 문의: 031) 955-2661, 3580